兰州大学"双一流"建设资金人文社科类图书出版经费资助

先秦法家
在秦汉时期的发展与流变

杨玲 著

中国社会科学出版社

图书在版编目（CIP）数据

先秦法家在秦汉时期的发展与流变 / 杨玲著 . —北京：中国社会科学出版社，2017.11
ISBN 978-7-5203-1249-3

Ⅰ. ①先… Ⅱ. ①杨… Ⅲ. ①法家—研究—先秦时代 Ⅳ. ①B226.05

中国版本图书馆 CIP 数据核字（2017）第 261069 号

出 版 人	赵剑英
责任编辑	韩国茹
责任校对	张爱华
责任印制	张雪娇

出	版	中国社会科学出版社
社	址	北京鼓楼西大街甲 158 号
邮	编	100720
网	址	http://www.csspw.cn
发 行 部		010-84083685
门 市 部		010-84029450
经	销	新华书店及其他书店

印	刷	北京君升印刷有限公司
装	订	廊坊市广阳区广增装订厂
版	次	2017 年 11 月第 1 版
印	次	2017 年 11 月第 1 次印刷

开	本	710×1000 1/16
印	张	19.5
插	页	2
字	数	316 千字
定	价	79.00 元

凡购买中国社会科学出版社图书，如有质量问题请与本社营销中心联系调换
电话：010-84083683
版权所有　侵权必究

目　录

绪　论 …………………………………………………………（ 1 ）
第一章　吕不韦与先秦法家 ………………………………（ 8 ）
　　第一节　从文献比勘看《吕氏春秋》与法家的关系 ………（ 9 ）
　　第二节　《吕氏春秋》的法思想 …………………………（ 12 ）
　　第三节　《吕氏春秋》的术论和势论 ……………………（ 20 ）
　　第四节　《吕氏春秋》的君主专制思想 …………………（ 31 ）
第二章　秦始皇与先秦法家 ………………………………（ 39 ）
　　第一节　从《韩非子》之《孤愤》《五蠹》看嬴政对先秦法家
　　　　　　的接受 ……………………………………………（ 39 ）
　　第二节　从秦代刻石文看法家思想在秦始皇时期的发展与
　　　　　　流变 ………………………………………………（ 50 ）
第三章　李斯、赵高、秦二世与先秦法家 ………………（ 62 ）
　　第一节　李斯与先秦法家 …………………………………（ 62 ）
　　第二节　赵高与先秦法家 …………………………………（ 69 ）
　　第三节　秦二世与先秦法家 ………………………………（ 74 ）
第四章　贾谊与先秦法家 …………………………………（ 79 ）
　　第一节　贾谊与先秦法家关系考辨 ………………………（ 79 ）
　　第二节　贾谊的礼思想 ……………………………………（ 96 ）
　　第三节　贾谊的术论和势论 ………………………………（115）
　　第四节　救世的热情 ………………………………………（121）
第五章　晁错与先秦法家 …………………………………（126）
　　第一节　晁错对齐法家《管子》的接受 …………………（127）
　　第二节　晁错接受齐法家《管子》的原因 ………………（135）

第六章 《淮南子》与先秦法家 ……………………………………（140）
第一节 从文献比勘看《淮南子》与法家的关系 ……………（141）
第二节 《淮南子》与法家发展的历史观 ……………………（144）
第三节 《淮南子》的法思想 …………………………………（149）
第四节 《淮南子》的术论 ……………………………………（160）
第五节 《淮南子》的势论 ……………………………………（166）
第六节 《淮南子》的兵学思想 ………………………………（170）

第七章 汉武帝与先秦法家 ………………………………………（177）
第一节 法家在武帝朝存在的必然 ……………………………（177）
第二节 从武帝的用人思想与武帝之臣看法家的发展与流变 …（187）
第三节 从武帝朝的繁法严律与酷吏政治看法家的发展与流变 ………………………………………………………（198）

第八章 董仲舒与先秦法家 ………………………………………（207）
第一节 董仲舒的法思想 ………………………………………（209）
第二节 董仲舒的术论和势论 …………………………………（224）
第三节 董仲舒的君臣观念 ……………………………………（227）

第九章 《盐铁论》与先秦法家 …………………………………（237）
第一节 御史、大夫的治国观念 ………………………………（237）
第二节 文学、贤良的治国观念 ………………………………（257）
第三节 从论辩双方的学派归属看法家的发展与流变 ………（271）

结 论 ………………………………………………………………（281）
征引文献 …………………………………………………………（290）
参考文献 …………………………………………………………（298）

绪　　论

先秦法家是一个颇为奇特的学派。说它奇特，首先在于它是先秦诸子中最受争议的一个学派。有对其倍加称赞者。如明代王世贞说："孔明则自比于管子，而劝后主读韩非子之书。何以故？宋儒之所得浅，而孔明之所得深故也。宋以名舍之，是故小遇辽小不振，大遇金大不振。孔明以实取之，是故蕞尔之蜀与强魏角而恒踞其上。"[①] 三国时蜀相诸葛亮十分青睐法家，曾为后主刘禅抄录《商君书》《韩非子》《管子》《申子》等法家著作。王世贞认为诸葛亮之所以青睐法家，是因为他深得法家要旨，知其好，明其仇，因为懂得，所以格外重视，将其用于治国，这是区区之蜀能够与强魏对抗，甚至一度凌驾其上的重要原因。而宋儒一听法家之名，在没有深入研究的情形下，就轻易地将其否定、舍弃，所以宋朝才会屈从于小小的辽、金。王世贞视法家为救国之良药，这一评价不可谓不高！但是，也有将法家贬得一无是处，甚至视之为洪水猛兽者。如汉代扬雄《法言·问道》说："申、韩之术，不仁之至矣，若何牛羊之用人也？若牛羊用人，则狐狸蝼蚓不膦腊也与？"这是说法家的政治主张太过残酷，制民如牛羊，临之以刀俎，死者多至尸相枕藉，狐狸、蝼蚓有吃不完的人肉，快乐如过节一般。这一评价令人闻法家而毛骨悚然，避之唯恐不及。诸如此类走两个极端的评价还有不少，从而使法家成为饱受争议的一个学派。

说法家奇特的第二个原因在于它是先秦诸子中与现实政治结合最为紧密的一个学派。法家的代表人物商鞅、韩非、申不害及其后的李斯、晁错

[①] 王世贞：《合刻管子韩非子序》，转引自陈奇猷校注《韩非子新校注》，上海古籍出版社2000年版，第1229页。

2 先秦法家在秦汉时期的发展与流变

多位至高官,直接影响了重用他们的诸侯国或朝代的政治方向和治国策略。这一学派提出的以法治国虽然只是形式法治,而非实质法治[①],但是从打破周王朝建立在血缘亲情基础上的宗亲制来说,不能不说是中国政治史上一巨大进步。这也使它成为与现代政治文明距离最近的学派之一。所以梁启超说:

> 法家起战国中叶,逮其末叶而大成,以道家之人生观为后盾,而参用儒墨两家正名核实之旨,成为一种有系统的政治学说,秦人用之以成统一之业。汉承秦规,得有四百年秩序的发展。盖汉代政治家萧何、曹参,政论家贾谊、晁错等,皆用其道以规画天下。及其末流,诸葛亮以偏安艰难之局,犹能使"吏不容奸,人怀自厉"(《三国志·诸葛亮传》陈寿评语),其得力亦多出法家。信哉卓然成一家之言!直至今日,其精神之一部分,尚可以适用也。[②]

在北京法政专门学校五四讲演中,梁启超又说:"我希望把先秦法家真精神着实提倡,庶几子产所谓'吾以救世'了。"[③] 在法家产生两千多年后,梁启超如此殷切地提倡法家真精神,可见法家在治世方面的作用和魅力不逊儒家。而它之所以有如此深远之影响,关键在于它的现实性——不空言,不妄论,所有学说围绕现实政治而论。

法家的奇特还在于它是秦汉时期发展历程最为曲折的一家。它助秦从一偏居一隅的小国一跃而成为最强大的诸侯国,并一举统一六国,建立了中国历史上第一个统一的封建王朝,可谓功莫大焉!但是,在世人眼里,也是它,使秦王朝二世而亡。到了汉代,它一方面因"亡秦"而成众矢之的,饱受挞伐;另一方面它又为现实政治不可或缺。可以说,秦汉时期

---

① 形式法治"是法律的统治,而不是人的统治;只要法律得到严格的实施,就是法治,而不管它们是什么样的法律。法治是一个形式性的概念,与法律的实质内容没有必然的联系。不论是良好的法律,还是邪恶的法律,只要符合一系列的形式条件,比如统一性、稳定性、公开性、没有内在矛盾等,就可以形成法治"。实质法治指"法治不仅是法律的统治,而且是'良法'的统治"(侯健:《实质法治、形式法治与中国的选择》,《湖南社会科学》2004 年第 2 期)。

② 梁启超:《先秦政治思想史》,天津古籍出版社 2003 年版,第 177 页。

③ 同上书,第 256 页。

每一个立志于治国平天下的士人、每一本以现实政治为研究对象的典籍，在批判它的同时又不得不大力吸收它的合理因素。及至武帝，一边大力提倡儒术，一边却在治国中积极应用法家。诸如此类围绕法家而产生的种种"矛盾"令人瞠目，却也为后人提供了研究契机和兴趣、动力。

一 研究对象和范围

秦汉是中国学术发生巨变的时期，也是法家变化、发展的重要时期，因此探讨这一时期法家在学术史和政治实践中的走向既有学术价值，更富现实意义。

说到秦，通常指两个时期：先秦时期作为诸侯国之一的秦国和统一后的秦王朝。在这一意义上谈先秦法家在秦的发展与流变，大致可分为三个阶段：秦孝公时期，嬴政时期，秦二世时期。

孝公时期，商鞅将其法家思想在秦国全面实施开来，取得了显著成效，使秦国一跃成为诸侯国中的强国。这是法家思想发展的关键时期之一。可以这么说，商鞅的法家思想与秦国互相成全了对方。没有商鞅，就没有后来强大的秦国；没有当时的秦国，商鞅的法家思想也不可能实施得那么彻底。秦国本土文化中本就有与法家思想吻合的因素，如尚战尚武、崇尚事功等特点，又因为偏居一隅，受中原礼乐文明束缚较小，这一切形成了商鞅法家思想在此生根、发芽、开花、结果的优质土壤。故《淮南子·要略》说："秦国之俗，贪狼强力，寡义而趋利，可威以刑，而不可化以善，可劝以赏，而不可厉以名，被险而带河，四塞以为固，地利形便，畜积殷富，孝公欲以虎狼之势而吞诸侯，故商鞅之法生焉。"这就说明秦国本土文化与法家思想有高度一致性。

本书的研究对象是先秦法家在秦汉时期的发展与流变，既然与汉相提并论，这里的秦就不再具有秦国、秦朝双重含义，而只能指统一后的秦王朝。但是因为秦王朝的许多关键人物，譬如嬴政、吕不韦、李斯、赵高均跨秦国与秦朝两个历史时期，所以为了叙述的方便，虽是以秦朝的法家思想为研究对象，但依然需要把时间上溯至嬴政继位，这也是本书把《吕氏春秋》纳入考察范围的原因之一。其次，把《吕氏春秋》纳入考察范围还因为，无论吕不韦还是《吕氏春秋》在法家发展历史上都具有不容忽略的地位和作用。如此一来，先秦法家在嬴政时期的发展与流变就有必要再细分为两个部分：（1）嬴政与法家；（2）吕不韦与法家。前者代表法家在实践中的发展，后者代表法家在学术史上的发展。

李斯、赵高、秦二世作为嬴秦由强而弱的关键人物，他们在法家发展流变过程中的作用构成法家在秦朝时发展流变的又一部分。

相比于先秦诸子，汉代百家之学最显著的特征之一是融合。余英时先生说："由于汉代思想界已趋向混合，差不多已没有任何一家可以完全保持其纯洁性，而不受其他各家的影响。"① 学派的融合在战国末期已经出现。一种是学派内部融合。如韩非子兼容前期法家法术势思想，形成了更加完善的法家思想，他自己理所当然地成为先秦法家的集大成者，《韩非子》成为法家的集大成之作，以至于后人一提到法家首先想到的就是韩非与他的《韩非子》。另一种融合是以某一学派为主，吸收其他学派因素，兼而融之形成自己的思想。如韩非的老师荀子的儒家思想中已初步表现出儒与法、名、兵等各家的融合倾向。但无论哪种融合都没有改变学派本来的派别属性。韩非自不用说。即使荀子，虽然他吸收了其他学派的因素，依然坚守儒家的根本思想，所以他最终的学术归属没有太大争议。及至吕不韦组织门客编撰的《吕氏春秋》就有了很大不同。在《吕氏春秋》中，我们可以看到儒、道、法，乃至先秦兵家、农家的思想因子，而其中的儒道法所占比例几近均等，难分伯仲。这就使得《吕氏春秋》的学术派别始终处于争议中，说其为儒家者有之，论其为道家者不乏其人，断其为法家者同样不少，还有将其归入貌似无所不包的黄老学派者。到了汉代，诸子思想的融合愈演愈烈，彼时产生的贾谊的《新书》、刘安的《淮南子》、董仲舒的《春秋繁露》，均与《吕氏春秋》相似，因儒、道、法、阴阳各家思想纷呈使得学派界限非常模糊，后人为此争论不休。抛开学术派别的争议不论，在这股思想融合的潮流中，一个值得关注的现象是无论哪一本子书，都在批判乃至谴责法家的同时，又将其作为不可或缺的因素积极吸收，因而形成了批判与运用并存的奇观。这使得秦亡后，作为秦朝政治主导思想的法家不仅没有退出历史舞台，反而继续扮演着重要角色。正是在汉代思想融合之趋势下，法家先是以构成黄老学的重要元素的身份活跃于政坛，继而经过与儒家的漫长斗争后，被儒家吸纳，从此以隐身

---

① 余英时：《士与中国文化》，上海人民出版社1987年版，第140页。

人、幕后者的身份"垂帘听政","霸王道杂用之""外儒内法""阳儒阴法"的政治文化特点就此形成。因为这一特点最后形成于武帝时期，故本书的时间下限止于武帝。但这并不意味着儒法之间的斗争和融合到汉武帝时就完全告以终止。陈寅恪先生说："中国自秦以后，迄于今日，其思想之演变历程，至繁至久。要之，只为一大事因缘，即新儒学之产生，及其传衍而已。"① 儒学至繁至久的演变历程中就包含着儒法不断的斗争和融合。只是限于篇幅，我们截取了这一思想文化发展长河中的一段——嬴政至汉武帝时期作为研究对象。这是法家在中国思想史上与现实结合最为密切的时期，也是变化最为剧烈的时期，从"一皆从法"到全民"过秦""批法"，再到融于儒家，隐于幕后，其间跌宕起伏如情节繁复之剧作。

把产生于武帝之后的《盐铁论》纳入研究范围，是因为该书是对武帝政治的反思，较为全面透彻地反映了武帝对法家的运用，因而不能不论。故整个项目以《〈盐铁论〉与先秦法家》收尾。总之，我们力图全面系统地展示法家在秦汉时期的发展与流变。

二 研究方法

法家在秦汉时期发展流变的脉络该怎么勾勒？本书选择历时态连点成线的方法完成这项工作。所谓点，其一指在法家发展流变过程中产生重要影响和作用的历史人物（如秦之始皇帝、李斯、吕不韦、赵高、秦二世，汉之晁错、贾谊、汉武帝、董仲舒）及其表现；其二还包括反映法家发展与流变的典籍（如《吕氏春秋》《新书》《淮南子》《春秋繁露》《盐铁论》，等等）。这些历史人物是如何运用并发展法家的，这些典籍又表现了法家的哪些变化发展，将其依次梳理、厘清，法家发展与流变的脉络也就基本呈现出来了。对于每个"点"本身，本书主要运用比较研究的方法，从各个角度对这些历史人物和典籍反映出的思想与先秦法家思想进行比较。首先看这些历史人物和典籍接受法家思想的表现以及法家思想对他们产生了什么影响；其次，考察在这些历史人物身上和典籍中法家是如何与儒、道、阴阳等思想融合，最终完成儒表法里这一过程的。具体说来就是首先通过文献比勘，研究秦汉时期最有代表性的政论性典籍如《吕氏

---

① 陈寅恪：《陈寅恪集·金明馆丛稿二编》，生活·读书·新知三联书店2001年版，第282页。

春秋》《新书》《淮南子》《春秋繁露》《盐铁论》等与法家有哪些直接或间接的联系。在此基础上，将这些典籍中所蕴含的法术势思想、历史观、经济思想、君臣思想、军事思想等与先秦法家进行比较，梳理它们之间接受与被接受、影响与被影响的关系及前者对后者的发展。对于没有留下著作，但对法家在秦汉时期的发展与流变起到重要作用的历史人物，如秦始皇、秦二世、赵高、汉武帝等人，本书依据传世文献中记载的他们思想和言行进行分析研究。

三 先秦法家的界定

既然是研究先秦法家在秦汉时期的发展与流变，就需要对先秦法家进行界定。通常说到法家，我们想到的是商鞅、韩非，至多再加上以术闻名的申不害和倡导势的慎到。相应的，法家的著作也就是《商君书》《韩非子》《申子》《慎子》。至于管仲，一般人不会将他与法家联系，《管子》自然也不被认为是法家之作。但实际上，《管子》属于先秦法家中齐法家一支。早在战国，韩非就已将管仲、商鞅并提。自《隋书·经籍志》始，历代官志都把《管子》列入法家。明代赵用贤、葛鼎不约而同把《管子》和《韩非子》合二为一刻成《管韩合刻》，分别于明万历十年（1582年）、崇祯十一年（1638年）刊行[①]，说明他们看到《管子》和《韩非子》的相似、相通之处。当代学者如冯友兰、徐复观、张岱年、杨向奎、武树臣也都将《管子》列入法家[②]，只不过归属法家的另一系统齐法家。因此，《管子》属于法家是不争的事实。所以，当我们说先秦法家在秦汉时期的发展与流变时，既包括以《商君书》《韩非子》为代表的晋法家，也包括以《管子》为代表的齐法家。唯其如此，才能较为完整地揭示法家在秦汉时期发展与流变的全貌。

[①] 参见郭沫若《管子集校》，载《郭沫若全集·历史编》（第五卷），人民出版社1984年版，第6、24页。

[②] 相关内容分别见于冯友兰《中国哲学史新编》（上）（人民出版社1998年版，第253页），徐复观《中国人性论史》（上海三联书店2001年版，第398页），胡家聪《管子新探·张岱年序》（中国社会科学出版社1995年版，第2页），杨向奎《中国古代社会与古代思想研究》（上海人民出版社1962年版，第445页），武树臣主编《中国传统法律文化》（北京大学出版社1994年版，第283页）。

因为产生的地理环境、社会背景、学术背景不尽相同，晋、齐法家思想亦是同中有异，异中有同。① 其特点可简单概括为晋法家"激进"，而齐法家《管子》则相对"温和"；晋法家追求"绝对"和"极端"，齐法家以"中和"为政治的最高境界。二者的不同使它们在先秦时期已经表现出迥异的政治效用。实践齐法家的齐国虽然蔚为大国，但最终没有逃脱与其他五个东方诸侯国一样被实践商鞅、韩非晋法家学说的秦国吞并的结局。统一重任由偏居一隅、曾经被中原各国俯视的秦国完成。秦王朝建立后，晋法家更是成为时代宠儿。但是，时至汉代，秦的短暂而亡使晋法家成为众矢之的，而管仲和《管子》在齐学被大力弘扬的历史背景下受到广泛推崇和接纳。所以，法家在秦汉时期发展流变的基本轨迹大致可以概括为秦代以晋法家为治国主导思想，但在实践过程中统治者开始逐步吸纳儒家、阴阳家等因素。及至汉代，晋法家在政坛的势力虽有削弱，但并未退出历史舞台，只是因为现实的需要，它被道家、儒家作为合理的思想因素吸收，分别形成了兴盛于汉初的黄老之学和武帝时期以董仲舒《春秋繁露》为代表的新儒学。至于齐法家《管子》，因其主导思想与汉代政治需求一致而受到大力提倡。

---

① 关于晋、齐法家的异同可参见拙著《中和与绝对的抗衡——先秦法家思想比较研究》，中国社会科学出版社 2007 年版。

第一章　吕不韦与先秦法家

吕不韦与先秦法家的关系实质上也就是《吕氏春秋》与先秦法家的关系。《吕氏春秋》虽然出自吕不韦门客之手,但却是由吕不韦策划、指导完成,整体上反映的是吕不韦的思想。要搞清楚这一点,首先要弄明白吕不韦组织撰写《吕氏春秋》的目的。司马迁说吕不韦著书是为了与"好士"的战国四君子——信陵君、春申君、平原君、孟尝君竞比。他广泛招贤纳才,给他们提供优渥待遇,要求他们"著所闻,集论以为八览、六论、十二纪,二十余万言。以为备天地万物古今之事,号曰《吕氏春秋》"[①]。在司马迁看来,吕不韦召集门客编撰《吕氏春秋》的目的是搜罗古往今来有关天地万物的故事、道理。如此,其一,与吕不韦高度的政治敏锐及其秦相的身份不符;其二,难以解释书中何以存在大量就秦国而发的议论;其三,也无法理解吕不韦将著就的《吕氏春秋》布于咸阳城门,且悬千金于其上,向众人宣称能增损一字者给予重赏的目的何在。但如将此书视为吕不韦为即将建立的统一王朝设计的治国纲领,一切疑惑顿可烟消云散。新王朝要在秦国的基础上建立,其中自然多有围绕秦国而发的议论;布于城门也不过是为了周知众人;悬千金其上则是为了引起民众高度关注,此举与商鞅在秦国实施变法前,重奖"南门移木"者的做法非常相似,即借"重赏"吸引民众眼球,进而宣传自己的主张。既然是为新王朝制定施政纲领,《吕氏春秋》自然不可能仅仅记录门客的所见所闻,而必然有贯穿"所见所闻"的"精神",这个"精神"就是吕不韦

[①] (汉)司马迁:《史记·吕不韦列传》,中华书局1959年版,第2510页。因本书引用古籍较众,为避免注释过于烦琐,脚注只注正文中仅标明作者或书名的引文。凡正文中书名、篇名俱备的古籍不再出注。其出版信息见"征引文献"目录。以下皆同。

的治国思想。

在带领宾客撰著《吕氏春秋》之前,为相数年的吕不韦已经完全了解法家人物商鞅及其治国策略在秦国由弱小走向富强过程中发挥的巨大作用。这个偏居一隅的小国能够成长为战国末期最强大富裕的国家,法家思想功不可没。所以,他会根据现实需要适度修正以法家思想为核心的秦国治国思想,而不可能完全摒弃法家。这就意味着《吕氏春秋》汲取和发展法家是一种必然。法家思想以法术势为核心,在此基础上进一步衍生出与之相适应的民众思想、兵学思想等与治国密切相关的内容。因此,要了解先秦法家在《吕氏春秋》中如何被继承和发展,首先要对二者的法术势思想进行一番比较分析,然后再看它们在政治体制、经济、文化等问题上的同异。如此条分缕析之后,相关问题也就一目了然了。

第一节 从文献比勘看《吕氏春秋》与法家的关系

徐复观先生说,《吕氏春秋》"因含有反对秦国当时所行法家之治的深刻意味,故一字不提法家"[1]。这为我们在文献上找寻《吕氏春秋》与法家的关系制造了一定难度,但是因为法家典籍是吕书形成不可缺少的源头之一,因此仔细比勘,依然能发现二者之间的联系。

有学者认为,《吕氏春秋》与《韩非子》之间没有必然的联系,原因在于"当吕氏门下编书时,《韩非子》一书尚未问世"[2]。《韩非子》一书问世的确晚于《吕氏春秋》,但是韩非文章及其思想的传播却在《吕氏春秋》成书之前。余嘉锡先生说:"古人著书,多单篇别行;及其编次成书,类出于门弟子或后学之手……"[3] 所以韩非文章的流传远远早于《韩非子》的结集成书。秦王嬴政读韩非撰著的《五蠹》和《孤愤》而叹时,李斯一看即知此乃韩非之文,可见李斯对韩非文章及其思想非常熟悉。李斯入秦时"会庄襄王卒",可知这一年是公元前247年,同年嬴政即位。李斯入秦即投入吕不韦门下,成为深受吕不韦赏识的门客之一。吕不韦带

---

[1] 徐复观:《两汉思想史》(二),华东师范大学出版社2001年版,第1页。
[2] 张富祥:《王政全书:〈吕氏春秋〉与中国文化》,河南大学出版社2001年版,第125页。
[3] 余嘉锡:《余嘉锡说文献学》,上海古籍出版社2001年版,第190页。

领众门客编纂《吕氏春秋》在嬴政八年（公元前239年）前后，李斯自然是参与其中的。李斯与韩非一起师事荀子时，自认为在才学上不如韩非，因而他关注韩非且视其为榜样。既如此，他把韩非"元素"带入《吕氏春秋》是情理中事。另外，韩非文章是如何传到嬴政那里的，我们不得而知，但可以推测出的是，在传到秦国和秦王朝宫廷之前，当时的"学术界"——诸子们一定是先睹为快的，其中应该不乏吕不韦的门客。那么，他们同样有可能把韩非"元素"融入《吕氏春秋》。第三，我们不能武断地下结论：吕不韦的门客中没有韩非的后学。这些都可以证明《吕氏春秋》和《韩非子》之间不可能没有联系，而下面这些客观具体的事例则说明二者之间的确存在继承与被继承的关系。

《吕氏春秋·有始览》包括七篇小文章，这七篇小文章在结构上有一个共同的特点：每一篇的结尾都有一句"解在乎……"其后或是自然现象，如第一篇《有始》："解在乎天地之所以形，雷电之所以生，阴阳材物之精，人民禽兽之所安平"；或是历史故事，如第三篇《去尤》："解在乎齐人之欲得金也，及秦墨者之相妒也"，第四篇《听言》："解在乎白圭之非惠子也，公孙龙之说燕昭王以偃兵及应空洛之遇也，孔穿之议公孙龙，翟翦之难惠子之法。"这一文章体式很容易让我们想到《韩非子》"储说"系列经说结合、以经统说、以说解经的体式。如《内储说上》"经一参观"："观听不参则诚不闻，听有门户则臣壅塞。其说在侏儒之梦见灶，哀公之称'莫众而迷'……"《外储说右上》"经一"："患之可除，在子夏之说《春秋》也……故明主之牧臣也，说在畜乌。"《吕氏春秋·有始览》与《韩非子·储说》在这一体式上的不同在于《韩非子》"经"之后一定有"说"的具体内容，即完整叙述每一个历史故事并略加分析评论；而《吕氏春秋》只点出支撑这些理论的事例有哪些，事例的具体内容则不在正文中出现。这或许是因为其中涉及的事例在士阶层已广为流传，众所周知，因此无须多言。

《韩非子·十过》列举君王易犯的十种过错，第一是"行小忠，则大忠之贼也"；第二是"顾小利，则大利之残也"，同时用厉公战于鄢陵和献公假道以伐虢为例给予说明论证。《吕氏春秋·权勋》讲的是同一道理，它认为小忠小利妨害大忠大利，因此圣人要权衡利弊，取大去小。其开篇即言："利不可两，忠不可兼。不去小利则大利不得，不去小忠则大忠不至。故小利，大利之残也；小忠，大忠之贼也。"最后两句与《韩非子》完全相同，接着用来论证的论据也同样是厉公战于鄢陵和献公假道以伐虢；而且，每一个例证叙述完毕，其结尾也与《韩非子》同。《权勋》篇厉公战于鄢陵结尾是："故曰：小忠，大忠之贼也。"献公假道以伐虢结尾是："故曰：小利，大利之残也。"《韩非子·十过》中分别是"故曰：行小忠，则大忠之贼也"，"故曰：顾小利，则大利之残也"。其相似度之高使我们不能不想到二者之间是有联系的。

有一些历史故事是《吕氏春秋》和《韩非子》共同引用的，但是二者对它们的理解角度却截然相反。如齐桓公三见小臣稷。《韩非子·难一》对此事持否定态度，认为小臣作为臣子却让齐桓公屡次屈尊求见，违背了君臣之礼；齐桓公作为君，去拜见一个不肯为国为民贡献自己才智的处士，是不懂仁义。《吕氏春秋·下贤》对这一故事则持肯定态度，认为桓公虽然不修内行，但是能成为春秋五霸之一，原因就在于他能礼贤下士。这类情形在《吕》《韩》二书中较多，不一一列举。与此相对应的另一种情形是《韩非子》和《吕氏春秋》引用事例不同，结论却完全相同，似殊途同归。最典型的是《韩非子·外储说左上》和《吕氏春秋·下贤》以子产相郑说明如何治国，但所引具体事例不同，可是得出的结论却又是一致的。《外储说左上》引子产与郑简公明职责，"为政五年，国无盗贼，道不拾遗。桃枣荫于街者莫有援也，锥刀遗道三日可反"，韩非以此说明君臣之间"明分责诚"的重要性。《吕氏春秋·下贤》援引子产去见郑国高士壶丘子林，与他的学生坐在一起讨论治学和治国，子产坚持按年龄就座，不因自己是郑相国而倨傲。因为子产能礼贤下士，所以"相郑十八年，刑三人，杀二人。桃李之垂于行者，莫之援也；锥刀之遗于道者，莫之举也"。二书无论结论还是表述结论的语言相似度都很高。虽然《韩非子》中的例证和结论出现在《吕氏春秋》中不能证明后者必然继承了前者，但是当此类事例在二书中共同出现的次数不是个别的一两次而是十多次时，加之前面所举二书间显著的继承与被继承的例证，那么它们也就可以作为论据来说明问题了。

除继承《韩非子》之外，《吕氏春秋》对商鞅学派的代表作《商君书》、申不害的《申子》、慎到的《慎子》和齐法家的《管子》也有一定的继承。如《吕氏春秋·乐成》"民可与乐成而不可与虑始"显然是出自

《商君书·更法》"民不可与虑始，而可与乐成"。申不害是前期法家术之一派的代表，《吕氏春秋》中的术思想部分即来自申不害。《任数》篇说，一次，韩昭釐侯看到祭祀用的猪太小，就命令官吏换一只。官吏没有换，转了一圈依然拿原来的猪想蒙混韩昭釐侯，却被识破。手下人问韩昭釐侯怎么辨认出来的，答曰从猪耳朵上。申不害就此大讲一通君主炫耀自己聪明才智的危险："何以知其聋？以其耳之聪也。何以知其盲？以其目之明也。何以知其狂？以其言之当也。故曰：去听无以闻则聪，去视无以见则明，去智无以知则公。去三者不任则治，三者任则乱。"①《吕氏春秋·用众》"天下无粹白之狐，而有粹白之裘，取之众白也"源自《慎子·知忠》"廊庙之材，盖非一木之枝也。粹白之裘，盖非一狐之皮也"。《恃君》篇"置君非以阿君也，置天子非以阿天子也，置官长非以阿官长也。德衰世乱，然后天子利天下，国君利国，官长利官"应该是源自《慎子·内篇》"故立天子以为天下也，非立天下以为天子也；立国君以为国也，非立国以为君也；立官长以为官也，非立官以为官长也"。另，《吕氏春秋》在论述势思想时也对《慎子》多有引用，详见本章第二节势论部分。

《吕氏春秋》和齐法家之《管子》在文献上的联系也比较多，详见本章第三节。此不赘述。

综上所论，《吕氏春秋》对法家思想有所继承是不争的事实。

第二节 《吕氏春秋》的法思想

以法治国是法家思想的核心，因此法思想在法家学说中占有举足轻重的地位。法家学说的发展和流变首先就表现为法思想的发展与流变。那么，《吕氏春秋》是如何在法家基础上进一步发展法思想的呢？

一 提倡以法治国，但反对严刑厚赏

先秦法家所谓的法，主要指赏罚，其目的是用正反两种手段保障国家政策顺畅执行。这种管理民众的方法为《吕氏春秋》所继承。《吕氏春

---

① 许维遹集释：《吕氏春秋集释·任数》，中华书局2009年版，第446页。

秋》认为赏罚在治国中很重要，假如没有赏罚，民众就不可能为君所用，所以《用民》说："民之不用，赏罚不充也。"而"赏罚充"的人性基础是"欲荣利，恶辱害"①，"民之于利也，犯流矢，蹈白刃，涉血盭肝以求之。野人之无闻者，忍亲戚兄弟知交以求利"②。但是好利恶害只证明以法治国是可行的，要保证以法治国顺利实现，必须使人民相信法律，而要让人民相信法律就必须做到信赏必罚。因此《用民》又说："辱害所以为罚充也，荣利所以为赏实也。赏罚皆有充实，则民无不用矣。"《吕氏春秋》认为"赏罚充实"是使民的纲纪，掌握了它，民就无所不用。吴国人被利剑刺伤肩头，血流遍地，仍然奋勇前进；越人争着赴汤蹈火，无人后退，都是因为君王能兑现赏罚。所以"赏罚信乎民，何事而不成，岂独兵乎！"③ 而"赏罚不信，则民易犯法，不可使令"④。《吕氏春秋》这一观点与法家刑赏贵必贵诚的实施原则完全一致。韩非说："布帛寻常，庸人不释；铄金百镒，盗跖不掇。不必害则不释寻常，必害手则不掇百镒，故明主必其诛也。"⑤《管子》说："用赏者贵诚，用刑者贵必。刑赏信必于耳目之所见，则其所不见，莫不暗化矣。"⑥ 违法未必受惩罚意味着对犯罪行为的纵容，人们由此可能为了一些微小利益铤而走险，最终将导致整个社会失序失范。犯罪必然受惩罚，即使百镒之金放在眼前，专事偷盗的跖也不会贸然出手。法家强调法律的必然性旨在对民众形成心理威慑，使法律效用得以充分发挥。在这一方面，《吕氏春秋》与法家言无二致。

在赏罚的实施上，《吕氏春秋》与法家相同，那就是只论功过大小，不分远近亲疏。《当赏》说："人臣亦无道知主，人臣以赏罚爵禄之所加知主。主之赏罚爵禄之所加者宜，则亲疏远近贤不肖皆尽其力而以为用矣"，"凡赏非以爱之也，罚非以恶之也，用观归也。所归善，虽恶之，赏。所归不善，虽爱之，罚。此先王之所以治乱安危也"。赏罚是人臣了

---

① 许维遹集释：《吕氏春秋集释·用民》，中华书局 2009 年版，第 524 页。
② 许维遹集释：《吕氏春秋集释·节丧》，中华书局 2009 年版，第 222 页。
③ 许维遹集释：《吕氏春秋集释·慎小》，中华书局 2009 年版，第 675 页。
④ 许维遹集释：《吕氏春秋集释·贵信》，中华书局 2009 年版，第 536 页。
⑤ 陈奇猷校注：《韩非子新校注·五蠹》，上海古籍出版社 2000 年版，第 1099—1100 页。
⑥ 黎翔凤校注：《管子校注·九守》，中华书局 2004 年版，第 1042 页。

解判断君主贤明与否的重要途径。不凭己之私爱而赏，不因己之私恶而罚，赏罚的唯一标准就是功过善恶，这样的君王就能得到臣民的爱戴和拥护，无论亲疏远近贤不肖都心甘情愿为其效劳。那么，判断功过善恶的标准是什么？《吕氏春秋》的答案与法家不同。法家所说的功过善恶以利为标准，于国于君有利即善，反之即恶。《吕氏春秋》则认为功过善恶的标准是礼义，符合礼义的是善，违背礼义的是恶。《义赏》以晋楚城濮之战为例说明这一问题。城濮之战前，晋文公就晋军如何战胜楚军这一问题询问咎犯（也称"舅犯"）和雍季。咎犯回答兵不厌诈，以诈取胜即可。而雍季却说诈谋虽然可以苟且取胜，但因违背礼义终究会失去人心，非长久之计。晋文公采纳了咎犯的主张与楚军作战，大获全胜。但论功行赏时却先雍季后咎犯。原因是："雍季之言，百世之利也；咎犯之言，一时之务也。焉有以一时之务先百世之利者乎？"孔子为此对晋文公称赞不已。《吕氏春秋》认为孔子的评价很正确，认同违背礼义的诈谋可以获取一时成功，但最终后患无穷这一观点。同一事例又见于《韩非子·难一》，不同的是韩非对晋文公的做法严加批判。他说：

> 文公不知一时之权，又不知万世之利。战而胜，则国安而身定，兵强而威立，虽有后复，莫大于此，万世之利奚患不至？战而不胜，则国亡兵弱，身死名息，拔拂今日之死不及，安暇待万世之利？待万世之利，在今日之胜；今日之胜，在诈于敌；诈敌，万世之利而已。

韩非认为，文公行赏时先雍季后咎犯是错误的，孔子亦"不知善赏"。很显然，韩非的观点与儒家针锋相对。他认为，比起胜利之于国家和国君的重要性，诈谋之举是否符合礼义完全可以忽略不计；用什么手段获得胜利不能用作赏罚的标准，能否给国家和国君带来利益才是最终决定赏罚的准绳。而《吕氏春秋》的观点与儒家相合，那就是义利之间，应该先义后利。诈谋不合礼义，所以即使有利于国家也不能赏。反对诈谋就是坚持礼义，所以必须赏。《义赏》甚至提出用刑赏促进儒家礼义教化：

> 赏罚之柄，此上之所以使也。其所以加者义，则忠信亲爱之道

彰。久彰而愈长，民之安之若性，此之谓教成。教成，则虽有厚赏严威弗能禁。故善教者不以赏罚而教成，教成而赏罚弗能禁。用赏罚不当亦然。奸伪贼乱贪戾之道兴，久兴而不息，民之雠之若性。戎、夷、胡、貉、巴、越之民是以，虽有厚赏严罚弗能禁。郢人之以两版垣也，吴起变之而见恶。赏罚易而民安乐。氐、羌之民，其虏也，不忧其系累，而忧其死不焚也，皆成乎邪也。故赏罚之所加，不可不慎。且成而贼民。

这实际是要求作为法律的刑赏要与儒家倡导的礼义的价值取向一致，刑赏的实施须以礼义为标准，如此则可以有力促进忠信亲爱之道的传播，久而久之，在法律的约束下，良好的道德习俗在社会上就会蔚然成风。作为法律的刑赏成为推广和实施道德礼义的工具。由此看来，虽然《吕氏春秋》主张刑赏不论远近亲疏，只以功过善恶为标准，但因为它判断功过善恶的标准与法家不同，这就意味着二者的相似是表象，相异才是本质。所以《吕氏春秋》提出违背刑赏公平的执法原则"凡使贤不肖异：使不肖以赏罚，使贤以义。故贤主之使其下也必义，审赏罚，然后贤不肖尽为用矣"①，也就不觉得难以理解了。这是《吕氏春秋》汲取儒法两家思想而没有融会贯通必然产生的矛盾。

《商君书》和《韩非子》都主张严刑厚赏，认为这种以人性好利恶害、趋利避害为基础的做法可以最大限度调动民众为国家服务。《商君书·去强》说："怯民使以刑，必勇；勇民使以赏，则死。"《韩非子·五蠹》有："夫古今异俗，新故异备。如欲以宽缓之政、治急世之民，犹无辔策而御悍马，此不知之患也。"② 但是《吕氏春秋》不同，而认为严刑厚赏是"衰世之政"③，达不到统治阶级追求治世的目的，因为"民不畏死，奈何以死畏之"。《知分》篇中，白圭与夏后启的一段对话正说明了这一问题。白圭问邹公子夏后启什么是正直之士的节操、平民百姓的志向。夏后启回答："认为可以做，就去做，天下谁都不能禁止他；认为不

---

① 许维遹集释：《吕氏春秋集释·知分》，中华书局 2009 年版，第 557 页。
② 陈奇猷校注：《韩非子新校注·五蠹》，上海古籍出版社 2000 年版，第 1096 页。
③ 许维遹集释：《吕氏春秋集释·上德》，中华书局 2009 年版，第 518 页。

可以做，就不去做，天下谁都不能驱使他。"白圭又问："利益也不能驱使他吗？威严也不能禁止他吗？"夏后启回答："生不足以使之，则利曷足以使之矣？死不足以禁之，则害曷足以禁之矣？"正因为此，《吕氏春秋》认为刑赏的效用是有限度的。不合理、过度的刑罚不仅起不到法律应起的作用，反而导致事与愿违。《用民》用一个形象的事例说明这一点。一宋人骑马赶路，马不肯走，宋人就将其杀死扔到水里，然后换一匹马继续赶路。调换后的马匹依然不走，宋人又把它杀死扔到水里。如此反复，问题却始终没有解决。《用民》说，即使善于驾车的造父对马树立威严也不过如此。宋国人没有学到造父驭马的正确方法，只学到了试图用无度的惩罚树立自己的权威，这不仅没有好处反而坏处多多。愚笨的君主也类似，他们在治国用民上"不得其道，而徒多其威。威愈多，民愈不用。亡国之主，多以多威使其民矣"。威于治国仿佛盐之于菜肴，缺少，菜肴淡而无味，亦不符合健康要求；过量，菜肴就会咸得无法入口，也会伤害健康。《吕氏春秋》这一观点正是针对秦国自孝公以来使用法家"严刑厚赏"治国思想而论的。《用民》的下一篇《适威》更加明确地阐述了这一点。《适威》意即君主树立自己的威严要适度，可以看作对《用民》篇关于君主权威论述的补充。在这一篇，作者列举的两个例子与秦国实际非常相似。第一个例子是魏武侯问李克吴国为什么会灭亡。李克回答"骤战而骤胜"，意即屡战屡胜。武侯听了疑惑不解，说："骤战而骤胜，国家之福也。其独以亡，何故？"李克说："骤战则民罢，骤胜则主骄。以骄主使罢民，然而国不亡者，天下少矣。骄则恣，恣则极物。罢则怨，怨则极虑。上下俱极，吴之亡犹晚。"屡战屡胜的结果是主骄民疲。主骄就会放纵，放纵就会穷奢极欲；民疲就会怨恨，怨恨就会产生巧诈之心，国家怎能不灭亡？秦国因为变法彻底而日益强大，加之奖励农战政策的实施，鼓舞了民众积极投身于战争的热情，因此与其他诸侯国作战，虽不能说屡战屡胜，但也是以胜居多。吕不韦敏锐地察觉到其中隐藏的危机，因此提出君主要适度用威，不能过度使用民力。另一个例子是说有一个擅御者东野稷，他驾车无论前进后退左转右转都合乎规则，卫庄公为此非常欣赏他，认为造父的驾车技术也比不过他。但是颜阖从东野稷对他的马无限度地苛刻使用上预见"其马必败"。没多久，东野稷的马果然累死了。作者由此得到一个道理，"数为令而非不从，巨为危而罪不敢，重为任而罚不胜。民进则欲其赏，退则畏其罪。知其能力之不足也，则以为继矣。以为继知，则上又从而罪之，是以罪召罪，上下之相仇也，由是起矣。故礼烦则不庄，业烦则无功，令苛则不听，禁多则不行"①。鉴于此，《吕氏春秋》认为："今世之言治，多以严罚厚赏，此上世之若客也。"②又说："当尧之时，未赏而民劝，未罚而民畏，民不知怨，不知说，愉愉其如赤子。今赏罚甚数，而民争利且不服，德自此衰，利自此作，后世之乱自此始。"③这里所说的"今世""今"显然指的是秦国。由此看出，《吕氏春秋》对严刑厚赏的批判正是对秦国长期奉行的晋法家思想的矫正。

因为认识到刑赏的局限性，《吕氏春秋》在以法治国的同时提出以德服民，以义治民。《功名》说："善为君者，蛮夷反舌殊俗异习皆服之，德厚也。"《用民》说："凡用民，太上以义，其次以赏罚。"这就使得它的刑赏观念与法家同中有异，异中有同。

可以看出，在刑赏观念上，无论是对刑赏局限性的认识、对严刑厚赏的批判，以及主张刑赏之余尚需重视德政、教化在国家治理中的作用，《吕氏春秋》都更接近齐法家之《管子》，而区别于晋法家之《商君书》和《韩非子》。《管子》主张以法治国，但不忽视道德在治国中的作用。对道德的重视在《管子》中俯拾皆是，譬如君臣、臣民和谐必须以遵守礼、义为前提，选拔官吏时置德于才之前，注重战争的正义性等。尤其是德与力相遇时，与晋法家把力置于德之前恰好相反，《管子》常把德置于力之前。《霸言》曰："霸王之形，德义胜之，智谋胜之，兵战胜之，地形胜之，动作胜之，故王之。"《君臣上》说："身立而民化，德正而官治。治官化民，其要在上。"《吕氏春秋》在法思想上与齐法家的相似和与晋法家的区别与它们的民众观念完全一致。《商君书》和《韩非子》视民为实现富国强兵政治目标的工具，国家大事不能征求民意，更不能以顺民心为指向。《管子》则认为民众是国家的根本。《权修》说："欲为天下者，必重用其国。欲为其国者，必重用其民。"当桓公问管仲如何成就霸业时，管仲回答"必从其本事"。接着又解释齐国的老百姓就是桓公成大

---

① 许维遹集释：《吕氏春秋集释·适威》，中华书局2009年版，第530—531页。
② 许维遹集释：《吕氏春秋集释·上德》，中华书局2009年版，第522页。
③ 许维遹集释：《吕氏春秋集释·长利》，中华书局2009年版，第549页。

事修霸业之本。《吕氏春秋》对民众在国家中地位和作用的认识与《管子》相同。《务本》说："安危荣辱之本在于主，主之本在于宗庙，宗庙之本在于民。"所以治国就要顺应民心民情民意，"先王先顺民心，故功名成。夫以德得民心以立大功名者，上世多有之矣。失民心而立功名者，未之曾有也。得民必有道，万乘之国，百户之邑，民无有不说。取民之所说而民取矣，民之所说岂众哉！此取民之要也"①。《吕氏春秋》还认为，管仲、商鞅分别能在齐国、秦国取得成功，成就霸业，离不开民众的支持，"汤、武因夏商之民也，得所以用之也。管、商亦因齐秦之民也，得所以用之也"②。这样的民众观，自然不会主张对民众实施严刑重罚。也正是因为民众观的相似，《吕氏春秋》和《管子》对法的认识就更接近。

二 阴阳刑德思想

中国古人认为，人类生活的社会环境和宇宙自然是一个互相关联、不可分割的统一体。社会秩序一旦遭到破坏，势必就会影响到宇宙秩序。因此，法律作为维护人类社会秩序最重要的工具，无论其制定还是执行都应该以自然为范式，这就是学者们所说的法律的自然化。沈家本《历代刑法考》、瞿同祖《中国法律与中国社会》对此均有论述。法律的自然化又被称为四时刑德思想，它的核心内容就是人类社会对刑赏的执行要与自然界阴阳四时相合。春夏阳气生发，是生长的季节，故以行赏；秋冬阴气盛行，天地间萧瑟肃杀，故用于刑罚。《左传》襄公二十六年有曰："古之治民者，劝赏而畏刑，恤民不倦。赏以春夏，刑以秋冬。"《周礼》称掌刑罚的司寇曰秋官，体现的是同一精神。产生于战国前期的《黄帝四经》对此亦有论述。《十六经·观》说："春夏为德，秋冬为刑。先德后刑以养生。……先德后刑，顺于天。"《管子》对这一理论做了进一步的推展。③ 而《吕氏春秋》在《管子》的基础上初步形成了较为系统的阴阳刑德理论，直接影响了董仲舒的阴阳刑德和天人感应思想的形成。这也是法家在秦汉时期一个显著的发展变化。

---

① 许维遹集释：《吕氏春秋集释·顺民》，中华书局2009年版，第199—200页。
② 许维遹集释：《吕氏春秋集释·用民》，中华书局2009年版，第524页。
③ 《管子》对阴阳刑德思想的发展详见拙著《中和与绝对的抗衡——先秦法家思想比较研究》，中国社会科学出版社2007年版。

《吕氏春秋》中有十二纪。配合阴阳刑德思想，十二纪对每一个月应该做什么、不能做什么都提出了非常详细的要求，并加以叙述。这就使得阴阳刑德思想变得具体可行，而不再仅仅是一个笼统模糊的观念。譬如秋冬主杀伐，有关兵戎和刑律之事都在这一时节进行。《孟秋纪》说：

> 立秋之日，天子亲率三公九卿诸侯大夫，以迎秋于西郊。还，乃赏军率武人于朝。天子乃命将帅，选士厉兵，简练桀俊，专任有功，以征不义，诘诛暴慢，以明好恶，巡彼远方。是月也，命有司修法制，缮囹圄，具桎梏，禁止奸，慎罪邪，务搏执；命理瞻伤察创，视折审断，决狱讼，必正平，戮有罪，严断刑。

《仲秋纪》：

> 命有司申严百刑，斩杀必当，无或枉桡，枉桡不当，反受其殃。

《季秋纪》：

> 乃趣狱刑，无留有罪，收禄秩之不当者，共养之不宜者。

《孟冬纪》：

> 察阿上乱法者则罪之，无有掩蔽。……工有不当，必行其罪，以穷其情。……是月也，乃命水虞渔师收水泉池泽之赋，无或敢侵削众庶兆民，以为天子取怨于下，其有若此者，行罪无赦。

《仲冬纪》：

> 其有侵夺者，罪之不赦。……是月也，可以罢官之无事者，去器之无用者，涂阙庭门闾，筑囹圄，此所以助天地之闭藏也。

《季冬纪》：

> 天子乃与卿大夫饬国典，论时令，以待来岁之宜。

可以看出，秋冬季所做事项均与法律、军事相关。与此相对应，春夏季因为是万物萌发生长的季节，所以这时一定要禁止兵戎、狱讼之事。《孟春纪》有：

> 是月也，不可以称兵，称兵必有天殃。兵戎不起，不可以从我始。无变天之道，无绝地之理，无乱人之纪。孟春行夏令，则风雨不时，草木早槁，国乃有恐；行秋令，则民大疫，疾风暴雨数至，藜莠蓬蒿并兴；行冬令，则水潦为败，霜雪大挚，首种不入。

同理，仲春、季春、孟夏、仲夏、季夏也是不可行秋令和冬令的。《吕氏春秋》阴阳刑德思想的来源或许众多，但不可否认，齐法家之《管子》是其中最重要的一环。

第三节 《吕氏春秋》的术论和势论

围绕着以法治国思想，先秦法家又衍生出了术论和势论。法主要指刑赏，术指君主以刑赏御臣，势指君主凭借刑赏而拥有的威势。所以术论是专制社会伴随着以法治国的实施必然产生的政治管理手段，而势是必不可少的政治管理资源。

一 术论

术是法家思想的重要内容。除了申不害以术著称，《商君书》《管子》中也都有关于术的论述。至于《韩非子》，其中术的内容就更丰富了。所以郭沫若先生说："韩非是这样的一位天才，而又生具公子的身份，使他采取了君主本位的立场，故他对于'术'便感觉着特殊的兴趣。他的书中关于'术'的陈述与赞扬，在百分之六十以上。"[1] 因此，后人在继承、发展法家思想时自然不能回避其中的术思想。

---

[1] 郭沫若：《十批判书·韩非子的批判》，东方出版社1996年版，第369页。

什么是术？韩非定义说："因任而授官，循名而责实，操杀生之柄，课群臣之能者也，此人主之所执也。"① 概括起来就是凭借法和势审合形名，进而实现"无为而治"，这是法家术治的核心。从大的方面说，术是一种治国方法和策略；从小的方面说，术是专制政权下君主御臣的手段。二者实为一个问题的两个方面。因为治国必得管好臣吏，臣吏廉洁奉公国家自然秩序井然、安定和谐。因此，在讨论《吕氏春秋》如何继承并发展法家术思想之前，首先要了解它对君臣关系的认识，因为这是术治产生的基础。

《吕氏春秋》首先肯定设立君主（或天子）的必要性和重要性。作为个体的人力量非常有限，但汇聚成群体的人却能够"制禽兽，服狡虫"，因为他们可以凝聚个体力量，实现团体协作，汇溪流成江海。在这样一个由弱小而强大的过程中，君主和君主原则就产生了。这是治理国家这个复杂的政治工程中最关键的一步，所以《吕氏春秋》有云："为一国长虑莫如置君也。"② 而战国诸侯混战、弱肉强食的现实使吕不韦及其门客更加深刻地认识道："乱莫大于无天子，无天子则强者胜弱，众者暴寡，以兵相残，不得休息，今之世当之矣。"③

肯定了君主（天子）之于一个国家的重要性后，《吕氏春秋》提出为君必须遵守君道。"置君非以阿君也，置天子非以阿天子也，置官长非以阿官长也。德衰世乱，然后天子利天下，国君利国，官长利官。"④ 因此，君主如不遵守君道，民众就可以将其废弃，以便"立其行君道者"。那么，什么是君道？答曰："利而物利章。"⑤ 即为人民谋公利而不是为个人谋私利。⑥ 这种约束君主的思想体现出吕不韦超前的政治眼光，是先秦法家所不具备的。《韩非子》的君臣思想多要求臣忠诚于君，而对君的要求相对较少。《管子》虽然主张君臣之间要相对而待，即君如何待臣，臣就

---

① 陈奇猷校注：《韩非子新校注·定法》，上海古籍出版社2000年版，第957页。
② 许维遹集释：《吕氏春秋集释·恃君》，中华书局2009年版，第546页。
③ 许维遹集释：《吕氏春秋集释·谨听》，中华书局2009年版，第296页。
④ 许维遹集释：《吕氏春秋集释·恃君》，中华书局2009年版，第546页。
⑤ 同上书，第545页。
⑥ 张双棣等注译《吕氏春秋译注》："'物'通'勿'。章即原则。"北京大学出版社2011年版，第601页。

如何待君，但也没有臣民可以废无道之君的观念。正因为对君的认识是建立在为公的基础上，《吕氏春秋》又提出君主要"慎小"，即在和大臣相处时谨慎自己的言行。因为，"主过一言，而国残名辱，为后世笑"①，卫献公无礼于大臣而被驱逐失去君位就是一个典型事例。②

在约束君主的同时，《吕氏春秋》要求臣子遵守君臣之义，"内之则谏其君之过也，外之则死人臣之义也"③。所以它肯定豫让不肯借侍奉赵襄子为智伯报仇的做法，因为为了以前的君主而戕害现在的君主是违犯君臣之义的；它也认同柱厉叔虽然不被莒敖公赏识，但当莒敖公有难时，柱厉叔"往死之"的行为。总而言之，《吕氏春秋》对君臣关系的认识比法家，特别是比晋法家要温和许多，没有韩非所说"上下一日百战"那般功利、冷漠和剑拔弩张的紧张感。但这不等于它就认为君臣之间可以和平共处，平等以待。它依然坚持君臣之间"上尊下卑"④，"主执圜，臣处方，方圜不易，其国乃昌"⑤。"方圜不易"即君永远是君，臣永远是臣，二者尊卑地位不变是国家昌盛的保证。而君主要保证君位稳固必得娴熟运用御臣之术。没有御臣之术，想当然地认为大臣可以自觉地履行职责，忠诚于君，这是天方夜谭。所以《慎势》篇说："失之乎数，求之乎信，疑。"这句话见于《韩非子·难三》，原文是："申子曰：'失之数，而求之信，则疑矣。'"这里的"数"即"术"。可见《吕氏春秋》也是重术的。

《吕氏春秋》术论的核心是"无为而治"。高诱说："此书（引者按，即《吕氏春秋》）所尚，以道德为标的，以无为为纲纪。"⑥ 因循、君臣有分、重分职、审合形名既是《吕氏春秋》"无为而治"术论的前提，也是它的重要内容。

《吕氏春秋》认为"因循"是君王成功的必要条件。

受道家影响和启发，《吕氏春秋》主张因天顺时，遵守自然规律。该书的结构方式以及对"因"之重要性的反复论述已充分说明这一点。具

---

① 许维遹集释：《吕氏春秋集释·慎小》，中华书局2009年版，第673页。
② 同上。
③ 许维遹集释：《吕氏春秋集释·恃君》，中华书局2009年版，第546页。
④ 许维遹集释：《吕氏春秋集释·慎小》，中华书局2009年版，第672页。
⑤ 许维遹集释：《吕氏春秋集释·圜道》，中华书局2009年版，第79页。
⑥ 高诱：《吕氏春秋序》，见许维遹集释《吕氏春秋集释》，中华书局2009年版，第3页。

体到政治管理上，《吕氏春秋》认为"因"才能充分发挥臣民的才能，"因"才能事半功倍。当然，最重要的是"因"才能实现"无为而治"。所以《任数》篇说："古之王者，其所为少，其所因多。因者，君术也。为者，臣道也。为则扰矣，因则静矣。因冬为寒，因夏为暑，君奚事哉！故曰，君道无知无为，而贤于有知有为，则得之矣。"《知度》说："有道之主，因而不为。"

　　前文已述，在君臣关系上，《吕氏春秋》主张君臣有分。所谓君臣有分不仅指君臣地位的不同，还包括君臣在国家政治体系中的功用和担当职责的不同。《分职》一篇专门论述这一问题。其中说到，懂得为君之道的君主"处虚素服而无智，故能使众智也；智反无能，故能使众能也；能执无为，故能使众为也。无智、无能、无为，此君之所执也"。而不知如何为君的君主则相反，"以其智强智，以其能强能，以其为强为。此处人臣之职也。处人臣之职，而欲无壅塞，虽舜不能为"①。通乎君道之君"能令智者谋矣，能令勇者怒矣，能令辩者语矣"②，所以看似"无为"却把国家治理得井井有条。不通君道之君，事必躬亲，国家却混乱无序。《审分》开篇就说："凡人主必审分，然后治可以至，奸伪邪辟之涂可以息。"这里说的"审分"就是明确君臣各自的职责。作者把君主用人比喻为人驾车。人与马赛跑，一定跑不过马。但是人坐在马车上驾驭马，马就为人所用。人臣仿佛马匹，君主一个人的智慧和能力不能与众多大臣相比，但是假如君主认识到君有君职，臣有臣责，能够充分调动每个大臣的才智，他们就为君主所用。无论多么灵敏的耳朵，十里之外的声音就听不到了；无论多么优良的视力，隔着帷幕、墙壁也看不到另一面的情形；无论多么智慧的心灵，对三亩大宫室的情况也不能了解得非常透彻。所以，君主要善于凭借臣子的耳朵聆听民众的声音，凭借臣子的眼睛观察官吏的所作所为，凭借臣子的智慧解决治国中遇到的问题，只有这样，君主才能在安逸中享受国家被治理好的快乐。

　　无为而治的第三个前提和内容是分职、审合形名。

　　官吏职责分明是审合形名、判断官吏政绩所必需。所以"至治之务

---

① 许维遹集释：《吕氏春秋集释·分职》，中华书局2009年版，第666页。
② 同上书，第667页。

在于正名，名正则人主不忧劳矣，不忧劳则不伤其耳目之主"①，"不正其名，不分其职，而数用刑罚，乱莫大焉"②。这里所说的"正名""审分"主要指明确官吏的职掌范围。职掌范围清晰，才能核查官吏称职与否；核查出官吏称职与否，奖惩才能公平公正实施。"正名"和"审分"仿佛车御手中紧握的"辔绳"，有了它们车马才能平稳运行。《审分》说：

> 王良之所以使马者，约审之以控其辔，而四马莫敢不尽力。有道之主，其所以使群臣者亦有辔。其辔何如？正名审分，是治之辔已。故按其实而审其名，以求其情；听其言而察其类，无使放悖。夫名多不当其实，而事多不当其用者，故人主不可以不审名分也。不审名分，是恶壅而愈塞也。壅塞之任，不在臣下，在于人主。

《处方》篇中，作者以韩昭釐侯的一个事例说明"正名""审分"的重要。韩昭釐侯出猎，所乘马车一侧的皮带松弛，昭釐侯告知车夫。后来，韩昭釐侯去射鸟时，他的车右把松弛的皮带重新系紧，使之长短适宜。打猎结束回去的路上，韩昭釐侯发现了这一变化，但是他不但没有奖赏车右，反而对他和车夫一起进行了责罚。因为车夫没有履行自己的职责，有失职之过；而车右做了不在自己职责范围的事，有越职之罪。判断失职和越职与否的标准就是以其所做——实，正其名、分——职责范围，实与名（分）符则奖，不符则罚。这一事例和《韩非子·二柄》所叙"典冠与典衣"的例子相同。韩昭侯醉而寝，典冠怕君主着凉，因此做了典衣应该做的事，把衣服盖在昭侯身上。昭侯醒来后，因典衣失职、典冠越职而对他们都进行了责罚。韩昭侯即韩昭釐侯。

审合形名要求君主去除喜怒爱恶之心，做到虚静以待，这样才便于正确判断臣子所作所为。《知度》说："去爱恶之心，用虚无为本，以听有用之言。"《审应》篇说："凡主有识，言不欲先。人唱我和，人先我随。以其出为之入，以其言为之名。取其实以责其名，则说者不敢妄言，而人

---

① 许维遹集释：《吕氏春秋集释·审分》，中华书局2009年版，第435页。
② 同上书，第434页。

主之所执其要矣。"通过审合形名实施赏罚，受赏者不感激君主，被罚者不怨恨君主，这就是至治之世。

和法家一样，《吕氏春秋》重视"无为"给君主带来的诸多益处：

第一，以最小成本获得最大管理效益。《当染》说："古之善为君者，劳于论人而佚于官事，得其经也。不能为君者，伤形费神，愁心劳耳目，国愈危，身愈辱，不知要故也。"而所谓"善为君者"就是能够正确使用君无为臣无所不为御臣之术的君主。《圜道》有："百官各处其职、治其事以待主，主无不安矣。以此治国，国无不利矣。以此备患，无由至矣。"

第二，便于树立君主的权威。无为而治要求君主无知无识，少说少做，所思所想深藏不露，大臣揣摩不透君主的心思，就会产生畏惧之感，如此则君的权威自然树立。所以《君守》篇说："善为君者无识，其次无事。有识则有不备矣，有事则有不恢矣。""不备""不恢"即防备不周密，出现漏洞。

第三，便于君主奖优罚劣。只有君无为，臣才能无不为，臣无不为使得臣之才德得以充分表现，君主因此知道如何实施赏罚。《审分》说："夫人主亦有居车，无去车，则众善皆尽力竭能矣，谄谀诐贼巧佞之人无所窜其奸矣，坚穷廉直忠敦之士毕竞劝骋骛矣。""居车"即端坐车上，驾驭车马，使车马为我所用。"去车"即离开车马，去做车马该做的事。君主"居车"则善恶贤不肖尽显，因此奖惩分明；君主"去车"则长幼失序，鱼龙混杂，有亡国之危。

第四，保证了君主的最大利益。君无为臣无所不为使得凡臣子所为有错归臣，有功归君，即《分职》所说："夫马者，伯乐相之，造父御之，贤主乘之，一日千里。无御相之劳而有其功，则知所乘矣。今召客者，酒酣歌舞，鼓瑟吹竽，明日不拜乐己者而拜主人，主人使之也。""使众能与众贤，功名大立于世，不予佐之者，而予其主，其主使之也。"

从以上分析可以看出，《吕氏春秋》的术论对先秦法家多有继承。从"无为而治"这一法家术论的总纲，到实现"无为而治"需要遵循的前提——因循、分职、审合形名，《吕氏春秋》亦步亦趋地模仿着先秦法家。但不同的是，《吕氏春秋》的术论多治国之策，而少见不得阳光的阴谋。这一方面，它显然受益于齐法家之《管子》。"管子，人臣也，不任己之不能，而以尽五子之能，况于人主乎！"①《吕氏春秋》对管仲使用"无为而治"治国充满赞誉，其学习、吸收管仲和《管子》优秀的治国理论应是情理中事。

二 势论

《吕氏春秋》的势思想集中体现在《慎势》篇。《慎势》开篇即说到势之于君主的重要："失之乎势，求之乎国，危。吞舟之鱼，陆处则不胜蝼蚁。"权势之于君王就像水之于鱼。在陆地上，小小的蚂蚁都可以欺负庞大的吞舟之鱼，就是因为鱼失去了它的"势"——海水。君王仿佛鱼，而权势于君王而言就仿佛鱼不能须臾离开的水。失去权势，君王就与普通民众无异，所以权势是君王之所以为君王的关键。君王固然需要才学、品德，但势才是他称王的根本，"王也者，势也。王也者，势无敌也。势有敌，则王者废矣"②。在吕不韦和他的门客看来，贤能如商汤、周武王尚且要借助势方能建立功业，不如他们的人又怎能轻言势无足轻重？《慎势》又言："有知小之愈于大、少之贤于多者，则知无敌矣。知无敌则似类嫌疑之道远矣。"这里的"小""少"指君王，"大""多"指民众。为君者要清楚如何才能以小胜大，以少胜多，知道这点就可以无敌于天下，无敌于天下就杜绝了僭越。而在吕不韦及其门客看来，以小胜大，以少胜多的途径不外乎充分利用权势。君王作为个体的力量虽然薄弱，但只要权势在握就可以指挥千军万马，调动全国民众，使举国之人唯自己马首是瞻。从这一角度说，《吕氏春秋》对势的认识与法家完全相同。韩非曾说："势者，胜众之资也"③，"夫马之所以能任重引车致远道者，以筋力也。……威势者，人主之筋力也。今大臣得威，左右擅势，是人主失力。人主失力而能有国者，千无一人"④。《管子·霸言》也明确提出："夫权者，神圣之所资也。"

但是《吕氏春秋》不是一味重势，而是在重势的同时提出："威不可

---

① 许维遹集释：《吕氏春秋集释·勿躬》，中华书局2009年版，第453页。
② 许维遹集释：《吕氏春秋集释·慎势》，中华书局2009年版，第464页。
③ 陈奇猷校注：《韩非子新校注·八经》，上海古籍出版社2000年版，第1045页。
④ 陈奇猷校注：《韩非子新校注·人主》，上海古籍出版社2000年版，第1162页。

无有，而不足专恃。"① 威势须建立在爱民与利民的基础上才能真正发挥作用。"威太甚则爱利之心息，爱利之心息而徒疾行威，身必咎矣。"② 君主必须明白这一点，才能正确使用手中的权势，最终做到无需用威用势就能禁止民众为非。《吕氏春秋》这一对势的认识与齐法家之《管子》相似，与晋法家之《韩非子》则不同。韩非认为君主拥有势就拥有了对众人的生杀予夺之权，就可以为所欲为。他说："凡明主之治国也，任其势。势不可害，则虽强天下无奈何也，而况孟常、芒卯、韩、魏能奈我何？其势可害也，则不肖如如耳、魏齐及韩、魏犹能害之。"③ 韩非认为，当君王的威势强大时，智慧、勇猛之人都将无可奈何于自己。当君王的威势弱小时，庸人都有可能对自己造成伤害。由对势的绝对肯定，韩非否定了削弱势的其他一切因素，如智慧、道德。《难势》说："夫贤之为势不可禁，而势之为道也无不禁……夫贤势之不相容亦明矣。"齐法家之《管子》重势但没有把势绝对化。《管子》认为国君应该凭借势营造的影响力和威望引导、教化民众："夫君人之道，莫贵于胜。胜故君道立，君道立然后下从，下从故教可立而化可成也。"④ 所谓"胜"即通过刑赏建立君主的威势，威势建立，民众就服从君主，这时君主就可以施行教化。《管子》之所以要建立由势到教化这样一条通道，归根结底在于它的民众观中有爱民、利民的因素。《牧民》说："政之所兴，在顺民心；政之所废，在逆民心。民恶忧劳，我佚乐之；民恶贫贱，我富贵之；民恶危坠，我存安之；民恶灭绝，我生育之。能佚乐之则民为之忧劳，能富贵之则民为之贫贱，能存安之则民为之危坠，能生育之则民为之灭绝。"因为爱民，故而不主张一味凭借"势"去战胜民众，而是提倡顺民之心，忧民所忧。在这一点上，《吕氏春秋》的势论与《管子》不谋而合。

《吕氏春秋》认为"势"发挥作用的一个必要条件是"势差"，即人与人之间的权势不能相同、国与国之间的实力不能相当。"势"同就意味着无势，无势则无法役使，无法制约，无法统治。即《慎势》所言"权钧则不能相使"。在这一点上，《吕氏春秋》显然继承了先秦法家。法家

---

① 许维遹集释：《吕氏春秋集释·用民》，中华书局2009年版，第526页。
② 同上。
③ 陈奇猷校注：《韩非子新校注·难三》，上海古籍出版社2000年版，第918页。
④ 黎翔凤校注：《管子校注·正世》，中华书局2004年版，第922—923页。

认为，一个社会中，人与人之间权势的差别是政治管理所必需，势力均衡的情形下，役使与被役使、制约与被制约就无法实现，专制统治就不可能存在。所以《管子·乘马》说："一国之人不可以皆贵，皆贵则事不成而国不利也。为事之不成，国之不利也，使无贵者则民不能自理也……"

《吕氏春秋》一方面继承了法家势论，另一方面又对其进行了发展。主要表现在，首先，它扩大了势的内涵；其次，在法家以法得势的基础上提出了得势的新途径：众封建和严格礼治。

先秦法家思想产生于诸侯争霸时期，故其学说主要围绕如何使诸侯国富强而展开。因此，法家论势通常是从势在一个国家内部政治管理中的作用入手。无论《韩非子》还是《管子》，其势论都局限在一国之内君如何借势驾驭臣民、君失势会有什么危害而言。《吕氏春秋》产生于秦国统一六国前夕，它对势的认识更多建立在国与国的关系上。譬如它从"位尊者其教受，威立者其奸止，此畜人之道"推导出"故以万乘令乎千乘易，以千乘令乎一家易，以一家令乎一人易。尝识及此，虽尧、舜不能。诸侯不欲臣于人，而不得已。其势不便，则奚以易臣？"[1] 从人与人之间"权钧不能相使"推衍出"势等则不能相并，治乱齐则不能相正"[2]。"相并"即兼并，显然指的是诸侯国与诸侯国之间。治与乱指的是国家的政治情况，意即当两个国家政治管理水平相近时，就不可能用一个国家去匡正另一个国家。正因为《吕氏春秋》说势多就国与国而言，所以势的含义在这里除了法家所指的权势之外，还被赋予"实力"的意义。《慎势》说："小大轻重少多治乱不可不察，此祸福之门也。"这里的"小大、轻重、少多、治乱"就是指势，均与国家实力密切相关。下文又有："以大使小，以重使轻，以众使寡，此王者之所以家以完也。故曰以滕、费则劳，以邹、鲁则逸，以宋、郑则犹倍日而驰也，以齐、楚则举而加纲旃而已矣。所用弥大，所欲弥易。……故以大畜小吉，以小畜大灭，以重使轻从，以轻使重凶。"[3] 滕国、费国势单力薄，所以它们役使其他诸侯国就力不从心；邹国、鲁国比滕、费二国强大，因此它们役使其他诸侯国就轻

---

[1] 许维遹集释：《吕氏春秋集释·慎势》，中华书局 2009 年版，第 463—464 页。
[2] 同上书，第 460 页。
[3] 同上书，第 461—462 页。

松许多；至于更加强大的宋国、郑国、齐国、楚国，它们役使别国就举重若轻，非常容易了。所以，楚庄王、楚康王、楚声王分别围攻宋国九个月、五个月、十个月，但最终也不能灭宋，不是宋不可灭，而是因为楚国并不比宋国强大，楚国之势与宋国之势相近，而"势等则不能相并"，因此楚王无法通过灭宋建立功业。"凡功之立也，贤不肖强弱治乱异也。"① 致力于安定社会，安居百姓，成就盖世功名之人，"其势不厌尊，其实不厌多。多实尊势，贤士制之，以遇乱世，王犹尚少"②。在这里，《吕氏春秋》把"势"与"实"相提并论，势尊以实力强大为基础，实力强大是势尊的关键，二者紧密联系。这是在秦国即将统一六国的历史背景下，《吕氏春秋》赋予势的新内涵。

怎样获取势、拥有势？先秦法家和《吕氏春秋》给出了不同的答案。

法家认为以法治国就可以获得势。这里的法具体说来就是刑赏。《韩非子·二柄》说："夫虎之所以能服狗者，爪牙也，使虎释其爪牙而使狗用之，则虎反服于狗矣。人主者，以刑德制臣者也，今君人者释其刑德而使臣用之，则君反制于臣矣。"《人主》篇中，韩非又说："虎、豹之所以能胜人执百兽者，以其爪牙也。当使虎豹失其爪牙，则人必制之矣。今势重者，人主之爪牙也。君人而失其爪牙，虎豹之类也。"可见，刑德之权即君主的"爪牙"，即势。《管子·法法》也说："令重于宝，社稷先于亲戚，法重于民，威权贵于爵禄。故不为重宝轻号令，不为亲戚后社稷，不为爱民枉法律，不为爵禄分威权。"国家法令重于一切，国君尊重法令就是维护自己的势，就是紧紧把握势而不轻易予人。因此，重势就要重法令，重法令就要令行禁止。《正世》说："暴人不胜，邪乱不止，则君人者势伤而威日衰矣。故为人君者，莫贵于胜。所谓胜者，法立令行之谓胜。"因为《吕氏春秋》是就统一的帝国来论势，所以对如何获得势提出了不同的思路，那就是一要"众封建"；二要明等级，防僭越，定分以止争，也就是守礼以得势。这是它对法家势论的第二个发展。

"众封建"即分封诸侯。《吕氏春秋》首先明确了"封建"的目的不是"私贤"——施惠、偏爱贤人，而是为了"便势权威"——增强天子

---

① 许维遹集释：《吕氏春秋集释·慎势》，中华书局 2009 年版，第 465 页。
② 同上书，第 462 页。

的威望和势力，为了"博义"——获得广泛的道义支持。因为"义博则无敌，无敌者安"①。吕不韦及其门客认为神农氏之所以能够十七世拥有天下，就是因为与众人共同享有天下的缘故。由此可知，《吕氏春秋》提倡"封建"实则含有分权势于众、反对独裁和绝对专制的含义在其中。君王可以通过分权而得权，通过分势而得势，这一观念使《吕氏春秋》的势论附着上了一层浓郁的儒家色彩。这是法家势思想中所没有的。从中可以看出，即使是势这一非常法家化的概念，《吕氏春秋》也尝试着将其与儒家思想进行融合。

《吕氏春秋》获得势的第二个途径是严格实施礼治，明确社会中人的不同等级：

> 先王之法，立天子不使诸侯疑焉，立诸侯不使大夫疑焉，立嫡子不使庶孽疑焉。疑生争，争生乱。是故诸侯失位则天下乱，大夫无等则朝廷乱，妻妾不分则家室乱，嫡孽无别则宗族乱。慎子曰："今一兔走，百人逐之，非一兔足为百人分也，由未定。由未定，尧且屈力，而况众人乎？积兔满市，行者不顾，非不欲兔也，分已定矣。分已定，人虽鄙，不争。"故治天下及国，在乎定分而已矣。

《吕氏春秋·慎势》这段话来自《慎子》。自"先王之法"至"嫡孽无别则宗族乱"引自《慎子·德立》。其下以兔论定分之重要不见《慎子》正文，反是因《吕氏春秋》引用并指明是"慎子曰"而被收入《慎子·逸文》。晋法家著作《商君书·定分》亦有相似论述：

> 一兔走，百人逐之，非以兔也。由名之未定也。夫卖者满市而盗不敢取，由名分已定也。故名分未定，尧、舜、禹、汤且皆如鹜焉而逐之；名分已定，贫盗不取②。今法令不明，其名不定，天下之人得议之。其议人异而无定。人主为法于上，下民议之于下，是法令不定，以下为上也。此所谓名分之不定也。夫名分不定，尧、舜犹将皆

---

① 许维遹集释：《吕氏春秋集释·慎势》，中华书局2009年版，第461页。
② "贫盗不取"应为"贪盗不取"。

折而奸之，而况众人乎？此令奸恶大起，人主夺威势亡国灭社稷之道也。……名分定，则大诈贞信，民皆愿愿而各自治也。夫名分定，势治之道也；名分不定，势乱之道也。

《商君书》和《吕氏春秋》用同一个事例说明了定分的重要，它们都认为定分是君主获势和国家安定的前提。但是对于如何定分，吕不韦及其门客和商鞅学派给出的途径却不同。《吕氏春秋》主张以礼，《商君书》主张以法。《吕氏春秋》视儒家之礼为保证君主之势不受侵犯的利器。通过礼区分人的等级，从而确定权力归属，这就是"定分"，分定则无僭越，无僭越就保证了社会各阶层拥有并恪守自己的势力范围，从而使整个社会井然有序。这是《吕氏春秋》与法家在势论上的一个重要差别。这一差别说明，《吕氏春秋》在矫法家一味重法之弊的同时，在自己的思想体系中着意融入儒家礼治，以达到与法家以法治国同样的政治管理效应。这一做法直接启发了汉代贾谊礼法结合的治世观念。

第四节 《吕氏春秋》的君主专制思想

法术势思想、阴阳刑德思想较为鲜明地体现了先秦法家在《吕氏春秋》中的发展与流变。但是除此之外，在君主专制，以及与君主专制密切关联的经济思想、文化主张等方面，《吕氏春秋》对先秦法家也有继承和发展。

一 君主专制

一说到君主专制，人们通常立刻将其与先秦法家联系起来，似乎君主专制是法家的专利。实际不然。以治国为学术归宿的先秦诸子无不追求君主专制，他们视专制为政治管理之理所应当。孟子引孔子言：天上只有一个太阳，所以人世间不应该有两个君王。[①] 荀子认为两个都尊贵的人不能和平共事，两个都低贱的人谁也指使不了谁，这是"天数"。[②] 也就是说

---

① 参见杨伯峻译注《孟子译注·万章上》，中华书局2005年版，第215页。
② 王先谦集解：《荀子集解·王制》，中华书局1988年版，第152页。

"势"差是合作的前提。墨子直截了当地说天子认可的民众也必须认可，天子否定的民众也必须跟着否定。① 也就是说国事唯天子马首是瞻。这不是君主专制又是什么？产生于秦统一前夕的《吕氏春秋》自然也摆脱不了这一时代局限。吕不韦及其门客对统一后国家政治的设计依然是在专制框架内。《慎势》篇之后，《不二》和《执一》对专制之重要性和必然性进行了论述。所谓"不二"就是"执一"，即追求"一"，追求独断和专行。《不二》篇首句就提出统一思想的重要："听群众人议以治国，国危无日矣。"接着列举了先秦诸子中十个有代表性的人物及其各个不同的主张，旨在说明，每个人主张不同，每个人的主张听起来都言之成理，因此君王如果完全听从民众就会手足无措，国无可治。所以，治国就像打仗，战场上为了统一行动需要金鼓发出号令，治国中为了一同民众之心就必须"同法令"，从而使"智者不得巧，愚者不得拙"，"勇者不得先，惧者不得后"②，无论智勇者还是愚懦者在国家法令面前一律平等，如此则君安国治。在《吕氏春秋》的作者看来，君主专制下的以法治国是最佳政治管理手段，"齐万不同，愚智工拙皆尽力竭能，如出乎一穴"③ 是圣人才能实现的治国方略。《不二》篇之后是《执一》。其言曰："一则治，两则乱"，"今御骊马者使四人操一策，则不可以出于门闾者，不一也"。由此可知"执一"之意即独执权势，即君主专制。

与法家之商鞅和韩非主张的极端、绝对的君主专制不同的是，《吕氏春秋》提出要给君主以约束，尽管这种约束的力量非常微小，不能从根本上解决专制政权的弊端，但却是对法家君主专制思想的发展。

《吕氏春秋》给专制政权下最高统治者骄奢淫逸、为所欲为的弊端开出的药方是道家的重己贵生理论。《执一》篇在论述了"执一"的重要性之后，借楚王与詹何的对话指明身、家、国、天下"异位同本"，因此治国如治身，君王懂得治身才能掌握正确的治国之道。至于如何治身，这是《吕氏春秋》开篇即讲的问题。《吕氏春秋》认为，人生在世，没有什么比个体生命更重要，"论其贵贱，爵为天子，不足以比焉。论其轻重，富

---

① 孙诒让：《墨子间诂·尚同中》，中华书局2001年版，第81页。
② 许维遹集释：《吕氏春秋集释·不二》，中华书局2009年版，第468页。
③ 同上。

有天下，不可以易之"①。每个人的生命只有一次，失则不能复得，所以有道之人通常都会谨慎对待生命。愚昧者却多以性养物，本末倒置，其结局是"每动无不败"。这种人治国，必然是悖君乱臣，国家的灭亡在所难免。言外之意，不重身、不会修身之人也治不好国家。修身则要求好俭恶费，适欲安性，担负着治国重任的君王如想治好国家也应该首先做到这一点。讲清楚身与国的关系以及如何修身之后，《执一》篇又用吴起与商文的对话引出对君王的警戒："凡能全国完身者，其唯知长短赢绌之化邪！"这是要求君主必须"自知"。专制政权下，至高无上的君王常常惑于众人的恭维奉承而自以为是、刚愎自用，所以《吕氏春秋》认为君王修身的关键之一在于"自知"："存亡安危，勿求于外，务在自知"②，而"败莫大于不自知"。君王只有了解自身的优缺点才能扬长避短，"全国完身"，否则将倾造大难，身死国亡。《吕氏春秋》把修身与治国密切联系起来以制约君王的做法，与墨子试图通过"明天鬼"、董仲舒意欲借阴阳五行来约束最高统治者本质上相同，其作用之大小取决于君主自身。由此，其效用之有限也就可想而知了。

《吕氏春秋》的君主专制思想的重要来源就是晋法家思想。

与《吕氏春秋》之"不二""执一"意近，《商君书》提出"作壹"。《商君书·农战》篇反复论述"作壹"的重要性：

> 民见上利之从壹空出也，则作壹；作壹，则民不偷营；
>
> 王道作外身作壹而已矣；
>
> 凡治国者，患民之散而不可抟也，是以圣人作壹抟之也。国作壹一岁者十岁强，作壹十岁者百岁强，作壹百岁者千岁强，千岁强者王。君修赏罚以辅壹教，是以其教有所常而政有成也；
>
> 明君修政作壹，去无用，止浮学事淫之民壹之农；
>
> 圣人之治国，作壹抟之于农而已矣。

商鞅学派之"作壹"主要有三层含义：一，壹民众于农战。即所有

---

① 许维遹集释：《吕氏春秋集释·重己》，中华书局2009年版，第19页。
② 许维遹集释：《吕氏春秋集释·自知》，中华书局2009年版，第647页。

国民只能从事两种职业：农夫和战士。其次是"壹教"。控制民众思想，使其按国家的要求整齐划一。第三是"壹刑"。即《商君书·赏刑》所言："刑无等级，自卿相、将军以至大夫、庶人，有不从王令，犯国禁，乱上制者，罪死不赦。"以上"作壹"的诸种含义最终都指向君主专制，与《吕氏春秋》之"不二""执一"内涵相似。

《吕氏春秋·执一》篇有一个描述君主专制的比喻"今御骊马者使四人操一策，则不可以出于门闾者，不一也"。其源自《韩非子·外储说右下》所述"王良造父御马"的故事：

  王良造父天下之善御者也，然而使王良操左革而叱咤之，使造父操右革而鞭笞之，马不能行十里，共故也。
  今王良造父共车，人操一边辔而入门闾，驾必败而道不至也。

韩非用这个故事说明君主专制的重要性。善御如造父，假如有人与其一起驾车，则必导致马不知所从而难以到达目的地。既如此，人主又怎么能与臣子"共权以为治"？所以"军必有将，所以一之也；国必有君，所以一之也；天下必有天子，所以一之也；天子必执一，所以抟之也"[①]。将之于军、君之于国、天子之于天下都是为了统一众人的言行而存在。而要实现这一目的，将、君、天子都必须执掌独一无二的权力。"抟之"即使天下之人聚集在自己身边，成为可以调配的力量。假如天子不"执一"，"抟之"就只能是空中楼阁。综上所述，《商君书》和《韩非子》可以说是《吕氏春秋》君主专制思想的上源。可见，自商鞅变法以来，法家思想始终影响着秦国政治，而秦国政治也在实践中丰富发展着法家思想。

二 经济观念

在经济观念上，《吕氏春秋》与晋法家之《商君书》和《韩非子》非常接近，其重要表现就是重农。《吕氏春秋·贵当》有曰："霸王有不先耕而成霸王者，古今无有。此贤者不肖之所以殊也。"揭示了农业在国

[①] 许维遹集释：《吕氏春秋集释·执一》，中华书局2009年版，第469页。

家中的战略地位，也是重农的原因所在。《吕氏春秋》中《上农》《任地》《辩土》《审时》四篇专门论述与农业相关的问题。其中《上农》篇最能看出吕不韦及其门客对农业的态度。《上农》开篇即指出，重农不仅是经济发展的需要，同时还是政治管理的需要：

> 古先圣王之所以导其民者，先务于农。民农非徒为地利也，贵其志也。民农则朴，朴则易用，易用则边境安，主位尊。民农则重，重则少私义，少私义则公法立，力专一。民农则其产复，其产复则重徙，重徙则死其处而无二虑。民舍本而事末则不令，不令则不可以守，不可以战。民舍本而事末则其产约，其产约则轻迁徙，轻迁徙则国家有患皆有远志，无有居心。民舍本而事末则好智，好智则多诈，多诈则巧法令，以是为非，以非为是。后稷曰："所以务耕织者，以为本教也。"

这一观念完全承商鞅学派而来，是对商鞅重农思想的继承。略有不同的是《吕氏春秋》重农却不排斥工商。《上农》说："凡民自七尺以上，属诸三官：农攻粟，工攻器，贾攻货。"民众成年以后分属农、工、商三个不同行业，这就意味着工商业的存在合理合法，工商业者与农人只有社会分工的不同，没有社会地位的差别。而在《商君书》中，我们看到的是工商业，特别是商业，被置于和农业完全对立的地位。为了发展农业，促使民众向农，国家就要从不同方面限制打击工商业。《韩非子》则干脆把从事工商者视为国之"五蠹"之一。《吕氏春秋》与晋法家的这种不同显然与吕不韦自身本就是一个大商人有密切关系。张双棣先生说："《史记·货殖列传》记载，秦王政命大畜牧主乌氏倮'比封君，以时与列臣朝请'；并为依靠开掘丹砂致富的寡妇清筑女怀清台。这些事都发生在吕不韦执政时期，'鄙人牧长，穷乡寡妇'如此豪富，能够'礼抗万乘、名显天下'，无疑是吕不韦鼓励工商的经济政策带来的结果。由此也可以看出秦国经济发展的一斑。"[①] 吕不韦是由商界进入政界的政治家，因此不可能禁绝商业和工业。

---

① 张双棣等注译：《吕氏春秋译注·前言》，北京大学出版社2011年版，第2页。

先秦诸子中，最重视农业生产的有两家，一是法家，一是农家。农家对后世的影响远不如法家大，所以中国古代重农的传统得益于法家的成分更多一些。法家，无论是晋法家还是齐法家均视农业为国家经济命脉。二者的不同只是在于晋法家重农抑工商，而齐法家重农的同时主张适度发展工商业。秦汉时期，无论是吕不韦还是贾谊、晁错，乃至其后的董仲舒，在谈到发展国家经济时，都把农业放在首位。武帝时期，因为外事四夷，内兴功利，土地荒芜，从事农业生产者越来越少，董仲舒为此上疏皇帝："《春秋》它谷不书，至于麦禾不成则书之，以此见圣人于五谷最重麦与禾也。今关中俗不好种麦，是岁失《春秋》之所重，而损生民之具也。愿陛下幸诏大司农，使关中民益种宿麦，令毋后时。"[1] 武帝当时并未接纳这一建议，但是其晚年认识到连年征伐对农业生产的影响，于是任命丞相车千秋为富民侯，同时下诏"方今之务，在于力农"，把农业生产提上日程。

三　文化主张

专制同时意味着对民众言论的控制。先秦法家以实用价值为标准，对儒家、墨家、道家、名家进行批驳。儒家的仁义礼让、墨家的"兼爱""非攻"、名家的"白马非马""坚白同异"之辩、道家的微妙恍惚之言都被韩非归入"迂深闳大非用"之列。韩非认为人主听言如果不以实用为标准，说者就会用这些动听、华丽而不着边际的虚辞淫说欺骗他。人主对此悦而不禁，国家将走向衰败。

《吕氏春秋》在反对不切实际的虚辞淫说这一点上与法家，特别是与以《商君书》《韩非子》为代表的晋法家不谋而合。《淫辞》一篇以惠子为魏惠王制定法令一事说明不合实际要求的言辞对治国无益有害。惠子的法令虽然看起来很好，但是在实际中行不通，所以没有价值。就像郑卫之音虽然美妙动听，却不能用来做举大木的号子一样。《知度》篇则把民众是否喜好虚辞淫说提高到关乎至治之世的高度："至治之世，其民不好空言虚辞，不好淫学流说，贤不肖各反其质。"在吕不韦及其门客看来，虚言淫说虽然动听，言说者却常常口是心非、言行相诡，所言非所行，所行非所言，因而混淆是非，扰乱人心，对国家来说"不祥莫大焉"。为了杜

---

[1] （汉）班固：《汉书·食货志》，中华书局1962年版，第1137页。

绝此类言语，他们主张："有职者安其职，不听其议，无职者责其实，以验其辞。此二者审，则无用之言不入于朝矣。"① 同时，为了反对虚辞淫说，《吕氏春秋》还主张君主听言必须明察，"不察则善不善不分，善不善不分，乱莫大焉"②。那么，怎样才能"明察"以正确地判断人言之对与错、真与假？一是要了解事情的真实情形，因为"功先名，事先功，言先事。不知事恶能听言？不知情恶能当言？"③ 其实质即韩非提出的"参验"、循名责实。《吕氏春秋》还提出通过修养心性、研习学问实现"明察"，抵制虚辞淫说。《听言》说："凡人亦必有所习其心，然后能听说。不习其心，习之于学问。不学而能听说者，古今无有也。"最后，设定听言标准也是"明察"的有效途径。《有度》说："贤主有度而听，故不过。有度而以听，则不可欺矣，不可惶矣，不可恐矣，不可喜矣。"总之，无论是对虚辞淫说的反对，还是为反对虚辞淫说而采取的措施，其中都可以看出《吕氏春秋》对法家的继承。

作为吕不韦为统一的秦王朝设计的治国蓝图，《吕氏春秋》虽然没有被秦始皇采纳，但是却极大地影响了汉代社会。它的诸多思想：主张以法治国，同时认识到法治的局限性，因而反对严刑厚赏；赞同先秦法家之势在治国中不可或缺的观点，却不认为势万能，同时把势的内涵由法家所认为的单纯的刑赏扩展到国家实力；彰显术作为治国策略的一面，而淡化其阴谋的一面；在融合儒法的同时，开启道法融合、阴阳家与法家的融合，而法家与儒、道、阴阳各家的融合又是汉代政治与学术最重要的内容之一。所以，《吕氏春秋》以上的尝试极大地影响了法家在汉代的走向。徐复观先生说："两汉人士，许多是在《吕氏春秋》影响之下来把握经学，把《吕氏春秋》对政治所发生的巨大影响，即视为经学所发生的影响；离开了《吕氏春秋》，即不能了解汉代学术的特性，这点却被人忽略了。所以为了打开探索两汉学术思想特性之门户，便应先从《吕氏春秋》所及于两汉学术与政治的影响开始。"④ 牟钟鉴先生在论述《吕氏春秋》对汉代典籍《淮南子》的影响时说："《淮南子》的作者受到这种责

---

① 许维遹集释：《吕氏春秋集释·知度》，中华书局2009年版，第454页。
② 许维遹集释：《吕氏春秋集释·听言》，中华书局2009年版，第291页。
③ 同上书，第293页。
④ 徐复观：《两汉思想史》（二），华东师范大学出版社2001年版，第1页。

秦空气的压力，在书中无一字提到吕不韦与《吕氏春秋》，然而正是《吕氏春秋》给予《淮南子》的写作最大和最直接的影响。"[1] 在此意义上，我们说吕不韦和他的《吕氏春秋》在先秦法家在秦汉时期的发展与流变过程中具有里程碑式的重要意义和价值并不为过。

---

[1] 牟钟鉴：《〈吕氏春秋〉与〈淮南子〉思想研究》，齐鲁书社1987年版，第167页。

第二章　秦始皇与先秦法家

秦始皇是一个政治家，不是政论家，因此他不是通过著书立说发表自己的政治见解，而是用具体的政治活动向世人呈现他的政治理念。所以，研究先秦法家在秦始皇执政时期的发展与流变，他的言行是重要依据。而在他与法家相关的言行中，由《韩非子》之《孤愤》《五蠹》引发的感慨之辞和李斯代其立言的秦代刻石文最能代表、反映他对法家的态度和认识。

第一节　从《韩非子》之《孤愤》《五蠹》看嬴政对先秦法家的接受[①]

说到秦始皇与先秦法家的关系，人们首先想到的就是他与韩非之间因《孤愤》《五蠹》引起的恩怨是非。这一读者与作者的遇合故事是那么引人注目，以至于千百年以后依然被人津津乐道[②]，在中国思想文化史上，它是研究秦始皇与先秦法家关系的一把钥匙。

一　嬴政青睐的是《孤愤》《五蠹》还是《储说》系列？

司马迁在《史记·老子韩非列传》中说："秦王见《孤愤》《五蠹》之书，曰：'嗟乎，寡人得见此人与之游，死不恨矣！'"李斯闻此言答曰："此韩非之所著书也。"于是嬴政立命攻韩。韩王无奈之下只好派韩

[①] 接触到《韩非子》之《五蠹》和《孤愤》时，嬴政尚未称帝，故此处标题不用秦始皇。
[②] 除下文所引晋代葛洪、南朝梁刘勰言之外，清代文学家和考据学家王谟也曾说："韩非之书，传在秦庭，始皇曰：'独不得与此人同时。'陆贾《新语》，每奏一篇，高祖左右称曰万岁。夫叹思其人，与喜称万岁，岂可空为哉？诚见其美，懂气发于内也。"（王利器校注：《新语校注·附录》，中华书局1986年版，第211—212页）

非作为使节前往秦国。这一去韩非再没有回来。

为两篇文章发动一场战争,这在中国文学史上似乎绝无仅有。无论信奉儒家的"君子"们怎么批判诋毁韩非,这一独属于他的荣耀都是无可辩驳的事实。遗憾的是崇拜者和被崇拜者相见后,这段文坛佳话的剧情突然发生了转折——韩非没有得到嬴政的重用,反而因李斯和姚贾的谮毁被杀。这不禁令后人感慨万分,并探究其中的原因。晋葛洪《抱朴子·广譬》说:

> 贵远而贱近者,常人之用情也;信耳而疑目者,古今之所患也。是以秦王叹息于韩非之书而想其为人,汉武慷慨于相如之文而恨不同世;及既得之,终不能拔。或纳逸而诛之,或放之乎冗散,此盖叶公之好伪形,见真龙而失色也。

葛洪之后,南朝梁刘勰在《文心雕龙·知音》又说:

> 古来知音,多贱同而思古。所谓"日进前而不御,遥闻声而相思"也。昔《储说》始出,《子虚》初成,秦皇汉武,恨不同时;既同时矣,则韩囚而马轻,岂不明鉴同时之贱哉!

刘勰和葛洪都认为嬴政之所以在没见韩非时那么渴慕,及至见了之后却听信李斯等人之语将其杀害,根源在于古人都有"贵远而贱近"的通病。我们暂且不论刘勰和葛洪的说法是否正确,仔细阅读《史记·老子韩非列传》相关内容和上面两段引文会发现,对于始皇见韩非这一史实,史迁、葛、刘三人的叙述有小小的不同。司马迁说秦王读韩非《孤愤》《五蠹》而叹;葛洪说"秦王叹息于韩非之书而想见其为人",具体是哪一篇没交代;刘勰却说秦王读《储说》而叹。那么,秦王嬴政读到的究竟是韩非的《孤愤》和《五蠹》还是《储说》?在讨论秦王嬴政为什么青睐《孤愤》和《五蠹》之前,这是我们首先需要解决的问题。

第一,刘勰生活在南北朝时期,司马迁生活在汉武帝时期,两人之间相差六百余年,司马迁距离韩非生活的战国末期要近得多,这是他了解、研究韩非的优势之一。第二,司马迁是一名专职史官,他有条件接触官方保存的一手文献资料，这是他的优势之二。第三，汉初思想领域一个重要的任务就是反思秦王朝的得失，如此就不能不触及先秦法家，也势必会涉及先秦法家的集大成者韩非。秦代虽然焚烧诸子典籍，但法家著作因为统治阶层的青睐得以保存完整，这就为汉代学者研究法家思想提供了极大便利。司马迁作为太史令更是近水楼台先得月。这点从他在《韩非列传》中对《韩非子》一书的创作和流传过程的描述即可看出。《韩非列传》开篇即说："（韩非）悲廉直不容于邪枉之臣，观往者得失之变，故作《孤愤》《五蠹》《内外储》《说林》《说难》十余万言。"结尾又说："申子、韩子皆著书，传于后世，学者多有。"司马迁在文中还全文引用《韩非子·说难》。这一切都说明韩非的文章在汉代流传较广，司马迁对其非常熟悉。这种情形下，秦王嬴政见到的究竟是《孤愤》《五蠹》还是《储说》系列，司马迁搞错的可能性不大。第四，一个有力的证据是《史记·秦始皇本纪》和《李斯列传》都说到不学无术的秦二世胡亥言谈中能大段引用《五蠹》原文，这说明《五蠹》在秦国和秦朝宫廷影响甚大。其原因，显然是嬴政的青睐。因为"越王好勇，而民多轻死；楚灵王好细腰，而国中多饿人"[1]。第五，《史记·秦始皇本纪》和《李斯列传》没有任何地方提及《储说》，这进一步证明司马迁的记载是正确的。既然如此，为什么六百余年后，刘勰却要将《孤愤》《五蠹》换成《储说》呢？这与刘勰对《孤愤》《五蠹》和《储说》这三篇文章的不同态度、感情有关。

　　刘勰不喜欢《五蠹》《孤愤》两篇文章，特别是《五蠹》。《文心雕龙·时序》和《诸子》篇均有体现。刘勰认为商、韩把包括儒家在内的诸种人比喻为国家的蠹虫、虱子是背弃仁孝之言，这些言论比后来秦国的法令还要严酷，因此商鞅被车裂、韩非被毒杀并非无缘无故。于此可见刘勰对商、韩这类文章的厌恶。但是对韩非子的《储说》系列，刘勰似乎别有一种喜爱，从他在撰文时对《储说》的引用可见。《文心雕龙》引用到的韩非文章有《难一》《说难》《大体》《储说》等，占比例最大的是《储说》系列，单是《韩非子·外储说左上》就出现了3次，分别是《情采》篇1次、《议对》篇2次。除此之外，《声律》篇有"练才洞鉴，剖字钻响，识疏阔略，随音所遇，若长风之过籁，南郭之吹竽耳"，其中

---

[1] 陈奇猷校注：《韩非子新校注·二柄》，上海古籍出版社2000年版，第130页。

"南郭之吹竽"出自《内储说上》，即我们熟知的"滥竽充数"故事。同篇"古之教歌，先揆以法，使疾呼中宫，徐呼中征"句直接引用《外储说右上》原文。刘勰对《储说》的熟悉和喜爱不言自明。在《诸子》篇中，刘勰还指出了《韩非子》一书在写作上最显著的特点是"著博喻之富"，即《韩非子》擅长用生动形象的寓言故事通过比喻说理。而《储说》系列正是最能体现《韩非子》这一特点的篇章之一。至此，问题的答案基本明晰：作为一个文学评论家，刘勰对韩非《储说》系列情有独钟，对《五蠹》因观点不同而心生厌恶，故其改《史记》秦王嬴政读《五蠹》《孤愤》而叹为读《储说》而叹。

二 嬴政青睐《孤愤》和《五蠹》的原因

嬴政青睐《孤愤》和《五蠹》的原因主要与嬴政继承君位后面临的紧迫局势、秦国政坛浓郁的法家氛围和嬴政本人的性格特点有关。

嬴政青睐《孤愤》和《五蠹》首先与秦国政坛浓郁的法家氛围有关。

秦国自孝公任用商鞅进行变法以来，法家思想就在本土渐渐生根、发芽、成长起来。孝公死后，秦国贵族虽然车裂商鞅，但商鞅的法家思想以及以此为原则制定的国策并没有被取消，而是在治国中继续发挥着效用。譬如奖励农战。公元前 260 年，秦赵长平之战的关键时刻，为鼓励民众奋勇作战，秦昭王下令"赐民爵一级"，征召十五岁以上男子到前线。[①] 嬴政四年（前 243 年），秦国遭遇蝗灾，"百姓内粟千石，拜爵一级"[②]。"内粟"即向国家交纳粮食。也就是说一般百姓向国家交纳一千石粮食，就可被授予一级爵位。在平定嫪毐叛乱中，凡斩首数百的士卒都"拜爵"，连参战的宦官也"拜爵一级"。另外，秦国朝廷还有李斯等法家人物，他们的一言一行无不在宣扬、彰显着法家精神。所以从赵国回到秦国后的少年嬴政耳濡目染法家思想，对它很熟悉甚至是亲切的，这些都成为他接受法家的有利背景条件。

其次，嬴政的性格与法家契合。

清代杨椿谈到《周礼》一书的产生时说："是书非周公作也。疑其先

[①] （汉）司马迁：《史记·白起王翦列传》，中华书局 1959 年版，第 2334 页。
[②] （汉）司马迁：《史记·秦始皇本纪》，中华书局 1959 年版，第 224 页。

出于文种、李悝、吴起、申不害之徒,务在富国强兵,以攻伐、聚敛为贤;而其人类皆坚强猛鸷,有果毅不群之材,故能谋之而必行,行之而必成,而其书亦遂得传于世。"① 这里提到的四个历史人物,其中三个都可归入法家行列。李悝是法家的鼻祖,著有《法经》。吴起虽属先秦兵家,但其行事颇具法家风范,况且兵家和法家本就关系密切。申不害是前期法家术之一派的代表。杨椿所言概括出了这一类人的性格特点,那就是果断、坚定、勇猛,这正是法家人物性格中优秀的一面,从商鞅的行事、《韩非子》的文风都可以感受到。这种性格特点也为嬴政所具备。

童年生活往往对一个人性格的形成产生巨大影响。嬴政于秦昭王四十八年(前259年)在赵国出生,他的父亲,即后来的秦庄襄王子楚是秦国安排在赵地的人质,因不受重视,生活极为困顿,后来在大商人吕不韦的帮助下才有所改观。所以嬴政出生时家庭环境无论如何都谈不上富贵。而且,因为秦赵之间持续不断的矛盾和战争,他一降临这个世界就与担惊受怕相伴。秦昭王五十年(前257年),秦围攻邯郸,赵国情急之下要杀嬴政的父亲子楚,吕不韦贿赂了看守才使得子楚死里逃生,回到秦国。没抓到子楚,赵国又要杀嬴政母子,但因为嬴政母亲的娘家是赵国豪门大户,故此母子二人被藏匿起来,躲过了这一劫,那年嬴政才两岁。直到秦昭王五十六年(前251年),子楚被立为太子,赵国才送回嬴政母子。这时嬴政八九岁。也就是说来到人世间最初的八年多时间里,他在赵国感受到的是惊恐,是被欺压、受鄙视,他心里留下的是仇恨。所以公元前229年秦国的大军攻到赵国后,嬴政亲赴邯郸,将当年欺辱他和母亲的人全部坑杀。② 但是,童年的磨难也培养了嬴政的坚毅、果敢和为世人所诟病的残忍,这是他日后成就人生辉煌的基础,也恰是他与法家思想的契合之处。大梁人尉缭说,秦王这个人,高鼻梁,大眼睛,老鹰的胸脯,豺狼的声音,缺乏仁德,而有虎狼之心,穷困的时候容易对人谦下,得志的时候也会轻易地吃人。我是个平民,然而他见到我总是那样谦下。如果秦王夺取天下的心愿得以实现,天下的人就都成为奴隶了。我不能跟他长久交

---

① 转引自顾颉刚《"周公制礼"的传说和〈周官〉一书的出现》,《文史》第六辑,第40页。
② (汉)司马迁《史记·秦始皇本纪》:"十九年,王翦、羌瘣尽定取赵地东阳,得赵王。……秦王之邯郸,诸尝与王生赵时母家有仇怨,皆坑之。"中华书局1959年版,第233页。

往。① 这一评价说明嬴政胸怀大志，因此能礼贤下士。当他发现尉缭是个人才时不仅委以重用，而且还能屈尊以待，这在等级森严的古代中国实为难得。同时也说明嬴政做事有不达目的誓不罢休的决心和劲头。当然，尉缭的描述也道明嬴政性格中残忍的一面。这点方士侯生和卢生有同样的感受，他们说："始皇为人，天性刚戾自用，起诸侯，并天下，意得欲从，以为自古莫及己。"② 刚戾，意即刚愎残暴。《史记·伍子胥传》说伍子胥："员为人刚戾忍诟，能成大事。"可见"刚戾"作为一种性格虽不完美，但在古人看来却是成大事者不可缺少的特点。司马迁《史记·商君列传》说"商君，其天资刻薄人也"，《韩非列传》又说"韩子引绳墨，切事情，明是非，其极惨礉少恩"。"刻薄""惨礉少恩"均有残忍、苛刻之义，与"刚戾"含义有交叉。这进一步证明嬴政在性格上与法家人物相似。因此也就不难理解嬴政为什么读韩非《孤愤》《五蠹》会产生那么强烈的共鸣了。

嬴政青睐《五蠹》和《孤愤》的关键在于他继承君位以后面临的政坛紧迫局势。

嬴政十三岁继位，因为年龄尚小，委国事于大臣。当时秦国朝廷的第一重臣是吕不韦。吕不韦凭借当年对子楚的帮助获得了嬴政父子理所应当的尊重。作为国相，吕不韦在朝廷中的地位是一人之下万人之上。他效仿战国四君子广招门客，鼎盛时食客三千。他财力雄厚，所以他的食客待遇丰厚，对其忠诚无比。他们为吕不韦著书立说，并悬挂到咸阳街市门上，名为让众人帮助修改，实则炫耀和宣扬的成分更多。汉代思想家王充说："《淮南》、《吕氏》之无累害，所由出者，家富官贵也。夫贵，故得悬于市；富，故有千金副。观读之者，惶恐畏忌，虽见乖不合，焉敢谴一字？"③ 王充认为吕不韦能把自己的著作和千金悬于咸阳市门，这本来就是一个富贵的象征，一般人哪敢这么做？哪能这么做？而围观者不敢措一词，不敢改一字，并非因为《吕氏春秋》完美无缺，而是慑于吕不韦的权势。这一观点得到另一位汉代学者高诱的赞同，他说："时人非不能

---

① 参见（汉）司马迁《史记·秦始皇本纪》，中华书局1959年版，第230页。
② （汉）司马迁：《史记·秦始皇本纪》，中华书局1959年版，第258页。
③ 黄晖校释：《论衡校释·自纪》，中华书局1990年版，第1200页。

也，盖惮相国畏其势耳。"① 由此可见吕不韦在秦国权势之大。古代一些特殊场所的门阙通常是公布国家法令的地方。《周礼·天官·太宰》有："正月之吉，始和，布治于邦国都鄙，乃悬治象之法于象魏，使万民观治象，挟日而敛之。"正月初一日，太宰开始向邦国都鄙宣布治法，悬法于阙门，以供百姓观览知晓。地官大司徒、夏官大司马、秋官大司寇分别以同样方式负责向邦国都鄙的百姓宣传各自掌管的教法、政法、刑法。《吕氏春秋》是吕不韦治国思想的集中体现，悬其于"咸阳市门"也有向民众宣扬他与嬴政不同的治国思想、迫使嬴政接受的用意。所以张双棣先生说："吕氏这一行动，也是出于政治目的。他公开宣布自己的主张，企图以相国之位，仲父之尊，迫使秦王政完全依照自己的主张行事，使自己的主张定于一尊，从而维持秦国的长治久安，也维持自己的地位和权力。"②吕不韦的这些行为已经有意无意地僭越了君臣之礼，同时带有明显挑战的意味。而最让嬴政羞辱的是吕不韦和他的母亲私通。嬴政的母亲本就是吕不韦的姬妾，因为被嬴政的父亲子楚看上，吕不韦忍痛割爱。子楚死，嬴政虽贵为国君，但年龄小，因而吕不韦与嬴政母亲有了重续旧情的机会。这件事，和其后男宠嫪毐与太后之间的私情对嬴政的伤害，从嬴政做了皇帝后嘱李斯所作刻石文中可窥一斑。

秦始皇不喜欢儒家，但他"似乎对儒家有关男女之大防的观念有特别热衷的倾向"③。统一六国后，秦始皇多次外出巡游，每到一地必刻石以纪念。其中泰山刻石中说："贵贱分明，男女礼顺，慎遵职事。昭隔内外，靡不清静，施于后嗣。"④ 强调男女之间一要守礼，二要遵守各自职责，以使社会风清气正。会稽刻石中有："有子而嫁，倍死不贞。防隔内外，禁止淫佚，男女絜诚。夫为寄豭，杀之无罪，男秉义程。妻为逃嫁，子不得母，咸化廉清。"⑤ 通常，涉及男女之大防，中国古代多是首先规范女性，一旦男女之间发生淫佚之事，罪责也多由女性承担。但在会稽刻石中，对女性的谴责和惩戒多与母子关系相连。譬如母亲有了孩子再改

---

① 许维遹集释：《吕氏春秋集释》，中华书局2009年版，第3页。
② 张双棣等注译：《吕氏春秋译注·序》，北京大学出版社2011年版，第3页。
③ 于琨奇：《秦始皇评传》，南京大学出版社2002年版，第299页。
④ （汉）司马迁：《史记·秦始皇本纪》，中华书局1959年版，第243页。
⑤ 同上书，第262页。

嫁，这是不贞洁的行为。妻子抛弃丈夫、孩子嫁于他人，孩子可以永远不再认这个母亲。嬴政的童年是在母亲的庇护下度过的，他深知母亲对一个孩子的重要性。但是在他长大之后，母亲的不贞又给他带来极大的痛苦和政治上的障碍。在惩治吕不韦和嫪毐集团过程中，他一度与母亲断绝关系。他认为在关键时刻，母亲没有支持他，反而站在他的对立面，无形中等于抛弃了他这个儿子。因此，他对做了母亲的女性抛夫弃子的行为极为反感。所以即使在歌颂自己治国有方的碑文中都不忘强调这方面的教义。接着又说如若男性淫污他人之妻，被杀是罪有应得，杀人者无罪。但是如若女性发生类似事件要怎么惩罚却只字未提。这一与众不同的说法不能不让我们想到吕不韦及后来他推荐的男宠嫪毐与太后之间的关系。当年，他们的龌龊之举深深伤害了年幼的嬴政，可是那时的嬴政虽贵为国君，手中却无大权，无法惩治以太后为靠山的吕不韦和嫪毐，因此只能把所有的耻辱埋在心中。尽管后来吕、嫪为此而送命，也仍难消嬴政心中之恨。这一切说明，在嬴政最初继位的数年，真正掌握朝政的实际是太后和由太后支持的吕不韦。及至嬴政稍长，吕不韦担心他与太后的私情给自己带来祸患，为了抽身而出，他向太后推荐了嫪毐。嫪毐凭借床上本领很快赢得太后欢心，获得丰厚赏赐，同时势力飞速发展，家僮数千人，与吕不韦不相上下。嫪毐骄奢跋扈，专断国事。他和朝中宠臣及皇帝的左右侍从一起饮酒作乐，一时因言语不和发生争斗，就瞋目大叱："吾乃皇帝之假父也，窭人子何敢乃与我亢！"[①] 嫪毐对秦王的宠臣都敢大呼小叫，其气焰之盛于此可见。嬴政二十二岁举行冠礼后，在忍无可忍的态势下首先对嫪毐集团发起反击，最终将其车裂。因为嫪毐背后的支持者是太后，所以盛怒之下的嬴政不顾母子之情将太后迁离咸阳，并下令敢有劝谏者杀无赦。但是依然有二十多个大臣前赴后继，冒死进言，最后齐人茅焦的劝说触动嬴政，出于为国家和政权考虑，他只好又接太后回咸阳。此时嬴政心中的无奈和愤怒，即使隔着千年的历史，我们也可以想象揣度得到。汉人邹阳就曾说："人主有私怨深怒，欲施必行之诛，诚难解也。……昔秦始皇有伏怒于太后，群臣谏而死者以十数。得茅焦为廓大义，始皇非能说其言也，乃自强从之耳。茅焦亦廑脱死如毛氂

---

① （汉）刘向著，向宗鲁校证：《说苑校证·正谏》，中华书局1987年版，第215页。

耳，故事所以难者也。"① 从整个事件的发生发展过程可以看出，嬴政初为国君时，很大一部分权力因为太后的缘故被分化到吕不韦和嫪毐手中。嬴政继承君位的前几年，秦国政坛局势多变。既有吕不韦在培养自己的势力，又有嫪毐依靠太后与嬴政抗衡，还有王弟长安君成蟜的叛乱，嬴政虽没有沦为傀儡，但王位却十分不稳，甚至可以说摇摇欲坠。但是也正是这些经历使嬴政认识到集国家大权于国君一人之手是多么重要！粉碎嫪毐和吕不韦势力终于使嬴政彻底掌握了君权，但他依然没有探索到他想要的理想的治国途径。就在这时，他接触到了韩非的《孤愤》和《五蠹》。《孤愤》和《五蠹》字字句句都说到了嬴政心里，使他忍不住惊呼感慨。这之后，"嬴政思想从被动地受吕不韦的杂家思想的影响转变为主动接受韩非子的新法家思想影响的阶段，也是嬴政思想逐步走向定型与成熟的阶段"②。《孤愤》和《五蠹》成为嬴政开启法家之门的钥匙，从此法家在秦孝公、商鞅变法之后再次成为历史舞台上的主角，它携手嬴政，灭六国，立秦朝，铸造了一段新的辉煌。尽管这段辉煌短暂得犹如流星闪过历史的天空，但在这之后，中国千年的古代政治文化再也无法消除法家和秦王朝的影响。

三 《孤愤》《五蠹》对嬴政施政的影响

《孤愤》主要讲智术能法之士与重人（"当涂之人"）之间的矛盾和斗争。文章开宗明义，首先对智术能法之士做了定义："智术之士，必远见而明察，不明察，不能烛私；能法之士，必强毅而劲直，不劲直，不能矫奸。"接着解释什么是重人（又称"当涂之人"）："重人也者，无令而擅为，亏法以利私，耗国以便家，力能得其君，此所为重人也。"智术能法之士与重人是"不可两存之仇"。因为"重人"只顾追求个人私利，而智士能法之士一心为公，两者的利益目标根本上是相互冲突的。"当涂之人"（重人）对国家危害极大："当涂之人擅事要，则外内为之用矣。是以诸侯不因，则事不应，故敌国为之讼；百官不因，则业不进，故群臣为之用；郎中不因，则不得近主，故左右为之匿；学士不因，则养禄薄礼

---

① （汉）班固：《汉书·贾邹枚路传》，中华书局1962年版，第2353页。
② 于琨奇：《秦始皇评传》，南京大学出版社2002年版，第265—267页。

卑，故学士为之谈也。此四助者，邪臣之所以自饰也。重人不能忠主而进其仇，人主不能越四助而烛察其臣，故人主愈弊而大臣愈重。"韩非描述的这一情形正和嬴政初继君位时秦国的政坛状况吻合：先是吕不韦利用他和嬴政一家的特殊关系掌握朝廷政权，接着嫪毐利用太后意欲篡权，并发动叛乱。那时的秦国，民众只知道吕不韦和嫪毐，"秦自四境之内，执法以下，至于长挽者，故毕曰：'与嫪氏乎？与吕氏乎？'虽至于门闾之下，廊庙之上，犹之如是也"①。那些追求富贵名利、仕途通达者纷纷投奔吕、嫪门下，一时间他们一呼百应，门庭若市。有事，群臣为他们所用；有错，左右近臣帮他们掩饰；就连学者也为了得到丰厚的俸禄而到处宣扬他们的功绩，传诵他们的贡献。吕、嫪在秦国正是《孤愤》所说的"重人""当涂之人"。嫪毐受到太后喜爱，"事皆决于嫪毐"，"诸客求宦为嫪毐舍人千余人"。与太后之事暴露后，他干脆一不做、二不休，发动叛乱，试图篡权。于此可见他的权力欲已经膨胀到何种程度，而这种权力欲显然不是产生于一时，而与他日常因为太后的宠幸在秦国一直是炙手可热的风云人物有密切关系。吕不韦虽没有嫪毐那么放肆嚣张，但他对嬴政政权的威胁不亚于嫪毐。他因嫪毐事件受到牵连，本是要被诛杀的，但是宾客辩士前来为其说情者众多，嬴政最终不忍，只是将其免官遣往河南封地。但是没多久，各国宾客使者往来不绝于道，都是前去问候吕不韦的。一个被贬官员在同僚中还有如此大的号召力，他在位时手中的权力有多大、可以为多少人办事也就可以想见了。

《孤愤》结尾，韩非严正地告诫国君："万乘之患，大臣太重；千乘之患，左右太信；此人主之所公患也。……主利在有能而任官，臣利在无能而得事；主利在有劳而爵禄，臣利在无功而富贵；主利在豪杰使能，臣利在朋党用私。是以国地削而私家富，主上卑而大臣重。故主失势而臣得国，主更称蕃臣，而相室剖符。此人臣之所以谲主便私也……使其主有大失于上，臣有大罪于下，索国之不亡者，不可得也。"经历了吕不韦和嫪毐事件，嬴政对君臣关系等问题必然有思考有认识，但不可能如韩非说得这般犀利透辟。韩非提出的警示以及解决问题的途径让他恍然大悟，因而产生了强烈的共鸣。

---

① 诸祖耿：《战国策集注汇考·魏策四》，江苏古籍出版社1985年版，第1341页。

嬴政青睐《五蠹》是因为它勾勒出了统一的君主专治政权的蓝图，那正是嬴政的政治理想。《五蠹》首先从发展的角度论述实行以法治国的合理性和必要性，接着韩非对他的以法治国主张进行了详细论述："赏莫如厚而信，使民利之；罚莫如重而必，使民畏之；法莫如一而固，使民知之。故主施赏不迁，行诛无赦。誉辅其赏，毁随其罚，则贤不肖俱尽其力矣。"为了完全实现以法治国，韩非提出不仅要从行动上还要从思想上控制民众："明主之国无书简之文，以法为教；无先王之语，以吏为师；无私剑之捍，以斩首为勇。是境内之民其言谈者必轨于法，动作者归之于功，为勇者尽之于军。"出于以法治国的需要，韩非认为五种人必须除去，那就是学者、言谈者、带剑者、患御者、商工之民。《五蠹》全面透辟地论述了韩非的治国理想和实现这一理想的措施及途径，而这一切与嬴政对未来统一王朝的规划不谋而合。由此我们也就明白了秦统一六国后为什么李斯依据韩非学说提出的诸多策略譬如"以法为教，以吏为师"、不分封子弟都被嬴政采纳并实施，为什么做了皇帝的嬴政"专任狱吏，狱吏得亲幸……乐以刑杀为威"[1]；明白了他为什么极度重视权势，为了把权势牢固地掌握在自己手里，事无巨细均亲力亲为，为此要焚膏继晷，日夜操劳；明白了他为什么希望自己的行踪神秘万分，不为人所知，有人泄露，他就要大开杀戒。[2] 那正是韩非倡导的"道在不可见，用在不可知。虚静无事，以暗见疵"[3]，"主上不神，下将有因"[4]，"事以密成，语以泄败"[5] 的为君之道的体现。同时也就理解了为什么秦法规定方士"不得兼方，不验，辄死"[6]。嬴政迷信占卜，为了防止受骗，他用法家治吏的方法管理方士：每人只能使用一种占卜方法。如果占卜不灵验，就要被处死。韩非曾说："明君使事不相干，故莫讼；使士不兼官，故技长；使人

---

[1] （汉）司马迁：《史记·秦始皇本纪》，中华书局1959年版，第258页。

[2] （汉）司马迁：《史记·秦始皇本纪》："（始皇）行所幸，有言其处者，罪死。始皇帝幸梁山宫，从山上见丞相车骑众，弗善也。中人或告丞相，丞相后损车骑。始皇怒曰：'此中人泄吾语。'案问莫服。当是时，诏捕诸时在旁者，皆杀之。自是后莫知行之所在。"（中华书局1959年版，第257页）

[3] 陈奇猷校注：《韩非子新校注·主道》，上海古籍出版社2000年版，第74页。

[4] 陈奇猷校注：《韩非子新校注·扬权》，上海古籍出版社2000年版，第163页。

[5] 陈奇猷校注：《韩非子新校注·说难》，上海古籍出版社2000年版，第256页。

[6] （汉）司马迁：《史记·秦始皇本纪》，中华书局1959年版，第258页。

不同功，故莫争。"① 又谓："明主之道，一人不兼官，一官不兼事。"②也就是要求官吏不能同时兼任两个官职，这样职责清楚，就易于用"参验""参同"的方法进行考核。同样，方士们只使用一种占卜方法，灵验与否就非常容易验证。如果同时使用两种以上占卜方法，就很难检验出他们的能力。总之，这一切无不是围绕着在《五蠹》基础上阐发的法家思想而实施的国家行为。因此，《五蠹》是被嬴政作为新王朝的施政纲领使用的。既是施政纲领，就要广泛宣传，大力弘扬，所以不仅李斯，就连秦二世都可以随口引用《五蠹》。而和《五蠹》一起受到嬴政青睐的《孤愤》因为所讲乃是君臣之间的矛盾斗争，更适合君王自己阅读、揣摩，所以嬴政不会向众人推荐，故而传播就没有《五蠹》那么广泛，在秦国及秦朝宫廷中知道的人就很少了。

清楚了嬴政青睐《五蠹》和《孤愤》的原因，也就明了他与先秦法家之间的关系。

第二节　从秦代刻石文看法家思想在秦始皇时期的发展与流变

秦代刻石文共有或长或短七篇文字，其中六篇见于《史记·秦始皇本纪》，一篇（峄山刻石文）见于《金石萃编》卷四。这七篇文字均作于秦始皇统治时期，虽然出自李斯之手，但却是代始皇立言，因此是秦始皇思想的重要反映。它们以整齐的四言为体式，在功能上与《诗经》大雅和三颂相似，于歌功颂德中回顾历史（主要是对六国的声讨和对秦最终统一六国、结束战乱的歌颂），瞻望未来（主要是构想新王朝的蓝图）。因此，从这组刻石文中我们可以管窥秦王朝建立初期，以秦始皇为首的统治阶级对新王朝的规划设计。从中可以看出，秦始皇继位后继续坚持实施法家思想，但是值得关注的是他并非原封不动地接受，而是在接受的同时对法家思想进行了改造和发展。

---

① 陈奇猷校注：《韩非子新校注·用人》，上海古籍出版社2000年版，第540页。
② 陈奇猷校注：《韩非子新校注·难一》，上海古籍出版社2000年版，第852页。

一　秦始皇对法家思想的接受

秦王朝建立后，秦始皇继续奉行自孝公以来就被视为治国之圭臬的法家思想为治国指导思想。仅有数百字的秦代刻石文对此有着充分体现。

（一）重视国家法令

统一六国后，秦始皇率大臣东巡至琅琊，君臣在商议如何治国时说："古之五帝三王，知教不同，法度不明，假威鬼神，以欺远方，实不称名，故不久长，其身未殁，诸侯倍叛，法令不行。"（琅邪刻石）他们认为，五帝三王名不副实的首要表现就是"知教不同，法度不明"，所以统治不能久长。秦王朝如要避免这一结局就必须致力于以法治国，把法家思想完全实施开来。这一治国方针在刻石文中得到非常充分的反映。七篇刻石文中，以法治国以及相关的内容所占比例最高。如"皇帝临位，作制明法"（泰山刻石），"端平法度，万物之纪"（琅邪刻石），"大圣作治，建定法度，显著纲纪"（之罘刻石），"秦圣临国，始定刑名，显陈旧章"（会稽刻石）。以上主要是就法律的制定而言。从中可以看出秦代君臣对法在治国中重要性的认识和对以法治国的认可与期待。制定法律只是以法治国的第一步，接下来是法律的宣传和执行。之罘刻石说："普施明法，经纬天下，永为仪则。"称国家法律为"明法"，认为它是天下家国永远不变的规则，这正是先秦法家心目中法的地位和作用。东观刻石有"圣法初兴，清理疆内，外诛暴强"。这是说通过国家法律要做到对内杜绝犯罪，对外诛杀异族。同篇还有"黔首改化，远迩同度，临古绝尤"。因为实施以法治国，法度划一，民众都遵纪守法，至死不会犯罪。琅邪刻石有"除疑定法，咸知所辟。方伯分职，诸治经易。举错必当，莫不如画"。意即民众通过法律学习，知道哪些行为合法，哪些行为违法，清楚了法与非法的界限，消除了疑惑，从而避免犯罪。各级地方长官职掌清晰，举措公平得当，清晰如画。因为以法治国让民众受益无穷，所以民众"欢欣奉教，尽知法式"（琅邪刻石），"皆遵度轨，和安敦勉，莫不顺令。黔首修絜，人乐同则，嘉保太平。后敬奉法，常治无极"（会稽刻石）。这些说法固然不免谀辞之嫌，但一定程度上也反映了当时的现实。由此可见，法家以法治国的思想深入秦代君臣之心，被他们完全接受、认可，因此在绘制治国蓝图时屡屡提及。

（二）重分职

明确官吏职掌和管辖范围是政治发达的一种表现。先秦诸子中，法家最为强调"官不兼职"。第一，是明于分职使官吏才有所专，能够提高做事效率；第二，是便于治吏。假如一人兼数职，其职掌范围就模糊，从而增加考核难度，不利于管理。所以，是否重分职是君主贤明与否的标准之一；第三，法家强调分职也是为了防止大臣越位篡权。法家的根本目标是建立君主专制政体，他们首要防范的就是君主的安全和权力受到威胁，因此对侵权越职极为警觉。钱穆说："凡职皆当各有权衡。设官所以分职，职有分，则权自别。"① 所以对法家的重分职不能做简单理解，它是吏治的需要，也是吏治的内容之一。

秦刻石之东观刻石中说："职臣遵分，各知所行，事无嫌疑。""遵分"即遵守自己的职责。每个官员都明确自己的职责范围，如此则既不能越职，也无法推诿。会稽刻石有"初平法式，审别职任，以立恒常"。从这句可以推知秦王朝官吏的职责是通过国家律令的形式确定，并且常态化的。于此也就看出秦王朝对法家提倡的官吏分职这一主张贯彻得有多么彻底。琅邪刻石说："方伯分职，诸治经易。举错必当，莫不如画。""方伯"指地方官员。地方官员职责清楚，各项工作做起来有规有矩，举措适宜，符合国家法令要求，对错清晰。刻石文中关于分职的反复要求正体现出秦始皇对法家重分职这一吏治思想的接受和实践。

（三）民俗法律化

民俗是最早的一种社会规范，成文法出现之前用以约束人们行为的习惯法实即民俗，所以民俗和法律关系密切。以商鞅、韩非为代表的晋法家非常注重民俗，但是他们不是提倡因俗制法，而是主张把民俗法律化。接受了法家文化的秦始皇在民俗与法律的关系上同样坚持这一观点。

统一后的秦王朝面临的问题之一就是六国各有各的风俗，有的甚至与秦王朝法律的价值取向背道而驰，从《睡虎地秦墓竹简·语书》可见一斑。《语书》发布于公元前227年秦统一六国大局已定时，那时秦国的官吏已经认识到其他诸侯国不同的风俗民情对秦国法律执行造成的障碍。《语书》说：

---

① 钱穆：《中国历史研究法》，生活·读书·新知三联书店2001年版，第26页。

> 古者，民各有乡俗，其所利及好恶不同，或不便于民，害于邦。是以圣王作为法度，以矫端民心，去其邪僻，除其恶俗。法律未足，民多诈巧，故后有闲令下者。凡法律令者，以教导民，去其淫僻，除其恶俗，而使之之于为善也。

秦国的官员指出"民各有乡俗"，因为这些乡俗好恶不同，所以有害于国家。因此秦王朝建立之初，为了解决这一问题，秦始皇不惜跋山涉水"匡饬异俗"（琅邪刻石）。匡饬，纠正整治之意。这其中就包括他对儒家一向看重的男女关系习俗的纠正。泰山刻石说："贵贱分明，男女礼顺，慎遵职事，昭隔内外，靡不清净。"会稽刻石又有："饰省宣义，有子而嫁，倍死不贞。防隔内外，禁止淫佚，男女絜诚。夫为寄豭，杀之无罪，男秉义程。妻为逃嫁，子不得母，咸化廉清。大治濯俗，天下承风，蒙被休经。皆遵度轨，和安敦勉，莫不顺令。"这些做法都是把儒家的道德习俗问题上升到法律高度，用法律来约束人们的道德行为。正如《语书》所说国家法律不仅要惩治犯罪，同时还要"矫端民心""除其恶俗"。这与商鞅、韩非的主张完全一致。道德习俗法律化无论于法律还是于道德习俗都是灾难。这一法律思想是导致秦王朝法网如脂、赭衣满道的原因之一。

（四）对确定的大一统王朝的追求

以商鞅、韩非为代表的晋法家主张绝对君主专制，这一点是通过他们对君主专制绝对确定性的追求体现出来的。用《韩非子·显学》中的一句话概括就是："有术之君不随适然之善，而行必然之道。"凡事都必须绝对确定，以确保君主利益万无一失。为了实现这一目标，民众要按照统一标准行事，言行要纳入一个既定模式，不允许特立独行。秦刻石文用简明扼要的语言表述了秦始皇对法家这一思想的认同和赞赏。琅邪刻石说："六合之内，皇帝之土。西涉流沙，南尽北户。东有东海，北过大夏。人迹所至，无不臣者。"国境之内，所有人都要对秦始皇俯首称臣。这是专制的第一步。其次，"普天之下，抟心揖志。器械一量，同书文字。日月所照，舟舆所载，皆终其命，莫不得意"（琅邪刻石）。这是要求全国上下必须在思想行为上与皇帝保持一致，整个王朝的运作要像一辆在既定轨道上运行的车子，车上所有人的言行举止通过国家法律限制在一个既定框架内，不允许任何个体行为存在，也就是整个社会要高度规范化、有序化。即泰山刻石所说"治道运行，诸产得宜，皆有法式"，以及碣石刻石所言"男乐其畴，女修其业，事各有序"。一切规矩法令制定好后，秦始皇的子孙后代只需接受、继承，无须变革，就可实现"后嗣循业，长承圣治"（东观刻石），子子孙孙永为皇帝的目标。

可以看出，秦始皇对法家追求以法术势为前提和保障的绝对君主专制深以为然，因而在他统一六国后，立刻将法家这一理论作为自己理想的社会模式付诸实践。只是最终他不仅没有实现子孙后代永世为皇帝的愿望，反而王朝迅速灭之。

二　秦始皇对法家思想的发展

尽管重视法家思想，但是秦始皇并不是全盘接受，其中也有改造和舍弃。这一过程正体现出先秦法家在秦代的发展与流变。

（一）难以践行的无为而治

作为一种政治管理思想，法家非常强调"无为而治"，这是在疆土日益扩大的情形下一国之君必须掌握的管理策略。"无为而治"强调君是静的，臣是动的，君从大处着眼，臣从小处着手。作为一种治国之术，首先，"无为而治"的高明在于它能充分调动臣吏的积极性，发挥臣吏的才能。其次，"无为而治"使君主有充足的时间、充沛的精力着眼于全局，而不被琐碎之事羁绊手脚。对于一个疆域广大、人口众多的统一帝国来说，它更显得弥足重要，甚至可以说是帮助最高统治者应对复杂的政治管理的不二法门。但是崇尚法家的秦始皇却没有遵从法家的"无为而治"。《史记·秦始皇本纪》中记载方士批评秦始皇说："天下之事无小大皆决于上，上至以衡石量书，日夜有呈，不中呈不得休息。"秦始皇事无巨细都要亲自过目、决断，为此每天要工作至深夜。他给自己规定了每天要阅览的奏章的数量，完成不了就不休息。这种做法在秦代刻石文中得到证实。如泰山刻石说："皇帝躬圣，既平天下，不懈于治，夙兴夜寐。"琅邪刻石有："忧恤黔首，朝夕不懈。"东观刻石曰："皇帝明德，经理宇内，视听不怠。"会稽刻石言："皇帝并宇，兼听万事，远近毕清。运理群物，考验事实，各载其名。"统一六国后，秦始皇贵为天下之首，却没有丝毫懈怠之心，宵衣旰食，励精图治。而且，他不仅自己勤于政事，同时也要求秦朝臣民都要尽心于自己的职责，不得偷懒。所以琅邪刻石有

"细大尽力，莫敢怠荒"之语。

信奉法家思想的嬴政之所以不肯践行"无为而治"，其原因在于从现实政治管理来看，"无为而治"固然具有一定的科学性、可行性，但其中也不乏理想化成分。它是法家在战国人口急剧增加、国土迅速扩大的情形下提出的合理的治国方法。它提醒君不能事必躬亲，而要充分发挥国人的才能。但在实际中，作为最高统治者的皇帝，面对国家治理中层出不穷的各种复杂问题，即使能够把臣民的才能都调动起来，自己也依然要勤于政事方能保证天下太平。汉武帝曾问董仲舒："盖闻虞舜之时，游于岩郎之上，垂拱无为，而天下太平。周文王至于日昃不暇食，而宇内亦治。夫帝王之道，岂不同条共贯与？何逸劳之殊也？"① 董仲舒回答，尧受命继位天子后，以天下为忧，而不是以做天子为乐，所以他诛逐乱臣，务求贤圣，得到舜、禹、稷、契、咎繇等人的辅佐，把天下治理得很好，天下和洽，万民皆安仁乐谊。尧在位七十载，禅位于舜后，以禹为相，继尧统业，是以垂拱无为而天下治。但是文王之前是殷纣，殷纣在位时，逆天暴物，杀戮贤知，残贼百姓，有德有才之人宁可隐居避世也不愿意辅佐他。"当此之时，纣尚在上，尊卑昏乱，百姓散亡，故文王悼痛而欲安之，是以日昃而不暇食也。"② 所以，同为帝王，或劳或逸，"劳逸异者，所遇之时异也"③。从这个角度说，秦始皇初登皇位时，百废待兴，他和他的大臣做的是开创性的工作，因此他的日理万机、夙兴夜寐虽然不免贪权之嫌，但也是治理国家所需。所以钱穆先生说："近世言秦政，率斥其专制。然按实而论，秦人初创中国统一之新局，其所努力，亦均为当时事势所需，实未可一一深非也。"④

另一方面，嬴政不肯践行无为而治与他的性格也有一定关系。方士侯生和卢生曾说秦始皇"天性刚戾自用，起诸侯，并天下，意得欲从，以为自古莫及己"⑤。"刚戾自用"即刚愎自用，强硬固执，自以为是，听不进别人的意见。"意得欲从，以为自古莫及己"正是对"刚戾自用"的解

---

① （汉）班固：《汉书·董仲舒传》，中华书局1962年版，第2506页。
② 同上书，第2509页。
③ 同上。
④ 钱穆：《秦汉史》，生活·读书·新知三联书店2005年版，第20页。
⑤ （汉）司马迁：《史记·秦始皇本纪》，中华书局1959年版，第258页。

释。这样的性格使秦始皇难以相信周围大臣、官吏,因此凡事都要亲力亲为。

(二) 重农但不完全抑商的经济政策

重农抑商是晋法家重要的经济思想。《商君书》把农、商截然对立,主张发展农业就必须坚决抑制商业,只有坚决抑制商业才能实现重农之目的。《韩非子》视"商工之民",为损害国家利益的五种蠹虫之一,视工商业和农业水火不容,不抑制工商,农业就无法发展。秦始皇继位后即实行法家这一经济主张。《史记·秦始皇本纪》说:"三十三年,发诸尝逋亡人、赘婿、贾人,略取陆梁地。"《汉书·爰盎晁错列传》中,晁错说秦代谪戍情况是:"先发吏有谪及赘婿、贾人,后以尝有市籍者,又后以大父母、父母尝有市籍者,后入闾,取其左。"为了抑制商业、打击商人,把商人、赘婿及因犯罪而被贬谪者相提并论。而琅邪刻石也有:"皇帝之功,勤劳本事。上农除末,黔首是富。"可见,重农抑商是秦朝不二的经济方针。

但是,值得注意的是刻石文中同时包含含蓄地提倡发展工商的言语。同是琅邪刻石又有:"诛乱除害,兴利致福。节事以时,诸产繁殖。"碣石刻石有:"男乐其畴,女修其业,事各有序。惠被诸产,久并来田,莫不安所。"泰山刻石有:"治道运行,诸产得宜,皆有法式。"这里所说的"诸产"即指农工商各种经济活动。这说明秦王朝建立后,一方面仍以农业为根本,以大力发展农业为要;另一方面不再视农业与工商业水火不容,而是给了工商业适度发展的空间。这一点从云梦睡虎地秦简中与工商业相关的法律条文《效律》《关市律》《工律》《金布律》以及司马迁《史记》所记秦始皇给以畜牧致富的乌氏倮比封君、为凭借丹穴致富的寡妇清筑怀清台、屠户的儿子可以为将等规定和举动可以得到证明。假如完全抑制工商业发展,就没必要制定工商管理方面的法律条文,对于经商成功的商人更没必要通过国家行为予以认可;假如完全抑制工商业发展,屠夫的儿子又怎么可以做将领?就此,郭沫若说:"始皇和吕氏的重农相反,颇有重商的倾向。虽然《琅邪台刻石》有'上农除末,黔首是富'那样的话,李斯议焚书时也说过'今天下已定,法令出一,百姓当家则力农工',然而他那样征伐连年,徒役遍地,农业事实上是要大受影响的。"[①] "征伐连年,徒役遍地"使得农业受到影响不能作为秦始皇不重农

---

① 郭沫若:《十批判书》,东方出版社1996年版,第472—473页。

业的依据。假如征伐是维护大一统帝国的必要手段，即使他非常重视农业，也不能不发动战争。至于说秦始皇"重商"，也谈不上。这是因为专制政权无论如何都不可能把农业和工商业放在同等重要的位置上。法家之重农抑商，不仅是为了发展农业，更重要的是通过抑制工商业保证专制政权的稳固。这一点在由吕不韦组织编纂的《吕氏春秋·上农》中有明确论述。所以徐复观先生认为乌氏倮、寡妇清之事不过是出于嬴政的边疆政策，并非表示他的抑商政策有所改变。① 但是，假如纯粹是为了边疆政策，屠户之子居然可以担任秦军将领又怎么解释？因此，客观地看，这些举动至少说明，秦始皇时期，秦国一向奉行的商鞅之坚定不移地抑制工商业的政策有所松动。其原因，首先，正如徐复观先生所说是社会发展所致："社会愈进步，分工便愈发达。分工愈发达，商人的商业行为，便成为分工社会生活中的纽带。"② 其次，我们不能不考虑到身为富商大贾的吕不韦对秦始皇的影响。《吕氏春秋·上农》说："故当时之务，不兴土功，不作师徒……"意即农忙时节，不要大兴土木，不要发动战争，以免影响农业生产。上引郭沫若先生所说"始皇和吕氏的重农相反，颇有重商的倾向"可能即从此来。但是郭沫若先生忽略了《吕氏春秋·上农》同时还说"凡民自七尺以上，属诸三官：农攻粟，工攻器，贾攻货"。可见，吕不韦并不反对工商业，而是主张有限制地适度发展工商业。吕不韦在嬴政成长过程中实际扮演着父亲兼谋臣的角色。他经商的行为和经历、商人的身份是秦始皇对商人、商业最早的认识，在他的影响下，秦始皇至少不排斥工商业。当然，理智上，秦始皇和吕不韦一样，深知商业和商人群体对专制政权的威胁，所以，他们都依然奉行法家抑工商的策略，只是不再那么严格而绝对。

（三）阴阳家思想与法家的融合

琅邪刻石有："应时动事，是维皇帝。"意即顺应四时而行事，就是大秦皇帝。尽管这一内容的词句在刻石文中就出现了这一次，相对以法治国、重分职、偃兵息武等内容稍显简单薄弱，但是刻石文本就简明扼要，凡选刻其中的内容一般均有关涉治国的重要地位，因此这一句不能被轻易

---

① 徐复观：《两汉思想史》（一），华东师范大学出版社2001年版，第85页。
② 同上书，第89页。

忽略。应四时而行事是阴阳家的基本思想，在晋法家的代表作《商君书》和《韩非子》中非常少见①，而在齐法家《管子》中相对较多。② 这与阴阳家思想本就产生于齐地有关。战国时的秦国和后来统一的秦王朝接受的是晋法家思想，为什么刻石文中会出现"应时而动"？这使我们联想到秦始皇在为以法治国寻找理论基础时应用的五行说：

> 始皇推终始五德之传，以为周得火德，秦代周德，从所不胜。方今水德之始，改年始，朝贺皆自十月朔。衣服旄旌节旗皆上黑。数以六为纪，符、法冠皆六寸，而舆六尺，六尺为步，乘六马。更名河曰德水，以为水德之始，刚毅戾深，事皆决于法，刻削毋仁恩和义，然后合五德之数。于是急法，久者不赦。③

秦始皇这一理论出自《吕氏春秋·应同篇》："凡帝王者之将兴也，天必先见祥乎下民。……火气胜，故其色尚赤，其事则火。代火者必将水，天且先见水气胜。水气胜，故其色尚黑，其事则水。"《吕氏春秋》一个显著的特点就是通过阴阳家的五德终始说，把自然界的循环运动引入人类社会，认为人类社会的演变和朝代的更替就像木火土金水那样相生相克，周而复始。虽然秦始皇不完全认同《吕氏春秋》，但是五德终始说显然对他产生了影响，为秦始皇实践法家学说提供了一个坚实的理论基础。《吕氏春秋》的十二纪是全书大旨所在，分为《春纪》《夏纪》《秋纪》《冬纪》。每纪15篇，凡60篇。十二纪使用十二月令作为组合材料的线索。《春纪》主要讨论养生之道，《夏纪》论述教学道理及音乐理论，《秋纪》主要讨论军事问题，《冬纪》主要讨论人的品质问题。这种安排的依据就是阴阳家的春夏主生、秋冬主杀理论。所以养生在春，兵事在秋。这成为中国古代封建社会始终遵循的一个规则。琅邪刻石所谓"应时动事"即指此而言。由此可知，秦始皇的法家思想中已开始融入阴阳家的思想要

---

① 仅《韩非子·解老》一见："周公曰：'冬日之闭冻也不固，则春夏之长草木也不茂。'天地不能常侈常费，而况于人乎？故万物必有盛衰，万事必有弛张，国家必有文武，官治必有赏罚。"以此证明治国中刑赏并用的必要性，尚没有把赏罚与四时相连。

② 如《管子》中《版法解》《形势解》《七臣七主》《禁藏》等均有相关论述。

③ （汉）司马迁：《史记·秦始皇本纪》，中华书局1959年版，第237—238页。

素。这在法家思想发展过程中是一个非常值得关注的变化。到了汉代，随着齐学进一步兴起，阴阳五行思想与法家联系越来越多，越来越密切。这一过程也是中国古代法律自然化的过程。而法律的自然化后来成为中国古代法律文化不可或缺的构成要素。

（四）对儒家思想的吸收

在法家的形成过程中，儒家是他们汲取营养的学派之一。但在法家形成之后，儒家又成为他们重点批驳的对象。《商君书》《韩非子》中嘲讽、否定儒家之语俯拾皆是。但这种状况在秦始皇时期有所改变。秦始皇在积极运用法家思想治国的同时，也根据需要适度吸收儒家思想因子，从而在实践中实现了儒法融合。这不仅表现在秦朝初建时设有博士制度，允许儒生参政议政，更重要的是这时的秦王朝把儒家的忠、孝、义等观念作为评判大臣的重要标准。赵高矫诏命扶苏和大将蒙恬自杀，其理由分别是"扶苏为人子不孝，其赐剑以自裁！……（蒙恬）为人臣不忠，其赐死"[1]。即使不学无术的胡亥在赵高劝其篡位时也有不义不孝乃逆德的顾虑："废兄而立弟，是不义也；不奉父诏而畏死，是不孝也；能薄而材谫，强因人之功，是不能也。三者逆德，天下不服，身殆倾危，社稷不血食。"[2] 特别是对儒家"忠"理念的重视，在秦王朝非常突出。[3] 琅邪刻石有："端直敦忠，事业有常。"这与法家对君臣之间臣须绝对服从君的思想一致。同时也说明，经历了嫪毐、吕不韦"挑战"的秦始皇意识到仅仅用法家的赏罚还不能完全实现臣对君的绝对服从，无法保证政权万无一失，而儒家忠观念从道德上的强化无疑可以起到弥补作用。

对儒家思想的吸收还表现在前文所论秦始皇对男女礼俗的重视。针对泰山刻石和会稽刻石中关于男女关系的内容，明末清初大儒顾炎武曾说："然则秦之任刑虽过，而其坊民正俗之意，固未始异于三王也。汉兴以来，承用秦法，以至今日者多矣。世之儒者，言及于秦，即以为亡国之法，亦未之深考乎！"[4]

---

[1] （汉）司马迁：《史记·李斯列传》，中华书局1959年版，第2551页。
[2] 同上书，第2549页。
[3] 王子今《秦代社会意识研究》（商务印书馆2012年版）对此有较为详细的论述。
[4] 黄汝成集释：《日知录集释》，花山文艺出版社1990年版，第587页。

(五) 主张偃兵息武

为秦国的崛起立下汗马功劳的商鞅极为重视战争，反映他的思想的《商君书》常常把战争和国家的经济命脉农业生产相提并论，视战争为称王称霸必不可少的条件。《画策》说："不胜而王，不败而亡者，自古及今未尝有也。"《农战》有："国待农战而安，主待农战而尊。"所以无论强弱贫富都要打仗。《商君书》的观点为：农业是国家的经济命脉，战争是国家由弱小贫穷而富裕强大不能缺少的手段。商鞅学派之好战于此可见。

秦国的发展历史就是一部战争史，这点从《诗经·秦风》即可看出。《小戎》和《无衣》是《秦风》中两首典型的战争诗，与《诗经》中其他战争诗最大的不同在于，这两首秦地的民歌充满英勇作战的豪情壮志，而不是战争的悲伤。《小戎》中的妻子回想送丈夫出征时的壮观场面和丈夫的美好形象，希望他早日凯旋，仰慕之情溢于言表。《无衣》则通过"共衣"这一细节表现战士们同仇敌忾的决心。朱熹说："秦人之俗，大抵尚气概，先勇力，忘生轻死，故其见于《诗》如此。"[①] 商鞅变法后，奖励农战的政策把秦人善武能战的特点引导、发挥到极致，"其强毅果敢之资，亦足以强兵力农，而成富强之业，非山东诸国所及也"[②]。嬴政继君位后，为了结束纷乱、完成统一而必须热衷战争，因为他知道战争是消弭战争的最佳途径。但是当统一大局尘埃落定，已经成为秦始皇的嬴政热切盼望在全国实现和平安定。这一心情在刻石文中被多次表现：

  乃今皇帝，壹家天下，兵不复起。灾害灭除，黔首康宁，利泽长久。（峄山刻石）

  圣法初兴，清理疆内，外诛暴强。武威旁畅，振动四极，禽灭六王，阐并天下，灾害绝息，永偃戎兵。（东观刻石）

  黔首安宁，不用兵革。六亲相保，终无寇贼。（碣石刻石）

  地势既定，黎庶无繇，天下咸抚。（琅邪刻石）

因为渴望和平，秦始皇反对分封诸子。他说："天下初定，又复立

[①] 朱熹：《诗集传》，中华书局2011年版，第100页。
[②] 同上书，第101页。

国，是树兵也，而求其宁息，岂不难哉!"① 因为渴望和平，秦始皇收缴所有兵器铸成十二个铜人立于咸阳宫门前，其中固然有追求神异的成分②，但不能否认这么做的另一个重要目的是为了永久地偃兵息武，使广大百姓安居乐业，远离战争的苦难。这的确是"统一盛运——最受憧憬之美景"③。只是秦始皇最终没能把这一憧憬之美景变成现实。对一个封建专制制度下的君王来说，君位的万无一失而非百姓的安宁才是第一位的。因此，当方士奏录图书"亡秦者胡也"时，秦始皇将"胡"错解为北方少数民族，于是"使将军蒙恬发兵三十万北击胡，略取河南地"。秦王朝征讨南北少数民族的战争由此拉开序幕。希望和平的秦始皇为了确保江山永固，再次陷他的子民于战争的水深火热之中。

通过对刻石文的解读，我们看到的秦始皇是一个励精图治，谋求百姓安居乐业、国家富强、有远大政治理想的君主形象。只是他没能避免专制政权下最高统治者的必然走向，因此最终还是以暴君的形象留在历史中。同时，在解读刻石文过程中我们也发现，秦始皇在接受和实践法家思想过程中，通过吸纳儒家、阴阳家思想因子等各种途径对法家思想进行了改造。这是法家在秦代的重要发展与流变。徐复观先生说："由秦始皇和李斯继承商鞅的余烈，以法家思想为骨干，又缘饰以阴阳家和儒家所建立的专制政治，在像始皇这种英明皇帝统治之下，是可以发挥很高的效果、很快地解决问题的。"④ 这说明秦始皇对法家思想的接受与发展既是专制统治的需要，也是专制统治的必然。

---

① （汉）司马迁：《史记·秦始皇本纪》，中华书局1959年版，第239页。
② （汉）班固《汉书·五行志下之上》言："始皇二十六年，有大人长五丈，足履六尺，皆夷狄服，凡十二人，见于临洮。……是岁始皇初并六国，反喜为瑞，销天下兵器，作金人十二以象之。"（中华书局1962年版，第1472页）
③ 钱穆：《秦汉史》，生活·读书·新知三联书店2005年版，第17页。
④ 徐复观：《两汉思想史》（一），华东师范大学出版社2001年版，第87页。

第三章　李斯、赵高、秦二世与先秦法家

探讨李斯、赵高、秦二世与先秦法家关系依据的文献材料主要是《史记·李斯列传》。《李斯列传》在《史记》中是一篇重要的人物传记，全文近万字，在记述法家重要人物李斯的同时，还叙述了秦二世及奸臣赵高的生平。不仅如此，从中还可以看出李斯、赵高、秦二世等秦王朝重要政治人物对法家学说的接受程度，以及法家学说在秦王朝，特别是秦二世时期的实践、发展、流变的过程。

第一节　李斯与先秦法家

汉朝思想家王充说："韩非著书，李斯采以言事。"[①] 一语道出韩非和李斯之间的关系：一个创建理论，一个将理论付诸实践。《韩非子》一书蕴含深刻且切中时弊的政治思想，但这些思想学说于韩非而言尚停留在理论层面，被李斯掌握后，他常常以此为依据阐述他的治国策略，其中很多被秦的统治者采纳，如"以吏为师，以法为教""督责术"等。从韩非到李斯就是法家学说从理论到实践的过程。那么李斯是如何把韩非的法家思想运用到实践中的？其具体表现是什么？《史记·李斯列传》对此作出了详细回答。

李斯和韩非都是儒学大师荀子的学生。作为同窗，李斯非常熟悉韩非其人其学，他"自以为不如非"[②]。先秦时期的教育通常是师生在一起通过探讨问题学习，《韩非子》中的观点在韩非求学于荀子门下时一定向老

---

① 黄晖校释：《论衡校释·案书》，中华书局1990年版，第1174页。
② （汉）司马迁：《史记·老子韩非列传》，中华书局1959年版，第2146页。

师提出并一起讨论过，作为同窗的李斯自然不会陌生。至于已经成型的韩非的文章，荀子和李斯当是第一读者。所以《五蠹》和《孤愤》传到秦，嬴政尚不知出自何人之手，李斯第一个辨出是韩非的大作。因此，熟悉韩非作品和思想是李斯将韩非的治国理论落实到现实政治管理中的重要前提。

第一次游说秦王，李斯就谈到"灭诸侯，成帝业"，秦王深为折服，拜他为长史，采纳他的计策，"阴遣谋士赍持金玉以游说诸侯。诸侯名士可下以财者，厚遗结之；不肯者，利剑刺之。离其君臣之计"①。这一计策不是李斯的创新，韩非早在其文中已有阐述。

战国是一个诸侯争霸、弱肉强食的历史时期。最终哪一个国家胜出，一方面取决于国力强弱，另一方面由拥有人才的质量和数量决定。敌对的两个国家，其中一方拥有杰出人才，就会对另一方构成极大威胁。"敌国有贤者，国之忧也"正是这种状况的反映。针对这一情形，韩非提出的策略之一是把握好自己国家官员的任命，同时掌控别国关键职位人员的安排。《韩非子·八经》说："废置之事，生于内则治，生于外则乱。是以明主以功论之内，而以利资之外，故其国治而敌乱。""废置之事"指的是官吏的任免，由本国君主自己掌控则国治，由外国势力控制则国乱。因此，贤明的君主在国内讲求事功，按照功劳大小、能力高低安排大臣职位，在国外根据自己的利益需要资助敌国大臣，如此一来本国政治安定而敌国政治混乱。《内储说下》所说干象反对楚怀王扶置甘茂做秦相，而主张立相共就是出于这一目的。甘茂贤能多才，他做秦相将大有裨益于秦国，无形中就给楚国树立了强劲对手。而相共年纪轻轻即受宠，养尊处优，不谙时事，他来做秦相，只会扰乱国政，但这对楚国来说却恰是削弱对手的最佳机会。其次是离间敌国君臣，借机除去他们的贤能之臣。《内储说下》有：

　　荆王使人之秦，秦王甚礼之。王曰："敌国有贤者，国之忧也。今荆王之使者甚贤，寡人患之。"群臣谏曰："以王之贤圣与国之资厚，愿荆王之贤人。王何不深知之而阴有之。荆以为外用也，则必诛之。"

---

① （汉）司马迁：《史记·李斯列传》，中华书局1959年版，第2540—2541页。

战国末期，横则秦帝，纵则楚王，因此秦楚之间明争暗斗最为激烈。楚国谋划削弱秦国，秦国同时也在暗地里想方设法对付楚国。秦王看到出使秦国的楚臣智慧而忠诚，于是心生忧虑。秦国大臣就提出利用秦国的财富，首先密切和楚国使臣的关系，使楚王对自己的使臣产生怀疑，然后借楚王之手将其除去。诸如此类的事例在《韩非子·储说》系列中记载了很多。韩非只是提出了一个解决问题的方案，真正实施这一方案的是在秦国为官的楚国人李斯。凭借韩非的理论，在秦王嬴政的支持下，李斯或用金钱贿赂，或用利剑刺杀，为秦国扫除了统一征途中的诸多隐患，也为他自己在秦国铺设了一条人生的通途大道。

李斯对韩非法家理论实践最成功最典型影响最大的莫过于"以吏为师，以法为教"和督责之术的应用。公元前 213 年，秦朝君臣就是否分封子弟展开了一场争论。齐人淳于越向秦始皇提出效仿古制，分封子弟功臣为王以辅佐天子。秦始皇把这一建议交给众臣讨论。身为丞相的李斯首先发难。李斯认为战国时天下散乱，诸侯并作，私学并起，学者们虚言乱实，各人都以为自己的学说最高明，并以此来评判君王的言行，对政治管理造成很多危害。现今已完成统一，就应该统一思想学说，"别白黑而定一尊……臣请诸有文学《诗》《书》百家语者，蠲除去之。令到满三十日弗去，黥为城旦。所不去者，医药卜筮种树之书。若有欲学者，以吏为师"[①]。李斯的观点得到秦始皇认可，于是"收去诗书百家之语以愚百姓，使天下无以古非今。明法度，定律令，皆以始皇起。同文书"。中国历史上一次严厉的文化专制行动由此拉开序幕。东汉王充在其著作《论衡》中反复说："遭秦用李斯之议，燔烧五经"[②]，"秦始皇用李斯之议，燔烧《诗》《书》"[③]。但是，他可否注意到，焚书非李斯首倡，真正的创意者是韩非。李斯，准确地说是实践者。

《韩非子·五蠹》说："明主之国，无书简之文，以法为教；无先王之语，以吏为师。"《说疑》又有："是故禁奸之法，太上禁其心，其次禁其言，其次禁其事。"为了"禁其言"，韩非这样建议君主："且夫人主于

---

① （汉）司马迁：《史记·李斯列传》，中华书局 1959 年版，第 2546 页。
② 黄晖校释：《论衡校释·正说》，中华书局 1990 年版，第 1124 页。
③ 黄晖校释：《论衡校释·死伪》，中华书局 1990 年版，第 889 页。

第三章　李斯、赵高、秦二世与先秦法家　65

听学也，若是其言，宜布之官而用其身，若非其言，宜去其身而息其端。"① 这些正是李斯文化专制主张的理论源泉。他以他在秦王朝的地位和影响力把"以吏为师，以法为教"上升为国策，并提出了具体的操作方法。首先，焚毁法律规定之外的所有典籍，从根源上杜绝民众接受其他学说。其次，民众如不按国家要求去做就是违法犯罪，要被"黥为城旦"（黥指在面上刺黑字，是一种带有侮辱性的刑罚。城旦是罚去做筑城的苦役）。这一举措的权威性和强制性显而易见。至此，韩非的理论在李斯的手中变成现实。

李斯另一接受韩非学说的显著表现是他为了迎合秦二世而写的《督责书》。

法家典籍，无论齐法家之《管子》还是晋法家之《商君书》《韩非子》，都有关于君主御臣之术的论述。在君主专制政权下，君主不能驾驭臣下就无法治国，更遑论稳固君权和统治。法家御臣术一言以蔽之就是督责，其具体做法是"参验""参伍""参同""循名实"。《韩非子·主道》说："有言者自为名，有事者自为形。形名参同，君乃无事焉。"《八经》说："听不参，则无以责下；言不督乎用，则邪说当上。"韩非认为，大臣说的话就是"名"，做的事就是"形"（或"实"），确定一个大臣是否忠诚可靠，就是将其所说与所做进行比较，二者吻合即忠臣，就加以奖赏；二者不合即奸臣，就进行惩罚。另外，大臣的职掌是"名"，他的所为是"实"，"名"副其"实"就是忠臣，"名"不副"实"就是奸臣。通过"参验"进行督责，既可以保证人臣竭心尽力服务于君主，又可以杜绝他们结党营私，威胁君主的地位和利益。公允地说，法家督责术虽然严苛，但在君主专制社会中不失为一种行之有效的管理手段，具有一定的积极意义。可是李斯为了阿顺秦二世，却将其歪曲使用。他很清楚苛政、暴政是激起臣民反抗的直接原因，但是为了保全自己的生命和利益，他在上二世的《督责书》中反而一再强调君主要严行督责之术："督责之，则臣不敢不竭能以徇其主矣。此臣主之分定，上下之义明，则天下贤不肖莫敢不尽力竭任以徇其君矣。"为了逢迎秦二世，李斯还把能否全身心享乐视为区分贱与贵、不肖与贤能的标准。他说贤能之主因为使用督责之术，

---

① 陈奇猷校注：《韩非子新校注·显学》，上海古籍出版社2000年版，第1135页。

自己专以天下自适,不必苦形劳神,把所有的辛苦与劳作都交于臣民。这是以人徇己,因而是尊贵的象征。而无能的君主"徒务苦形劳神,以身徇百姓",天下成为他的桎梏,君主做了本该黔首做的事,这是以己徇人,则己贱而人贵。为了迎合秦二世的荒淫之心,李斯不惜违背为人臣的良知。他说:

> 且夫俭节仁义之人立于朝,则荒肆之乐辍矣;谏说论理之臣间于侧,则流漫之志诎矣;烈士死节之行显于世,则淫康之虞废矣。故明主能外此三者,而独操主术以制听从之臣,而修其明法,故身尊而势重也。凡贤主者,必将能拂世磨俗,而废其所恶,立其所欲,故生则有尊重之势,死则有贤明之谥也。①

即使是一心致力于构建绝对君主专制理论的韩非也不会建议君主除去"俭节仁义之人"及"谏说论理之臣",提倡君主享受"荒肆之乐""流漫之志""淫康之虞"。这样的治国逻辑李斯自己都不会相信,但是他却如此这般教导秦二世。接着,李斯又鼓励秦二世坚持使用严刑峻法:"能独断而审督责,必深罚,故天下不敢犯也。"李斯认为只要行督责之术,君主就可以高枕无忧。督责"则臣无邪,臣无邪则天下安,天下安则主严尊,主严尊则督责必,督责必则所求得,所求得则国家富,国家富则君乐丰。故督责之术设,则所欲无不得矣。群臣百姓救过不给,何变之敢图?若此则帝道备,而可谓能明君臣之术矣。虽申、韩复生,不能加也"②。在这封奏折中,李斯屡屡引用《韩非子》中主张严刑重罚的话语,如出自《显学》的"慈母有败子而严家无格虏",出自《内储说上》的"刑弃灰于道",出自《五蠹》的"布帛寻常,庸人不释,铄金百溢,盗跖不搏"和"城高五丈,而楼季不轻犯"。他把韩非的论述作为论据以证明自己观点之正确。但是,把李斯的《督责书》与法家倡导的督责术做一对比,就会发现其中显著的区别在于李斯把督责完全等同于严刑重罚,他忽略了法家所说督责的关键是核查大臣的所言与所行、官职与应负的责

---

① (汉)司马迁:《史记·李斯列传》,中华书局1959年版,第2557页。
② 同上。

第三章 李斯、赵高、秦二世与先秦法家 67

任是否相副,然后以此为标准进行赏罚,以鼓励忠臣,杜绝奸吏。譬如韩非说:"今人主不合参验而行诛,不待见功而爵禄,故法术之士安能蒙死亡而进其说,奸邪之臣安肯乘利而退其身。"① 又说:"不以功伐决智行,不以参伍审罪过,而听左右近习之言,则无能之士在廷,而愚污之吏处官矣。"② 李斯却只是一味强调皇帝利用手中的权势压制臣民,使他们因为恐惧而不得不为君主服务,如此君主就可以什么都不做而恣意享乐。督责在李斯笔下完全成为为君主荒淫放纵开路的一个便利工具。李斯在狱中上秦二世书中列举自己对秦的功劳时如此说:"缓刑罚,薄赋敛,以遂主得众之心,万民戴主,死而不忘。"③ 这说明李斯知道严刑峻法并非万灵之策,但是为了迎合昏庸的秦二世,他却信口开河,大肆鼓吹。

有了李斯的"理论"做依据,秦二世"行督责益严,税民深者为明吏。二世曰:'若此则可谓能督责矣。'刑者相半于道,而死人日成积于市。杀人众者为忠臣。二世曰:'若此则可谓能督责矣。'"④ 因为秦二世的昏庸,因为李斯的自私,在秦二世听信赵高谗言残酷迫害臣民之时,李斯火上浇油,陷秦朝人民于水深火热之中,最终官逼民反,导致了秦代的覆灭。汉代开国皇帝刘邦曾说:"吾闻李斯相秦皇帝,有善归主,有恶自与。""有善归主,有恶自与"是法家的君臣观。它要求为臣者要把功劳归之于君主,错误则自己承担。李斯一而再再而三地阿从秦二世的无理要求,一方面是屈服于秦二世作为皇帝的淫威,另一方面也是这种君臣观在作祟。这种看似为君"分谤"、表现为臣忠心的做法实则因为掩饰了君主之过,使君主一错再错,小错变大错,大错变祸端。所以王卫尉听了刘邦的话后说:"秦以不闻其过亡天下,李斯之分过,又何足法哉。"⑤ 从这一角度说,法家学说对秦亡的确负有不可推卸的责任。

秦王朝虽直接亡于秦二世胡亥之手,但把胡亥送到君位上的却是赵高和李斯。尽管李斯是被动的、不情愿的,但他的参与是秦王朝易主而亡的重要原因之一。后人对此看得很清楚,明代茅坤说:"《李斯传》传斯本

---

① 陈奇猷校注:《韩非子新校注·孤愤》,上海古籍出版社2000年版,第245—246页。
② 同上书,第249页。
③ (汉)司马迁:《史记·李斯列传》,中华书局1959年版,第2561页。
④ 同上书,第2557页。
⑤ (汉)司马迁:《史记·萧相国世家》,中华书局1959年版,第2018页。

末，特佐始皇定天下，变法诸事仅十之一二，传高所以乱天下而亡秦特十之七八。太史公恁地看得亡秦者高，所以酿高之乱者并由斯为之，此是太史公极用意文，极得大体处。"①

在探究李斯的法家思想的同时，我们还应该注意到的是，李斯毕竟受业于儒学大师荀子，因此，他思想中始终保留着些许儒家思想的因子。与匈奴之间的战争是秦王朝走向灭亡的开始，秦始皇因为相信且错解了"亡秦者胡"这句谶语，命蒙恬带兵，举全国之力攻打匈奴。对此，李斯曾进言始皇帝：

> 夫匈奴无城郭之居，委积之守，迁徙鸟举，难得而制。轻兵深入，粮食必绝；运粮以行，重不及事。得其地，不足以为利；得其民，不可调而守也。胜必弃之，非民父母。靡敝中国，甘心匈奴，非完计也。②

李斯这一观点和汉代儒士们在伐匈奴一事上的观点完全相同。但是秦始皇没有接受李斯的建议，依然命蒙恬将兵攻胡，却地千里，以河为境。李斯出身贫贱，他深知贫贱的悲哀，他也清楚他所有的荣华富贵不过系于皇帝一人，因此虽然感激秦始皇对他的重用，虽然知道秦始皇的举措是错误的，但他只是提出自己的建议，一旦最高统治者不采纳，他就转而附和，而绝不会强谏。可以说李斯从步入仕途的那一刻起，每一次面临抉择时，都是儒法在其心中交战的开始，而每一次交战的结局都是法家战胜了儒家：人皆好利恶害，人为利而生，而不会为仁义而生，君臣之间不过是一场交易。在李斯身上，我们可以看到从儒士到法家的发展变化过程，作为儒士的李斯在不断退却，作为法家的李斯逐渐占了上风。但是李斯实践的法家也不是先秦时期商鞅、韩非倡导的纯粹法家。商鞅和韩非或为国或为君都可以义无反顾，勇往直前，所以商鞅明知变法的危险却依然不变初衷，韩非知道为韩国辩护会给自己带来灾难，但仍然坚持，因此他们的法家思想中

---

① 杨燕起等编著：《历代名家评〈史记〉》，北京师范大学出版社1986年版，第626—627页。
② （汉）班固：《汉书·严朱吾丘主父徐严终王贾传上》，中华书局1962年版，第2800页。

保有一份可贵的持守精神。同样的事换作李斯，他会知难而退。因为在他心中个体利益始终是第一位的，国和君在其次。所以，他感激秦始皇的知遇之恩，也知道矫诏罪大恶极，但在赵高的威胁和诱惑下，他还是同流合污了。他知道秦二世滥用刑罚不对，可是当考虑他自己家族的利益时立刻就是非颠倒，以黑为白，以白为黑。所以李斯实践法家思想的过程是一个凸显法家之糟粕、掩盖其精华的过程。

第二节　赵高与先秦法家

加速秦王朝灭亡的嬴政宠臣赵高，原是赵国王族的远房亲戚，兄弟数人均为宦官。其母因罪受罚，地位卑下。但是赵高办事能力强，且懂法令，因此受宠，官至中车府令。私下里，赵高还侍奉公子胡亥，教他学习怎么断狱。赵高曾犯大罪，时为秦国国君的嬴政命蒙毅依法惩治。蒙毅不敢歪曲国家法律，判赵高死罪，剥夺他宦者官籍。但是嬴政又怜惜赵高做事勤勉，将其赦免，并恢复官爵。假如没有嬴政画蛇添足的这一笔，秦王朝或许不会那么短暂，历史或许会改变，但历史不能假设。

秦国自商鞅变法后就重视国家法令的制定、执行、学习和传播。秦王嬴政对法家学说的青睐使秦国各级官吏更加认识到掌握法家典籍、熟稔国家法令是飞黄腾达的途径之一。出身贫贱的赵高也为此努力学习国家法律，钻研法家学说，这一切成为他日后进入国家政治核心阶层的桥梁。他自己曾说："高固内官之厮役也，幸得以刀笔之文进入秦宫，管事二十余年。"[①] 刀笔之文即法律文牍。秦王为此还让他当上了中车府令。中车府令是执掌乘舆的官员，位虽不高，但属皇帝身边近侍，要负责皇帝的车马管理和出行，有时也亲自为皇帝驾驭。因为事关皇帝安全，所以必须是皇帝的亲信心腹。种种细节也可以看出赵高深得嬴政信任和宠幸。同时，种种细节也可以看出赵高心思缜密，擅长人际交往，善于察言观色。

在嬴政的儿子中，胡亥显然谈不上优秀，但他可能是秦王最喜欢的儿子，所以外出也把他带在身边。一个是深得秦始皇喜爱的皇子，一个是深为秦始皇信任的大臣，加之赵高熟悉国家法令，顺理成章地，他就成了胡

[①] （汉）司马迁：《史记·李斯列传》，中华书局1959年版，第2549页。

亥的老师。秦始皇死后，赵高为了把胡亥推到皇位上，曾对李斯称赞胡亥说："高受诏教习胡亥，使学以法事数年矣，未尝见过失。"①

赵高对法家思想比较熟悉。他了解和学习法家学说的途径之一是宫中官员之间的口耳相传与实践。因为自商鞅在秦国进行变法后，商鞅的法家思想就一直是秦国官方的政治指导思想之一。商鞅虽然被车裂，但他的主张依然在秦国施行。途径之二是通过官方收藏的典籍学习。这主要集中于韩非的法家思想。嬴政是如何看到韩非的《五蠹》和《孤愤》的，我们不得而知。但可以想到的是嬴政青睐韩非之作一定会引起秦国官员对韩非文章的关注，因而加速韩非著作的编集。秦始皇下令焚书时，因为法家思想在秦朝独一无二的地位，法家典籍不在焚毁之列，由此秦收集到的韩非的作品保存完整。汉取代秦后，其图书档案皆被萧何接管。《史记·萧相国世家》说："何独先入收秦丞相御史律令图书藏之。"司马迁在《韩非列传》说："（韩非）悲廉直不容于邪枉之臣，观往者得失之变，故作《孤愤》《五蠹》《内外储》《说林》《说难》十余万言。"又说："申子、韩子皆著书，传于后世，学者多有。"《韩长孺列传》说韩安国"尝受《韩子》、杂家说于驺田生所"。于此可见，韩非的著作流传非常广泛。这种广泛与秦王朝对韩非作品的重视有密切关系。所以，包括赵高在内的秦国官员拥有阅读韩非文章的便利条件，具备接触韩非思想的机会。这是赵高学习、接受韩非学说的前提。

为了篡取皇权，赵高把法家思想发挥到了极致。

连坐法是法家严刑酷法的标志。赵高对它的应用和威力深谙于心。当秦二世胡亥对赵高说他想尽情享受人生时，赵高表示赞同，但提出蒙毅等故臣的存在将威胁秦二世的王位，妨碍他享乐，所以要"严法而刻刑，令有罪者相坐诛，至收族，灭大臣而远骨肉；贫者富之，贱者贵之。尽除去先帝之故臣，更置陛下之所亲信者近之。此则阴德归陛下，害除而奸谋塞，群臣莫不被润泽，蒙厚德，陛下则高枕肆志宠乐矣。计莫出于此"②。赵高是要借秦二世之手铲除异己，培植自己的政治力量。首先，以连坐除去故臣和皇亲。其次，用"贫者富之，贱者贵之"的手段更置亲信。连

---

① （汉）司马迁：《史记·李斯列传》，中华书局1959年版，第2550页。
② 同上书，第2552页。

坐法是法家严刑峻法的一个标志，它使人与人之间没有情感，只以利益牵连。商鞅利用连坐法使出征的将士在疆场上只能前进不敢退缩，只能奋力拼杀不敢投敌。因为他们的行为直接关系家中亲人的安危，关系到与他们同一伍的士卒的安危。韩非说，连坐法可以使人们互相监督，从而减少犯罪。连坐法虽然有残酷的一面，但从政治管理角度评判尚存合理因素。而赵高教导秦二世用连坐法杀大臣、远骨肉实在是灭绝人性。但是昏庸的秦二世为了保全自己的皇帝之位，为了尽情享乐竟然完全答应，不仅对他父亲的故臣，而且对自己的兄弟姊妹痛下杀手："二世然高之言，乃更为法律。于是群臣诸公子有罪，辄下高，令鞫治之。杀大臣蒙毅等，公子十二人僇死咸阳市，十公主矺死于杜，财物入于县官，相连坐者不可胜数。"[①]假如除去贤明的公子扶苏，让无能的胡亥做皇帝，是赵高篡权的第一步，那么杀大臣远骨肉就是赵高阴谋的第二步。因为老臣与皇族的存在会阻碍他篡权。除去旧势力之后，赵高开始培植自己的党羽。他用的是"贫者富之，贱者贵之"的手段。这本是商鞅驱使民众的一种策略。《商君书·说民》说："治国之举贵令贫者富，富者贫。"《去强》又有："贫者使以刑则富，富者使以赏则贫。治国能令贫者富，富者贫，则国多力。多力者王。"凭借连坐法，赵高借秦二世之手已经除掉了有权有势的富贵之臣，接下来他要做的是利用秦二世手中掌管的国家财富形成自己的朋党。具体的做法就是用功名利禄笼络收买无权无势的大臣，让他们死心塌地地为自己服务，成为自己的心腹和帮凶。这是赵高对先秦法家学说的又一应用。

　　篡权的障碍除去后，赵高终于要对秦二世下手了。他首先测试朝中大臣对自己的态度，于是就有了中国历史上丑陋而滑稽的一幕：指鹿为马。这一幕成为中国政治文化中一个深刻的烙印，以至于后世君臣常常引以为戒。陆贾《新语·辨惑》篇说："秦二世之时，赵高驾鹿而从行。……当此之时，秦王不能自信其直目，而从邪臣之言。鹿与马之异形，乃众人之所知也，然不能别其是非，况于暗昧之事乎？……群党合意，以倾一君，孰不移哉！"指鹿为马成为颠倒黑白、混淆是非的代名词。而一说到指鹿为马，人们首先想到的就是赵高，无形中赵高似乎成了这一"历史剧"的原创者。但实际上，这一幕不过是赵高对韩非理论的加工和改造，它是

---

① （汉）司马迁：《史记·李斯列传》，中华书局1959年版，第2552页。

赵高熟读、巧用《韩非子》的一个证明。

《韩非子·内储说下》中有一个"燕人浴矢"的故事，可视为指鹿为马的原始版本。燕国某人的妻子与一男子私通。一天，两人正在燕人家约会，不料燕人突然从外面回来。早回的丈夫与好事完毕正往出走的妻子的相好迎面相遇。做丈夫的就问妻子：刚出去的客人是谁？妻子不慌不忙地回答：没人出去。丈夫又问家里仆人，早被妻子收买的仆人们众口一词地回答没看见任何人。于是做妻子的说：你是不是在外面受魅惑了？那要除一除的。于是找来一盆狗屎对着丈夫兜头浇上。韩非用这个故事说明君主一定要掌握好自己的权势，不能让大臣夺去，否则将有被大臣凌驾其上的危险。奸诈的赵高反其意而用之，从中学到如想玩弄君主于股掌之上，首先要获得朝中大臣的支持。这是他指鹿为马的"创作"启示之一。另外，鹿在《韩非子》中具有独特含义，而且鹿与马形体上非常相似，这些是赵高"创作"指鹿为马的启示之二。

鹿在《韩非子》中凡12见，除专有地名之外，尚有9见，这9见表面指动物之鹿，实际喻指与君臣或权势相关的事物。《内储说上》中，齐王问文子怎么治国。文子回答，赏罚是治国的利器。君王一定要牢牢掌握，不能轻易给人看。至于大臣，就仿佛鹿之类的野兽，只要给他们草料他们就会俯就。在这里文子把大臣比作鹿。与此相似，《外储说右上》"如耳游说卫嗣公"一节中，卫嗣公用像鹿的马比喻可为己所用的人才，用鹿比喻不为己所用的人才。他说有千金之马却无千金之鹿，因为马可大用，而鹿于人却无用。因此，如耳虽然富于辩才和智谋，但他的心不在卫国，不能为卫所用，所以卫国不会任他为相。韩非用这一故事说明，人才如不能为我所用就没有任何价值。赵高指鹿为马正暗合这一故事中鹿与马的喻指。对于不同意他的鹿是马的大臣，赵高采纳了韩非的主张：毫不犹豫地除掉。可见，赵高指鹿为马的创作"源泉"就在《韩非子》。韩非构思出"指鹿为马"的蓝本，赵高最终将其完成。只是这一幕"历史剧"并没有随着秦代的灭亡而消失，后代模仿者代不乏人，手段虽然不尽相同，但实质却从没改变。只要"秦二世"还在，"赵高"自然也不会消失。

为了孤立秦二世，赵高还充分使用了韩非神化君主的手段。

《韩非子·扬权》说："主上不神，下将有因"，"主失其神，虎随其后"。所谓"神"就是神秘莫测。当君上神秘莫测时,臣子就悚惧乎下,不敢轻举妄动。《亡征》篇甚至说:"浅薄而易见,漏泄而无藏,不能周密而通群臣之语者,可亡也。"心思容易被揣摩猜透的君主更容易亡国。为了更好地控制大臣,韩非把君主塑造成一个半人半神的形象。韩非所论,核心宗旨是君主要心思缜密。但是赵高却借此对秦二世说,天子之所以珍贵,是因为众臣只能听到他的声音,却见不到其人。以此为由,赵高把秦二世和众臣隔绝开来,使其成为真正的孤家寡人,如此一来赵高就水到渠成地从二世手中接管了朝廷大权。

综上所述,赵高对法家学说,特别是韩非的法家思想的熟悉程度不亚于李斯、秦始皇。只是他的接受角度有别于前二者,如果说李斯、嬴政从法家著作中主要学的是如何御臣、治国,那么赵高则完全学的是阴谋之术,而且他对这些阴谋之术的灵活运用达到了登峰造极的程度。所以有学者说:"赵高是我国古代最有名的阴谋家之一,他的手段比之春秋时代吴国的伯嚭,汉代的王莽,唐代的卢杞,以及太平天国的韦昌辉,似乎都更巧妙、更阴险、更毒辣。"[1] 这点从汉代学者对秦亡的反思中也可得到证明。《淮南子·泰族训》说:"夫差用太宰嚭而灭,秦任李斯、赵高而亡。"《盐铁论》中,无论御史大夫还是文学贤良论及秦亡时,多次提及赵高。如:

今以赵高之亡秦而非商鞅,犹以崇虎乱殷而非伊尹也。[2]

昔赵高无过人之志,而居万人之位,是以倾覆秦国而祸殃其宗。[3]

法势者,治之具也,得贤人而化。执辔非其人,则马奔驰;执轴非其人,则船覆伤。昔吴使宰嚭持轴而破其船,秦使赵高执辔而覆其车。今废仁义之术,而任刑名之徒,则复吴、秦之事也。[4]

赵高以峻文决罪于内,百官以峭法断割于外。死者相枕席,刑者相望,百姓侧目重足,不寒而栗。[5]

---

[1] 韩兆琦:《史记讲座》,广西师范大学出版社2008年版,第346页。
[2] 王利器校注:《盐铁论校注·非鞅》,中华书局1992年版,第94页。
[3] 王利器校注:《盐铁论校注·相刺》,中华书局1992年版,第255页。
[4] 王利器校注:《盐铁论校注·刑德》,中华书局1992年版,第568页。
[5] 王利器校注:《盐铁论校注·周秦》,中华书局1992年版,第586页。

可见辩论双方均认为赵高对秦亡负有不可推卸的责任。秦虽然直接亡于秦二世，但秦二世的许多做法均是赵高所教导，赵高才是亡秦的真正罪人。所以《盐铁论·诏圣》说："二世信赵高之计，渫笃责而任诛断，刑者半道，死者日积。杀民多者为忠，厉民悉者为能。百姓不胜其求，黔首不胜其刑，海内同忧而俱不聊生。"贾谊、晁错为此提出要注重对太子的教育，避免秦二世的悲剧重演。

第三节　秦二世与先秦法家

明末清初著名思想家王夫之说："作者用一致之思，读者各以其情而自得。"① 同一个文本，同一种思想，因接受者的阅历、喜好不同，从中获得的感悟就千差万别。所谓仁者见仁智者见智说的就是接受中的这种差异。李斯、赵高出身贫贱，他们的人生梦想就是出人头地，尽享荣华富贵，所以他们从法家学说中学到的是谋略，是心术。李斯与赵高的不同在于，李斯毕竟受学于儒学大师荀子，虽然他未必欣赏老师的学说，但长期的耳提面命和耳濡目染使他在有意无意间受到了儒家仁义礼让的影响。所以他尽管追求功名利禄，但有一定的道德底线，只是在赵高的诱惑和恐吓下，他最终没能守住自己的底线，所以才酿就了他的人生悲剧和秦王朝的悲剧。赵高是皇帝身边的一个宦官，宫廷的荣华富贵于他看似触手可及，实际却隔着一道难以跨越的鸿沟，因此他只能望洋兴叹。正因为如此，他对权力充满了渴望。加之他在宫廷中耳闻目睹了太多的尔虞我诈，这对他是无形的权谋教育，所以他对"术"有一种与生俱来的敏感和喜爱，他从法家那里学到的多是阴谋之术。

秦二世贵为皇子，生来即锦衣玉食，不知稼穑之苦、生计之难。帝王之家的富贵和安乐使他成长为一个地道的纨绔子弟，不学无术，贪图享受，没有远大志向，更谈不到雄才大略。所以秦始皇驾崩后，当赵高问他："皇上死了，你哥哥要做皇帝，但你却无尺寸封地，怎么办？"胡亥回答："本该如此。我听说，明君知臣，明父知子。父亲死了，没有分封诸子，还有什么可说的呢！"这时的胡亥没有谋取皇权、觊觎皇位之心。

---

① 戴鸿森笺注：《薑斋诗话笺注》，人民文学出版社1981年版，第4页。

第三章　李斯、赵高、秦二世与先秦法家　　75

他认可身为皇帝的父亲的安排，让兄长继承二世之位。但是赵高却不甘心。扶苏的贤能，加上大将蒙恬的勇猛，他哪里还有篡权的机会？但是假如平庸的胡亥继位那就截然不同了。于是赵高继续诱惑胡亥。首先告诉胡亥他有当皇帝的可能；其次又教导胡亥给别人做大臣和让别人做自己的大臣根本就是两回事。可是胡亥仍不开悟，他说："废黜兄长而立弟弟，这是不义；不服从父亲的诏命而惧怕死亡，这是不孝；自己才能浅薄，依靠别人的帮助而勉强登上王位，这是无能：这三件事都是大逆不道的，天下人也不服从，我自身遭受祸殃，国家还会灭亡。"这时的胡亥还保留有人性没有被污染之前本能的清醒和理智。但是赵高依然不肯就此罢休，他继续循循善诱："我听说过商汤、周武杀死他们的君主，天下人都称赞他们的行为符合道义，不能算是不忠。卫君杀死他的父亲，而卫国人民称颂他的功德，孔子记载了这件事，不能算是不孝。更何况办大事不能拘于小节，行大德也用不着再三谦让，乡间的习俗各有所宜，百官的工作方式也各不一样，顾忌小事而忘了大事，日后必生祸害；关键时刻犹豫不决，将来一定要后悔。果断而大胆地去做，连鬼神都要回避，将来一定会成功。希望你按我说的去做。"至此，胡亥被赵高的三寸不烂之舌打动，他长叹一声默许了赵高的安排。这一步决定了他和赵高以后的关系：名义上是君臣，实则仍是学生和老师。他虽然是皇子，但他是赵高的学生；他虽然是皇帝，但他的皇位是赵高争取来的，所以他习惯了听从赵高，事无巨细都要请教赵高，赵高说什么就是什么，赵高怎么说他就怎么做。在赵高面前，他永远都是一个听话的学生。赵高让他杀自己的兄弟姊妹，他就杀。甚至赵高教导他为了避免在群臣面前暴露自己的浅薄、无知，他应该待在深宫中，不与大臣见面，他竟然也听从了。从坐上皇位的那一刻，他就成了赵高手中的玩偶，直至被杀。

被赵高推上皇位以后，胡亥首先思虑的不是怎么治理好国家，而是如何寻欢作乐。他贪图享受的本性借助手中的特权得以充分发挥、尽情表现。他不顾国家内忧外患，继续修建秦始皇在位时没有建好的阿房宫，安排五万身强力壮的兵丁守卫咸阳，还要饲养供其玩赏的狗马禽兽。兵丁需要粮食，狗马禽兽需要饲料，咸阳仓的储备满足不了，就从下面各郡县征调。参加转运粮食和饲料的人员自带干粮，咸阳四百里之内不准食用这些粮食。他还听从赵高的建议，严酷施法，杀旧臣，诛皇族，以此巩固皇位，使自己有条件更好地享受人生。他对赵高说："夫人生居世间也，譬犹骋六骥过决隙也。吾既已临天下矣，欲悉耳目之所好，穷心志之所乐，以安宗庙而乐万姓，长有天下，终吾年寿，其道可乎？"① 可见他"贪玩"到了何种程度。因为"贪玩"，他对《韩非子》的解读也与众不同。当李斯意识到国家危机向他进谏时，他不但不听，反而责问李斯：

> 吾有私议而有所闻于韩子也，曰："尧之有天下也，堂高三尺，采椽不斫，茅茨不翦，虽逆旅之宿不勤于此矣。冬日鹿裘，夏日葛衣，粢粝之食，藜藿之羹，饭土塯，啜土铏，虽监门之养不觳于此矣。禹凿龙门，通大夏，疏九河，曲九防，决渟水致之海，而股无胈，胫无毛，手足胼胝，面目黎黑，遂以死于外，葬于会稽，臣虏之劳不烈于此矣。"然则夫所贵于有天下者，岂欲苦形劳神，身处逆旅之宿，口食监门之养，手持臣虏之作哉？此不肖人之所勉也，非贤者之所务也。彼贤人之有天下也，专用天下适己而已矣，此所以贵于有天下也。夫所谓贤人者，必能安天下而治万民，今身且不能利，将恶能治天下哉！故吾愿赐志广欲，长享天下而无害，为之奈何？②

韩非在《五蠹》中用来论述证明"事因于世，而备适于事"的一段话，被秦二世曲解为像尧、禹那般苦形劳神的君主都是不肖之人，真正贤明的君主应该使整个天下为自己服务，供自己享受。一个不懂得自我享受的君主怎么能治理好天下？值得注意的是相似的内容还出现在《秦始皇本纪》中。右丞相去疾、左丞相李斯、将军冯劫向秦二世进谏："关东群盗并起，秦发兵诛击，所杀亡甚众，然犹不止。盗多，皆以戍漕转作事苦，赋税大也。请且止阿房宫作者，减省四边戍转。"③ 于是二世引《五蠹》中"尧舜采椽不斫，茅茨不翦……"这段话进行反驳，最后还大发议论指责这几位大臣，质问他们：群盗并起，你们不能制止，还试图终止先帝未竟之宫殿，对上无以回报先帝，对我也没有尽到为臣之忠，你们凭

---

① （汉）司马迁：《史记·李斯列传》，中华书局1959年版，第2552页。
② 同上书，第2553—2554页。
③ （汉）司马迁：《史记·秦始皇本纪》，中华书局1959年版，第271页。

什么占着高位？

在秦二世看来，韩非的法家学说就是君主以法御臣，臣子尽心尽力为君主卖命，且不敢违背君主之意。他认为自己贵为万乘之尊，却没有享受到应该享受的一切，而且当群盗并起时，李斯等人作为臣子却不能为主上分忧，没有履行为臣的职责，既如此又凭什么占据高位？于是去疾、李斯、冯劫等被下狱，案责其罪。去疾、冯劫不愿受辱而自杀。李斯被囚，受五刑而死。《秦始皇本纪》和《李斯列传》同时记录秦二世对韩非《五蠹》中这段话的引用，可见司马迁对它的重视。一方面这是秦二世接受法家学说最典型的一个事例，另一方面司马迁借此向世人揭示秦王朝为什么会如此迅速地二世而亡。秦二世胡亥根据自己的需要曲解法家学说，为自己享乐多方寻找理由，但是对韩非一再提醒君主要防范的"重臣"却委以重任，拱手让出韩非屡屡强调的君主应该掌握的刑赏大权，而且远忠臣，近佞臣，秦朝遇到这么一位昏君，灭亡完全在情理之中。所以后人常将秦二世与殷纣王相提并论，甚至认为他比殷纣王更加昏庸残暴。汉初开国功臣陆贾说："周公与尧、舜合符瑞，二世与桀、纣同祸殃。"[①] 而说到秦始皇时，陆贾尽管抨击他"设刑罚，为车裂之诛"等举措，但认为这些做法带来的只是"治之失"，还未到亡国的程度。相较秦二世，秦始皇对法家学说的接受更全面更深刻。因此，把秦朝二世而亡的罪责归咎于先秦法家是不公允的。

韩非在《显学》篇中说："孔墨之后，儒分为八，墨离为三。"可见他注意到了接受的过程也是再创造的过程。在《外储说左上》中，他通过"郢书燕说"这一故事进一步说明读者与作者有时对文本的理解完全不同。只是他或许没有想到，他的作品到了胡亥手中会被曲解得面目全非。胡亥可以随口引用韩非的名篇《五蠹》反驳李斯，可见他对这篇文章非常熟悉。但是他并没有真正读懂《五蠹》，而是断章取义，随意曲解。韩非在其文中屡屡教导的君王御臣之术和频繁提醒君王被臣所御的危险，秦二世一点儿都没有学到。他对韩非学说的接受是一种脱离了文本本义的歪曲接受。但是他这一错误不仅没有得到赵高的及时纠正，反而受到他的鼓励："此贤主之所能行也，而错昏乱主之所禁也。"奸诈如赵高者

[①] 王利器校注：《新语校注·术事》，中华书局1986年版，第41页。

是仔细研读过《韩非子》等法家典籍的,他知道韩非的原意是什么,但是为了篡权,他故意阿从二世的曲解。这是一种恶毒的纵容,正是这种纵容最终导致了秦王朝的灭亡。所以贾谊说:

> 夫三代之所以长久者,以其辅翼太子有此具也。及秦而不然。其俗固非贵辞让也,所上者告訐也;固非贵礼义也,所上者刑罚也。使赵高傅胡亥而教之狱,所习者非斩劓人,则夷人之三族也。故胡亥今日即位而明日射人,忠谏者谓之诽谤,深计者谓之妖言,其视杀人若艾草菅然。岂惟胡亥之性恶哉?彼其所以道之者非其理故也。①

老师本是学生追求道德良善、智慧超群的引路人,但赵高却把胡亥视为帮助他篡权的工具,不仅不教其从善求真,反而引导他向恶。最终使中国第一个统一的封建王朝在他们的手中土崩瓦解,走向灭亡。

从李斯、赵高、胡亥对法家思想的接受可以看出,无论作为诸侯国的秦国还是统一的秦帝国,法家思想都是官方主导的政治思想。因为不同时期实施法家思想的人物不同,它对秦国和秦帝国的影响和作用也不同。先秦诸子发展至战国末期,法家最切合当时的历史潮流。李斯凭借他与韩非是同窗的优势,首先接触到了当时最全面最完善的法家学说,并将其运用于实践中,一方面促使秦国加快了统一全国的步伐,同时为稳固新王朝的君主专制政权作出了贡献。赵高接受的是法家思想中的阴暗一面——"权术",因此他成为秦王朝灭亡的始作俑者。胡亥在赵高的引导下歪曲接受法家,给秦王朝输入毁灭性的负能量,最终导致秦王朝的灭亡。由此可见,先秦法家固然要为秦亡负责,但绝不是全部。法家思想是一把利刃,用它造福还是致祸完全取决于使用它的人。孝公用商鞅而秦国崛起,嬴政用韩非、李斯而统一六国,但是商鞅和韩非的学说到了秦二世手里却导致了秦亡。因此把秦祚不继完全归罪于法家学说过于简单武断。如此我们不仅曲解了法家,而且也难以解释为什么承秦而建的汉代在"过秦"的同时不仅没有拒法家于千里之外,反而开启了儒法合流、外儒内法之中国政治文化的源头。

---

① (汉)班固:《汉书·贾谊传》,中华书局1962年版,第2251页。

第四章　贾谊与先秦法家

汉文帝时的"洛阳才子"贾谊是汉初儒家复兴的代表人物之一，他融法入儒，主张刑、德并用，法、礼共施，中和了以商鞅、韩非为代表的晋法家之苛刻、极端，同时对齐法家《管子》多有继承。因此，论及法家在汉代的发展流变，贾谊及其著作不容忽略。

第一节　贾谊与先秦法家关系考辨

贾谊《过秦论》是汉代众多"过秦"之作中的杰作。在这篇长篇政论中，贾谊既肯定了秦国采用法家思想取得的进步和成功，同时也指出专任法家是导致秦亡的原因之一。他说："秦孝公据崤函之固，拥雍州之地，君臣固守以窥周室，有席卷天下，包举宇内，囊括四海之意，并吞八荒之心。当是时也，商君佐之，内立法度，务耕织，修守战之具；外连衡而斗诸侯。于是秦人拱手而取西河之外。"赞誉之情可见。孝公死后，商鞅虽被秦国贵族处以极刑，但他的治国策略依然被继承和使用。对此，贾谊在《过秦论》中专门提及，同时他写到东方六国为谋秦而合纵缔交，众多将领、谋士率领百万之师叩关攻秦。强敌压境，秦人却从容开关延敌，六国之师却逡巡不敢前进，于是"秦无亡矢遗镞之费，而天下已困矣。于是从散约败，争割地而赂秦。秦有余力而制其弊，追亡逐北，伏尸百万，流血漂橹。因利乘便，宰割天下，分裂山河。强国请服，弱国入朝"[①]。从这些描述可以看出，贾谊认为秦国之所以能够由弱小走向富强，完成统一重任，商鞅变法功不可没。这成为他吸收先秦法家思想的动力和

---

① 阎振益、钟夏校注：《新书校注·过秦上》，中华书局2000年版，第2页。

原因。

本节首先讨论贾谊的学术派别，在此基础上，从文献比勘、师承辨析、贾谊思想中民与国的关系等入手分析他与法家的关系。

一　儒也法也？——问题的提出

司马迁在《史记·太史公自序》中说："贾生、晁错明申、商。"一语点明贾谊与法家的密不可分，同时由此引出贾谊的学术流派归属问题。晁错与法家关系密切，这是毋庸置疑的。但是贾谊，从传世文献来看，无论是《史记·屈原贾生列传》《汉书·贾谊传》，还是贾谊亲作的《新书》，其中所反映贾谊对德和礼的重视、对先秦法家人物的批判抨击，似乎都在说明他的思想应归入儒家之列。而要证明贾谊和法家的关系，典型论据还真不多。最直接的两条，其一是《史记·屈原贾生列传》开篇所述，发现、教导并举荐贾谊这匹千里马的伯乐吴公是法家人物李斯的学生，因而贾谊也就是李斯的再传弟子，所以在师承上他与法家有联系。其二是在论及如何对待不守君臣之礼、违法犯罪的诸侯王时，贾谊有一段非常有名的论述："屠牛坦一朝解十二牛，而芒刃不顿者，所排击剥割，皆众理解也。至于髋髀之所，非斤则斧。夫仁义恩厚，人主之芒刃也；权势法制，人主之斤斧也。今诸侯王皆众髋髀也，释斤斧之用，而欲婴以芒刃，臣以为不缺则折。胡不用之淮南、济北？势不可也。"① 这段话明确说出治国不能纯粹依赖仁义恩厚温柔感召，对某些图谋不轨、顽固不化的权贵必须使用具有强制性、威慑性的权势法制给予惩治。这的确是贾谊主张以法治国的有力论据，但是这条证据几乎被淹没在他长篇累牍地对儒家思想的提倡和赞美中。有学者认为："若夫庆赏以劝善，刑罚以惩恶，先王执此之政，坚如金石，行此之令，信如四时，据此之公，无私如天地耳，岂顾不用哉？"这一论述也是贾谊主张以法治国的一个证明。② 单独看，这段话似乎就是在说以法治国之优。但是联系它前后的文字就会发现，实则不然。它真正要表达的观点是以仁义礼乐治国才是长久之计。我们首先看这段话之前贾谊所言："凡人之智，能见已然，不能见将然。夫

---

① （汉）班固：《汉书·贾谊传》，中华书局1962年版，第2236页。
② 王兴国：《贾谊评传》，南京大学出版社1992年版，第103页。

礼者禁于将然之前，而法者禁于已然之后，是故法之所用易见，而礼之所为生难知也。"① 这是对礼乐教化和法令在治国上的不同效用进行分别。礼乐教化用于问题尚未产生，或刚刚表现出苗头的状态，法令则用于问题产生之后，因此法令的作用显著，而礼乐教化的作用一般人却看不出来。再来看前引那段话之后贾谊所说：

> 然而曰礼云礼云者，贵绝恶于未萌，而起教于微眇，使民日迁善远罪而不自知也。孔子曰："听讼，吾犹人也，必也使毋讼乎！"为人主计者，莫如先审取舍；取舍之极定于内，而安危之萌应于外矣。安者非一日而安也，危者非一日而危也，皆以积渐然，不可不察也。人主之所积，在其取舍。以礼义治之者，积礼义；以刑罚治之者，积刑罚。刑罚积而民怨背，礼义积而民和亲。故世主欲民之善同，而所以使民善者或异。或道之以德教，或驱之以法令。道之以德教者，德教洽而民气乐；驱之以法令者，法令极而民风哀。哀乐之感，祸福之应也。②

贾谊旗帜鲜明地提出"刑罚积而民怨背，礼义积而民和亲"，所以人主要想民风淳朴，社会和睦，就要注重治国的方式。在对商汤、周武和嬴政的治国模式进行对比后，贾谊还说："今或言礼义之不如法令，教化之不如刑罚，人主胡不引殷、周、秦事以观之也？"至此，上引造成误解的那段话肯定以礼乐教化治国而非以刑罚治国的主张，这一点显而易见。那么，司马迁所言"贾生、晁错明申、商"从何说起？

清代学者姚鼐和汪之昌专门有同题文章《贾生明申商论》。姚鼐在他的文章中出于卫护儒家和贾谊的需要，首先否定了宋代儒生的观点："'髋髀之所，非斤则斧'，以此待诸侯为申、韩之意。"宋儒认为，贾谊主张以"斤斧"——刑戮对待诸侯，与法家申不害、韩非等人的观点无二。但是姚鼐却替贾谊辩解，说这只是贾谊希望通过"立法制以约诸侯王，使受地有定，不致入于罪而抗刭之，所以为安全也。斤斧以取譬耳，岂刑戮谓哉！此不足为生病"。这是非常牵强的反驳。"髋髀之所，非斤

---

① （汉）班固：《汉书·贾谊传》，中华书局1962年版，第2252页。
② 同上书，第2252—2253页。

则斧",斧斤与前文芒刃相对成比。"仁义恩厚,人主之芒刃也;权势法制,人主之斤斧",贾谊自己说得已很清楚。权势法制不尽指刑戮,但一定包括刑戮。接着姚鼐又说:

> 申、商明君臣之分,审名实,使吏奉法令而度数可循守,虽圣人作,岂能废其说哉?然使述此于景、武之时,则与处烈风而进爞者何以异?……惟文帝仁厚,所不足者在于法制,故贾生劝之立君臣、等上下,法制定则天下安,此皆申、商之长也。申、商之短在于刻薄,贾生之知,足以知文帝必不如申、商之刻,特患不能用其长耳。①

姚鼐承认贾谊"立君臣、等上下,法制定则天下安"的主张与法家一致。其次,他承认法家学说自有其长。在此基础上,他提出,贾谊之所以用法家学说劝谏文帝,是为了弥补仁厚的文帝在治国上"所不足者在于法制"的缺点。于是,姚鼐得出结论:司马迁和班固所言"贾生、晁错明申、商"即指此而言。可是,汉文帝在治国上真如姚鼐所言"不足于法制"吗?文帝在国家律令的改革上一是废除连坐法,二是废除肉刑。但是,连坐废除,族刑仍在。新垣平谋反,就被"夷三族"。笞刑代替肉刑,没有实质变化。班固对此的评价是:"外有轻刑之名,内实杀人。斩右止者又当死。斩左止者笞五百,当劓者笞三百,率多死。"② 另外,还要思考的一个问题是,司马迁和班固作为著名史家,他们会仅仅因为贾谊劝谏文帝重视法制,就轻率地给出"贾生、晁错明申、商"的结论吗?就司马迁掌握的史料,汉王朝上疏皇帝重视法制的大臣绝非只有贾谊一个,可是司马迁并没有把他们与法家联系在一起。再者,比起贾谊对儒家礼制不厌其烦地卫护和宣扬,劝谏文帝重视法制这一和法家关联的表现完全可以忽略不计的。可是司马迁却郑重地说:"自曹参荐盖公言黄老,而贾生、晁错明申、商,公孙弘以儒显,百年之间,天下遗文古事靡不毕集太史公。"③ 在司马迁看来,盖公深谙黄老之道,贾谊、晁错明了申不害、

---

① 姚鼐:《贾生明申商论》,转引自阎振益、钟夏校注《新书校注》,中华书局2000年版,第581页。此部分凡有关姚鼐《贾生明申商论》的引文均引自阎振益、钟夏校注《新书校注》。
② (汉)班固:《汉书·刑法志》,中华书局1962年版,第1099页。
③ (汉)司马迁:《史记·太史公自序》,中华书局1959年版,第3319页。

商鞅之法，公孙弘懂得儒学，这就是他们各自的思想主旨和特点。如此看来，姚鼐的解释缺乏说服力。

汪之昌《贾生明申商论》承姚鼐之说而论。他说：

> 吾谓史迁以"明申、商"称之者，殆有感于廷臣而言。夫申、商之为人不足取，其言又安足法？史迁岂不知之？然韩昭侯用申不害为相，内修政教，外应诸侯，终其身国治兵强无侵韩者。商鞅辅秦孝公，申严号令，信赏必罚，以雄长天下；特偏重于威劫，处事不务持其平，然振作敢为，攘却外侮，于国家不无小补。当汉文帝朝，匈奴岁扰边郡，藐玩中夏，粤、闽嵎负偏方，羁縻幸安。在廷之持禄保位者，咸谓"已安""已治"，或且缘饰儒术，以言边事、洗国耻斥为杂霸之纷更。惟贾生疏陈"五饵三表"，晁错亦上言兵事，剀切详明，不以功利为讳，安知不有以为申、商之术者？史迁慨众论之谬悠，士气之颓靡，抱有为之志者所见，适与学申、商之错相近，遂曲随时论耳。明知生决不为申、商之所为，故与错并称。①

汪之昌认为，贾谊本无法家气息，之所以被司马迁列入法家，首先是因为他与晁错都上疏进言如何抵御匈奴，因此司马迁将二人相提并论；二是文帝之时，朝廷中那些只想保住自己职位的禄蠹之臣，对汉王朝面临的危机视若无睹，天天喊天下很太平、国家已治理得很好，用儒家学说对抗探讨边疆之事和洗刷国耻的观点，并斥之为"杂霸之说"。所谓"杂霸之说"实际即指法家思想。因为秦王朝以法家思想治国国祚不长，所以一些不想作为的大臣动辄过秦批法，认为法家一无是处。汪氏所论，矛盾显而易见。他先言："夫申、商之为人不足取，其言又安足法？"完全否定了法家其人其学。但接着却又列举诸多法家人物的功绩，充分肯定了法家人物在治国中发挥的不可替代的作用。其次，他先是主观地认为司马迁完全知道法家人物与学说都不足取，后面却又说司马迁有感于"众论之谬

---

① 汪之昌：《贾生明申商论》，转引自阎振益、钟夏校注《新书校注》，中华书局2000年版，第583—584页。此部分凡关于汪之昌《贾生明申商论》的引文均引自阎振益、钟夏校注《新书校注》。

悠，士气之颓靡"，而某些有为士之所见所闻恰与学习申、商之学的晁错观点相近，于是他就"曲随时论"。所谓"抱有为之志者"自然是包括贾谊在内的。而且他同时承认贾生上疏陈辞"五饵三表"，晁错上书言兵事，均不避讳功利，而这正与法家相同。所以说来说去，汪氏无形中认同了司马迁"贾生、晁错明申、商"的观点。

纵观姚鼐和汪之昌所论，其共同点是他们反感法家，但却不得不承认法家思想的积极影响和法家人物在历史发展中的重大作用。法家的缺点只是"特偏重于威劫，处事不务持其平"。他们同时还认为文帝执政时期的确需要在治国中融入一些法家思想。而对于司马迁、班固为什么有"贾生、晁错明申、商"之说，这两位清代的儒士都没有给出合理的令人信服的解释。

关于贾谊的学术派别，清儒章学诚也有说法。章学诚认为："今其书可考见，宗旨虽出于儒，而作用实本于法也。《汉志叙录》云'法家者流，出于理官'，盖法制禁令，《周官》之刑典也。'名家者流，出于礼官'，盖名物度数，《周官》之礼典也。古者刑法礼制，相为损益，故礼仪三百，威仪三千，而五刑之属三千，条繁文密，其数适相等也。是故圣王教民以礼而禁之以刑，出于礼者即入于刑，势无中立，故民日迁善而不知所以自致也。"[①] 这种观点是通过考镜源流认为礼与法之间并无严格的界限，所以贾谊即儒即法，只是儒远而法近，儒是根是源，法是枝是流。我们都知道，法家的集大成者韩非师承于儒学大师荀子，实践韩非学说的李斯也是荀子的学生，即使商鞅也与儒家有一定的渊源。所以，章学诚所言"出于儒，而作用实本于法"等于从一个较为温和、易于为儒生们接受的角度证明了贾谊与法家的不可分，证明了司马迁之言不虚。只是贾谊"作用实本于法"的具体表现是什么，章氏没有详细阐述。

另有一些持贾谊是儒家的学者给出的证据是贾谊对秦王朝和商鞅有激烈而深刻的批判。这一点不足以否定贾谊与法家的关系。首先，汉代学者没有不批判秦王朝的。"过秦""批法"在汉代初年是反思秦亡、构建新王朝的需要，后来演变为一种时尚，无论谁，只要一论及治国，都要说一说秦之错和法之过，不这么做似乎就是落伍。晁错是汉代最有代表性的法

[①] （清）章学诚著，王重民通解：《校雠通义通解·汉志诸子》，上海世纪出版集团2009年版，第91—92页。

家，他也有过秦之语。其次，诸子之学的特点之一就是同一学术派别内部并非铁板一块，而是又有更加细致的学术分支划分。这就使得同一派别内部彼此间也会争论、批驳。韩非就批评过商鞅、申不害、管仲，但他的学说正是在他们的基础上建立起来的。以贾谊批评商鞅而否定他与法家的关系显然不能成立。

如此看来，无论哪一种说法似乎都不能确凿地证明贾谊是儒家，不是法家。相反，在学者们批驳司马迁"贾谊明申商"之论的过程中，我们反而发现了贾谊与法家接近的依据，证明司马迁、班固所言自有其理。宋代儒学大师朱熹曾说："贾谊司马迁皆驳杂，大意是说权谋功利，说得深了，觉见不是，又说一两句仁义。然权谋已多了，救不转。"① 这段话说得平易而犀利。它告诉我们，一方面，司马迁才是真正了解贾谊的人，因为他们是同道中人；另一方面，贾谊、司马迁在骨子里是接受了部分法家因素的，所以，他们很难纯粹归入法家或儒家，儒法是构成其思想的两大要素。可以说，糅合儒法形成自己的思想才是贾谊最大的特点。这一特点也是汉代思想融合趋势的体现。所以王夫之说："谊之为学，粗而不纯。"② "粗而不纯"意即粗略而不纯粹。这显然是就贾谊学说的驳杂而言。当代学者萧萐父认为贾谊是"秦汉之际远继荀、韩，吸取儒、道而主要'案之当今之务'的新法家的思想代表"③。而所谓的新法家，主要就是指融合了儒家思想的法家。汉代学者刘歆曾说："在汉朝之儒，唯贾生而已。"④ 这里的儒自然不是先秦的原始儒家，而是吸收了法家思想的儒家，我们且称之为汉代"新儒家"。无论是"新法家"还是"新儒家"，他们最重要的一个特征就是儒家思想与法家思想的互相交融，最终是即儒即法，儒表法里。高标自志、迂阔而不切实际的儒家与始终就社会现实立论的法家结合，刻薄寡恩的法家与温情、中庸的儒家结合，最终克服各自缺陷，都获得了新的生命力。所以章学诚说得好：

贾生之言王道，深识本原，推论三代，其为儒效不待言矣。然其

---

① （宋）黎靖德编：《朱子语类》，中华书局1986年版，第3227页。
② 王夫之：《读通鉴论》卷二，中华书局1975年版，第33页。
③ 萧萐父、李锦全主编：《中国哲学史纲要》，外文出版社2000年版，第197页。
④ （汉）班固：《汉书·刘歆传》，中华书局1962年版，第1969页。

立法创制，条列禁令，则是法家之实。其书互见法家，正以明其体用所备，儒固未足为荣名，法亦不足为隐讳也。后世不知家学流别之义，相率而争于无益之空名，其有列于儒家者不胜其荣，而次以名法者不胜其辱。岂知同出圣人之道，而品第高下，各有其得失，但求名实相副为得其宜，不必有所选择而后其学始为贵也。①

下面我们可以通过著作比勘、师承、民与国的关系等方面深层探讨贾谊与法家的关系，以便把这一问题说得清楚、通透。

二 从文献比勘看贾谊与法家的关系

文献比勘可以以较为直观的形式体现学术之间的传承和联系。一部著作对另一部著作在文辞上的引用、观点上的继承和发展乃至批驳都是彼此间影响与被影响最客观有力的证明。贾谊年轻时"颇通诸子百家之书"，因此通过贾谊对先秦法家人物的评价以及他的著作与先秦法家著作的比勘，我们可以发现贾谊与法家的关联。

《管子》托名春秋齐国名相管仲所作，是齐法家的代表作。贾谊《新书》对管仲多有称赞，对《管子》多有引用。如《连语》："所谓中主者，齐桓公是也。得管仲、隰朋则九合诸侯。"《立后》："齐桓公得管仲九合诸侯，一匡天下，称为义主；失管仲，任竖刁，而身死不葬，为天下笑。"《益壤》有："人主之行异布衣。布衣者，饰小行，竞小廉，以自托于乡党邑里……故大人者，不怵小廉，不牵小行，故立大便以成大功。"②

---

① （清）章学诚著，王重民通解：《校雠通义通解·汉志诸子》，上海世纪出版集团、上海古籍出版社 2009 年版，第 92 页。

② 钟夏认为这段话本自《吕氏春秋·行论》所言："人主之行，与布衣异。势不便，时不利，事雠以求存。执民之命。执民之命，重任也，不得以快志为故。故布衣行此指于国，不容乡曲。"（阎振益、钟夏校注：《新书校注》，中华书局 2000 年版，第 60 页）窃以为《吕氏春秋》也是受管仲易主而辅公子小白之事启发而发此议论。管仲后来所事公子小白正是杀公子纠之人，因而称其为仇人不为过。管仲曾说："夷吾之为君臣也，将承君命，奉社稷以持宗庙，岂死一纠哉！夷吾之所死者，社稷破，宗庙灭，祭祀绝，则夷吾死之。非此三者，则夷吾生。"（黎翔凤校注：《管子校注·大匡》，中华书局 2004 年版，第 332 页）因此这里说"执民之命，重任也"。"快志"指召忽自杀一事。尽管管仲不是"人主"，但他在齐国的地位与众不同。而这里吕不韦实际是号召人主要向管仲学习。

这段话乍看与管仲没有关系，但《管子·权修》有："欲民之有廉，则小廉不可不修也。小廉不修于国，而求百姓之行大廉，不可得也。凡牧民者，欲民之有耻也。欲民之有耻，则小耻不可不饰也。小耻不饰于国，而求百姓之行大耻，不可得也。凡牧民者，欲民之修小礼，行小义，饰小廉，谨小耻，禁微邪，此厉民之道也。"这是强调治国要注重引导民众从一言一行等细微之处做起。与此相应的是管仲自身经历中颇引世人争议的一个细节：管仲本和召忽一起侍奉公子纠，公子纠被杀，召忽为主而殉，管仲却转而辅佐公子纠的对手、成为齐国国君的公子小白，助其成就功业，自己也名垂青史。易主而臣在中国古代深为人所不齿，但因为管仲辅佐齐桓公的成功，反而使这一事件成为成大事者不必拘泥于小节的典范。《益壤》中贾谊还列举了黄帝因兄长炎帝无道而将其毫不留情诛杀一事，其用意非常明显，就是劝说文帝不要过度顾虑亲情而放纵诸侯王。但是帝王对自己的兄弟大开杀戒，就会被冠以"不悌"的罪名，一定程度上和易主而臣被称为"贰臣"是相似的。故贾谊用《管子·权修》所言和管仲自己的经历说明注重细枝末节的言行品德是对普通百姓的要求，成大事者不必为此分心多虑。其对《管子》的借鉴和发展显而易见。

贾谊构想的理想政治是："海内之势，如身之使臂，臂之使指，莫不从制。诸侯之君敢自杀不敢反，志知必菹醢耳。不敢有异心，辐辏并进而归命天子。"[①] 但是文帝时的现实却是诸侯势力强大，尾大不掉，中央无法统一调度指挥。为此贾谊提出"割地定制"，分散诸侯王的力量。他说黄帝和炎帝是兄弟，二者各拥有一半天下，实力相当，因此"黄帝行道，而炎帝不听，故战涿鹿之野，血流漂杵"[②]，这就是"地制不得"造成的困局，连黄帝也无可奈何，只能凭借战争解决。而"地制一定"，则"下无倍背之心，上无诛伐之志，上下欢亲，诸侯顺附……帝道还明而臣心还正，法立而不犯，令行而不逆……细民乡善，大臣致顺"[③]。即使在位的是幼主，"天下不乱，社稷长安，宗庙以尊"。贾谊这种通过定地制明君臣上下之分的政治思想源自《管子》。《管子·事语》中，齐桓公向管仲

[①] 阎振益、钟夏校注：《新书校注·五美》，中华书局2000年版，第67页。
[②] 阎振益、钟夏校注：《新书校注·制不定》，中华书局2000年版，第70页。
[③] 阎振益、钟夏校注：《新书校注·五美》，中华书局2000年版，第67页。

征询治国策略:"秦奢教我,如果车帷车盖不加修饰,衣服不大量添置,女工的事业就不能发达。祭祀活动的礼器中没有牲畜,诸侯不依礼用牛,大夫不依礼用羊,那么六畜就不能繁育。若不高筑楼台,美化宫室,各种建材就没有用处。这种说法对吗?"管仲回答说不对,这是天子分封土地的策略。按照制度,天子拥有土地一千平方里,诸侯一百平方里,子级诸侯七十平方里,男级诸侯五十平方里。如此则天子指挥诸侯就像心指挥手那样自如("天子之制,壤方千里,齐诸侯方百里,负海子七十里,男五十里,若胸臂之相使也"①)。《轻重乙》中,齐桓公又向管仲请教物价起落的问题,管仲再次提出设立土地分级管辖制度以控制各级诸侯:"天子中立,地方千里,兼霸之壤三百有余里,佖诸侯度百里,负海子男者度七十里。若此则如胸之使臂,臂之使指也。"贾谊提倡的高度君主专制的政治理想正来源于此。他对地制的重视显然也是受《管子》启发。

贾谊《新书》引用《管子》中言语很多。如《俗激》引《管子·牧民》:"管子曰:'四维,一曰礼,二曰义,三曰廉,四曰耻。''四维不张,国乃灭亡。'云使管子愚无识人也,则可;使管子而少知治体,则是岂不可为寒心?"贾谊认为管子深谙治国之道,其"四维"说非常值得重视、借鉴。秦之所以短暂而亡就是因为没有依照"四维"说治理国家,以至于"君臣乖而相攘,上下乱僭而无差,父子六亲殃僇而失其宜,奸人并起,万民离叛"②。而文帝时期的汉王朝也同样"四维"未备,因此才会出现奸人冀幸、众下疑惑的情形。于此可见贾谊对管子"四维"说的推崇,这也是他提倡礼义治国的理论依据之一。

《新书·春秋》有:"管子曰:'不行其野,不违其马。'此违其马者也。"此句见于《管子·形势》和《形势解》两篇。研究《管子》的著名学者胡家聪先生认为贾谊读过《管子·轻重》,其根据是他在《新书》中多次引用之。如《无蓄》说:"古人曰:'一夫不耕,或为之饥;一妇不织,或为之寒。'"出自《轻重》中的《揆度》:"农有常业,女有常事。一农不耕,民有为之饥者。一女不织,民有为之寒者。"《新书·忧民》:"王者之法,民三年耕而余一年之食,九年而余三年之食,三十岁

---

① 黎翔凤校注:《管子校注·事语》,中华书局2004年版,第1240—1241页。
② 阎振益、钟夏校注:《新书校注·俗激》,中华书局2000年版,第92页。

而民有十年之蓄。"其根据是《轻重》中的《乘马数》:"人君之守高下,岁藏三分,十年则必有五年之余。"贾谊《论积贮疏》引《管子·牧民》名言"仓廪实而知礼节",并明确注明"管子曰"。《汉书·食货志》记贾谊言:"铜毕归于上,上挟铜积以御轻重,钱轻则以术敛之,重则以术散之,货物必平。"这也是《管子·轻重》所述。以上诸例说明齐法家管仲和《管子》对贾谊产生了很大影响。

除了引用齐法家《管子》之外,贾谊《新书》也常常引用《韩非子》。

《新书·道术》有:"镜义而居,无执不臧,美恶毕至,各得其当;衡虚无私,平静而处,轻重毕悬,各得其所。"此句源自《韩非子·饰邪》:"镜执清而无事,美恶从而比焉;衡执正而无事,轻重从而载焉。"① 《道术》篇接下来一句"明主者南面而正,清虚而静,令名自命,令物自定,如鉴之应,如衡之称"源自《韩非子·主道》:"明君守始以知万物之源,治纪以知善败之端。故虚静以待,令名自命也,令事自定也。虚则知实之情,静则知动者正。有言者自为名,有事者自为形,形名参同,君乃无事焉,归之其情。"

《新书·审微》有言:"事之适乱,如地形之惑人也,机渐而往,俄而东西易面,人不自知也。"此句源自《韩非子·有度》:"夫人臣之侵其主也,如地形焉,即渐以往,使人主失端,东西易面而不自知。"②

《新书·阶级》有:"履虽鲜弗以加枕,冠虽弊弗以苴履。"原文出自《韩非子·外储说左下》:"夫冠虽贱,头必戴之;履虽贵,足必履之。"同篇中"投鼠忌器"是对《韩非子·外储说右上》中相应观点的借鉴和发展(详见后文)。特别值得注意的是贾谊"强干弱枝"思想的源泉也在《韩非子》。

"削藩"是贾谊给文帝提出的最重要的治国建议,而"削藩"的理论依据是"枝"大于"干"、地方诸侯王势力强过中央就会引发政治危机。这一观点在《新书·大都》篇有阐述。对于"大都"这一篇名的解释,《新书》原注说:"《周礼·地官·载师》注:'大都,公之采地,王子弟

---

① 《申子·大体》亦有:"镜设精无为,而美恶自备;衡设平无为,而轻重自得。"贾谊句无论源自《申子》还是《韩非子》,均可说明其术论思想受先秦法家影响。
② 两相对比,可知《审微》中"机"乃"即"之误。太田方说:"'即'一作'积',是。《管子·明法解》:'奸臣之败其主也,积渐积微,使主迷惑而不自知也。'贾谊《新书》:'事之适乱,……积渐而往……'《外储说右上》:'臣弑君,子弑父者以十数矣,皆非一日之积也,有渐而至矣。'"(陈奇猷校注:《韩非子新校注》,上海古籍出版社2000年版,第112页)

所食邑。'《左传·隐公元年》：'大都不过参国之一。'"这一解释不错，但不得贾谊作此文之旨。钟夏等《新书校注》说："此文主旨与《韩非子·扬权》相近，其略曰：'上失扶寸，下得寻常。有国之君，不大其都。'"① 言外之意，这才是"大都"这一篇名的真正含义。此说甚是。把《扬权》和《大都》做一对比就会发现，贾谊"强干弱枝"之削藩主张的渊源正在《扬权》。《扬权》有："腓大于股，难于趣走。"又有：

为人君者，数披其木，毋使木枝扶疏。木枝扶疏，将塞公闾，私门将实，公庭将虚，主将壅围。数披其木，无使木枝外拒。木枝外拒，将逼主处。数披其木，毋使枝大本小。枝大本小，将不胜春风。不胜春风，枝将害心。公子既众，宗室忧唫。止之之道，数披其木，毋使枝茂。木数披，党与乃离。掘其根本，木乃不神。

韩非生活的战国时期，宫廷政治矛盾集中于君主和大臣、嫡子与诸公子之间，他告诫君主不能让权臣拥有过多权势，否则将威胁君主自身安全，即"私门将实，公庭将虚"。同理，为了卫护宗室的地位，就一定要遏制众公子的权势。这段话文辞生动、形象，充分体现出韩非的文学才华。贾谊《大都》这么说："本细末大，弛必至心"，"枝拱苟大，弛必至心"。这正是对《扬权》"枝大本小，将不胜春风。不胜春风，枝将害心"的概括。而《大都》把地方势力强过中央的态势比喻为疾病，"天下之势方病大癪，一胫之大几如要，一指之大几如股。臣闻'尾大不掉，末大必折'，恶病也。平居不可屈信，一二指搐，身固无聊也"，这又是对《扬权》"腓大于股，难于趣走"的扩充。② 韩非繁笔之处，贾谊概括使

---

① 阎振益、钟夏校注：《新书校注》，中华书局 2000 年版，第 43 页。
② 《战国策·秦策三》范雎说秦昭王两次提及："木实繁者披其枝，披其枝者伤其心。大其都者危其国，尊其臣者卑其主。"又言："臣未尝闻指大于臂，臂大于股，若有此，则病必甚矣。"（诸祖耿：《战国策集注汇考·秦策三》，江苏古籍出版社 1985 年版，第 313 页）而《韩非子·外储说左上》有范且。王先慎《集解》引顾广圻曰："范且，范雎也，且、雎同字。"故《韩非·扬权》相似之论有来自范雎的可能。至于为什么说贾谊所论上承韩非而不是直接上承范雎，首先，因为贾谊的老师吴公是李斯的学生，而李斯又深受韩非影响，那么贾谊相似学说源自韩非的可能性更大；其次，从前文所论可以看出贾谊是读过《韩非子》的，因此判定其"强干弱枝"说来自韩非而非范雎更合理；最后，从《史记》《汉书》记载看，韩非及《韩非子》在汉代的影响大过《战国策》。

用。韩非简笔之处，贾谊详赡描写。虽借鉴，却不雷同，但思想主旨相通。其后，这一思想又为武帝时的思想家董仲舒继承。《春秋繁露·十指》中有"强干弱枝，大本小末，一指也"。同书《盟会要》说："强干弱枝以明大小之职。"可见，从法家之韩非，经贾谊，到董仲舒，汉代强化君主专制的理论体系就此形成。

《新书·审微》有：

> 昔者卫侯朝于周，周行人问其名，曰："卫侯辟疆。"① 周行人还之，曰："启疆、辟疆，天子之号也，诸侯弗得用。"卫侯更其名曰燬，然后受之。故善守上下之陛者，虽空名弗使逾焉。

这段话引自《韩非子·外储说右下》。原文是：

> 卫君入朝于周，周行人问其号，对曰："诸侯辟疆。"周行人却之曰："诸侯不得与天子同号。"卫君乃自更曰："诸侯燬。"而后内之。仲尼闻之曰："远哉禁逼！虚名不以借人，况实事乎？"

以上诸例说明贾谊对《韩非子》的借鉴和继承也较为显著。在治国思想上，韩非给贾谊颇多启示。

三 从师承及对秦王朝的评价看贾谊与法家的关系

联系贾谊的师承和秦王朝治国思想对他的影响，我们可以更加明晰地看到贾谊与法家的不可分。

贾谊的老师是吴公。吴公是李斯的同乡和学生，因"治平为天下第一"被孝文帝调至朝廷作廷尉。廷尉在汉代是国家最高司法长官。据《汉书·百官公卿表》："廷尉，秦官，掌刑辟，有正、左右监，秩皆千石。景帝中六年更名大理，武帝建元四年复为廷尉。"应劭注曰："听狱必质诸朝廷，与众共之，兵狱同制，故称廷尉。"颜师古说："廷，平也。

---

① （汉）班固：《汉书·文帝纪》，颜师古注："彊读曰疆。"（中华书局1962年版，第117页）

治狱贵平，故以为号。"① 文帝时的另一廷尉张释之为一案件该如何判决曾与文帝争论："法者天子所与天下公共也。今法如是，更重之，是法不信于民也。且方其时，上使使诛之则已。今已下廷尉，廷尉，天下之平也，壹倾，天下用法皆为之轻重，民安所错其手足？唯陛下察之。"② 这说明廷尉之职不仅要求熟练应用国家法律，而且还要担负起维护国家法律尊严的责任。李斯在任丞相之前也曾担任过廷尉。《史记·李斯列传》记载："秦王乃除逐客之令，复李斯官，卒用其计谋。官至廷尉。" 所以，从李斯到吴公再到贾谊，其学术传承必然包括法家思想。但是汉代反思秦亡教训，加之李斯悲剧的人生结局，促使吴公有选择地应用从老师李斯那里学到的法家思想。因为文帝时盛行黄老，吴公的法家思想中可能还会融入部分道家因素。这就意味着他传授给贾谊的学术思想是已经融合了其他诸子因素的法家思想。而贾谊因为熟悉诸子百家之学，他在继承吴公所授的同时，对其进一步融合，从而形成了我们现在所见到的贾谊思想。因此，就整个传承体系看，法家是贾谊思想中重要的组成部分。他到朝廷任职后，无论是进谏还是所承担之事务均关涉国家制度、律令的制定与实施③，与他学习接受法家思想自然有密切关系。

贾谊与法家的关系从《新书》中表现出的与秦王朝相关的思想亦可管窥一斑。受先秦阴阳五行思想的影响，秦汉帝王都重视阴阳五行与所建立朝代之间的对应关系。《史记·封禅书》有："周得火德，今秦变周，水德之时。……色上黑，度以六为名。"秦变周火德为水德，与水德相应的数字是六，所以秦王朝推崇六。《史记·秦始皇本纪》说统一的秦王朝建立后，"数以六为纪，符、法冠皆六寸，而舆六尺，六尺为步，乘六马"。贾谊《新书》中也有不少与六相关的名词，如《六术》篇说：

> 内法六法，外体六行，以与《书》《诗》《易》《春秋》《礼》《乐》六者之术以为大义，谓之六艺。令人缘之以自修，修成则得六行矣。六行不正，反合六法。艺之所以六者，法六法而体六行故也。

---

① （汉）班固：《汉书》，中华书局1962年版，第730页。
② （汉）班固：《汉书·张冯汲郑传》，中华书局1962年版，第2310页。
③ （汉）司马迁《史记·屈原贾生列传》说："诸律令所更定，及列侯悉就国，其说皆自贾生发之。"（中华书局1959年版，第2492页）

故曰六则备矣。六者非独为六艺本也,他事亦皆以六为度。

又说:"声音之道以六为首","人之戚属,以六为法","数度之道,以六为法"。最后总结说:"事之以六为法者,不可胜数也。"与秦王朝对六的崇尚一致。虽然贾谊后来建议汉王朝改正朔、易服色,"色上黄,数用五",但从他对六的推崇可以看出其早期思想受秦王朝影响之显著。

贾谊对秦的客观评判从侧面反映了他对法家的公允认识。汉朝君臣多因秦之残暴而对其持否定态度,但贾谊却是冷静、理智地看待秦国及秦朝。他称赞秦顺应大势,完成统一六国的历史使命:

> 近古而无王者久矣。周室卑微,五霸既灭,令不行于天下,是以诸侯力正,强凌弱,众暴寡,兵革不休,士民罢弊。今秦南面而王天下,是上有天子也。即元元之民冀得安其性命,莫不虚心而仰上。①

偏居一隅、寡礼薄义的秦最终统一了政治、经济、文化"先进"的东方六国,这让很多六国之人难以接受。他们对秦的成功或抱以嘲讽,或讥为运势。贾谊却客观地指出,秦之所以能够完成统一大业,南面称帝,使天下人欣然向之,在于秦人顺应时代潮流,满足了民众渴望结束分裂、战争局面的心情。贾谊同时对秦不知因时而变、攻守之策相同又多有批评。重视、强调"因时而变"是法家思想的精华之一。但是以法家为政治指导思想的秦王朝却没有汲取这一精华,而贾谊却对此有着深入思考。他在《过秦下》篇中说:"君子为国,观之上古,验之当世,参之人事,察盛衰之理,审权势之宜,去就有序,变化应时,故旷日长久而社稷安矣。"如果说"观之上古"是因循,是继承,那么"验之当世,参之人事,察盛衰之理,审权势之宜"就是发展变化。而发展变化最重要的原则就是"应时"。所以贾谊在反省秦朝为什么短暂而亡时,得出的结论就是没有应时而变,用统一六国的成功经验治理新王朝,以为马上得天下也可以马上治天下,因此导致土崩瓦解,二世而亡。这样一种理性的态度使得贾谊在当时"过秦"的浪潮中能够对法家作出相对客观公允的评价,

---

① 阎振益、钟夏校注:《新书校注·过秦下》,中华书局2000年版,第14页。

并吸收法家合理因素融入自己的思想。

四 从民与国的关系看贾谊与法家的关系

儒与法的区别是什么？仅仅是以礼治国还是以法治国吗？显然不是。因为孔子、孟子、荀子论及治国都没有完全排除法治。孔子曾说："政宽则民慢，慢则纠之以猛；猛则民残，残则施之以宽；宽以济猛，猛以济宽，政是以和。"① 这里"宽"指德治，"猛"指法治。"宽猛相济"就是德治与法治结合。孟子有言："徒善不足以为政，徒法不能以自行。"② 荀子说得更确定："夫征暴诛悍，治之盛也。杀人者死，伤人者刑，是百王之所同也，未有知其所由来者也。刑称罪则治，不称罪则乱。故治则刑重，乱则刑轻。"③ 儒家只不过是"总约刑礼而折衷于道"，因为担心"民泥于刑礼之迹而忘其性所固有也"④，所以在法与仁义礼让之间，儒家侧重后者。从法家这方面说，齐法家《管子》在提倡以法治国的同时也认为礼治教化不可或缺。即使晋法家韩非，论及治国偶尔也会涉及礼。《韩非子·爱臣》有："主妾无等，必危嫡子；兄弟不服，必危社稷。"这正是从礼的角度要求妻妾之间必须有尊卑之分，兄弟之间必须要兄爱弟敬。所以，以礼治国还是以法治国不是区别儒家与法家的标准。

在阅读法家典籍与儒家典籍时，我们一个强烈的感受是，在儒家典籍中，民在国之先，民是国家的基础。郭沫若先生说："儒家是主张王道的，它是采取着人民本位的立场。"⑤ 在法家典籍中，国家高高在上，民众是国家的工具，他们的主要任务就是为国家这台大机器服务。也就是说国与民之间，法家认为国在民之先，国家才是根本。《管子》《商君书》《韩非子》这三本法家代表作无不如此。它们所有的治国主张都是在这一前提下提出的。《商君书》自不必说，《弱民》开篇即是："民弱国强，国

---

① 杨伯峻编著：《春秋左传注·昭公二十年》，中华书局1990年版，第1421页。
② 杨伯峻译注：《孟子译注·离娄上》，中华书局2005年版，第162页。
③ 王先谦集解：《荀子集解·政论》，中华书局1988年版，第328页。
④ （清）章学诚著，王重民通解：《校雠通义通解·汉志诸子》，上海世纪出版集团2009年版，第92页。
⑤ 郭沫若：《十批判书》，东方出版社1996年版，第367页。

强民弱。故有道之国务在弱民。"把国之强弱与民之强弱对立起来。因此郭沫若先生说:"商君这位政治家是乘着时代潮流的国家主义者"①,"商君以国家的富强为本位"②。《韩非子》,尽管按郭沫若先生的说法是"以君主的利害为本位"③,"采取了君主本位的立场"④。但是,专制社会中,君即国,国即君,二者之间有着千丝万缕的联系,根本无法截然分开。所谓的商君是国家本位,韩非是君主本位,本质没有区别。郭沫若先生之所以有此区分主要是为了说明为什么韩非学说中术的内容占有非常大的比例。

作为齐法家的《管子》与作为秦晋法家的《商君书》《韩非子》虽同为法家,但它对民众的认识及其立法思想、军事思想都有不同之处。尽管如此,其治国思想的根本依然与《商君书》《韩非子》一致,而与儒家有别,那就是国家本位而非儒家的人民本位。例如在富国富民方面,乍看《管子》与儒家的《荀子》非常相似。但是仔细对比就会发现,"《管子》对经济问题的分析总是从国家与政府的角度出发"。荀子是"富国必富民,因为富民是富国的基础",管子是"富国兼富民,富民是富国的手段"。"在荀子那里,'百姓足,君孰不足?',所以富民表现为富国的基础,而在《管子》那里,思想体系的国家本位,决定了富民只能而且必然表现为富国的手段。"⑤ 由此可知,国家本位还是人民本位是区分儒法的一个重要标准。以此来衡量贾谊,就会发现贾谊的确难以归入纯粹的儒家,因为他也是国家本位论者。他的所有理论出发点和最终目的都是为了大汉天子皇位稳固,为了大汉帝国长治久安,而不是儒家所持的利民、裕民。

贾谊看不起民众,他说:"夫民之为言也,瞑也;萌之为言也,盲也。"⑥ 这与法家所言"民智之不可用,犹婴儿之心也"⑦ 相似。不同的

---

① 郭沫若:《十批判书》,东方出版社1996年版,第360页。
② 同上书,第366页。
③ 同上书,第363页。
④ 同上书,第369页。
⑤ 陶一桃:《中国古代经济思想评述》,中国经济出版社2000年版,第174页。
⑥ 阎振益、钟夏校注:《新书校注·大政下》,中华书局2000年版,第349页。
⑦ 陈奇猷校注:《韩非子新校注·显学》,上海古籍出版社2000年版,第1147页。

是，贾谊通过对秦末农民起义的考察，认识到民众力量的伟大。由此贾谊得出治国一定要重视民众力量。他说百姓虽然愚笨，但是贤明的君主选吏必定让民众参与。百姓喜欢的官吏，君主经过考察，给予奖赏；祸害百姓的官吏，君主经过明察后一定将其除去。民众是评定官吏的标准。通过百姓审察官吏，然后进行奖赏。所以民众虽然卑贱，但让他们参与选吏，他们一定能选出自己喜欢的官吏。① 当然，贾谊这么做，不是站在民众的角度为他们着想，相反他是从统治阶级角度出发，告诫他们不能低估民众力量。为了封建统治的稳固，必要时要让民众适度参与国家治理。这种做法正是中和儒法两家所得。故有学者说："贾谊思想的特点在于，他既不象儒家主张藏富于民也不象法家主张藏富于国，似乎综合了儒法两家的观点。"②

综上所述，从文献比勘、师承、民与国的关系诸多方面看，贾谊与法家之间都有着千丝万缕的联系。既如此，我们有必要进一步探寻贾谊思想中的法家因素，以及他是如何将法家因素融入他的思想中的。这将是我们理解法家在汉代发展与流变以及汉代儒表法里、阳儒阴法思想特点形成的一个重要步骤。

第二节　贾谊的礼思想

贾谊一方面肯定商鞅变法的巨大功用，另一方面他对商鞅在治国过程中专任法律、忽视礼制造成社会风俗败坏的弊端也给予了严厉批判。《新书·时变》说：

> 商君违礼义，弃伦理，并心于进取，行之二岁，秦俗日败。……其慈子嗜利而轻简父母也，虑非有伦理也，亦不同禽兽仅焉耳。然犹并心而赴时者，曰功成而败义耳。蹶六国，兼天下，求得矣；然不知反廉耻之节，仁义之厚，信并兼之法，遂进取之业，凡十三岁而社稷为墟。

---

① 阎振益、钟夏校注：《新书校注·大政下》，中华书局2000年版，第349页。
② 陶一桃：《中国古代经济思想评述》，中国经济出版社2000年版，第188页。

鉴于秦亡的教训,贾谊提出以礼治国,所以《新书》中少见对法的歌颂,却颇多对礼的称赞。这也是贾谊被认为是儒家的重要原因之一。但是秦国的成功也让贾谊看到了法家思想的长处,所以他不是完全否定以法治国。他说:"先王知壅蔽之伤国也,故置公卿大夫士,以饰法设刑而天下治。"① "壅蔽"意即遮蔽,通常用来指大臣专权,君王被架空、孤立。《汉书·刘向传》有:"二世委任赵高,专权自恣,壅蔽大臣,终有阎乐、望夷之祸,秦遂以亡。"所以法家对壅蔽之举高度警觉。"饰法","饰"通"饬","饰法"即"整饬法律"。《韩非子》中有《饬令》篇,有的版本即作《饰令》。贾谊说周王朝的先王知道"壅蔽"对国家的危害,所以设置各级官吏整饬法令,以谋求天下大治。既然儒家一向标榜的周朝先王都肯定以法治国的必要性,那么法家倡导以法治国自然就有了历史依据。但是,贾谊也认识到周朝的以法治国与秦不同。周先王"饰法设刑而天下治"。当国家强大时,"禁暴诛乱而天下服";当国家弱小时,"五霸征而诸侯从";当国家削弱时,能够"内守外附而社稷存"。② 秦王朝则不同,兴盛时采取繁法严刑使天下百姓震惊。衰弱时,百姓积蓄的怨怒暴发,将其推翻。这样一番比较后,贾谊得出结论:治国不能没有法,但也不能完全依靠法。放弃礼义道德,单纯以严刑酷法治国,是商、韩为代表的晋法家之弊,也是秦朝只传承二代、持续不到二十年就灭亡的原因之一。而周朝之所以能够传承三十代、持续七百多年,与其礼、法并用有密切关系。这样的思考促使贾谊在其礼思想中融入法家思想,形成礼法交融的治国理念。

一 贾谊之礼与儒家之礼的不同

儒法融合虽然是在汉代形成气候并最终完成,但其始则可以追溯至先秦法家的代表人物韩非和李斯的老师荀子那里。儒家发展至荀子发生了一个里程碑式的变化,其主要表现就是荀子在儒家思想中融入了法的因素,开启了以儒融法的先河。荀子曾说:"秦之卫鞅……是皆世俗所谓善用兵者也,是其巧拙强弱则未有以相君也,若其道一也,未及和齐也,掎契司诈,

---

① 阎振益、钟夏校注:《新书校注·过秦下》,中华书局2000年版,第16页。

② 同上。

权谋倾覆，未免盗兵也。"① 这里的卫鞅即法家的代表人物商鞅。在世俗之人眼里，商鞅等人被视为擅长用兵打仗者，但荀子认为他们尚有玩弄权谋之嫌，未臻依靠礼仪教化不战而胜的至境。从中可以看出，荀子对商鞅的治国思想有深入研究和思考。在这个过程中，他合理地吸纳了商鞅的法家思想，形成了不同于孔孟的儒家思想。譬如孔孟因反对战争而拒绝谈论战争。当卫灵公向孔子询问摆兵布阵之事时，孔子委婉拒绝：我知道一些俎豆之事（指礼），但没有学过军旅之事②，并且第二天就离开了卫国。齐宣王向孟子询问齐桓公、晋文公称霸诸侯之事时，孟子以"仲尼之徒无道桓文之事"为由不肯继续这一话题。但是《荀子》中却有专门讨论用兵的《议兵》篇。虽然荀子提倡仁义之师，但他不再决然地反对战争。从孔孟之回避战争话题，到荀子热切开谈，这是先秦儒家在战争观上一个质的变化。不仅如此，法家的术、势等思想在《荀子》中也有表现。所以，法家的韩非和李斯出自儒家的荀子门下，看似偶然，实则偶然中蕴含必然。

  贾谊思想深受荀子影响。《治安策》是贾谊的代表作之一。侯外庐先生认为此文在形式结构上与荀子的《富国》篇、《议兵》篇非常相似，由此推知"贾谊必深得荀子一派儒学的教养"③。此说颇有见地。贾谊深得荀学教养最典型的表现是他在荀子的基础上进一步发展了儒家礼思想。荀子重礼。他说："学恶乎始？恶乎终？曰：其数则始乎诵经，终乎读礼。"④ 就学习的方法而言，荀子认为要从诵读《诗》《书》等儒家经典开始，最后止于读《礼》。因为《礼》是法制的前提，是各种条例的总纲，所以要学到《礼》才算达到了道德顶峰。荀子又说："隆礼，虽未明，法士也；不隆礼，虽察辩，散儒也。"⑤ 尊崇礼仪对于儒士是如此重要。学问可以不透彻明了，但只要"隆礼"，依然不失为一个道德之士。相反，忽略礼仪，即使明察善辩，也不过是身心散漫的陋儒而已。可见礼在荀子心目中具有至高地位。贾谊继承了荀子这一观念，认为无论修身还是治国，礼须臾不可缺。但将荀、贾二人的礼思想做一比较就会发现，荀

---

① 王先谦集解：《荀子集解·议兵》，中华书局 1988 年版，第 276 页。
② 参见杨伯峻译注《论语译注·卫灵公》，中华书局 1980 年版，第 161 页。
③ 侯外庐：《中国思想史》，人民出版社 1957 年版，第 66 页。
④ 王先谦集解：《荀子集解·劝学》，中华书局 1988 年版，第 11 页。
⑤ 同上书，第 17 页。

子之礼涵盖的范围更为宽泛，更像一种普世原则。在荀子看来，礼是平衡人内心欲望和外物的一种手段，是人之情感的合理体现，是为人的最高行为准则。在礼的约束下，人们的行为不会失之过度或不及，而符合中庸之道。人的天性是质野的，在礼的培养下则可以变得文质彬彬，所以说："礼者，养也。"① 可以看出，荀子之礼是一种规范，它渗透于社会生活的方方面面，是针对每一个社会人而论的。贾谊之礼却不同，它主要是就君臣关系而发。虽然贾谊也讲礼对父子夫妻兄弟关系的约束，也说礼在祷祠祭祀中的作用，但最终依然落脚于礼对君臣关系的作用。这是因为，贾谊生活的文帝时代，诸侯王与中央的关系是当时的重大社会问题之一，而这一问题归根结底是君臣关系问题。贾谊就是针对这一点而阐述他的礼论的。其次，贾谊之礼的基础是汉初由叔孙通制定的各种礼仪制度，而这一套礼仪的基础是秦仪，秦仪的核心是尊君卑臣。所以，贾谊之礼也以规范君主专制政权下君臣关系为目的。

　　按徐复观先生所说，先秦原始儒家之礼——"古礼"，"一面固然要定尊卑贵贱之分，但同时也要通尊卑贵贱之情。君臣之间，尚不致太相悬隔"②。但是"古礼"至秦一变，至汉又一变。至秦一变指法家绝对、极端的尊君抑臣思想的介入，使礼变得只重尊卑之分，而不通尊卑之情，因而苛刻而不近人情。秦仪是"以人臣的卑微，显出人君的至高无上所定出来的"③，强化突出君臣之间的等级，"使皇权对臣民的压迫，在此形式下取得'非礼之礼'的地位，因而成为此后无法改易的死结，这在中国政治史中是头一件大事"④。所谓的"非礼之礼"就是融合了法家因素的礼，它强调君臣之间被依附与依附的关系。君就是君，臣就是臣，君对臣有生杀予夺之权，臣则绝不可冒犯君。汉朝建立，刘邦"悉去秦苛仪法，为简易"⑤，随之出现了群臣饮酒争功，醉后大呼小叫、君臣不分的混乱场面。刘邦厌恶至极，于是委托秦博士叔孙通制朝仪。叔孙通有儒之名，却无儒之实。当年陈胜兵起山东，使者报告秦二世，秦二世慌乱之下向众

---

① 王先谦集解：《荀子集解·礼论》，中华书局 1988 年版，第 346 页。
② 徐复观：《两汉思想史》（三），华东师范大学出版社 2001 年版，第 250 页。
③ 同上。
④ 同上。
⑤ （汉）司马迁：《史记·刘敬叔孙通列传》，中华书局 1959 年版，第 2722 页。

儒生征询建议。儒生们认为陈胜所为已犯死罪，不容宽恕，应该立刻发兵诛杀。二世一听勃然大怒。叔孙通见状赶紧安慰秦二世说："诸生言皆非也。夫天下合为一家，毁郡县城，铄其兵，示天下不复用。且明主在其上，法令具于下，使人人奉职，四方辐辏，安敢有反者！此特群盗鼠窃狗盗耳，何足置之齿牙间。郡守尉今捕论，何足忧。"① 二世顿时喜笑颜开，惩治讲真话的儒生，却重奖说假话的叔孙通。而叔孙通回到住处即刻逃离。叔孙通所说"明主在其上，法令具于下，使人人奉职，四方辐辏，安敢有反者"正是韩非心目中以法治国而有的至治之世。于此可见，叔孙通已非醇儒，他制定的朝仪自然不可能是儒家倡导的融洽、联络君臣关系的古礼，而是古礼和秦代专制政权下形成的君臣之礼的混合。所以施行后，"自诸侯王以下，莫不振恐肃敬"，刘邦由此而知"为皇帝之贵"②。为什么会产生这样的震慑效应？因为叔孙通的朝仪因袭秦朝礼仪，突出君尊臣卑。其后，包括宗庙礼仪在内的诸多汉朝礼仪制度都由叔孙通制定，而无论哪一种，他都以秦朝的相关礼仪为模本。所以《史记·礼书》说："至秦有天下，悉内六国礼仪，采择其善，虽不合圣制，其尊君抑臣，朝廷济济，依古以来。至于高祖，光有四海，叔孙通颇有所增益减损，大抵皆袭秦故。自天子称号，下至佐僚及宫室官名，少所变改。"所谓"不合圣制"即指汉朝之礼与古礼的差距。当初叔孙通奉命制礼，曾征召鲁地儒生三十余人，其中两个儒生就以"公所为不合古，吾不行。公往矣，无污我"③ 而拒绝了他。两个儒生认为真正的圣人之礼要"积德百年才能兴起"。叔孙通因此嘲笑他们"若真鄙儒也，不知时变"。所以，以秦仪为范本的汉朝之礼不可能同于"古礼"，但是因为汉代学者对秦亡的反思，它在秦仪的基础上向古礼回靠了一步。这一回靠没有从根本上改变秦仪尊君抑臣的实质，只是给汉礼披上了一层儒家的外衣，不再像秦仪那般生硬、冰冷。后来汉惠帝刘盈又命叔孙通制定《傍章律》④，规定萧何所定《九章律》没有涉及的礼仪内容，从而纳礼入律，以律定礼。这意味

---

① （汉）司马迁：《史记·刘敬叔孙通列传》，中华书局1959年版，第2720页。
② 同上书，第2723页。
③ 同上书，第2722页。
④ （唐）房玄龄《晋书·刑法志》："叔孙通益律所不及，傍章十八篇。"（中华书局1974年版，第600页）

着守礼与否同时成为是否守法的标准。在此基础上形成的贾谊礼思想又怎么能摆脱专制框架?《新书·阶级》篇中,贾谊把天子比作殿堂,群臣如堂下的台阶,而百姓就是台阶下面的地面。尊卑贵贱一目了然。为了突出天子的地位,贾谊要求不能把天子的路马和一般的马相比,踩天子路马吃的草料有罪,看到国君的几案、手杖要站起来以示尊敬,遇到君王的车马要下车,君王的宠臣即使有罪也不能施以刑戮。这一切都是为了树立君主的绝对权威。法律文化学者梁治平说:"董仲舒其时,礼已不纯是一种道德规范"①,"孔子阐说的礼大抵还属于道德规范,而在董子的时代,礼已经越来越多地具有了法的性格"②。回溯汉代礼向法趋近的过程,贾谊的礼思想是其中非常关键的一个环节。汉初叔孙通杂秦仪制礼,文帝时贾谊进一步强化礼的尊君卑臣功能,武帝时董仲舒引礼入法,既是从高祖至武帝七十年间礼的发展演化轨迹,也是汉代儒法融合的轨迹。至此,我们就清楚为什么大力倡导礼制教化的贾谊会被后世学者列入了法家。

二 贾谊之礼与法家之法的相似

贾谊之礼有别于先秦儒家之礼,却与法家之法多有相似。

首先,贾谊"兴礼乐"的主张源于汉初法律的不完善,这就决定了他的礼必然具备法的部分功能。

刘邦建立汉朝后,因为百姓饱受秦朝繁刑苛法之苦,为了迎合百姓的愿望,更为了新建王朝的稳固,国家法令相对宽松,制度疏阔。因此,汉初屡现诸侯王因僭越被诛杀事件,淮南王、济北王即其例。同时,社会风俗败坏,道德观念混乱,是非正邪颠倒,"富民不为奸而贫为里侮也,廉吏释官而归为邑笑;居官敢行奸而富为贤吏,家处者犯法为利为材士。故兄劝其弟,父劝其子,则俗之邪至于此矣"③。因此贾谊提出当务之急莫过于以礼矫正世俗,以礼约束众臣。

韩非论及"世之所以不治"时曾说:"下之所欲,常与上之所以为治相诡。"④ 譬如"为故人行私谓之不弃,以公财分施谓之仁人,轻禄重身

---

① 梁治平:《寻求自然秩序中的和谐》,上海人民出版社1991年版,第249页。
② 同上书,第248页。
③ 阎振益、钟夏校注:《新书校注·时变》,中华书局2000年版,第97页。
④ 陈奇猷校注:《韩非子新校注·诡使》,上海古籍出版社2000年版,第988页。

谓之君子，枉法曲亲谓之有行，弃官宠交谓之有侠，离世遁上谓之高傲，交争逆令谓之刚材，行惠取众谓之得民"①。韩非所论之内容与贾谊不同，但面对的问题却非常相似。贾谊看到的是世俗价值观念与礼制的相悖，韩非看到的是世俗价值观念与法律的相悖。为此韩非主张习俗与道德法律化，把一些本属道德教化范围的行为通过法律进行强制约束，譬如规定"轻禄重身""离世遁上"属违法行为。这就是他赞成姜太公诛杀不肯称臣的狂矞、华士二人的原因。贾谊的做法看似与韩非相反，实质却相同。他让礼承担起法的功能。譬如"居官敢行奸而富""家处者犯法为利"已属违法行为，用道德约束显然难以取得成效，但贾谊却将其纳入礼治范围。这无形中就要求他的礼必须吸纳法的要素，承担法的功能，具备法的威慑性，否则无法达到他"治俗"的目的。通过下面两段话的对比，这一点就更清楚了。贾谊说："明主者南面而正，清虚而静，令名自命，令物自定，如鉴之应，如衡之称。"②韩非说："虚静以待令，令名自命也，令事自定也。虚则知实之情，静则知动者正。有言者自为名，有事者自为形。形名参同，君乃无事焉。"③贾谊和韩非都要求人君南面"无为"而治。但是韩非的前提是以法治国，贾谊的前提则是以礼治国。他们分别认为礼、法既定，最高统治者只需保持虚静之心，避免主观成见干扰决策，臣子们的所作所为直接以礼、法判断，对错好坏正邪自然显现。君主只要坚持这一原则，无须劳心费力，国家大治、天下太平就可实现。于此可见，在韩非学说中起着治国作用、承担着判断是非忠奸标准功能的法，在贾谊学说中被礼替代。这样的礼怎么可能与法截然不同？

其次，贾谊赋予他的礼与法家之法相近的性质和地位。

法家称法为"常法"，一方面是就法的恒常稳定之特点而言，另一方面是就法在治国中不可或缺而言。《韩非子·饰邪》："家有常业，虽饥不饿。国有常法，虽危不亡。夫舍常法而从私意，则臣下饰于智能。臣下饰于智能，则法禁不立矣。""私意"与法律相比，显著的区别在于"私意"没有确定性，而法律一经制定就有了相对的确定性，所以可以作为是非标

---

① 陈奇猷校注：《韩非子新校注·八说》，上海古籍出版社2000年版，第1023页。
② 阎振益、钟夏校注：《新书校注·道术》，中华书局2000年版，第302页。
③ 陈奇猷校注：《韩非子新校注·主道》，上海古籍出版社2000年版，第66页。

准。在贾谊学说中，他提出了一个与韩非"常法"对应的概念"经制"。"经制"意即"常制"，与韩非称法为"常法"意近。其内容本应指包括礼和法在内的各项治国制度，但在贾谊这里却主要指礼。《新书·俗激》说：

> 如今定经制，令主主臣臣，上下有差，父子六亲各得其宜，奸人无所冀幸，群众信上而不疑惑哉。此业一定，世世常安，而后有所持循矣。若夫经制不定，是犹渡江河无维楫，中流而遇风波也，船必覆败矣。

"经制"的功能是"令主主臣臣，上下有差，父子六亲各得其宜"，与礼的功能吻合，由此可知"经制"主要是就礼而言的。从贾谊所言"制度"可以进一步证明这一点。《瑰玮》有：

> 世之俗侈相耀，人慕其所不如，悚迫于俗，愿其所未至，以相竞高，而上非有制度也。今唯刑余鬻妾下贱，衣服得过诸侯、拟天子，是使天下公得冒主而夫人务侈也。

又说：

> 君臣相冒，上下无辨，此生于无制度也。今去淫侈之俗，行节俭之术，使车舆有度，衣服器械各有制数。制数已定，故君臣绝尤，而上下分明矣。

根据上下文可知，第一个"制度"指不同人的衣着服饰，第二个"制度"指不同人所使用车舆、衣服、器械的规格，两者均属礼制范围。另，《铜布》有：

> 挟铜之积以铸兵器，以假贵臣，小大多少，各有制度，以别贵贱，以差上下，则等级明矣。

这里的"制度"指的是天子赐予大臣兵器的规格和数量，它代表着大臣地位的高低，自然亦属礼范畴。可见，所谓"制度"，在贾谊这里主要指礼。他认为，制度一定，万事无忧。具体到地制，贾谊这么说：

> 地制一定，则帝道还明而臣心还正，法立而不犯，令行而不逆，贾高、利几之谋不生，栈奇、启章之计不萌，细民乡善，大臣致顺，上使然也，故天下咸知陛下之义。地制一定，卧赤子天下之上而安，植遗腹，朝委裘，而天下不乱，社稷长安，宗庙久尊，传之后世，不知其所穷。故当时大治，后世诵圣。①

贾谊生活的文帝时期，中央面临的最大问题就是诸侯王因封邑广大，物产充裕，财富丰厚，富可敌国，拥有可以和中央抗衡的势力。所以贾谊认为解决这一问题的根本就是确立地制，限制侯国地域范围，以此控制他们的物力、人力。在贾谊看来，只要地制一定，所有问题迎刃而解，诸侯消除谋反之心，民众从善，大臣致顺，即使让一个小孩子坐到皇位上，天下也不会乱。如此则刘氏天下可以传之万世。这与韩非对法的治世功能的认识完全相同。贾谊认为"制度"（礼）在治国中一刻都不能缺少，"弗为持此则僵，不循则坏"②。韩非则说舍弃常法去治国，就是"妄意之道行，治国之道废"③。总之，贾谊对礼在治国中的恒常性、确定性的要求与韩非对法在治国中的要求非常接近，这也使得他的礼与法家之法非常相近。所以王夫之评论贾谊说：

> 贾生之言曰："使为治，劳治虑，苦身体，乏钟鼓之乐，勿为可也。乐与今同。而欲立经陈纪，为万世法。"斯其为言，去李斯之言也无几，何也？以法术制天下而怙以恬嬉，则其法虽异于秦之法，而无本以立威于末，劳天下而以自豫，能以是一朝居乎？使天下而可徒以法治而术制焉？④

---

① 阎振益、钟夏校注：《新书校注·五美》，中华书局2000年版，第67—68页。
② 阎振益、钟夏校注：《新书校注·俗激》，中华书局2000年版，第92页。
③ 陈奇猷校注：《韩非子新校注·饰邪》，上海古籍出版社2000年版，第355页。
④ 王夫之：《读通鉴论》卷二，中华书局1975年版，第37页。

王夫之所引之语出自《新书·数宁》。贾谊在这篇文章中反复论述只要以礼、法治国，君主即可高枕无忧，不仅没有治国的劳累辛苦，反而很容易获得治国的快乐。王夫之认为这种说法与李斯劝导秦二世之言实质相同。因此，他反驳说假如"裁其服而风俗即壹，修其文辞而廉耻即敦，削夺诸侯而政即咸统于上"，那么夏、商之法仍在，为什么这两个朝代会亡于桀、纣之手？在王夫之看来，贾谊所犯错误与法家相似，都认为只要有治世的制度存在，君主即使什么都不做，也可实现国泰民安。王夫之感慨而言道：幸好文帝不是秦二世，否则贾谊想和李斯不同都不可能。可见，在王夫之这位大儒眼里，贾谊与李斯本质没有区别。

贾谊之礼对君的绝对维护使得它与法家之法更加接近。

君臣是专制社会中最重要的一种人伦，它直接关系到国家安危和君主地位的稳固与否。一向互相攻讦的儒法这两个学派在这一点上是一致的。贾谊视君臣关系为封建政体的第一关键要素。《礼》篇说："君惠臣忠，父慈子孝，兄爱弟敬，夫和妻柔，姑慈妇听，礼之至也。"在贾谊看来，礼首先表现在君臣关系上：君要仁惠，臣要忠诚。然后才是父子、兄弟、夫妻等其他关系。《服疑》就君臣之间约束与被约束、被服从与服从的关系做了更为详尽的阐述："主之与臣，若日之与星以。臣不几可以疑主，贱不几可以冒贵。下不凌等则上位尊，臣不逾级则主位安。谨守伦纪，则乱无由生。"君就像太阳，臣如星星，二者身份地位相差悬殊，不可同日而语。所以臣不能怀疑君主，不能冒犯君主，臣要遵守礼所要求的君臣之仪，不能越级而动，从而保证君位的稳定和安全。做到这些，僭越动乱无从产生，社会即可实现稳定。所以在说到礼的功用时，贾谊最为强调的是礼对君臣关系的制约。他说："礼者，所以固国家，定社稷，使君无失其民者也。主主臣臣，礼之正也；威德在君，礼之分也；尊卑大小，强弱有位，礼之数也。"① 礼的最大功用是稳固国家，安定社稷，使君主不要失去他的子民。而要达到这一目的关键在于君臣关系的建立。所以君像君，臣像臣，就是"礼之正"。"正"即根本、基础。也就是说君有君的权威，臣有臣的忠诚，这就是礼的要求。礼的其他内容、作用都要在此前提下实现。君行使恩威是礼的名分，而君臣尊卑强弱程度的不同就是礼的数度。

---

① 阎振益、钟夏校注：《新书校注·礼》，中华书局2000年版，第214页。

礼的功能和作用完全围绕君臣上下关系展开。而且，为了加强礼对君主地位的维护，贾谊引势入礼。于传波《试论贾谊的思想体系》一文说："贾谊对礼的最大创造是他提出了一个置'势'入礼的'礼之数'。……传统的礼中没有大小、强弱。强弱是势，大小是数；而数只是势的度量。大小、强弱都是势的内容，这就是置'势'入礼，是为了和他的'众建诸侯而少其力'的主张相应而提出的理论概念。目的是强调天子国大势强，诸侯国小势弱，这样才能防止诸侯造反。"① 势、术本是法家为辅助以法治国而提出的概念，当势成为礼的一部分时，这样的礼与法还有多大的距离？

贾谊认为，在礼的要求下，天子、诸侯、大夫、士庶即使表达仁爱也不能超出各自的范围："礼，天子爱天下，诸侯爱境内，大夫爱官属，士庶各爱其家，失爱不仁，过爱不义。故礼者，所以守尊卑之经、强弱之称者也。"② 礼固然要求天子、诸侯、大夫、士庶要有仁爱之心，但是礼同时认为逾越权限和范围的仁爱违背了义。这一观点首见于《韩非子》。《外储说右上》说孔门弟子子路做郈令时，用自己的米做粥送给正在劳动的民众吃。孔子听闻此事，让子贡去打翻了子路盛粥的容器。孔子反对子路施仁的原因是："夫礼，天子爱天下，诸侯爱境内，大夫爱官职，士爱其家。过其所爱曰侵。今鲁君有民而子擅爱之，是子侵也。"与贾谊所说完全一致。韩非旨在以此说明，超越职权范围的仁爱就是夺君之民，分君之势，是臣子图谋不轨的表现。所以韩非又说："人主有五壅……臣得行义曰壅，臣得树人曰壅……臣得行义则主失明，臣得树人则主失党。此人主之所以独擅也，非人臣之所以得操也。"③ 贾谊没有像韩非说得这般严峻、犀利，但一样认为"过爱"是"不义"之行，而"良臣顺上之志者，可以义矣"④，即大臣顺从天子就是义的表现。由此可知，"过爱"就是臣违背君，就是没有遵循君臣之礼。这些都说明了贾谊之礼与韩非之法并非截然不同，相反，在维护最高统治者的权力和坚持君主专制上，贾谊与法家完全相同。

---

① 于传波：《试论贾谊的思想体系》，《中国哲学史研究》1987年第3期。
② 阎振益、钟夏校注：《新书校注·礼》，中华书局2000年版，第214页。
③ 陈奇猷校注：《韩非子新校注·主道》，上海古籍出版社2000年版，第74—75页。
④ 阎振益、钟夏校注：《新书校注·礼》，中华书局2000年版，第215页。

为了使君凌驾于臣，贾谊的礼有非常细致的要求。《新书·礼》说："礼，天子适诸侯之宫，诸侯不敢自阼阶。阼阶者，主之阶也。天子适诸侯，诸侯不敢有宫，不敢为主人礼也。"如若天子到诸侯宫中，诸侯不能立于主人迎送宾客的东面台阶，不敢行主人的礼节。这是强调天子和诸侯之间的君臣关系是绝对的，无论什么情形下都不能改变。所以《新书·礼》又说："礼者，臣下所以承其上也。"即礼是臣下侍奉君上的制度。贾谊通过礼对君臣关系中臣之一方的约束与法家通过法实现对臣的约束相近。他宣扬礼以强调君的权威地位和臣对君的服从，与法家通过法树立君的权威和臣对君的依附也是一致的。至此，我们或可说贾谊之礼用的是儒家之名，行的却是法家之实，是外儒内法的鲜活表现。

三 贾谊之礼与法家之法相似的原因

贾谊的礼之所以与法家之法如此接近，其原因在于，一方面礼、法之间本就不是泾渭分明；其次，重视礼的儒家和重视法的法家表面上互相攻讦，似乎水火不容，实则有密切的联系；第三贾谊之礼对法的主动融合。

荀子认为礼产生于人的欲望与外物之间的不对等。《荀子·礼论》说：

> 礼起于何也？曰：人生而有欲，欲而不得，则不能无求；求而无度量分界，则不能不争；争则乱，乱则穷。先王恶其乱也，故制礼义以分之，以养人之欲，给人之求，使欲必不穷乎物，物必不屈于欲，两者相持而长，是礼之所起也。

这种把礼的产生归于物质相对人之欲望的不足、礼的作用就是"明分"的观点，与法家认为争斗产生于物质相对于人口的不足、法之作用就是定分止争的观点完全相同。荀子认为是否守礼乃治、乱之根本：

> 天下从之者治，不从者乱；从之者安，不从者危；从之者存，不从者亡。……故绳墨诚陈矣，则不可欺以曲直；衡诚县矣，则不可欺以轻重；规矩诚设矣，则不可欺以方圆；君子审于礼，则不可欺以诈伪。故绳者，直之至；衡者，平之至；规矩者，方圆之至；礼者，人

道之极也。①

这与法家视法为治道之根本，认为法如绳墨、规矩、尺寸如出一辙。就礼与法的关系，荀子这么说："礼者，法之大分，类之纲纪也。"② 礼是法的纲领，法须依礼而制。类，杨倞注说："类，谓礼法所无，触类而长者，犹律条之比附。"③ 二者关系之密切显而易见。而《管子》认为狭义的法出自礼，即《枢言》所说"法出于礼"。广义的法则包含礼，即《任法》所说"所谓仁义礼乐者，皆出于法，此先圣之所以一民者也"。这就从根源上决定了礼与法很难截然分开。所以法家的集大成者韩非坚持以法治国，但同时也用礼。譬如他认定的治国容易犯的十种过错中，第三种就是"行僻自用，无礼诸侯，则亡身之至也"；第十种是"国小无礼，不用谏臣，则绝世之势也"④。《解老》篇中，他说：

> 礼者，所以貌情也，群义之文章也，君臣父子之交也，贵贱贤不肖之所以别也。中心怀而不谕，故疾趋卑拜而明之。实心爱而不知，故好言繁辞以信之。礼者，外节之所以谕内也。故曰礼以貌情也……

可见韩非不仅说礼守礼，而且对礼有自己独到的见解。《商君书》中则常见礼、法并提。如《更法》篇，秦孝公说："今吾欲变法以治，更礼以教百姓，恐天下之议我也。"变革的内容不仅包括法，还有礼。公孙鞅谈及变革的必要性时更是认为法与礼不能须臾分开。如："法者，所以爱民也；礼者，所以便事也。"⑤ "故知者作法，而愚者制焉；贤者更礼，而不肖者拘焉。拘礼之人，不足与言事；制法之人，不足与论变。"⑥ "及至文、武，各当时而立法，因事而制礼；礼、法以时而定，制、令各顺其

---

① 王先谦集解：《荀子集解·礼论》，中华书局1988年版，第356页。
② 王先谦集解：《荀子集解·劝学》，中华书局1988年版，第12页。
③ 同上。
④ 陈奇猷校注：《韩非子新校注·十过》，上海古籍出版社2000年版，第235页。
⑤ 蒋礼鸿：《商君书锥指·更法》，中华书局1986年版，第3页。
⑥ 同上书，第4页。

宜。"① 所以商鞅变法既有法的内容，也有礼的内容，如"明尊卑爵秩等级，各以差次名田宅，臣妾衣服以家次"②。可见法家学说不是只说法不讲礼，只是法占了优势而已。

就儒法两个学术流派而言，韩非、李斯俱出于儒学大师荀子门下就足以说明它们之间无法分割的关系，更不用说孔门弟子子夏对法家始祖李悝的影响了。③ 所以清儒章学诚说："儒与名、法，其原皆出于一，非若异端释、老屏去民彝物则而自为一端者比也。商鞅、韩非之法，未尝不本圣人之法，而所以制而用者非也。"④ 正是在使用中，礼和法有了区别，而儒家与法家也逐渐产生分歧，各执一端，从不同的角度发展自己的学说和思想。

最后，贾谊之礼与法家之法相似的重要原因还在于贾谊主动引法入礼，也就是礼的法律化。

《管子·形势解》说："法度者，万民之仪表也。礼仪者，尊卑之仪表也。"法是民众行为的准则，礼则是尊卑的法则。但是《管子》认为礼和法的使用背景及条件不同。《小问》篇中，桓公问管仲治民什么在先？管子回答说，有时政令在先，有时德化在先。具体说来就是在风调雨顺，五谷丰登，没有灾害的年份里，百姓吃得饱，穿得暖，因此富裕且骄傲。这时君主就要先实施具体的政事，随之以法制，同时还要用礼乐警戒约束他们。这就是政令在先。在遭遇灾害，年谷不成熟的年份，百姓贫穷疲乏，这时君主就要给百姓提供财物，给予救助，这就是德化在先。贾谊生活的文帝时期社会相对稳定，物质丰富，但是问题也很多。贾谊认为当时的社会形势是"本末舛逆，首尾横决，国制抢攘"⑤，"上无制度，弃礼义，捐廉丑，日甚，可为月异而岁不同矣。逐利乎不耳，虑念非顾行也。今其甚者，到父矣，财大母矣，踝妪矣，刺兄矣。盗者虑探柱下之金，剟寝户之帘，搴两庙之器，白昼大都之中，剽吏而夺之金。矫伪者出几十万

---

① 蒋礼鸿：《商君书锥指·更法》，中华书局1986年版，第4页。
② （汉）司马迁：《史记·商君列传》，中华书局1959年版，第2230页。
③ 参见笔者《比较视野中的先秦法家思想研究》，博士学位论文，浙江大学，2005年，第一章第三节《法家的学术渊源》。
④ 阎振益、钟夏校注：《新书校注》，中华书局2000年版，第586页。
⑤ 阎振益、钟夏校注：《新书校注·数宁》，中华书局2000年版，第29页。

石粟，赋六百余万钱，乘传而行郡诸侯，此靡无行义之尤至者已"①。这种情势正是管子主张使用政刑治理国家的背景，纯粹的儒家礼制教化根本不可能解决问题。对此，贾谊自然清楚，因为有感于秦法繁密如脂之危害，他竭力回避法，而寄希望于通过礼解决社会问题，所以他的礼就不得不加入一些法的因素，从而使他的礼不再是纯粹的儒家之礼，缺少了一种舒缓悠然之感，却多了些许杀伐之气。另外，贾谊的最终目的是实现君主专制下的"大一统"，这与法家完全相同。只是秦亡的前车之鉴，使他的思想不似秦王朝使用的晋法家那般严酷，而是对儒法进行了中和，从而产生了礼法交融的治国思想。他的礼法交融主要通过以下三种方式实现。

第一种是礼治与法治混合在一起使用。如《傅职》说：

> 天子不恩于亲戚，不惠于庶民，无礼于大臣，不中于刑狱，无经于百官，不哀于丧，不敬于祭，不直于戎事，不信于诸侯，不诚于赏罚，不厚于德……凡此其属，太傅之任也。

"恩于亲戚""惠于庶民""礼于大臣""哀于丧""敬于祭""信于诸侯""厚于德"等的要求偏于儒家礼的范畴。"直于戎事"指对战争要有戒备，"经于百官"指管理官吏，"中于刑狱"即执法公正，"诚于赏罚"指对奖赏和惩罚做到言必行，行必果，这些内容又是偏于法家的。两类措施作为君王必须掌握的治国策略同时出现，混同在一起。再如《道术》中，贾谊认为人主以术接物既要做到仁、义、礼、信、操德、教顺，同时又要"周听""稽验""明好恶""密事端"，同样是既有儒家礼治思想，又有法家法治思想。此类例子在《新书》里还有很多。

第二种是儒表法里，即在法的实质上笼罩一层礼的形式。

《新书·阶级》有："履虽鲜弗以加枕，冠虽弊弗以苴履。"出自《韩非子·外储说左下》："夫冠虽贱，头必戴之；屦虽贵，足必履之。"韩非用冠和屦永远不能改变的"位置"向人们明确君独一无二的尊贵地位，这一地位无关君主愚笨还是聪明、贤明还是昏庸。同理，在法家看来，臣无论在智力、才能、道德方面多么优越于君，也依然是臣。君臣关系一经

---

① 阎振益、钟夏校注：《新书校注·俗激》，中华书局2000年版，第91—92页。

确定就是永恒的。而且在君臣关系中,法家始终坚持尊君卑臣。这与法家认为君臣之间只有利益相联,没有情感不无关系。贾谊继承了韩非的君臣思想,认为君臣之间必须等级分明。他说:"古者圣王制为列等,内有公卿大夫士,外有公侯伯子男,然后有官师小吏,施及庶人,等级分明,而天子加焉,故其尊不可及也。"① 另外,贾谊对韩非的君臣思想又有所发展,那就是他认识到臣民是天子尊贵的基础。他说:

> 人主之尊,辟无异堂。阶陛九级者,堂高大几六尺矣。若堂无陛级者,堂高治不过尺矣。天子如堂,群臣如陛,众庶如地,此其辟也。故陛九级上,廉远地则堂高;陛亡级,廉近地则堂卑。高者难攀,卑者易陵,理势然也。②

天子的尊贵程度取决于臣民。他的臣民地位越高、获得的尊重越多,他自己就越尊贵。仿佛殿堂,其高度决定于台阶的高度。在此基础上,贾谊提出"投鼠忌器":"'欲投鼠而忌器。'此善喻也。鼠近于器,尚惮而弗投,恐伤器也,况乎贵大臣之近于主上乎!"③ "投鼠忌器"本于《韩非子·外储说右上》中"社鼠"一说。在该篇文章中,韩非把近侍之臣比喻成穿于社树、掘穴寄托其中的老鼠。虽然它咬啮伤害社树,但祭祀的人们因为担心伤到社树而对它无可奈何。既不能烟火熏之,"恐焚木";又不敢引水灌之,"恐涂阤"。这就使得社鼠有恃无恐,为所欲为。君主身边不遵守国家法纪的近臣亦如此。他们在朝廷内结党营私,蒙蔽君主;走出朝廷又凭借特殊的身份和地位在民众面前卖弄权势,为个人谋取非法利益。执法之吏如不惩治他们,国法就被破坏,国家遭受损失;如惩治他们,君主又不得安宁。所以治国最怕社鼠。韩非以此告诫君主,在治国中一定要防备身边近臣假公济私。韩非之意仍是强调君臣之间的对立。贾谊却反其道而用之。他说,对器物旁的老鼠都因为担心伤到器物而有所忌惮,不敢捕杀,何况君主身边的贵臣呢?他认为秦二世之所以被赵高所

---

① 阎振益、钟夏校注:《新书校注·阶级》,中华书局2000年版,第80页。
② 同上书,第79—80页。
③ 同上书,第80页。

杀，就是因为投鼠不忌器所致。因此，贾谊对文帝提出对大臣要以礼相待，高贵者即使落难也依然高贵，就仿佛帽子虽破也依然是帽子，还是要往头上戴的。对于犯罪的大臣，依然要保护他的尊严，故不能用刑，而要依礼处制。他举例说，那些被谴责的人，一听到谴责，就立刻戴上帽子，亲往皇室请罪，皇上不要派使者前往绑缚牵引；对那些犯了中等罪行的人，他们听到处罚之令，就自己绑缚，皇上不要使人掐其颈项扭送；对那些犯了重大罪行的人，当他们听到命令时，就面向北叩头而拜，跪着自杀，皇上不要使人揪其头发，按住脑袋，施以刑罚。这就是所谓：你作为大夫虽然有罪，但是我依然依礼待你。① 这里的礼是用来治罪而非教化的，它履行的实际是刑（法）的职责。下面三段话更加清楚地说明了这一点：

> 诸侯王虽名为人臣，实皆布衣昆弟之心，虑无不帝制而天子自为者。擅爵人，赦死罪，甚者或戴黄屋，汉法非立，汉令非行也。虽离道如淮南王者，令之安肯听，召之焉可致？幸而至，法安可得加？动一亲戚，天下环视而起，天下安可得制也？陛下之臣虽有悍如冯敬者，适启其口，匕首已陷于胸矣。②
>
> 海内之势，如身之使臂，臂之使指，莫不从制。诸侯之君敢自杀不敢反，志知必葅醢耳。不敢有异心，辐辏并进而归命天子。天下无可以徼幸之权，无起祸召乱之业，虽在细民，且知其安。③
>
> 屠牛坦一朝解十二牛，而芒刃不顿者，所排击，所剥割，皆象理也。然至髋髀之所，非斤则斧矣。仁义恩厚者，此人主之芒刃也；权势法制，此人主之斤斧也。势已定，权已足矣，乃以仁义恩厚因而泽之，故德布而天下有慕志。今诸侯王皆众髋髀也，释斤斧之制，而欲婴以芒刃，臣以为刃不折则缺耳。胡不用之淮南、济北？势不可也。④

---

① 参见阎振益、钟夏校注《新书校注·阶级》，中华书局2000年版，第82页。
② 阎振益、钟夏校注：《新书校注·亲疏危乱》，中华书局2000年版，第120页。
③ 阎振益、钟夏校注：《新书校注·五美》，中华书局2000年版，第67页。
④ 阎振益、钟夏校注：《新书校注·制不定》，中华书局2000年版，第71页。

第一段引文中，贾谊四次提到法和令。这就说明，对于那些不服从朝廷安排，有反叛之心，违背礼制的诸侯王，贾谊主张以法惩之，而非以礼教之。第二段引文中，贾谊主张在一个全面君主专制的社会中，诸侯之所以敢自杀而不敢有反叛之心，是因为他们知道一旦反叛，最终的下场一定是"菹醢"——古代把人剁成肉酱的酷刑。从第三段引文可以看出，贾谊认为诸侯王都是髋髀，对他们不能使用"仁义恩厚"，而必须使用"权势法制"。贾谊一方面坚持"刑不上君子"，对大臣要以礼相待；另一方面却主张用最强硬最残酷的刑法惩罚有异心的大臣。可见，他所主张的以礼治国不过是一个表象，其实质仍然是以法治国。而之所以需要这么一个表象，是贾谊反思秦朝赵高之死，为大汉帝国君王的安危考虑而设计的策略。他从豫让对待智伯和范氏、中行氏截然不同的态度中看出，君如何对臣决定了臣将如何对君："故人主遇其大臣如遇犬马，彼将犬马自如也；如遇官徒，彼将官徒自为也。"① 孟子也曾说："君之视臣如手足，则臣视君如腹心；君之视臣如犬马，则臣视君如国人；君之视臣如土芥，则臣视君如寇仇。"② 这些都促使贾谊思考君臣关系究竟该如何处理。单纯用礼，那么像淮南王之类的诸侯王显然无法臣服；纯粹用法，秦二世的结局就是一个教训。最终贾谊选择了礼表法里，即大臣违法犯罪须坚持"刑不上大夫"的原则，使他们体面地接受制裁；而在平日君臣相处时，贾谊提出"礼者，所以恤下也"③，要求最高统治者对大臣以礼相待。他说："诗曰'投我以木瓜，报之以琼琚。匪报也，永以为好也'。上少投之，则下以躯偿矣。弗敢谓报，愿长以为好。古之蓄其下者，其施报如此。"④ 从中可以看出，贾谊这一主张的目的主要是为君着想，教导他们小投入赢取大回报。稍微对臣好一点儿，他们就会忠心耿耿，甚至以死相报。这让我们想到《韩非子·外储说左上》中的一个故事：

  吴起为魏将而攻中山。军人有病疽者，吴起跪而自吮其脓。伤者之母立泣。人问曰："将军于若子如是，尚何为而泣？"对曰："吴起

---

① 阎振益、钟夏校注：《新书校注·阶级》，中华书局 2000 年版，第 81 页。
② 杨伯峻译注：《孟子译注·离娄下》，中华书局 2005 年版，第 186 页。
③ 阎振益、钟夏校注：《新书校注·礼》，中华书局 2000 年版，第 215 页。
④ 同上。

吮其父之创而父死，今是子又将死也。今吾是以泣。"

对此，韩非一针见血地指出："先王所期者利也，所用者力也。"两相比较，贾谊之礼的动机与法家并无二致。但是从表面上看，贾谊比韩非温和了许多，他把这种做法称为君主对大臣的"仁义恩厚"。冯友兰先生就此而论："贾谊这些话是对于当时的诸侯王说的。但是他无意之中泄露了所谓'仁义恩厚'的秘密。原来'仁义恩厚'也是一种'芒刃'，跟'权势法制'本质上是一类的东西，都是统治者进行统治的武器。"[①] 这一分析可谓鞭辟入里，他指出了贾谊之礼的实质。司马迁因言获罪被捕入狱遭受的磨难证明贾谊的"礼不及庶人"可以成为事实，但"刑不至君子"不过是一种理想。无论谁，只要威胁到专制统治的稳定，作为最高统治者的天子绝不肯心慈手软，一定是杀无赦。那时就没有君子、庶人的区分，自然也没有礼与法的分别。

第三种，礼与法水乳交融，刚柔相济，达到"和"的境界。这是儒法结合的最高境界。

《新书·修政下》有周武王和鬻子间就治国展开的一段对话。周武王问："我希望在对外的战争中防守就一定能保住城池，攻取就一定能获得，打仗就一定能获胜，我该怎么做才能实现？"鬻子回答："攻守而战乎同器，而和与严其备也。"但是鬻子接着又进一步说，就守而言，"严不若和之固也"；就攻而言，"严不若和之得也"；就战而言，"严不若和之胜也"。因此"则唯由和而可也"。总而言之，虽然治国"和"与"严"均可，但"和"胜于"严"。那么，什么是"和"？什么又是"严"？在《道术》篇中，贾谊说"刚柔得道谓之和"，"临制不犯谓之严"。"刚"指以法治国，"柔"即以德、以礼治国。可见，贾谊认为治国法、礼都不能缺，但它们的使用必须适度，刚柔相济才是治国的正道。"临制不犯谓之严"即晋法家的酷法。商鞅以刑去刑，认为法严则无人敢以身试法，这正是贾谊所反对的"临制不犯"。对"和"的追求一方面是贾谊反思秦亡而得的教训，另一方面也是他受齐法家《管子》影响的表

[①] 冯友兰：《中国哲学史新编》（中），人民出版社1998年版，第32—33页。

现之一。《管子》说:"天道之数,至则反,盛则衰。"① 这就是要求凡事不能极端,因为过犹不及。所以《管子》认为贤明的君主一定不残暴也不懦弱。君主过于残暴嗜杀,如晋法家所主张的完全依靠严刑峻法治国,一些无辜的百姓就会死于非命,长此以往,贤能之人会投靠其他诸侯国,联合外部势力对抗原来效命的国家,从而构成"外难";君主过于软弱,违法犯罪者就会逍遥法外,不知悔改,结党营私,容易产生内乱。两者对国家皆有害无益。正是在《管子》"中和"思想的影响下,贾谊提出了礼法相融的治国思想,以避免重蹈秦之覆辙。

第三节 贾谊的术论和势论

当我们讨论某一学者与法家的关系时,法思想自然是必不可少的,而术论与势论也一样不能忽略。相比较礼法思想,贾谊的术论和势论要简单许多,但从中依然可以看出先秦法家思想在汉代的发展与流变,因而有必要加以讨论。

一 贾谊的术论

"术"在《新书》中出现约三十次,多为"策略"之义。如"夫并兼者高诈力,安危者贵顺权。以此言之,取与、攻守不同术也"②,"二世不行此术,而重以无道"③,这里的术即指策略。《道术》篇说:"道者所道接物也,其本者谓之虚,其末者谓之术。虚者,言其精微也,平素而无设诸也;术也者,所从制物也,动静之数也。凡此皆道也。"贾谊认为道是人对待事物时要遵守的规律,其原则是虚静无为。而术是道的具体应用,是用来制衡外物的。术仿佛镜,"无执不臧,美恶毕至"。又如衡,"平静而处,轻重毕悬"。通过术掌握了事物的美恶、轻重等特点后,就可以使它们"各得其当","各得其所"。将术用到政治上,就要求执道术的明主"南面而正,清虚而静,令名自命,令物自定,如鉴之应,如衡

---

① 黎翔凤校注:《管子校注·重令》,中华书局2004年版,第289页。
② 阎振益、钟夏校注:《新书校注·过秦下》,中华书局2000年版,第14页。
③ 同上书,第15页。

之称"。贾谊所论正是法家韩非大力提倡的君人南面之术。与韩非不同的是，韩非的术建立在以法治国的基础上，而贾谊的术建立在以礼治国的基础上。贾谊说，以术制物表现为君主的一言一行、一举一动都可以成为臣民的榜样："人主仁而境内和矣，故其士民莫弗亲也；人主义而境内理矣，故其士民莫弗顺也；人主有礼而境内肃矣，故其士民莫弗敬也；人主有信而境内贞矣，故其士民莫弗信也；人主公而境内服矣，故其士民莫弗戴也；人主法而境内轨矣，故其士民莫弗辅也。"① 从这段话看，贾谊之术主要是儒家仁义礼智信治国原则的呈现。但紧接着他又说："周听则不蔽，稽验则不惶，明好恶则民心化，密事端则人主神。"这又分明是法家的理论。可见贾谊对待术与其对待礼相似，表面是回避法家，但实质上却不自主地去靠近。这是因为，面对一个统一的大帝国，政治管理上不讲究方法策略，不用"术"，根本行不通，所以贾谊无法否定法家之术。在给汉文帝建言如何解决地方诸侯对中央政权的威胁和匈奴对汉朝边疆的骚扰这两个问题上，贾谊娴熟地使用了法家之术。

  针对诸侯对中央的威胁，贾谊认为通过建立武关、函谷、临晋这些关隘对他们加以防备不能从根本上解决问题。而"疏山东，孼诸侯，不令似一家者"② 则可以破坏诸侯之间的联系，使他们彼此猜忌，分散其力量，这种做法要比设置关隘有效得多。而通过限制诸侯地域、实施推恩策略就可以达到这一目的，从而从根本上防止他们反叛。儒家一向重视血缘亲情，礼就是建立在血缘亲情的基础上、保证人与人相亲相爱长幼尊卑有序的重要手段，但是贾谊这一计策却恰恰要离间亲情，与儒家背道而驰，与法家却不谋而合。《藩伤》中，贾谊提出，对于藩臣，不能"厚其力，重其权，使有骄心而难服从"，而应该"爱之固使饱粱肉之味，玩金石之声，臣民之众，土地之博，足以奉养宿卫其身。然而权力不足以徼幸，势不足以行逆，故无骄心无邪行。奉法畏令，听从必顺，长生安乐，而无上下相疑之祸，活大臣，全爱子，孰精于此！"国家可以给诸侯王充足的物质享受，但不能给他们权力，这样他们就会对天子俯首帖耳，不会对中央形成威胁，他们自己也就没有危险（亦即不会因谋反而被诛杀）。正是基

---

  ① 阎振益、钟夏校注：《新书校注·道术》，中华书局2000年版，第302页。
  ② 阎振益、钟夏校注：《新书校注·壹通》，中华书局2000年版，第113页。

于这一思想，贾谊提出："欲天下之治安，天子之无忧，莫若众建诸侯而少其力。力少则易使以义，国小则无邪心。"① 他主张的推恩就是通过分散诸侯的财力削弱他们的权势："其有子以国其子，未有子者建分以须之，子生而立。其身而子，夫将何失？于实无丧，而葆国无患，子孙世世与汉相须，长沙可以久矣。所谓生死而肉白骨，何以厚此？"② 贾谊口口声声为诸侯王及其子孙后代着想、谋划，但其最终目的是削弱诸侯王的权势以保证天子地位和权力的唯一性、至高性。这与法家有什么区别？所以王夫之说：

> 谊之言曰："众建诸侯而少其力。"以为是殆三代之遗制也与？三代之众建而俭于百里，非先王故俭之也，故有之国不可夺，有涯之宇不可扩也。且齐、鲁之封，征之《诗》与《春秋传》，皆逾五百里，亦未尝狭其地而为之防也。割诸王之地而众建之，富贵骄淫之子，童心未改，皆使之南面君人，坐待其陷于非辟，以易为褫爵。此阳予阴夺之术也，于骨肉若仇雠之相逼，而相縻以术，谊之志亦奚以异于嬴政、李斯？而秦，阳也；谊，阴也。而谊憯矣！汉之剖地以王诸侯，承三代之余，不容骤易。然而终不能复者，七国乱于前，秦革于后，将灭之灯余一焰，其势终穷，可以无烦贾生之痛哭。即为汉谋，亦唯是巩固王室，修文德以静待其自定，无事怵然以惊也。乍见封建之废而怵然惊，乍见诸侯之大而怵然惊，庸人之情，不参古今之理势，而唯目前之骇，未有不贼仁害义而启祸者。③

王夫之透过贾谊的仁爱表象，看到了隐藏于其后的阴谋权术。首先，周王朝时齐、鲁二国的封地都超过了礼制的要求，周天子并未削减以防犯。其次，推恩的做法使尚未长大成人的诸侯之子年龄尚幼就南面称君，居人之上，容易使其骄纵成性，触犯国家法令，陷于刑辟，被剥夺爵位，甚至生命。因此，王夫之尖锐地批评贾谊所做是"阳予阴夺之术"，与秦

---

① 阎振益、钟夏校注：《新书校注·藩强》，中华书局2000年版，第39—40页。
② 阎振益、钟夏校注：《新书校注·藩伤》，中华书局2000年版，第37页。
③ 王夫之：《读通鉴论》卷二，中华书局1975年版，第40—41页。

二世用各种手段逼迫王公子弟没有什么两样，只不过秦二世不掩饰，而贾谊却将其披上了一层儒家仁义的外衣。王夫之一针见血地指出了贾谊这一策略外儒内法的实质。或许这是贾谊自己都没有意识到的。

匈奴是汉王朝边疆地区最大的威胁，贾谊提出的应对策略同样带着浓郁的权术色彩。他说，我听说强大的国家凭借智谋打仗，称王的国家凭借道义打胜仗，称帝者以高尚的道德打仗……现在汉王朝称帝于中原，应该通过厚德安抚周边四夷，使他们自愿归附，向四夷展示大义。如此则舟车所至，人迹所及，没有谁不成为汉朝的统治对象，又有谁敢不遵从大汉皇帝之意？① 这段话完全符合以德怀远的儒家教义，但接下来就不同了，贾谊提出："建三表，设五饵，以此与单于争其民，则下匈奴犹振槁也。"②所谓"五饵"即用汉王朝丰富的物质，如锦绣华饰、豪车从骑、美味佳肴、奢华盛宴、窈窕美女、高堂华屋作诱饵，同时厚待其子弟，以达到使匈奴归顺的目的。这一计策的前提之一就是晋法家所坚持的"好利恶害"之人性论。让投降汉朝的匈奴人吃得好穿得好，受到很高的礼遇，其他匈奴之人因羡慕自然归服。前提之二是晋法家的厚赏论。韩非说，奖赏少且欺骗，民众就不为君王所用；奖赏丰厚而且诚信，民众就会为君王舍生忘死。③ 贾谊说，奖赏对国家有贡献的人，不能平均而施。平均而施，如奖赏较重，则国家财力消耗过大，国库就会空虚。如奖赏较少，又不足以动心。所以善于实施奖赏者先要折服受赏者，指出他的过错，然后再给予重赏，使他惊喜不已。让人们对奖赏看得见，说得出，于是就可以使匈奴一国之人为之倾心羡慕。④ 与韩非所说如出一辙。所以朱熹弟子昌父感慨而论："'五饵'之说，恐非仁人之用心。"朱熹回答："固是。"⑤

在"五饵"之外，贾谊还提出了对付匈奴的"三表"：

> 臣且以事势谕天子之信，使匈奴大众之信陛下也。为通言耳，必行而弗易，梦中许人，觉且不背，其信陛下已诺，若日出之灼灼。故

---

① 参见阎振益、钟夏校注《新书校注·匈奴》，中华书局2000年版，第135页。
② 同上。
③ 参见陈奇猷校注《韩非子新校注·内储说上》，上海古籍出版社2000年版，第565页。
④ 参见阎振益、钟夏校注《新书校注·匈奴》，中华书局2000年版，第135—136页。
⑤ （宋）黎靖德编：《朱子语类》卷135，中华书局1986年版，第3226页。

闻君一言，虽有微远，其志不疑；仇雠之人，其心不殆，若此则信谕矣。所孤莫不行矣，一表。臣又且以事势谕陛下之爱，令匈奴之自视也，苟胡面而戎状者，其自以为见爱于天子也，犹若子之遻慈母也。若此，则爱谕矣，一表。臣又且谕陛下之好，令胡人之自视也，苟其技之所长与其所工，一可当天子之意。若此则好谕矣，一表。爱人之状，好人之技，仁道也；信为大操，帝义也。爱好有实，已诺可期，十死一生，彼必将至。此谓三表。①

贾谊视匈奴为下等民族。他认为匈奴人在外貌上就不如汉人，因此假如他们能得到大汉天子的喜爱，就会像孩子不期然见到慈祥的母亲一样欣喜；匈奴的技艺不如汉人精巧，如能为天子喜爱，他们会感到荣耀。因此只要汉朝天子信守对匈奴的承诺，匈奴归顺自不在话下。贾谊以一种居高临下的姿态俯视匈奴，想当然地认为通过高高在上的仁义可以打动匈奴，使其归降。这种看似充满儒家仁爱精神的做法彰显的不过是贾谊作为一个政论家的心机。当仁爱缺少了真诚，当仁爱成为一种手段和工具，还是儒家倡导的仁爱吗？所以王兴国说："贯穿'三表'的基本思想就是儒家的'战德'。不过，贾谊既然把匈奴比做'猛兽'，他对汉文帝说：'今不獦猛兽而獦田彘，不搏反寇而搏蓄菟，所獦得毋小，所搏得毋不急乎？'加之儒家历来又视戎狄为缺少礼义的民族，因此他所说的'爱'和'好'是否为真心，就很值得怀疑了。既然不能做到真心，其'信'也就难免不使人怀疑其真诚。因此，贾谊的谕爱、谕好、谕信的本身，就使人感到带有权术的性质。"② 由此看来，贾谊主张的"以德服四夷"确切地说不过是以德为表，其实质是法家之术。

二 贾谊的势论

"势"在贾谊《新书》中出现了五十余次，主要有两种含义，一指权势、势力，二指形势、情势。如《藩强》有："势疏而最忠……非独性异人也，其形势然矣。"第一个势指权势、势力，第二个指情势。权势、势

---

① 阎振益、钟夏校注：《新书校注·匈奴》，中华书局2000年版，第135页。
② 王兴国：《贾谊评传》，南京大学出版社1992年版，第174—175页。

力是法家极为重视的一种政治力量。他们认为这种政治力量在政治管理中举足轻重。拥有它，庸人也可以让整个天下臣服；失去它，尧舜也不能让邻居听命。贾谊同意这一观点，并认为应该通过礼突出这种势。他在《服疑》中说："是以高下异，则名号异，则权力异，则事势异，则旗章异。"这里的"高下"指一个人的地位，即势。势不同，拥有的名号、权力不同，做事的方式也不同。为了强化这种力量，贾谊主张以礼强势，即势不同的人要穿不同的衣服，用不同的旗帜徽章，以使"天下见其服而知贵贱，望其章而知其势，使人定其心，各著其目"①。这就是说要通过外在的服饰彰显一个人的社会地位和他拥有的势力，让势力小者心甘情愿地听命于势力大者，以此维护社会秩序和稳定。这种将法家"势"论引入礼治的做法被认为是贾谊对儒家礼治思想的发展。

引势入礼体现了贾谊引法入儒、儒法结合的思想特点。但是，引势入礼并非始于贾谊，《荀子》已开其端。《荀子·正论》篇说：

> 分均则不偏，势齐则不壹，众齐则不使。有天有地而上下有差，明王始立而处国有制。夫两贵之不能相事，两贱之不能相使，是天数也。势位齐而欲恶同，物不能澹则必争，争则必乱，乱则穷矣。先王恶其乱也，故制礼义以分之，使有贫富贵贱之等，足以相兼临者，是养天下之本也。《书》曰："维齐非齐。"此之谓也。

荀子认为先王制礼义是为了定分止争。争的原因在于"势位齐，物不澹（澹通赡）"。所以为了保持社会有序，就要明确不同人的势位以实施礼治。势与礼因此被联系在一起。贾谊的贡献在于，他在荀子的基础上进一步强调了势在礼治中的作用，使礼与势合二为一，势成为实现礼治必不可少的手段。

相对法家，贾谊的势论要简单得多，他也不像法家那般强调势在统治中的作用。这是他的思想中儒家因素发挥作用的自然结果。

---

① 阎振益、钟夏校注：《新书校注·服疑》，中华书局2000年版，第53页。

第四节　救世的热情

冯友兰说："西人谓人或生而为柏拉图，或生而为亚里士多德。詹姆士谓哲学家，可依其气质，分为硬心的及软心的二派。柏拉图即软心派之代表，亚里士多德即硬心派之代表。孟子乃软心的哲学家，其哲学有唯心论的倾向。荀子为硬心的哲学家，其哲学有唯物论的倾向。"[1] 这说明某一类思想的持守者在性格上通常具有一定的相似性。法家常被世人批评"刻薄寡恩"，譬如司马迁评商鞅"天资刻薄人也"[2]。对贵族，对民众，法家的确严酷无情。但是对国家，对君主，他们却充满热情，忠贞不贰。为了维护君主专制，为了维护最高统治者的权威和国家利益，他们即使知道改革路上危险重重也常常在所不惜。一位外国学者评价韩非说：

> 然而，人们要记住，人们毕竟是在和一位身心极其脆弱但决心使自己心肠很硬的"知识分子"打交道。他很容易动怒，痛恨这个不承认他才能的世界。尽管他为他的信念寻求一种"道家"的基础，但明显缺乏慎到所具备的像"土块一样的"冷漠无情的素质。[3]

这的确是深刻而独到的见解。法家人物通常都怀抱积极入世的迫切心愿，所以他们难以像道家教导的那样具备"'土块一样的'冷漠无情的素质"。在他们身上表现出强烈的救世和建功立业的激情，为此他们甚至不惜付出生命的代价。楚威王以千金、卿相迎接庄周到楚国为官，庄周的回答却是："我宁游戏污渎之中自快，无为有国者所羁，终身不仕，以快吾志焉。"[4] 与庄周相反，法家人物却是努力创造、把握每一个入世和踏入仕途、掌握权力的机会，一旦拥有就全身心投入，而且决不后退，表现为不遗余力地效忠于君王和国家。商鞅、韩非、李斯、晁错无不如此。

---

[1] 曹聚仁：《中国学术思想史随笔》，生活・读书・新知三联书店 1986 年版，第 148 页。
[2] （汉）司马迁：《史记・商君列传》，中华书局 1959 年版，第 2237 页。
[3] ［美］本杰明・史华兹：《古代中国的思想世界》，程钢译，江苏人民出版社 2004 年版，第 353 页。
[4] （汉）司马迁：《史记・老子韩非列传》，中华书局 1959 年版，第 2145 页。

赵良见商鞅，提醒他因为改革已经得罪了很多秦国贵族，"秦王一旦捐宾客而不立朝，秦国之所以收君者，岂其微哉？亡可翘足而待"①。所以，赵良认为，为了保全生命，商鞅应该改变以往积极用世的做法，最好归隐。但是商鞅并没有听从。其时，商鞅出行已需要大批护卫才能保证其安全："后车十数，从车载甲，多力而骈胁者为骖乘，持矛而操阘戟者旁车而趋。"② 这说明即使赵良不提醒，商鞅也意识到他因变法而树仇众多，特别是秦国贵族更是恨他入骨，但是他依然坚持把改革进行到底。所以，秦昭王时的宠臣范雎评价商鞅说："夫公孙鞅事孝公，极身无二，尽公不还私，信赏罚以致治，竭智能，示情素，蒙怨咎，欺旧交，虏魏公子卬，卒为秦禽将，破敌军，攘地千里……义之至，忠之节也。"③

就像赵良劝说商鞅一样，堂溪公也曾以吴起、商鞅的悲剧为例劝说韩非要懂得明哲保身。"立法术，设度数"乃是"危于身而殆于躯"④ 之举，只有服礼辞让、修行退智才能保全自己。韩非听了之后却回答说"立法术，设度数"是利民之行，便众庶之道，所以他不惧昏君乱主为此强加于他的罪名和祸患也要去努力实施。假如因为畏祸贪生而逃避，那是"贪鄙之为"，"臣不忍向贪鄙之为，不敢伤仁智之行。先生有幸臣之意，然有大伤臣之实"⑤。

就像赵良劝说商鞅、堂溪公劝说韩非一样，晁错的父亲也曾苦口婆心地劝说晁错。作为景帝时的股肱之臣，晁错为国家计，向景帝提出"削蕃"建议。此言一出，满朝哗然。晁错的父亲听说后，从家乡颍川赶到京城，对晁错说："皇上初即位，你为政用事，侵削诸侯，疏远皇上骨肉之情，人们都在议论埋怨你，你为什么要这么做？"晁错回答："的确如此。但是假如我不这么做，天子不尊，宗庙不安。"其父说："你这么做，刘氏安全晁氏却危险，我要离开你回去了！"晁父回到家乡后服药自杀。他说："我不想看到祸及我身。"⑥ 晁错不是不知道削蕃的危险，更不是不

---

① （汉）司马迁：《史记·商君列传》，中华书局1959年版，第2235页。
② 同上。
③ 诸祖耿：《战国策集注汇考·秦策三》，江苏古籍出版社1985年版，第333—334页。
④ 参见陈奇猷校注《韩非子新校注·问田》，上海古籍出版社2000年版，第955页。
⑤ 同上。
⑥ 参见（汉）司马迁《史记·袁盎晁错列传》，中华书局1959年版，第2747页。

孝顺父亲，但是在他心里皇帝和朝廷重于父亲和自己的家族，因此在忠孝不能两全时，他宁可牺牲孝成全忠，不惜以生命为代价要为国家完成改革。

商鞅、韩非、晁错不是不谙社会、人生，也不是不懂明哲保身。但是救世的热情，对功业的渴望，对君主的忠诚，使他们置生命于度外。贾谊亦如此。

李斯辞师之际曾说：

> 斯闻得时无怠，今万乘方争时，游者主事。今秦王欲吞天下，称帝而治，此布衣驰骛之时而游说者之秋也。处卑贱之位而计不为者，此禽鹿视肉，人面而能强行者耳。故诟莫大于卑贱，而悲莫甚于穷困。久处卑贱之位，困苦之地，非世而恶利，自托于无为，此非士之情也。故斯将西说秦王矣。①

这是很能代表法家人物用世心态的一番话。类似的话语贾谊也曾说过。

贾谊曾与同僚一起于卜肆中寻访卜者。见到卜者司马季主后，贾谊表达了对司马季主"居之卑""行之污"的不解：

> 尊官厚禄，世之所高也，贤才处之。今所处非其地，故谓之卑。言不信，行不验，取不当，故谓之污。夫卜筮者，世俗之所贱简也。世皆言曰："夫卜者多言夸严以得人情，虚高人禄命以说人志，擅言祸灾以伤人心，矫言鬼神以尽人财，厚求拜谢以私于己。"此吾之所耻，故谓之卑污也。②

有学者认为李斯与贾谊所言惊人的相似，"都反映了那种主张积极出世和奋发有为的世界观。这种思想上的一致，从一个侧面反映了贾谊对李

---

① （汉）司马迁：《史记·李斯列传》，中华书局1959年版，第2539—2540页。
② （汉）司马迁：《史记·日者列传》，中华书局1959年版，第3216—3217页。

斯思想的继承关系"①。笔者却以为，这种相似固然有师承的原因在其中，但更多的应该归于性格。贾谊也受到道家思想的影响，但始终无法将其落实于行动。《鹏鸟赋》是一篇著名的骚体赋，写于贾谊遭谗见疏后，远赴湘水做长沙王太傅之时。彼时贾谊因为怀才不遇情绪低落、悲伤不已，因此写就此赋以排遣内心的不平和忧郁。在赋中，他用老庄出世的思想劝慰自己应该效仿所谓的"通人""至人""真人""德人"，不以物喜，不以己悲，与道翱翔，知命不忧。但这些只是贾谊找不到人生出路，无奈之下一时的想法。实际上，植根于他内心深处的始终是积极入世、干预时政的观念。所以当他再次回到京城，回到文帝身边时，立刻又开始为汉王朝效犬马之劳。当文帝封淮南厉王的四个儿子为列侯时，贾生立刻上谏，认为祸患将自此兴。为刘氏天下计，他还屡次上疏劝说文帝削藩。入世之心切与法家人物可以一比高下，哪里有一点儿高深莫测，如草木般无情无欲的"真人""德人"的影子呢？贾谊与韩非非常相似，缺乏像土块一样的冷漠无情的素质。

贾谊上书文帝的奏折文辞坦率而激烈，充满救世的激情。《治安策》中，他说："臣窃惟事势，可为痛哭者一，可为流涕者二，可为长太息者六，若其它背理而伤道者，难遍以疏举。进言者皆曰天下已安已治矣，臣独以为未也。曰安且治者，非愚则谀，皆非事实知治乱之体者也。"他关注社会，关注汉朝政治至痛哭、流涕、长叹息，可见他投入之深，感情之烈。这和韩非乍到秦国就不顾一切地为韩国辩护所体现出的那种殷切之情何其相像？面对匈奴对大汉帝国的屡次挑衅，贾谊更是义愤填膺，他不但提出"三表五饵"降服匈奴的计策，而且主动向文帝请缨："陛下有意，胡不使臣一试理此？"② 自高祖白登山被匈奴围困以来，汉朝君臣提到匈奴无不胆怯退却，宁可和亲、上贡，也不愿正面与匈奴交锋，但年少的贾谊却知难而上，要去啃这块坚硬无比的骨头。虽然这些举动体现出贾谊政治上的不成熟和他的书生意气。但是，同时让我们看到贾谊至真至切的忧国忧民之情。

贾谊少年得志，身居要职，对于居高伴君的风险有充分认识。在与宋

---

① 王兴国：《贾谊评传》，南京大学出版社1992年版，第7页。
② 阎振益、钟夏校注：《新书校注·势卑》，中华书局2000年版，第153页。

忠一起寻访卜者司马季主后，二人相议于殿门外："道高益安，势高益危。居赫赫之势，失身且有日矣……为人主计而不审，身无所处。"① 但是贾谊并没为此停下他改革汉王朝积弊的步伐。即使经历了遭谗见疏，他的政治热情并无丝毫削减。因此，从性格来说，贾谊就已经接近法家。

班固评价晁错是忠臣，骆统说"贾谊，至忠之臣也"②。清人丁泰评贾谊"据其言，则诚一忠臣也"③。实际上，商鞅、韩非、贾谊、晁错，就他们对国家，对君主而言，哪一个不是忠臣呢？

---

① （汉）司马迁：《史记·日者列传》，中华书局1959年版，第3220页。
② （晋）陈寿：《三国志·吴书·张温传》，中华书局1982年版，第1332页。
③ 阎振益、钟夏校注：《新书校注》，中华书局2000年版，第590页。

第五章　晁错与先秦法家

　　文景时期的股肱之臣晁错是汉代法家的代表。《汉书·艺文志》"法家类"著录"《晁错》三十一篇"，后亡佚。现传有关晁错的文献资料主要是8篇奏章，分见《汉书》之《袁盎晁错传》《吴王濞传》和《食货志》。

　　司马迁《史记》和班固《汉书》所载晁错本传都说："晁错，颍川人也。学申、商刑名于轵张恢生所，与洛阳宋孟及刘带同师。以文学为太常掌故。"申指申不害，是前期法家术之一派的代表。商指商鞅，是前期法家法之一派的代表。如以地域分，申、商都属于晋法家。很显然，司马迁和班固都认为晁错的学术渊源在先秦晋法家。但是，把晁错的法家思想与申商韩做一对比就会发现，他们在某些方面有较大差异。譬如经济思想上，商鞅、韩非力主抑商，而晁错在重农的同时却主张给商人适度发展空间；在军事方面，商鞅视战争为国家发展必不可少的途径和手段，而晁错却认为扩张性、非正义的战争是秦王朝灭亡的原因之一；在治国上，商鞅、韩非主张利用人情——人之好利恶害的本性有效地控制民众，使他们成为为君主专制服务的工具，但是晁错的"因人情"却要求统治阶级顺应民心民情治理国家，以赢得民众支持，开太平盛世。正因为存在这些显著差别，有学者认为晁错因受儒家影响而有别于先秦法家。[①] 这一结论一方面略显简单，另一方面单纯把先秦法家局限于以申商韩为代表的晋法家，而忽略了以《管子》为代表的齐法家。晁错思想与晋法家区别之处恰恰体现了它与齐法家《管子》的吻合。

---

① 　参见王兴国《贾谊评传》，南京大学出版社1992年版，第407—410页。

第一节　晁错对齐法家《管子》的接受

作为一个政治家，晁错的思想可以大略分为政治思想、经济思想、军事思想。将其与先秦晋、齐法家思想做一对比，会发现他对齐法家《管子》接受得更多，受其影响更大。这一特点在军事思想和政治思想上表现得尤为明显。

一　因人情治国的政治思想

"因人情"即顺应人之本性，这是先秦法家极为看重的一个治国原则。其具体表现就是因人情立法。

晁错认为"因人情"是古之"三王"成就王业的重要因素。他在上文帝疏中说：

> 臣闻三王臣主俱贤，故合谋相辅，计安天下，莫不本于人情。人情莫不欲寿，三王生而不伤也；人情莫不欲富，三王厚而不困也；人情莫不欲安，三王扶而不危也；人情莫不欲逸，三王节其力而不尽也。其为法令也，合于人情而后行之；其动众使民也，本于人事然后为之。取人以己，内恕及人。情之所恶，不以强人；情之所欲，不以禁民。是以天下乐其政，归其德，望之若父母，从之若流水；百姓和亲，国家安宁，名位不失，施及后世。此明于人情终始之功也。①

晁错追溯"三王"因人情治国的具体做法，那就是人民无不想长寿，"三王"就保护他们的生命而不伤害他们；人民无不想过富裕的生活，"三王"就让他们财富丰厚而不困窘；人民无不想安居乐业，"三王"就使社会安定有序而不危害他们；人民无不想安逸，"三王"就不过度使用民力。因为坚持"因人情"治国，故"三王"在立法上坚持"取人以己，内恕及人。情之所恶，不以强人；情之所欲，不以禁民"。"三王"的治国原则正是晁错所赞同的政治原则。他说："号令不时，命曰伤天；……

---

① （汉）班固：《汉书·袁盎晁错传》，中华书局1962年版，第2293—2294页。

断狱立刑不当，命曰伤人。"① 那么国家法律如何制定如何使用才应时且恰当？在晁错看来最重要的一个标准就是因人情、顺民心，获得民众的支持。他说：

> 其立法也，非以苦民伤众而为之机陷也，以之兴利除害，尊主安民而救暴乱也。其行赏也，非虚取民财妄予人也，以劝天下之忠孝而明其功也。故功多者赏厚，功少者赏薄。如此，敛民财以顾其功，而民不恨者，知与而安己也。其行罚也，非以忿怒妄诛而从暴心也，以禁天下不忠不孝而害国者也。故罪大者罚重，罪小者罚轻。如此，民虽伏罪至死而不怨者，知罪罚之至，自取之也。立法若此，可谓平正之吏矣。法之逆者，请而更之，不以伤民；主行之暴者，逆而复之，不以伤国。②

这段话有两层含义：一是立法应以为民兴利除害为目的，而不能苦民伤众；二是法律的实施应做到罪罚相当，功赏一致，不虚取民财妄予，不以个人之忿怒妄诛，而是以"平正"——公平、公正作为法律实施的准绳。

把晁错的"因人情"治国与齐法家《管子》做对比，就可以看出二者之间的一致。《管子·形势解》说："人主之所以令则行、禁则止者，必令于民之所好，而禁于民之所恶也。民之情，莫不欲生而恶死，莫不欲利而恶害。故上令于生利人则令行，禁于杀害人则禁止。令之所以行者，必民乐其政也，而令乃行。"《管子》认为因人情立法就是法律要倡导人民喜爱的事，禁止人民憎恶的事。人民想活而怕死，法律就要保障人民生的权利，同时对一切有害于生的行为给予惩罚，这样的法律就会受到民众欢迎，以这样的法律治国就能得到民众认可。《牧民》说："下令于流水之原者，令顺民心也。……令顺民心则威令行。"《君臣上》说："是以明君顺人心，安情性，而发于众心之所聚。是以令出而不稽，刑设而不用。"无不在强调令顺民心的重要性。在这样的立法原则下自然不可能产

---

① 王天海：《意林校注》，贵州教育出版社1998年版，第140页。
② （汉）班固：《汉书·袁盎晁错传》，中华书局1962年版，第2294—2295页。

生晋法家竭力主张的严刑重赏。《管子·君臣下》说:"致赏则匮,致罚则虐。财匮而令虐,所以失其民也。是故明君审居处之教,而民可使,居治战胜守固者也。夫赏重则上不给也,罚虐则下不信也。"重刑容易流于残虐,是失民心之举,重赏使国家财政不足,于国不利。刑足以惩罚犯罪,赏足以奖励功劳,刑赏都不偏不颇,中正适度,民无怨心,在齐法家看来最合理。

因为坚持"因人情"、顺民心治国,晁错和《管子》中的很多政治主张都充满人情味,而不像晋法家那般冷冰冰。

关于晁错政治思想与《管子》的关系,还要一提的是,在"因人情"治国之外,受《管子》影响,晁错还在其思想中融入了一些阴阳家因素。他在一篇对策中说:"(五帝神圣)动静上配天,下顺地,中得人。……然后阴阳调,四时节,日月光,风雨时……"这一段话没有实质内容和意义,与其说是反映了晁错思想中的阴阳家因素,不如说是他利用阴阳家之语奉承皇帝更恰当。但无论哪种情况,都说明晁错已经注意到因为齐学大兴而在社会上盛行的阴阳家思想,同时开始有意吸收。只是这种吸收比起吕不韦《吕氏春秋》、董仲舒《春秋繁露》来说还非常表面化。

二 重农不抑商的经济思想

在经济思想上,晁错因循了法家一贯的"重农"主张。他认为贤明的君主都重视农业生产,贵五谷而贱金玉。所以圣王在上,民众就没有饥寒之忧。其次,他把农业生产与社会稳定联系在一起,认为民众不从事农业生产就贫穷,贫穷就会有奸邪之行。即使有高城深池,严法重刑,也不能禁止他们违法犯罪。为此他提出当时治理国家的重中之重就是使民务农,而要使民务农,就必须重视粮食,重视粮食就要采取"以粟为赏罚""以粟授爵"等措施。"以粟为赏罚""以粟授爵"不是晁错的发明,商鞅在秦国变法时奖励耕战即用此法。《商君书·靳令》说:"民有余粮,使民以粟出官爵。官爵必以其力,则农不怠。"但不同的是,商鞅学派同时坚决抑商。《外内》说:

> 苟能令商贾技巧之人无繁,则欲国之无富不可得也。故曰:欲农富其国者,境内之食必贵,而不农之征必多,市利之租必重。则民不

得无田。无田,不得不易其食。食贵则田者利,田者利则事者众。食贵,籴食不利,而又加重征,则民不得无去其商贾技巧而事地利矣。故民之力尽在于地利矣。

商鞅学派"粟爵粟任"的目的是彻底抑制商业发展,使全民向农。而晁错以粟为赏罚的主要目的是"富人有爵,农民有钱,粟有所渫"①,也就是农民与商人、农业与商业在这一政策中都获利,都得到发展。可见他重农,但不抑商,而是引导商业朝着对国家经济有利的方向发展。这是因为他一方面注意到农商的对立,另一方面也发现二者之间的互相依赖。这点与《管子》不谋而合。《管子·侈靡》说:"市也者,劝也,劝者所以起。本善而末事起,不侈,本事不得立。"齐法家认为农业和商业在一定程度上相辅相成。农业是商业的基础,农业发展良好,商业才能兴起。同时人们必须通过商业增加消费,没有消费,农业——"本事"就缺少发展的动力。《幼官》说:"计凡付终、务本饬末则富。""务本"指发展农业,"饬末"即整治商业,而不是抑制。所以,在经济思想方面,晁错一样受《管子》影响。

三 军事思想

先秦法家不仅有独到的以法治国思想,同时还富于军事外交思想。晁错因袭了法家这一特点,军事思想是其思想中不可忽略的一个重要内容。把他的军事思想与先秦法家《管子》《商君书》《韩非子》进行对比,会发现他与《管子》更接近。

文帝时,西部边疆时受匈奴强敌骚扰,朝廷为此屡屡发兵抵御,却战果甚微。晁错为此上书言兵事,从这些奏疏中可以看出他的军事观念以及对将领、士卒、兵器在战争中地位和作用的认识。而这些方面也正是《管子》的军事思想所着重论述的内容,通过相应的比较,二者之间接受与被接受、被影响与影响的关系一目了然。

1. 对战争的态度

军事观念,或者说对战争的态度直接决定着军事行为。晁错说:

---

① 朱东润:《中国历代文学作品选》(上编第二册),上海古籍出版社2002年版,第26页。

"兵，凶器；战，危事也。以大为小，以强为弱，在俯仰之间耳。夫以人之死争胜，跌而不振，则悔之亡及也。"① 在对战争的认识上，晁错秉承了春秋以来的战争观：国之大事在祀与戎。这是因为战争具有强大的毁灭性，大国沦为小国，强国变成弱国，富国一贫如洗，都是一瞬间的事，那时君主后悔不及。相似的观点在《管子》中也有。《问》说："夫兵事者，危物也。"《法法》有："贫民、伤财，莫大于兵；危国、忧主，莫速于兵。"《参患》言："故一期之师，十年之蓄积殚。一战之费，累代之功尽。"这些论述与晁错所言只是表述方式的不同，含义几乎没有差别。从中可以看出，晁错和管仲学派都主张审慎对待战争，不要轻易发动战争，更不要为了一点私利发动不义战争。《管子》认为战争的目的是"以为天下政治也"②，所以"地虽大而不并兼，不攘夺；人虽众，不缓怠，不傲下；国虽富，不侈泰，不纵欲；兵虽强，不轻侮诸侯，动众用兵，必为天下政理。此正天下之本，而霸王之主也"③。晁错反对为了扩张而进行的侵略战争，他批评秦"起兵而攻胡、粤者，非以卫边地而救民死也，贪戾而欲广大也"，所以"功未立而天下乱"④。对于不可回避的战争，晁错认为要考虑万全之道应对，尽最大可能减少士卒的伤亡。可见，在军事观念上晁错和《管子》观点一致，其核心就是谨慎、理性地对待战争，同时重视战争的正义性。

2. 将是军队的灵魂

晁错把文帝前陇西吏卒与匈奴作战的战况做了比较之后发现，汉兴以来，乃至高后时，陇西郡与匈奴的战争多以失败告终。而文帝时则屡有获胜，不是因为陇西之民勇怯有了变化，而是将吏带兵打仗的能力巧拙不同。由此晁错得出结论："安边境，立功名，在于良将，不可不择也。"⑤ 在《募民疏》中晁错又说："所徙之民非壮有材力，但费衣粮，不可用也；虽有材力，不得良吏，犹亡功也。"故此他认为将吏的任命是一件关乎国之安危的大事。小至一伍之长、一里之"假士"，大至一连之"假五

---

① （汉）班固：《汉书·袁盎晁错传》，中华书局1962年版，第2282页。
② 黎翔凤校注：《管子校注·重令》，中华书局2004年版，第291页。
③ 同上书，第289页。
④ （汉）班固：《汉书·袁盎晁错传》，中华书局1962年版，第2283—2284页。
⑤ 同上书，第2279页。

百"、一邑之"假候"都要选择"邑之贤材有护,习地形知民心者"担任,而不能随意安排。一国之君如果不知择良将,那么就是把他的国家拱手送给敌人。这些与《管子》对将领重要性的认识相同。《权修》说:"万乘之国,兵不可以无主。"有什么样的将领就有什么样的士卒,所以"观国者观君,观军者观将"①。

那么,什么样的人才适合担任领兵之将呢？在晁错看来,良将首先要具备和睦士卒、团结众人的能力。他称赞陇西之吏能够"和辑士卒,底厉其节,起破伤之民以当乘胜之匈奴,用少击众,杀一王,败其众而大有利"②。在《言兵事疏》中,他说要选择"能知其习俗和辑其心"者来率领投诚的胡人与匈奴作战。在《募民疏》中他又说:"下吏诚能称厚惠,奉明法,存恤所徙之老弱,善遇其壮士,和辑其心而勿侵刻,使先至者安乐而不思故乡,则贫民相募而劝往矣。"③ 这里的吏虽然不是专职军将,但他们担负着练兵、卫国的责任,一身兼二职,因此对他们的要求也体现着晁错对将的要求。"和辑"意即和睦团结。在论及如何选择将吏时晁错屡次用到这一词语,可见他对将吏是否具备团结民众这一能力的重视。

为了凝聚军心,增强战斗力,晁错还要求将领"奉明法",即以法公正公平治军。这也是《管子》对将领的要求。《管子》认为"罚不避亲贵",才能"威行于邻敌"。罚避亲贵者不可使主兵,因为这样的将领得不到士卒拥戴,不能"齐勇士",使其带兵打仗,"国之危也"。第三,晁错要求将领必须熟悉作战地形,因为不同兵器在不同地形中有不同优势,熟悉地形才能确定士卒使用什么兵器,才能使各种兵器发挥各自不同的作用。这是获得胜利的必要条件。《管子》则直接提出将领必须具备"审于地图……遍知天下,审御机数"④ 的能力。也就是要了解作战地区的地理特点,普遍掌握天下的情况,抓住战机并运用策略。这也与晁错的要求相似。

3. 兵器的重要性

《管子》论兵时把兵器排在第一位:"故凡兵有大论,必先论其器,

---

① 黎翔凤校注:《管子校注·霸言》,中华书局2004年版,第471页。
② (汉)班固:《汉书·袁盎晁错传》,中华书局1962年版,第2278—2279页。
③ 同上书,第2288页。
④ 黎翔凤校注:《管子校注·七法》,中华书局2004年版,第120页。

论其士，论其将，论其主。"① 《参患》说："兵不完利，与无操者同实。甲不坚密，与俴者同实。弩不可以及远，与短兵同实。"晁错一样重视兵器在战争中的作用，他说"器械不利，以其卒予敌也"，"兵不完利，与空手同"，"弩不可以及远，与短兵同；射不能中，与亡矢同；中不能入，与亡镞同"②。与《管子》所言几近相同。

为了保证兵器在战争中能充分发挥作用，《管子》对兵器的制造、保养、收藏都提出了具体措施。"轻重罪而移之于甲兵"保证铸造兵器有足够的材料。"选天下之豪杰，致天下之精材，来天下之良工"为制造兵器提供了技术条件。③ "成器不课不用，不试不臧"的试用、检验措施保证拿到士卒手中的兵器都是优良的"战胜之器"。④ 晁错则主张为了正确、充分地发挥各类兵器的作用，将领首先要熟悉作战地形。其次还要勤"省兵"，即检查了解各种兵器的性能特点和质量，以避免战场上出现因兵器劣质而降低部队战斗力的情形。因为重视兵器在战争中的作用，晁错虽非武将却也深入研究兵器，对各种兵器的性能以及不同地形相应地要用什么兵器都有独到的认识。他说平原和川谷地带远距离的战斗适合用弓箭；平地浅草，两军对垒，适合用长戟；在长满高大植物、视线受影响的地形中作战适合用矛铤；而在弯曲的道路上打埋伏，军士直面相击，最适合的兵器则非剑楯莫属。

相对《商君书》把士卒打仗的积极性、斗志放在至关重要的位置，而忽略谋略、兵器的重要性，《管子》和晁错对兵器的重视体现出的是他们对士卒的爱护和对战争的审慎。

4. 士卒的重要性

晁错上书文帝言兵事时说："卒不可用，以其将予敌也。"⑤ 而要保证士卒可用，具备良好的作战能力，日常训练就非常重要，所以他又说："临战合刃之急者三……二曰卒服习。"⑥ 在晁错看来，士卒训练的内容主

---

① 黎翔凤校注：《管子校注·参患》，中华书局2004年版，第537页。
② （汉）班固：《汉书·袁盎晁错传》，中华书局1962年版，第2280页。
③ 黎翔凤校注：《管子校注·小问》，中华书局2004年版，第955页。
④ 黎翔凤校注：《管子校注·七法》，中华书局2004年版，第117页。
⑤ （汉）班固：《汉书·袁盎晁错传》，中华书局1962年版，第2280页。
⑥ 同上书，第2279页。

要是一切行动服从指挥:"士不选练,卒不服习,起居不精,动静不集,趋利弗及,避难不毕,前击后解,与金鼓之指相失,此不习勒卒之过也,百不当十。"①

《管子》论及士卒的重要时说:"为兵之数……存乎选士而士无敌……存乎服习而服习无敌。"②"选士"即士卒的选择。"服习"即士卒日常训练。《七法》又有:"以教卒练士击驱众白徒。""教卒练士"指的是训练有素、团结一致、行动听指挥的士卒。而"白徒"即散兵游勇。可见,晁错和《管子》都认为士卒是战争胜利的保证,是战场上杀敌的主体,因此必须加强士卒的日常训练,使他们成为精锐之师而不是散兵游勇。

5. 作内政而寓军令

晁错对《管子》"作内政而寓军令"及"定民之居"军事思想的继承和发展是他接受《管子》的又一显著表现。

晁错认为"守边备塞"是"当世急务",为此他曾上书文帝,提出军民一体、融"守边"与"务本"于一事的军事策略。他说:

> 臣又闻古之制边县以备敌也,使五家为伍,伍有长;十长一里,里有假士;四里一连,连有假五百;十连一邑,邑有假候:皆择其邑之贤材有护,习地形知民心者,居则习民于射法,出则教民于应敌。故卒伍成于内,则军正定于外。服习以成,勿令迁徙,幼则同游,长则共事。夜战声相知,则足以相救;昼战目相见,则足以相识;欢爱之心,足以相死。如此而劝以厚赏,威以重罚,则前死不还踵矣。③

《管子·小匡》有:

> 于是乎管子乃制五家以为轨,轨为之长。十轨为里,里有司。四里为连,连为之长。十连为乡,乡有良人。以为军令。是故五家

---

① (汉)班固:《汉书·袁盎晁错传》,中华书局1962年版,第2279—2280页。
② 黎翔凤校注:《管子校注·七法》,中华书局2004年版,第116页。
③ (汉)班固:《汉书·袁盎晁错传》,中华书局1962年版,第2289页。

为轨，五人为伍，轨长率之。十轨为里，故五十人为小戎，里有司率之。四里为连，故二百人为卒，连长率之。十连为乡，故二千人为旅，乡良人率之。五乡一师，故万人一军，五乡之师率之。……春以田曰蒐，振旅；秋以田曰狝，治兵。是故卒伍政定于里，军旅政定于郊。内教既成，令不得迁徙。故卒伍之人，人与人相保，家与家相爱，少相居，长相游，祭祀相福，死丧相恤，祸福相忧，居处相乐，行作相和，哭泣相哀。是故夜战其声相闻，足以无乱。昼战其目相见，足以相识。欢欣足以相死。是故以守则固，以战则胜。

把这两段话进行对比，会发现二者非常相似，都是先论以军事单位构建居民组织，把军事训练融入日常生活中。然后固定民众住址，不允许迁徙，遇敌则由民转换为卒，齐心协力保护家园。特别是后面述定民之居后，民众在战场上互相救助的情景，二者的文字完全相同。这足以说明晁错是受《管子》启发。而他自己又说"臣又闻古之制边县以备敌"，尽管没有明确指出"古之制"乃《管子》所言，但是二者在内容上的一致和表述文字上的高度相像完全可以证明它们之间的关系。

第二节　晁错接受齐法家《管子》的原因

法家自其产生，以申商韩为代表的晋法家一直占据优势，以《管子》为代表的齐法家虽也为人所知，但影响远不如晋法家，以至于学者们渐渐把法家的范围局限于晋法家而忽略了齐法家。晁错之所以深受《管子》影响首先在于汉初政界学界对秦亡教训的反省。在对秦亡的思考中，势必要反思法家的得失。晁错在上文帝疏中就多次以秦朝的兴亡作为对比和依据。譬如在《守边劝农疏》中，无论是陈述自己的战争观，还是分析战争展开之前了解作战地点地形和气候的重要性，乃至要用奖励而非强迫的手段激励士卒在战场上奋勇搏杀，晁错均以秦朝的做法为反面依据："臣闻秦时北攻胡貉……秦民见行，如往弃市，因以谪发之，名曰'谪戍'。……今秦之发卒也，有万死之害，而亡铢两之报，死事之后不得一算之复，天下明知祸烈及己也。陈胜行戍，至于大泽，为天下先倡，天下从之如流水者，秦以威劫而行之之敝也。"① 他的主张大都是在矫秦之弊。同篇中，晁错又主张对从中原迁往边疆的民众要给予充分关心，使他们因感受到国家的恩泽自愿而不是被迫前往荒凉的边地，这么做"其与秦之行怨民，相去远矣"②。他称赞文帝执政清明时也是说："绝秦之迹，除其乱法。"③ 在回答"吏之不平，政之不宣，民之不宁"的诏策中，晁错仍是"以秦事明之"。另有一些奏疏，虽然没有明确指出以秦为反面榜样，但仍能看出晁错思考问题的基础还是"过秦"。譬如在《对策》中，晁错提出文帝临制天下十六年，之所以"民不益富，盗贼不衰，边境未安"，在于没有躬亲政事，疏远了臣民。他说："今执事之臣皆天下之选已，然莫能望陛下清光，譬之犹五帝之佐也。陛下不自躬亲，而待不望清光之臣，臣窃恐神明之遗也。日损一日，岁亡一岁，日月益暮，盛德不及究于天下，以传万世，愚臣不自度量，窃为陛下惜之。"④ 这与晋法家如韩非主张君主要和大臣保持一定距离、为了增加神秘感和威势不要轻易示自己的面目于臣下的观点恰好相反。而这一主张正是晁错对秦二世亡于赵高之手的反思和相应的反映。《史记·李斯列传》记载，赵高做郎中令时积怨甚多，因担心众大臣入朝上奏时在皇帝面前揭发他，他就欺骗秦二世说："天子所以贵者，但以闻声，群臣莫得见其面，故号曰'朕'。且陛下富于春秋，未必尽通诸事，今坐朝廷，谴举有不当者，则见短于大臣，非所以示神明于天下也。且陛下深拱禁中，与臣及侍中习法者待事，事来有以揆之。如此则大臣不敢奏疑事，天下称圣主矣。"秦二世听从了他的计策，从此不再当朝听政，国家大事皆决于赵高。这就为赵高篡权提供了便利，接着就出现了指鹿为马的局面，秦二世最终成为傀儡皇帝，直至被杀。有鉴于此，晁错一方面提出太子学习治国之术的必要性和紧迫性；另一方面指出皇帝要与大臣民众广泛接触，使臣民感受到皇帝的恩泽，从而避免重蹈秦朝覆辙。

众所周知，秦王朝使用的治国思想主要是以申商韩为代表的晋法家的思想。既然晋法家是导致秦王朝灭亡的原因之一，晁错在制定治国策略时

---

① （汉）班固：《汉书·袁盎晁错传》，中华书局1962年版，第2283—2284页。
② 同上书，第2286页。
③ 同上书，第2296页。
④ 同上书，第2298页。

自然保持高度警觉，与他原本接受的晋法家思想刻意适度疏离。这种情形与韩非作为法家的集大成者接受晋法家远较齐法家多的原因相似。韩非尽管常常将商鞅、管仲并论，把管仲"治齐"和商鞅"强秦"等量齐观，"却自始至终没有接受其（指管仲）法治主义中的调和倾向，没有象老师荀况那样流露自己的思想感情"[1]。原因在于"长平大战以后，秦对东方六国已处于压倒的优势，商鞅亲手制定的一系列方针政策，正在显示着自己强大的威力，所以，韩非在现实斗争中，不得不作出适合时宜的抉择，把立足点放定在这一边"[2]。而到了汉代，秦亡的教训使晁错意识到晋法家学说的缺陷，所以他自然偏向了具有调和倾向的齐法家《管子》。

其次，齐学的兴起是晁错接受《管子》影响的另一原因。战国后期，齐、秦、楚巍巍大国，三国都有可能统一中国。虽然最终完成统一大业的是秦国，但是秦国文化薄弱，它虽然在武力上获得全面胜利，文化上却逊于齐、楚。历史发展至汉代，齐、楚文化在统治阶级的支持下有了广阔的发展空间，蓬勃兴盛起来。齐文化一度更是一枝独秀。影响汉初政治的黄老之学即根源于齐国。黄老之后，作为齐学重要组成部分的公羊《春秋》又成为官方主流思想。另外，传《易》的杨何、田何，传《尚书》的秦博士济南伏生，传《诗》学的大师辕固生都是齐人。而齐人是很欣赏管仲的，他们常常以管仲为荣。《孟子·公孙丑上》中，公孙丑问孟子："夫子当路于齐，管仲晏子之功可复许乎？"孟子听了毫不客气地回答："子诚齐人也，知管仲晏子而已矣。"孟子的言外之意是说，你们齐国人就只知道管仲和晏婴。由此可见管仲在齐国的影响。众多齐人占据文化界和政坛无疑加速推动了齐文化在汉代的传播，管仲的影响因而进一步扩大。汉代开国功臣之一陆贾在《新语·道基》篇中说："德盛者威广，力盛者骄众。齐桓公尚德以霸，秦二世尚刑而亡。"陆贾把齐桓公和秦二世相对而言。齐桓公时期主政的是管仲，因此肯定齐桓公意味着肯定管仲，说齐桓公"尚德以霸"也就是说管仲"尚德以霸"，但实际上管仲主要是尚法尚刑的，只是他没有晋法家那般绝对，而是尚法尚刑的同时也倡德倡礼。由此可以看出汉人对管仲的欣赏。综合反映管仲思想的《管子》作

---

[1] 刘毓璜：《先秦诸子初探》，江苏人民出版社1984年版，第236页。

[2] 同上。

为齐文化之代表自然也就广为流传。晁错曾受命于汉文帝前往齐地跟随济南伏生学习《尚书》，从而有了实地接触、感受齐文化的机会。而他因师从张恢生学习法家，所以相比较《诗》《易》等，对齐文化中的《管子》更容易产生亲近之感，受其影响更大。从他的言论可以看出他对管仲的赞赏。晁错认为包括齐桓公在内的春秋五霸才德不如其臣，所以五伯重用其臣"属之以国，任之以事"。包括管仲在内的五伯之臣"察身而不敢诬，奉法令不容私，尽心力不敢矜，遭患难不避死，见贤不居其上，受禄不过其量，不以亡能居尊显之位"，是"方正之士"。他们兴利除害，尊主安民，赏罚公正，是"平正之吏"。他们又能"救主之失，补主之过，扬主之美，明主之功，使主内亡邪辟之行，外亡骞污之名"，所以又称得上"直言极谏之士"。正因为有这样的大臣，所以五伯可以"德匡天下，威正诸侯，功业甚美，名声章明。举天下之贤主，五伯与焉，此身不及其臣而使得直言极谏补其不逮之功也"①。而在五霸的大臣中，晁错最为称道的是齐桓公的名相管仲。他在《对策》中说："黄帝得力牧而为五帝先，大禹得咎繇而为三王祖，齐桓得管子而为五伯长。"② 在晁错看来，齐桓公能成为五伯之长，完全是管子的功劳。对管仲由衷的敬佩，加之汉代浓郁的齐学氛围，晁错接受《管子》自然是水到渠成。

最后，晁错自己接受了一定的儒家思想，从而使他的治国思想无形中与齐法家《管子》更接近。

齐法家与晋法家不同的原因在于齐法家融入了部分儒家思想，中和了晋法家的严酷和绝对。而晁错之所以受齐法家影响，也与他受儒家思想熏陶有关。《汉书》说："太常遣错受《尚书》伏生所，还，因上书称说。诏以为太子舍人，门大夫，迁博士。"师古解释"因上书称说"："称师法而说其义。"③ 也就是说晁错趁着向皇帝上书的机会称赞解说《尚书》。晁错自从学习《尚书》后，就常常征引其中的言论为国家出谋划策，因此受到文帝重视，被任命为太子舍人，升为博士。可见《尚书》不仅影响了晁错的思想，而且成为他仕途通达的一个重要原因。对前朝灭亡的反思

---

① （汉）班固：《汉书·袁盎晁错传》，中华书局1962年版，第2294—2295页。
② 同上书，第2292页。
③ 同上书，第2278页。

是《尚书》表现其思想的方式之一。《商书》的前三篇《汤誓》《仲虺之告》《汤诰》声讨夏桀的罪过，《周书》的前三篇《泰誓》《牧誓》《武成》声讨殷纣王的罪过。这种反思式的思想方式也影响了晁错，他在探讨治国途径时经常反思秦亡的原因就是受《尚书》的启发。《尚书》是上古帝王政令文诰的记录，"敬德保民""明德慎罚"是其重要思想。《泰誓》说："天视自我民视，天听自我民听。"《大禹谟》中，皋陶称赞舜说："帝德罔愆，临下以简，御众以宽。罚弗及嗣，赏延于世。宥过无大，刑故无小。罪疑惟轻，功疑惟重。与其杀不辜，宁失不经。好生之德，洽于民心。兹用弗犯于有司。"尽管晁错没有像舜那般爱民慎刑，但可以看出他对于民众全然不是晋法家视之为工具或统治对象的做法。他具有一定的民本思想，在制定国家政策时常常会从人民的角度出发考虑可行性、必要性，刑赏方面也没有晋法家的严酷苛刻，这不能不说是远绍《尚书》近学《管子》的结果。

晁错的思想以晋法家为根源，同时接受了部分齐法家内容。从晁错对齐法家的接受可以看出，到了汉代，法家由先秦及秦时的以晋法家为主流逐渐转变为齐法家扮演主角，晋法家的"绝对"和"极端"逐渐由齐法家的"中和"代替。

第六章 《淮南子》与先秦法家

《淮南子》是法家在汉代发展流变过程中一个独特的环节。假如把法家在汉代的发展演进大致分为儒法融合和道法融合两条线路，那么《淮南子》代表的就是道法的融合。

《淮南子》的作者刘安及围绕在他身边的学术群体对道家思想情有独钟。但是，作为一个有志于理国的诸侯王，仅仅掌握道家思想显然不够，因此刘安通览先秦诸子百家、了解各家得失优劣后，制定了《淮南子》的撰著目标：

> 观天地之象，通古今之事，权事而立制，度形而施宜，原道之心，合三王之风，以储与扈冶，玄眇之中，精摇靡览，弃其畛挈，斟其淑静，以统天下，理万物，应变化，通殊类，非循一迹之路，守一隅之指，拘系牵连之物，而不与世推移也，故置之寻常而不塞，布之天下而不窕。①

"弃其畛挈，斟其淑静"，"非循一迹之路，守一隅之指"表现出刘安综合百家、取其精华为我所用的胸怀和气概；"通古今之事，权事而立制，度形而施宜""应变化""与世推移"则是向世人昭示《淮南子》一书乃是为现实而作。它不仅指刺时政，更重要的是要为时政开显出一条刘安理想中的光明大道。这就意味着《淮南子》必然要吸取法家思想，融合其中。先秦诸子中，还有哪一家能比法家更重视现实、与现实政治结合更紧密的呢？无论德治、礼治多么美好，多么受众人欢

---

① 刘文典集解：《淮南鸿烈集解·要略》，中华书局1989年版，第711—712页。

迎，对于一个疆域辽阔、人口众多的大一统帝国来说，离开法，治如何可能？

第一节 从文献比勘看《淮南子》与法家的关系

《淮南子·要略》是对全书内容的概括和介绍。它在论述先秦诸子之学的产生时，依次提到了包括先秦齐法家《管子》和晋法家之《申子》《商君书》在内的八家诸子典籍，其中法家占到1/3强，可见刘安及其门客对法家的关注。他们指出法家的产生既有地域因素，又有时代因素，这是比较客观中肯的一种观点，因而受到后世学者关注，在论及法家的产生时常常加以征引。

首先，在《淮南子》中，法家常常成为被批驳的对象。如《俶真训》有："若夫墨、杨、申、商之于治道，犹盖之无一橑，而轮之无一辐。有之可以备数，无之未有害于用也。已自以为独擅之，不通之于天地之情也。"《泰族训》说："今商鞅之《启塞》，申子之《三符》，韩非之《孤愤》……皆掇取之权，一切之术也，非治之大本，事之恒常，可博闻而世传者也。"虽是批判之言，但恰可证明《淮南子》的作者熟读过法家著作。其次，正因为有批判，《淮南子》对法家的汲取更加清醒理智，而不是没有择取地全盘吸收。

《淮南子》对法家著作，特别是《韩非子》的引用很多。直接点明的有《齐俗训》："韩子闻之曰：'群臣失礼而弗诛，是纵过也。有以也夫，平公之霸也。'"

间接引用，且引用内容只见于《韩非子》的有①：

《人间训》"千里之堤以蝼蚁之穴漏，百寻之屋以突隙之烟焚"源于《韩非子·喻老》："千丈之堤以蝼蚁之穴溃，百尺之室以突隙之烟焚。"同篇"人莫蹪于山，而蹪于垤。是故人者轻小害，易微事，以多悔"源于《韩非子·六反》："谚曰：'不蹪于山而蹪于垤。'山者大，故人顺之；垤微小，故人易之也。"

---

① 同时见于法家著作，又见于其他典籍的引用内容不在列举范围之内。此部分写作在杨树达先生《淮南子证闻 盐铁论要释》及陈广忠先生译注《淮南子》相关内容的基础上整理而成。

《精神训》"故子夏见曾子，一臞一肥……"及《原道训》"子夏心战而臞，得道而肥"本于《韩非子·喻老》。

《道应训》"王寿负书而行"本于《韩非子·喻老》。同篇"故人主之意欲见于外，则为人臣之所制"本于《韩非子·主道》："君无见其欲，君见其所欲，臣自将雕琢；君无见其意，君见其意，臣将自表异。"

《氾论训》"今夫图工好画鬼魅而憎图狗马者，何也？鬼魅不世出，而狗马可日见也"语自《韩非子·外储说左上》。

《说山训》"马之似鹿者千金，天下无千金之鹿"本于《韩非子·外储说右上》："夫马似鹿者而题之千金，然而有百金之马而无一金之鹿者，马为人用，鹿不为人用也。"

《主术训》说："（明主）不用适然之数，而行必然之道，故万举而无遗策矣。"《韩非子·显学》有："有术之君不随适然之善，而行必然之道。"《主术训》"胡王好音，而秦穆公以女乐诱之"见于《韩非子·十过》。

《泰族训》"宋人有以象为其君为楮叶者……"本于《韩非子·喻老》同一寓言。

《精神训》有："夫孔窍者，精神之户牖也；而气志者，五藏之使候也。耳目淫于声色之乐，则五藏摇动而不定矣。五藏摇动而不定，则血气滔荡而不休矣。血气滔荡而不休，则精神驰骋于外而不守矣。精神驰骋于外而不守，则祸福之至，虽如丘山，无由识之矣。……故曰：'其出弥远者，其知弥少。'以言夫精神之不可使外淫也。"《韩非子·喻老》解释《老子》"不出户，知天下；不窥牖，见天道。其出弥远，其知弥少"说："空窍者，神明之户牖也；耳目竭于声色，精神竭于外貌，故中无主。中无主，则祸福虽如丘山，无从识之。故曰：不出于户，可以知天下，不窥于牖，可以知天道。此言神明之不离其实也。"对于《精神训》和《喻老》中这两段话之间的关系，冯友兰先生这么说："《淮南子》所说人体内的精气外出的越多，人的聪明就越降低。这对《老子》的解释，完全是用韩非子的说法。"①

《淮南子》不仅在思想上对法家有继承，在写作上也深受《韩非子》

---

① 冯友兰：《中国哲学史新编》（中），人民出版社1998年版，第172页。

的影响。

　　《说山训》围绕事理集合了大量寓言、箴言，似写作资料的汇集，显然受《韩非子·说林》的启发。至于《说林训》，名当源于《韩非子·说林》。而《人间训》的撰写方式令人很自然地想起《韩非子·十过》。《十过》中，韩非把君主易犯的十种过错用提问、回答的形式一一解说出来。《人间训》亦如此，譬如，提出"何谓益之而损？"然后用晋厉公等人的故事进行解答；提出"何谓欲利之而反害之？"用竖阳谷出于爱而奉酒给司马子喝，却使司马子因贻误战事被斩的故事作答，对《十过》的模仿显而易见。至于《道应》与《韩非子·喻老》的关系，更是学者们热衷探讨的问题。杨树达先生说《道应》"体裁效韩非《喻老篇》"①。蒋伯潜先生说：

　　　　《喻老》之体裁，又极似《淮南子》之《道应训》，且二篇所说老子语，无重复者，疑《喻老》与《道应》本为一篇。汉初崇尚黄老，尊《老子》为"经"，为之作"传"作"说"。录于《汉志》者已有四种。疑《解老》《喻老》及《道应》本为《老子》之"传"或"说"，而后来羼入《韩非》及《淮南》者。②

　　蒋先生猜想《韩非子·喻老》与《淮南子·道应训》是一篇文章，后又分别羼入《韩非子》与《淮南子》二书。因无确凿依据，这一问题暂不讨论。但蒋先生所言恰证明他也认为《喻老》与《道应训》高度相似。至于相似的原因，杨树达先生所言《淮南子》对《韩非子》的模仿更为可信。

　　《淮南子·主术训》等篇也大量引用《韩非子》，因论述的需要，同时为了避免重复，将在后文论述中列出，此不赘。

　　除了《韩非子》，《淮南子》的撰写也受到其他法家著作的影响。如《道应训》"此所谓《管子》枭飞而准绳者"源自《管子·宙合》"鸟飞准绳"。《主术训》"法者非天堕，非地生，发于人间，而反以自正"源自

---

①　杨树达：《淮南子证闻　盐铁论要释》，上海古籍出版社2013年版，第116页。
②　蒋伯潜：《诸子通考》，浙江古籍出版社1985年版，第498页。

前期法家势之一派的《慎子》。综上，《淮南子》一书无论在文辞还是思想上对法家的继承均非常显著。

第二节 《淮南子》与法家发展的历史观

法家反对墨守成规，坚持发展的历史观。韩非说："法与时转则治，治与世宜则有功。……时移而治不易者乱，能治众而禁不变者削。故圣人之治民也，法与时移而禁与能变。"① 《商君书》对应时立法说得最为详细：

> 先王当时而立法，度务而制事。法宜其时，则治。事适其务，故有功。然则法有时而治，事有当而功。今时移而法不变，务易而事以古，是法与时诡，而事与务易也。故法立而乱益，务为而事废。故圣王之治国也，不法古，不循今，当时而立功，在难而能免。今民能变俗矣，而法不易；国形更势矣，而务以古。夫法者，民之治也；务者，事之用也。国失法则危，事失用则不成。故法不当时而务不适用而不危者，未之有也。②

秦相吕不韦虽然对商鞅、韩非的严刑酷法、好战等主张颇有微词，但在应时而变思想上，他却完全继承了他们。

《察今》是《吕氏春秋》中的名篇，也是专门讲应时而变的一篇文章。其中说道："先王之法，经乎上世而来者也，人或益之，人或损之，胡可得而法？虽人弗损益，犹若不可得而法。东夏之命，古今之法，言异而典殊。故古之命多不通乎今之言者，今之法多不合乎古之法者。殊俗之民，有似于此。其所为欲同，其所为异。"当时君王之所以不法先王之法，首先因为先王之法在流传过程中多有损益，已不复原貌，后人又如何去学习使用？其次，不能以先王之法为法还在于先王之法有它存在的特定历史背景，时代在发生变化，法自然也要变，而不能生搬硬套。假如一定

---

① 陈奇猷校注：《韩非子新校注·心度》，上海古籍出版社2000年版，第1178—1179页。
② 蒋礼鸿：《商君书锥指·六法》，中华书局1986年版，第147—148页。

要学习先王之法，也是要学习先王制定法令的依据和方法，而不是成法。《察今》强调治国离不开法律，但是一味坚守成法不知因时而变，就会产生悖乱，"悖乱不可以持国"。所以"世易时移，变法宜矣"。仿佛良医，病万变，医病之药也需随之而变。病变而药不变，曾经的长寿之民也就变成短命之人了。因此，吕不韦及其门客认为："凡举事必循法以动，变法者因时而化，若此论则无过务矣。……是故有天下七十一圣，其法皆不同。非务相反也，时势异也。故曰良剑期乎断，不期乎镆铘；良马期乎千里，不期乎骥骜。夫成功名者，此先王之千里也。"① 正因为对应时而变思想有如此深刻的体会和认识，吕不韦才不再坚守自商鞅变法以来秦国一直奉行的晋法家思想，而要召集门客撰著《吕氏春秋》，作为即将建立的统一帝国的施政指导。而秦始皇学到了法家的以法治国，却没有学到应时而变，在统一六国后守法不变，因此阻碍了秦王朝的发展。《吕氏春秋》之后，刘安及其门客编著的《淮南子》对法家应时而变、发展的历史观有了进一步的继承和弘扬。

《淮南子》中对诸子之学产生的社会背景的分析，对儒、法显学在汉代新历史条件下表现出的局限性的阐述，以及对著述《淮南子》提出的"权事而立制，度形而适宜"的要求，无不建立在法家应时而变、"与世推移"的发展历史观基础上。

基于历史是发展变化的，《淮南子》反对尊古贱今，认为这是一种是非不明的表现。《修务训》说："世俗之人，多尊古而贱今，故为道者必托之于神农、黄帝而后能入说。乱世暗主，高远其所从来，因而贵之。为学者，蔽于论而尊其所闻，相与危坐而称之，正领而诵之。此见是非之分不明。"

基于时变的观念，《淮南子》认为治国策略必须随着社会的变化而变化，不能一味因循法古。《齐俗训》说：

> 仪必应乎高下，衣必适乎寒暑。是故世异则事变，时移则俗易。故圣人论世而立法，随时而举事。尚古之王，封于泰山，禅于梁父，七十余圣，法度不同，非务相反也，时世异也。是故不法其已成之

---

① 许维遹集释：《吕氏春秋集释·察今》，中华书局2009年版，第393页。

法，而法其所以为法。所以为法者，与化推移者也。

刘安认为，测量高下的仪表必须和所测量的高度相适应，衣服的穿着必须与自然界的冷热相一致。同理，社会在不断发展，时代在不停前进，因此做事方式、风俗习惯就应该随之变化。上古时期七十多个治国有成的圣人使用的法度各不相同，因为他们是论世而立法。所以后人要学的不是他们的"成法"，而是他们制定法度的方法、依据——"与化推移"，亦即因时而变。《氾论训》又说："常故不可循，器械不可因也，则先王之法度，有移易者矣。"五帝三王之所以名施后世，不是因为固守成规，一成不变，相反，恰是因为他们根据时代要求"异道"，"殊事"，"因时变而制礼乐"。

既然治国策略要因时而变，那么与治国密切相关的法令制度也要随之而变。圣人之所以被称为圣人，是他们能够根据现实需要制礼作乐，而不是被已有的礼乐制度束缚，故步自封。治国要遵循的根本原则是让百姓获益，政令教化要依据的常规是能够推行开来，被百姓接受。所以，"苟利于民，不必法古。苟周于事，不必循旧。夫夏、商之衰也，不变法而亡。三代之起也，不相袭而王。故圣人法与时变，礼与俗化，衣服器械各便其用，法度制令各因其宜。故变古未可非，而循俗未足多也"[1]。在这里，《淮南子》的作者指出了制定国家律令最根本的标准不在于变与不变，也不在于法古还是创新，而在于是否"利民"，是否"周于事"，是否"因其宜"。说得精当一些就是要"当于世事，得于人理，顺于天地，祥于鬼神"[2]。以此为标准，刘安及其门客认为："先王之制，不宜则废之；末世之事，善则著之。"[3] "末世"常常是人们批判的对象，但是《淮南子》却提出，"末世"统治者的所作所为不能一概否定，其中也有值得学习效仿之处。"桀有得事，尧有遗道，嫫母有所美，西施有所丑。故亡国之法有可随者，治国之俗有可非者。"[4] 这是非常客观的认识。汉代秦而立，一些学者一方面为了给新王朝的建立张目；另一方面出于对秦之残暴的厌

---

[1] 刘文典集解：《淮南鸿烈集解·氾论训》，中华书局1989年版，第427页。
[2] 同上书，第429页。
[3] 同上书，第426页。
[4] 刘文典集解：《淮南鸿烈集解·说山训》，中华书局1989年版，第546页。

恶，因此在反思秦亡过程中，主观批判多于理性思考，对秦多是否定，而忽略了秦能够统一六国自有它的先进之处，这正是大汉帝国要学习的。在汉初高涨的"过秦"浪潮中，同时能够看到秦之功绩的政论家不多，而刘安就是其中之一。

秦代以法家思想为治国要义，坚持以法治国，这是刘安及其门客肯定秦的主要原因。《淮南子·氾论训》说：

> 古者人醇工庞，商朴女重，是以政教易化，风俗易移也。今世德益衰，民俗益薄，欲以朴重之法，治既弊之民，是犹无镝衔橛策錣而錣御驵马也。昔者，神农无制令而民从，唐、虞有制令而无刑罚，夏后氏不负言，殷人誓，周人盟。逮至当今之世，忍訽而轻辱，贪得而寡羞，欲以神农之道治之，则其乱必矣。

这段话通过古今对比论述以法治国的必要性，无论写作手法还是表达的思想均得《韩非子·五蠹》首段神韵，并且在《五蠹》基础上又有了补充和扩展。接下来，作者从人们对辞官而隐这一行为评价的变化、兵器的发展、古今战争对待无辜老幼态度的不同，再次论证发展的历史观的重要性和可行性：

> 伯成子高辞为诸侯而耕，天下高之。今时之人，辞官而隐处，为乡邑之下，岂可同哉！古之兵，弓剑而已矣，槽矛无击，修戟无刺。晚世之兵，隆冲以攻，渠幨以守，连弩以射，销车以斗。古之伐国，不杀黄口，不获二毛，于古为义，于今为笑。古之所以为荣者，今之所以为辱也。古之所以为治者，今之所以为乱也。①

由此，作者得出"法度者，所以论民俗而节缓急也"的结论，意即法令的轻重缓急完全取决于社会的变化和需要，并非一成不变。

同样是基于时变的立场，《淮南子》对包括儒墨在内的一些学者以古非今的做法给予犀利批判。汉初政坛上，与"过秦""批法"相应的就是

---

① 刘文典集解：《淮南鸿烈集解·氾论训》，中华书局1989年版，第430—431页。

对儒家仁义礼的歌颂，陆贾、贾谊、董仲舒无不如此。尽管他们所说的儒家已非先秦孔孟荀所代表的原始儒家。《淮南子》则不同。《齐俗训》说，所谓明白治国道理的人，多数都背离道德的根本；认为礼义足以治天下者，都是一些不值得和他谈论治国方法的人。礼义是五帝三王时的法令风俗，是一个时代留下的痕迹。就像祭祀用的刍狗土龙，刚做成时要用青黄色装饰，要披上华美的丝织品，缠上红丝。穿着黑色祭服的尸祝、戴着礼帽的大夫迎接它们，送走它们。等到祭祀结束，它们就不过是一些土块和草芥罢了，还有谁尊敬它们呢？从历史发展的角度出发，《淮南子》的作者既肯定了礼义在往古的功用，同时又指出当它脱离了产生和发挥效用的特定历史时期，也就如祭祀完毕后的刍狗土龙，没有什么价值了。所以法需藉时变，礼义也要因俗易。但是儒家学者却坚持"循先袭业，据籍守旧教"，认为不按照儒家教义去做国家就得不到治理，这就像一定要拿着方枘去对圆凿，"欲得宜适致固焉，则难矣"①。

《淮南子》毫不留情地指出，儒墨只是口头赞扬三代和周文王、周武王的治国方式，实际上却并不施行。他们只是称说他们不能够实施的东西。他们非议当今社会却又不去努力改变，这就说明他们施行的是他们非议的东西。他们为他们南辕北辙的做法耗费时间和精力，精神疲惫，面容憔悴，却无益于社会，无益于国君。接着刘安引用了《韩非子·外储说左上》中"画鬼易画犬马难"的故事一针见血地指出，儒、墨学者这么做的原因在于"存危治乱，非智不能；道而先称古，虽愚有余"②。使一个危亡之中的国家强大起来需要充足的智慧，而动辄称赞前人，即使愚蠢的人也可以做到。因此"不用之法，圣王弗行；不验之言，圣王弗听"③。与时代不相符的法律，圣人不采纳；没有经过验证、不具备实际操作的言论，明智的君王不听。其对儒家批判之犀利尖锐，与法家不相上下。

对于儒家学者常常称引的《诗》《春秋》等典籍，《淮南子》也指出其时代局限性。《氾论训》说：

---

① 刘文典集解：《淮南鸿烈集解·氾论训》，中华书局1989年版，第432页。
② 同上。
③ 同上。

王道缺而《诗》作，周室废、礼义坏，而《春秋》作。《诗》《春秋》学之美者也，皆衰世之造也，儒者循之以教导于世，岂若三代之盛哉？以《诗》《春秋》为古之道而贵之，又有未作《诗》《春秋》之时。

《诗》和《春秋》虽被视为儒家经典，但在《淮南子》的作者眼里它们是衰世的产物，而且它们的产生有特定的时代背景，所以汉代学者不应该以它们为标杆治世，因为产生《诗》和《春秋》的历史条件已经不复存在，继续凭此治世不符合道的要求。这是刘安及其门客针对以董仲舒为代表的公羊《春秋》"法古"主张而发的议论。

儒家是刘安推崇的先秦诸子之一，但是对于儒家不切实际的高标自置以及"博而寡要"，他是反对的。与此相对应的是，他虽然不喜欢先秦晋法家的严苛、寡恩，但对于他们注重实际、与时俱进的观念却非常赞赏，因而多方肯定，加以汲取。但是因为《淮南子》非成于一人之手，所以其中也偶见法古、崇古之语，但这并不影响它整体上对法家发展的历史观的认同和接受。

第三节 《淮南子》的法思想

先秦法家虽然主张以法治国，但他们追求的是以刑去刑，以法去法，终极理想是无法无刑的和谐社会。这也是先秦诸子共同的"理想国"，是中国古代社会历朝历代自上而下共同追求的太平盛世。《淮南子》自不例外。《主术训》说："威厉而不杀，刑错而不用，法省而不烦，故其化如神。其地南至交趾，北至幽都，东至旸谷，西至三危，莫不听从。当此之时，法宽刑缓，囹圄空虚，而天下一俗，莫怀奸心。"但是正因为先秦法家和刘安所生活的时代并非理想盛世，所以他们要发出自己的声音，表达自己的意见，为统治者规划一条通往盛世的大道。德治？法治？刘安与他的门客思考着、讨论着。于是就有了我们现在看到的《淮南子》的法思想。

《淮南子》的法思想可以通过犯罪的产生、法律的制定、法律在治国中的作用以及法律的执行等几个方面来认识和理解。

一 犯罪的产生

先秦法家认为，追求奢侈是世风日下，民众争名逐利，违法犯罪增多的重要原因。这一观念为《淮南子》所认同并接受。《淮南子》视"贵远方之货，珍难得之财"[①] 为衰败之世的习俗。因为这种做法使民众原本质朴的本性消失殆尽，操守丧失，即使有十个管仲也无法管理。

其次，法家认为奢侈引发物质缺乏，物质缺乏引发犯罪。《淮南子》继承了法家这一思想。《齐俗训》反复论述不切实际地追求奢侈引发的危机：

> 夫雕琢刻镂，伤农事者也；锦绣纂组，害女工者也。农事废，女工伤，则饥之本而寒之原也。夫饥寒并至，能不犯法干诛者，古今之未闻也。

追求奢侈伤害农业生产，而农业生产又直接决定民众的温饱。当基本的温饱问题都无法解决时，要求民众遵礼守法根本不可能。这也就是说，与法家一致，《淮南子》认为物质丰缺与礼仪、法令的遵守与否之间有密切关系。《齐俗训》对此有非常形象而详细的描述：

> 故江河决，沉一乡，父子兄弟相遗而走，争升陵阪，上高丘，轻足先升，不能相顾也。世乐志平，见邻国之人溺，尚犹哀之，又况亲戚乎！故身安则恩及邻国，志为之灭；身危则忘其亲戚，而人不能解也。游者不能拯溺，手足有所急也；灼者不能救火，身体有所痛也。夫民有余即让，不足则争，让则礼义生，争则暴乱起。扣门求水，莫弗与者，所饶足也；林中不卖薪，湖上不鬻鱼，所有余也。故物丰则欲省，求澹则争止。秦王之时，或人菹子，利不足也；刘氏持政，独夫收孤，财有余也。故世治则小人守正，而利不能诱也；世乱则君子为奸，而法弗能禁也。

[①] 刘文典集解：《淮南鸿烈集解·齐俗训》，中华书局1989年版，第375页。

这段话很显然是模仿《韩非子·五蠹》写就。《五蠹》说:"夫山居而谷汲者,膢腊而相遗以水。泽居苦水者,买庸而决窦。故饥岁之春,幼弟不饷。穰岁之秋,疏客必食。非疏骨肉爱过客也,多少之实异也。是以古之易财非仁也,财多也。今之争夺,非鄙也,财寡也。"韩非借此说明历史是发展变化的,用前人的做法非议乃至否定当今就是守株待兔。但其中也表现出当物质充裕时人们就懂得谦让,当物质贫乏时人们甚至会骨肉相残的思想。《淮南子》在《五蠹》基础上做了进一步发挥,纯粹用来阐述物质丰缺与礼仪、犯罪之间的因果联系,即物质丰盛人们就懂得谦让,不足则引起争斗。它还特别通过秦汉对比进一步说明,秦始皇时之所以有人杀掉孩子作肉酱充饥,是因为饥饿所致;汉朝统治天下,独身老人都会收养孤儿,是因为财物丰足。所以太平盛世里小人不会违法,而乱世中君子也可能为奸,都是因为物质在发挥作用。

二 法律的制定

在法律的制定上,《淮南子》首先坚持法由君出,这一点与先秦法家完全一致;其次,它坚持法律的制定要合乎人情事理;第三,它认为法律的制定要符合民力。

《主术训》说:"法者非天堕,非地生,发于人间,而反以自正。"这句话源自先秦法家势之一派的慎到。《慎子》有:"法非从天下,非从地出,发于人间,合乎人心而已。"① 这是强调法律乃人之所为,不是自然产生的。那么,什么人可以制定国家律令制度呢?《淮南子》说:"是故人主之立法,先自为检式仪表,故令行于天下。"明确指出法由君出。这一点与法家完全相同。《管子·任法》有一句很有代表性的话:"有生法,有守法,有法于法。夫生法者,君也。守法者,臣也。法于法者,民也。"这段话把立法权的归属说得再明白不过。韩非说:"圣王之立法也……"② 又说:"君之立法……"③《商君书·壹言》说:"故圣人之为国也……度俗而为之法。"其中所言圣人、圣王、君实际上都是国君的代

---

① 《慎子》,《诸子集成》第5册,中华书局1954年版,第12页。
② 陈奇猷校注:《韩非子新校注·守道》,上海古籍出版社2000年版,第533页。
③ 陈奇猷校注:《韩非子新校注·饰邪》,上海古籍出版社2000年版,第363页。

名词。所有的法家人物都在说，法由君立。《淮南子》不可能摆脱所处时代和社会的局限性，它坚持法由君出合乎汉代的时代要求。

在坚持法由君出的前提下，《淮南子》又提出法律的制定要合乎人情事理，与百姓喜好和利益一致。《主术训》说："法生于义，义生于众适，众适合于人心，此治之要也。"简而言之就是法合于人心，合于民众的好恶，这是治国的关键所在。只有做到这一点，法律才能起到劝善止恶的作用，政治方可实现"政令约省""刑罚不用而威行如流"的理想目标。相反，当法律违背人性时，就会被置于悬而不用的尴尬境地。《淮南子》这一观点显然受齐法家《管子》的启发。《管子·牧民》说："下令于流水之原者，令顺民心也。……令顺民心则威令行。"《形势解》说："法立而民乐之，令出而民衔之。法令之合于民心，如符节之相得也，则主尊显。"两相比较，很容易看出《淮南子》与《管子》之间继承与被继承的关系。而在刘安《淮南子》之后，董仲舒也提出："故倡而民和之，动而民随之，是知引其天性所好，而压其情之所憎者也。"[1] 均与《管子》一脉相承。

与先秦法家相似，在法律的制定上，《淮南子》提出要考虑民力，超越民众能力的法律将形同虚设。《齐俗训》对此做了非常充分的论述。作者先举出如苌弘、师旷、公孙龙、北人无择、鲁般、墨子等能力超群、品德高尚之人说明"人才不可专用，而度量可世传"。他们虽然或"先知远见，达视千里"，或"博闻强志，口辩辞给"，或"敖世轻物，不污于俗"，或"神机阴闭，剞劂无迹"，但是人主不能以这些"不世出"的人才为标准去要求普通民众。能够在社会上普遍使用的"度量"应该以一般大众的能力为标准，这样的"度量"——法律，才能实现治世的目的。乱世之法之所以形同虚设，甚至成为社会混乱的诱因，就是因为"高为量而罪不及，重为任而罚不胜，危为禁而诛不敢。民困于三责，则饰智而诈上，犯邪而干免。故虽峭法严刑，不能禁其奸。何者？力不足也。故谚曰：'鸟穷则嚼，兽穷则触，人穷则诈。'此之谓也"[2]。法律的要求超出

---

[1] （清）苏舆撰，钟哲点校：《春秋繁露义证·正贯》，中华书局1992年版，第143页。
[2] 刘文典：《淮南鸿烈集解·齐俗训》，中华书局1989年版，第371页。（注：？为文中本有，《四库全书》本为"者"）

民众的能力，使民众难以承受，这种情形下，民众为了躲避惩罚，就会想方设法粉饰以欺骗君主，这时无论法律多么严苛、多么齐备，都不可能实现禁邪治乱的目的，相反它可能导致社会失序。认识到法律的制定必须符合民力，又鉴于秦王朝"法网如脂"的教训，《淮南子》提出国家律令不能过于琐碎、苛细，"夫事碎，难治也；法烦，难行也；求多，难澹也"①。

《淮南子》对量民力立法的深刻认识基于它对先秦法家同类思想的继承与发展。《管子》言："明主度量人力之所能为而后使焉，故令于人之所能为则令行，使于人之所能为则事成。"② 韩非说："明主立可为之赏，设可避之罚。"③ 因为量民力立法，所以法令易于执行，受到民众称赞，成就了明主之名。乱主则相反，"不量人力，令于人之所不能为，故其令废；使于人之所不能为，故其事败"④，"立难为而罪不及，则私怨生"⑤。不考虑民众的承受力，立法随心所欲，民众为此埋怨不已，甚至奋而反抗，这是乱主得名的原因。在量民力立法上，《淮南子》完全继承了先秦法家。

综上所述，在法律的制定上，《淮南子》深受先秦法家，特别是齐法家《管子》的影响。

三　法律的作用

《淮南子》承认法家以法治国思想的合理性和必要性，认为法律为治国所必需，但是对法律的作用，它有比较客观理性的认识。首先，《淮南子》反对晋法家视法为唯一治国手段的观念。它认为法律必须和仁义礼让结合，共同完成治世之重任。其次，《淮南子》反对严刑重罚。

《主术训》说："法律度量者，人主之所以执下，释之而不用，是犹无辔衔而驰也，群臣百姓反弄其上"；"法者天下之度量，而人主之准绳也"。可见它完全认可法律在国家政治中的重要地位。但是在承认先秦法

---

① 刘文典集解：《淮南鸿烈集解·泰族训》，中华书局1989年版，第677页。
② 黎翔凤校注：《管子校注·形势解》，中华书局2004年版，第1186—1187页。
③ 陈奇猷校注：《韩非子新校注·用人》，上海古籍出版社2000年版，第543页。
④ 黎翔凤校注：《管子校注·形势解》，中华书局2004年版，第1187页。
⑤ 陈奇猷校注：《韩非子新校注·用人》，上海古籍出版社2000年版，第548页。

家所主张的以法治国的可行性和必要性的同时，《淮南子》对法律的局限性也做了非常深刻的反省。《主术训》说："刑罚不足以移风，杀戮不足以禁奸，唯神化为贵。至精为神。"刑罚和杀戮凭借威慑力在一定程度内可以禁止人们违法犯罪，但要从根本上使人们向善止恶，则需要他们对善有发自内心的认同和追求，对恶有自觉自主的警戒和抵制，而这些属于精神层面的要求仅靠法律是难以实现的，它需要最高统治者以身作则的典范作用，因为"民之化也，不从其所言，而从其所行"①。《泰族训》举出一系列事例说明这一道理：狄人攻打周人，古公亶父杖策而去，百姓携幼扶老紧紧追随，根本不需要政令要求；秦穆公的御马被乡野之人煮吃，穆公不仅不怒，反而送他们药酒以解毒。所以后来发生恶战时，这些乡野之人竭尽全力保护穆公，这不是凭债券就可以偿还的债务；宓子贱治理亶父，当地的渔民夜间捕鱼，捕到小鱼主动放回水里，这不是靠刑法禁止的；孔子担任鲁司寇，人们路不拾遗，市场上的商人不随便涨价，头发花白的老人不再背负东西，这不是法律所能要求的。所以，"赏善罚暴者，政令也；其所以能行者，精诚也。……令虽明不能独行，必自精气所以与之施道"②。受道家思想影响，《淮南子》认为精气和精诚之心决定着国家政令的执行情况。精气、精诚落实到实践层面就是最高统治者的言行对民众的影响。国君谨慎自己的言行举止，凡事为民众做出榜样，就可以影响民众的精神和道德，进而改变其行为。因此圣人"事省而易治，求寡而易澹，不施而仁，不言而信，不求而得，不为而成，块然保真，抱德推诚，天下从之，如响之应声，景之像形，其所修者本也"③。所以《淮南子》认为，治国的最高境界是以精神感化民众，即"太上神化"。其次，使人民不敢犯罪，即"使不得为非"。最下策才是"赏贤和罚暴"。

《淮南子》一方面认为法是治国之末，仁义才是治国之本；另一方面，它又强调法的不可或缺。《泰族训》说："治之所以为本者，仁义也；所以为末者，法度也。凡人之所以事生者，本也；其所以事死者，末也。本末，一体也；其两爱之，一性也。"虽然视法度为治之末，但却强调它

---

① 刘文典集解：《淮南鸿烈集解·主术训》，中华书局1989年版，第274页。
② 刘文典集解：《淮南鸿烈集解·泰族训》，中华书局1989年版，第669页。
③ 刘文典集解：《淮南鸿烈集解·主术训》，中华书局1989年版，第272—273页。

与作为根本的仁义是一个整体,一样重要,不能缺少。但是下文却又说:"故仁义者,治之本也,今不知事修其本,而务治其末,是释其根而灌其枝也。且法之生也,以辅仁义。今重法而弃义,是贵其冠履而忘其头足也。……赵政不增其德而累其高,故灭;知伯不行仁义而务广地,故亡其国。"① 其中的矛盾显而易见。之所以产生这样的矛盾,一是因为汉代统治者既认识到以法治国对一个疆域辽阔的帝国的重要性,又鉴于秦亡教训不能把法令置于仁义礼让之上,虽然法治和德治、法家和儒家乃至和道家融合是一条必由之路,但该怎么融合,法律和仁义道德在国家管理中究竟各占多大的分量才合适,是汉初学者们一直没有解决的问题。因此,在论述法与仁义道德之间的关系时不可避免地会产生矛盾。其次,这一矛盾的产生还与《淮南子》一书的撰写方式有一定关系。《淮南子》表现的是刘安的思想,但它毕竟成于众人之手,金春峰先生称其"'掇拾各家'而无所统"②,因此观点驳杂冲突也就在所难免。

在坚持刑德并用的同时,《淮南子》反对严刑重法,指出"令苛者民乱,城峭者必崩,岸崝者必陀"③,"急辔数策者,非千里之御也"④,"峭法刻诛者,非霸王之业也;棰策繁用者,非致远之术也"⑤。在刘安看来,严刑重法非长治久安之道,长此以往将贻害无穷,甚至会把国家推向万劫不复之深渊。因此,《淮南子》对晋法家申不害、商鞅、韩非的严刑重法思想和行为提出严厉批评。它说:

> 今若夫申、韩、商鞅之为治也,挬拔其根,芜弃其本,而不穷究其所由生。何以至此也?凿五刑,为刻削;乃背道德之本,而争于锥刀之末,斩艾百姓,殚尽太半,而忻忻然常自以为治,是犹抱薪而救火,凿窦而出水。⑥

---

① 刘文典集解:《淮南鸿烈集解·泰族训》,中华书局1989年版,第692页。
② 金春峰:《汉代思想史》,中国社会科学出版社2006年版,第203页。
③ 刘文典集解:《淮南鸿烈集解·缪称训》,中华书局1989年版,第339页。
④ 同上书,第340页。
⑤ 刘文典集解:《淮南鸿烈集解·原道训》,中华书局1989年版,第15页。
⑥ 刘文典集解:《淮南鸿烈集解·览冥训》,中华书局1989年版,第215页。

因为有秦之覆辙在前，《淮南子》认为商鞅、韩非主张的急政、暴政可以救一时之急，却非长久之计。如将其作为治国的根本策略，则不免民乱国亡。

四 法律的执行

在法律的执行上，《淮南子》首先提出要坚持法律的客观性和独立性。其次，它认为执法之吏在执法中扮演着重要角色。第三，它坚持执法的公正和公平。

（一）坚持法律的客观性、独立性

法律一经颁布，就是面向所有民众的客观标准，包括最高统治者在内的任何人不能改变，不得违犯。对此，《淮南子》有明确而坚定的认识。《主术训》说："今夫权衡规矩，一定而不易，不为秦、楚变节，不为胡、越改容，常一而不邪，方行而不流，一日刑之，万世传之，而以无为为之。故国有亡主，而世无废道。"又说：

> 法定之后，中程者赏，缺绳者诛，尊贵者不轻其罚，而卑贱者不重其刑，犯法者虽贤必诛，中度者虽不肖必无罪，是故公道通而私道塞矣。古之置有司也，所以禁民，使不得自恣也。其立君也，所以剬有司，使无专行也。法籍礼义者，所以禁君，使无擅断也。……所立于下者不废于上，所禁于民者不行于身。所谓亡国，非无君也，无法也；变法者，非无法也，有法者而不用，与无法等。是故人主之立法，先自为检式仪表，故令行于天下。孔子曰："其身正，不令而行；其身不正，虽令不从。"故禁胜于身，则令行于民矣。①

君王是法律的制定者，但是当法律成为一种客观存在后，首先要约束的不是民众，而是君王自身，所以他们要"反以自正""先自为检式仪表"。君王自己做不到的，就不能要求民众。要求民众做到的，君王自己也要遵守。"法籍礼义者，所以禁君，使无擅断也"，这是非常先进的执法思想，但是它并非无根之木，无源之水，而是对先秦法家的继承和

---

① 刘文典集解：《淮南鸿烈集解·主术训》，中华书局1989年版，第295—297页。

第六章 《淮南子》与先秦法家　157

发扬。

通过文献比勘可以发现，上引《淮南子》"法定之后，中程者赏，缺绳者诛"源自《韩非子·难一》："赏罚使天下必行之，令曰：'中程者赏，弗中程者诛。'令朝至暮变，暮至朝变，十日而海内毕矣，奚待期年？"韩非旨在说明，法律一经制定，就是衡量人们行为的客观标准，合法者赏，违法者诛，无须"户说"。《韩非子·用人》说："释法制而妄怒，虽杀戮而奸人不恐。罪生甲，祸归乙，伏怨乃结。故至治之国，有赏罚，而无喜怒，故圣人极；有刑法而死无螫毒，故奸人服。"在法家看来，功与罪的标准只有一个，那就是国家律令。最高统治者在执法过程中必须排除私欲，动静循理，不因喜而赏，不因怒而罚，客观公正如权衡绳墨，则民众无论受赏还是受罚都对国君无德无怨，这就是明主之治。《管子·法法》说，当律令没有颁布时，民众做对不能赏，做错不能罚，因为缺乏客观依据。而律令一旦公布，就必须以此为标准进行评判、赏罚。假如"令已布而赏不从，则是使民不劝勉，不行制，不死节。民不劝勉，不行制，不死节，则战不胜而守不固，战不胜而守不固，则国不安矣。令已布而罚不及，则是教民不听。民不听则强者立，强者立则主位危矣"①。所有这一切无不在强调国家律令的客观性和独立性。先秦法家还认为，法虽由君出，但一旦颁布，君就必须接受它的约束："明君知民之必以上为心也，故置法以自治，立仪以自正也。故上不行则民不从，彼民不服法死制，则国必乱矣。是以有道之君，行法修制，先民服也。"②"不为君欲变其令，令尊于君；……不为爱民亏其法，法爱于民。"③

可见，在法律客观性、独立性的认识上，《淮南子》继承并发展了先秦法家。但是无论先秦法家还是《淮南子》都没有解决的问题是，在立法权为最高统治者掌控的古代社会，他们所说的法律的客观性、独立性如何保证？对立法权的认识是现代意义上的法治与先秦法家思想的根本区别之一，只要立法权掌握在君主一人手中就不可能实现真正的法治。先秦法家和刘安却没有看到这一点，或者说即使看到了也不会努力去改变它，因

---

① 黎翔凤校注：《管子校注·法法》，中华书局2004年版，第301页。
② 同上书，第312页。
③ 同上书，第316页。

为他们的法治归根结底是要为君主专制服务的,这就决定了他们所说的"法治"与现代法治还有很大距离。法治要求包括皇帝在内的所有人均受法律约束,而在最高统治者独揽立法权的时代,这只能是镜中花,水中月。

(二) 人在执法中的作用

《淮南子》认为国家律令能否顺畅执行以及执行效用如何,不仅取决于法律的好坏,还取决于执法者的品行高下。《泰族训》说五帝三王曾经使用的"参五"之法是治国的纲纪,但是假如没有贤人来实施,"参五"之法虽好却难以充分发挥作用。尧治理天下七十载,最后禅位于舜而不是自己的儿子丹朱,因为他认为即使有法度,丹朱也不能把天下治理好。相同事物、相同规律,在不同人手里,乃至在同一个人的不同时期都会产生不同甚至相反的效用,"神农之初作琴也,以归神;及其淫也,反其天心。夔之初作乐也,皆合六律而调五音,以通八风;及其衰也,以沉湎淫康,不顾政治,至于灭亡。仓颉之初作书,以辩治百官,领理万事,愚者得以不忘,智者得以志远;至其衰也,为奸刻伪书,以解有罪,以杀不辜"[①]。法律的使用亦如此。同样的法律制度,不同人使用,产生的治国效用就不同。刘安注意到了这一点,因此在法律的执行中强调人的作用。他说:

> 三代之法不亡,而世不治者,无三代之智也。六律具存,而莫能听者,无师旷之耳也。故法虽在,必待圣而后治;律虽具,必待耳而后听。故国之所以存者,非以有法也,以有贤人也;其所以亡者,非以无法也,以无贤人也。[②]

从秦国的历史看,《淮南子》的观点不无道理。商鞅之法虽然苛刻,但在孝公手里却发挥了巨大的积极作用,使秦国从弱小走向强大。韩非的治国思想不乏精华,但是在赵高、秦二世手里却加速了秦王朝的灭亡。因此,以法家为治国主导思想不是秦亡的关键,更不是唯一原因,赵高、二

---

① 刘文典集解:《淮南鸿烈集解·泰族训》,中华书局1989年版,第672—673页。
② 同上书,第681页。

世对法家的歪曲使用才是最根本的原因。可是，以法治国假如依然要等待圣人，而圣人又不常有，这就意味着治世不能常有。这是法家反对的。韩非认为，追求治世是政治的最高目标，但是假如治世需要假之圣人才能产生，那么治世就会非常稀少，人类社会大多数时间将处于乱世的黑暗中。他提倡以法治国的原因之一就在于，以法治国不需要圣人，只要具有普通才能的中等之人，辅之以周密的法律，国家即可大治。韩非的理论的确有其道理。现代政治学认为，好的制度能使人不敢为非，而不是依靠其道德水平保证其不为非。只是在这一过程中，韩非走了两个极端，一方面过度夸大法的治世功能，另一方面完全否定道德和智慧的作用。刘安及其门客发现了这一点，所以他们希望取法家之长，纠法家之偏，通过强调圣贤在法律使用中的重要性试图将法家的以法治国与儒家的贤人政治糅合在一起，但他们又过分夸大了圣贤的作用，于是再次陷入儒家贤人政治的泥淖。

相比较德治，以法治国对执法者自身才能和品性的要求的确要低一些，它靠制度保障而非道德约束，因而具有相对的稳定性和普世性。纯粹依靠道德感化，或者完全以法律治理一个国家，都不合乎现实政治的需要。法与德恰当结合、德治与法治并举才是既经济又合乎常理的管理途径，才能真正实现治世。

（三）执法的公正、公平

与晋法家的重刑厚赏不同，《淮南子》主张善赏善罚。什么是善赏善罚？《氾论训》说："古之善赏者，费少而劝众；善罚者，刑省而奸禁。"可见"善赏"就是花费不多，效用却高的奖赏；"善罚"就是刑罚不重却可禁止犯罪的惩罚。怎么才能实现"善赏善罚"？回答是："圣人因民之所喜而劝善，因民之所恶以禁奸，故赏一人而天下誉之，罚一人而天下畏之。故至赏不费，至刑不滥。"[①] 高诱注曰："赏当赏，不虚费。刑当刑，不伤善。"赏罚俱当，因而起到了鼓励向善——赏一人而天下誉之和惩戒恶行——罚一人而天下畏之的作用，所以赏无须花费多，刑不必伤人多。《管子·枢言》说："明赏不费，明刑不暴，赏罚明则德之至者也。"《七法》曰："朝无政，则赏罚不明；赏罚不明，则民幸生。"所谓赏罚明就

---

① 刘文典集解：《淮南鸿烈集解·氾论训》，中华书局1989年版，第454—455页。

是公正公平地赏罚，赏当赏，罚当罚，赏罚都发挥了预期的作用，因此不费不暴，而且能够施德于民。其论与《淮南子》"善赏善罚"意同。

由重视刑赏的公正、公平，《淮南子》把慎刑慎赏提高到事关治世之道的高度，认为"重为惠，若重为暴，则治道通矣"。假如"无功而厚赏，无劳而高爵，则守职者懈于官，而游居者亟于进矣"①。同理，如"无罪者而死亡，行直而被刑，则修身者不劝善，而为邪者轻犯上矣"。这两种有违公正、公平的做法最终将形成"奸乱之俗，亡国之风"②。

为了保证刑赏的公正公平性，《淮南子》还提出君主在实施赏罚时不能掺杂自己的主观意志，不能凭借自己一时的喜怒好恶随意而为，而要做到"喜不以赏赐，怒不以罪诛"。《主术训》对此有非常形象而详细的论述：

> 衡之于左右，无私轻重，故可以为平。绳之于内外，无私曲直，故可以为正。人主之于用法，无私好憎，故可以为命。夫权轻重不差蚊首，扶拨枉桡不失针锋，直施矫邪不私辟险。奸不能枉，佞不能乱，德无所立，怨无所藏，是任术而释人心者也。故为治者不与焉。③

《淮南子》认为赏罚之权虽然由君主掌握，但君主实施赏罚却不是为自己，而是为了国家，所以"适于己而无功于国者，不施赏焉；逆于己便于国者，不加罚焉"④。这样的观念，无论放在什么时代都不过时。

综上，《淮南子》的法律思想在继承先秦法家立法、执法等思想的基础上，对其偏颇之处进行了纠正，但某些矛盾和冲突，如以法治国与以德治国的关系问题，依然没有彻底解决。

第四节 《淮南子》的术论

《说文·行部》释術（术）曰："邑中道也。"《淮南子·天文训》有

---

① 刘文典集解：《淮南鸿烈集解·主术训》，中华书局1989年版，第282页。
② 同上。
③ 同上书，第276—277页。
④ 刘文典集解：《淮南鸿烈集解·缪称训》，中华书局1989年版，第335页。

"德在室则刑在野，德在堂则刑在术"。这里的"术"即道路意。"术"由"邑中道"引申出途径，进而引申出方法、策略等相关含义。《淮南子·人间训》说："见本而知末，观指而睹归，执一而应万，握要而治详，谓之术。""本""一""要"即事物的关键和根本，通过掌握根本和关键了解、把控事物的发展，这就是"术"。这里的术显然指普遍的、可以用于各个方面的方法策略。这一对术的定义与《商君书》所说"圣人非能通知万物之要也。故其治国，举要以致万物，故寡教而多功"① 和"圣人明君者，非能尽其万物也，知万物之要也。故其治国也，察要而已矣"② 意近。《主术训》是专就君主如何治国而写的一篇文章，《淮南子·要略》揭示此篇的写作旨意说：

> 《主术》者，君人之事也，所以因作任督责，使群臣各尽其能也。明摄权操柄，以制群下，提名责实，考之参伍，所以使人主秉数持要，不妄喜怒也。其数直施而正邪，外私而立公，使百官条通而辐辏，各务其业，人致其功，此主术之明也。

它首先指明，"主术"——掌握治国策略，是君主之事，其目的是督责群臣各负其责，各尽其能。接下来对何谓术进行了解释。相比较《人间训》和《要略》，《主术训》对"术"的阐述最为详赡：

> 人主之术，处无为之事，而行不言之教，清静而不动，一度而不摇，因循而任下，责成而不劳，是故心知规而师傅谕导，口能言而行人称辞，足能行而相者先导，耳能听而执正进谏。是故虑无失策，谋无过事，言为文章，行为仪表于天下。进退应时，动静循理，不为丑美好憎，不为赏罚喜怒，名各自名，类各自类，事犹自然，莫出于己。

将《人间训》《主术训》《要略》对"术"的解释与先秦法家的术论进行比较，彼此之间继承与被继承的关系一目了然。韩非说：

---

① 蒋礼鸿：《商君书锥指·赏刑》，中华书局1986年版，第105页。
② 蒋礼鸿：《商君书锥指·农战》，中华书局1986年版，第23页。

> 术者，因任而授官，循名而责实，操杀生之柄，课群臣之能者也，此人主之所执也。①

《管子·明法解》言：

> 明主操术任臣下，使群臣效其智能，进其长技。故智者效其计，能者进其功，以前言督后事所效，当则赏之，不当则诛之。张官任吏治民，案法试课成功，守法而法之，身无烦劳而分职。

《淮南子》所说"因作任督责"，"因循而任下，责成而不劳"，韩非所说"因任而授官，循名而责实"的核心都是要求君主按以下步骤治理国家：第一步，按照大臣的能力分配官职，即《管子》所言"使群臣效其智能，进其长技"；第二步，按照大臣职责对其进行督察，即《淮南子》所说"提名责实，考之参伍""名各自名，类各自类"及《管子》所说"以前言督后事所效"；第三步，能者赏，劣者罚，即《淮南子》的"明摄权操柄，以制群下"，法家的"操杀生之柄"。综上，先秦法家和《淮南子》在术论上共同的核心就是：无为，因循，虚静。概括为一句话就是君主凭借法和势审合形名，进而实现"无为而治"。

"无为而治"是先秦儒道法诸子提出的一个共同命题，但是因为他们各自设计的实现"无为而治"的路径不同，所以赋予它的内涵也并不完全相同。儒家的"无为而治"是"恭己正南面"②，"笃恭而天下平"③，要求最高统治者通过正己而正人，以道德感召民众，从而实现大治。道家的"无为而治"以虚静为核心。老子借"无为"旨在说明万事万物均有自身运行的规律，人类不要干涉，使其按规律运行即可。老子的"无为而治"取消了人的能动性，为了保持宇宙的本然面貌，人只能被动地接受而不是用智慧去改造自然。法家继承了老子"无为"依规律而为的积极一面，视法为道，视以法治国为遵循道、符合道的行为。人君以法治

---

① 陈奇猷校注：《韩非子新校注·定法》，上海古籍出版社2000年版，第957页。
② 《论语·卫灵公》有："子曰，无为而治其舜也与？舜何为哉，恭己正南面而已矣。"
③ 《中庸》第三十三章："是故君子笃恭而天下平。"

国，把法作为衡量是非的唯一工具，就可"无为而治"，这种策略就是术。"审合形名""循名责实"是联系"以法治国"和"无为而治"的桥梁。法是名，臣下所作所为是形，人君要做的仅是拿名去比照形，以此决定赏罚，这是"无为而治"的中心内涵。由此推衍开来，臣子说的话是名，做的事是形，以形证名，当则赏，不当则罚，君主无须多说；臣下、官吏的职位是名，其行为是形，二者合则用，不合则废。无论何事，君主只管让臣子们畅所欲言，自己从中斟酌选择即可，不必参与其中。这些就是"无为而治"作为术的内容，它和"审合形名""循名责实"密切关联，不可分割，是一而二，二而一的关系。由"审合形名""循名责实"而君无为臣无所不为，"无为而治"必得"审合形名""循名责实"。法家术思想的这部分内容为《淮南子》继承并发展。《淮南子》认为"无为而治"需得如下六个前提条件。

第一，实现"无为而治"必得君臣异道。"君臣异道则治，同道则乱，各得其宜，处其当，则上下有以相使也。"① 这里的"异道"指君与臣在国家治理中各自承担的职责不同。君之道"运转而无端，化育如神，虚无因循，常后而不先也"，臣之道"论是而处当，为事先倡，守职分明，以立成功"②。君之道重在发令、督责、行使赏罚之权。臣之道在依君之令行事。君臣异道即法家所言"君无为而臣无所不为"。

第二，"无为而治"需要君主清明而不暗，虚心而弱志，"犹零星之尸也，俨然玄默，而吉祥受福"③，如此则"群臣辐辏并进，无愚智贤不肖，莫不尽其能。于是乃始陈其礼，建以为基，是乘众势以为车，御众智以为马，虽幽野险涂，则无由惑矣"④。

第三，"无为而治"需要君主"因物以识物，因人以知人"，"以天下之目视，以天下之耳听，以天下之智虑，以天下之力争"⑤。如此则"号令能下究，而臣情得上闻，百官修同，群臣辐辏"⑥，不下庙堂即可无事

---

① 刘文典集解：《淮南鸿烈集解·主术训》，中华书局1989年版，第284页。
② 同上书，第284页。
③ 同上书，第281页。
④ 同上书，第283页。
⑤ 同上书，第293页。
⑥ 同上。

不成。

第四,"无为而治"需要君主因材而用,职掌明晰。人之才能各个不同。华骝、绿耳作为千里马可以日行千里,但是让它们和兔子搏斗却不如豺狼。猫头鹰在夜晚可以极目远眺,但是白昼却连山丘都看不到。所以君主要实现"无为而治"就必须要发挥众臣的才能;而要发挥众臣的才能就要因才分职,各专其能,使"工无二伎,士不兼官,各守其职,不得相奸,人得其宜,物得其安,是以器械不苦,而职事不嫚"①。臣子长期专心于一事,则其承担的职责明晰且力所能及,如此"上操约省之分,下效易为之功"②,君臣之间和睦共处而不厌倦。

第五,"无为而治"必得以法治国,循名责实。没有以法治国、循名责实,"无为而治"就是纸上谈兵。而要做到循名责实,首先要求为政者掌握国家律令制度,如此方可"上操其名以责其实,臣守其业以效其功,言不得过其实,行不得逾其法"③,群臣就会像车辐围绕车轴一样视国君为中心,一切听命于国君,没有人敢独断专行。其次,循名责实还要求国君必须做到公正无私,不偏不袒,全面听取臣子的意见,"中立而遍,运照海内"。这样,群臣就会公正行事,不敢为邪,从而形成"主精明于上,官劝力于下,奸邪灭迹,庶功日进"④的良好局面。

第六,"无为而治"需要着眼于大局,不苛于细小。《管子·宙合》用"鸟飞准绳"解说治国要着眼大局,不苟细小。它说,鸟无论飞多远,最终都要回到山谷,否则就会遭遇困顿或死亡。鸟飞回山谷的路线可能会弯弯曲曲,但圣人却说"鸟飞准绳",意即鸟的飞行路线像准绳一样直。这是因为鸟从北方出发,目标是南方,也的确飞到了南方;或者鸟从南方出发,目标是北方,的确飞到了北方。这就是成功。只要最终目标达到,不必计较路线的直还是弯。因此,《管子》提出,圣人治国要遵循"千里之路,不可扶以绳;万家之都,不可平以准。……故为上者之论其下也,不可以失此术也"。《淮南子·泰族训》显然继承了《管子》此说,并在《管子》基础上又有所发挥。它说:

---

① 刘文典集解:《淮南鸿烈集解·主术训》,中华书局1989年版,第281页。
② 同上。
③ 同上书,第287页。
④ 同上书,第288页。

治大者道不可以小，地广者制不可以狭，位高者事不可以烦，民众者教不可以苛。夫事碎，难治也；法烦，难行也；求多，难澹也。寸而度之，至丈必差；铢而称之，至石必过；石秤丈量，径而寡失；简丝数米，烦而不察。故大较易为智，曲辩难为慧。故无益于治而有益于烦者，圣人不为；无益于用而有益于费者，智者弗行也。故功不厌约，事不厌省，求不厌寡。功约，易成也；事省，易治也；求寡，易澹也。众易之，于以任人，易矣！

这正是刘安反对秦始皇"昼决狱而夜理书"、事无巨细必得躬亲的原因。在他看来，一个统一的大帝国的天子要具备提纲挈领、着眼于全局的政治管理技巧。河水因为纡曲婉转才源远流长，山脉因为高低起伏才巍峨峻拔。所以称量柴火而烧火，数着米粒而做饭，可以治小家却不可以治大国。法律条文琐碎，凡事都要求中规中矩，不是治理大国的做法。

《淮南子》的"无为而治"在继承法家"无为而治"的基础上，又赋予它新的内涵。《修务训》强调"无为"不是取消人的努力和作用，把一切完全交付自然，而是因循自然规律的"有为"。就像按照地势治理水流；依据庄稼春生夏长的特点为其耕耘除草；根据地形使用不同的交通工具：水里用舟，泥地用辐，山地用蔂。假如一切都听凭自然，什么都不做，鲧、禹就不能建立功劳，后稷的才智就发挥不出来。《淮南子》特别强调，反对和禁止诸如用火烤干井水，或者把淮水引上八公山这类仅凭主观想象而违背自然规律的"有为"。《淮南子》对"无为"的重新定义既是对原始道家什么都不做的"无为"的纠偏，也是对汉代统治阶级违背规律为所欲为的告诫。《主术训》说："人莫得自恣，则道胜，道胜而理达矣，故反于无为。无为者，非谓其凝滞而不动也，以其言莫从己出也。"自恣，就是不遵守道的随心所欲。这种做法初始时或许是人胜，但最终必然会受到"道"的惩罚。"莫得自恣"即遵守道、合乎理，就是"无为"。所以"无为"不是凝滞不动，而是循道依理行动。《修务训》又说：

若吾所谓"无为"者，私志不得入公道，嗜欲不得枉正术；循理而举事，因资而立（功），权自然之势，而曲故不得容者，事而身弗伐，功立而名弗有。

这是《淮南子》对"无为"概念的发展和创新。它指出，人之所以有违背自然规律之举，通常是因为私欲膨胀，侵犯公道和正术。当人能够控制自己的私欲，按照道理行事，遵循自然规律，巧诈就没有了容身之地。即使建立了显赫的功业，也不会沾沾自喜，更不会到处称说炫耀。所以圣人不是什么都不做，而是公而忘私，奉献天下，却从不居功自傲。正是在此基础上，《淮南子》提出："有道之主，灭想去意，清虚以待，不伐之言，不夺之事，循名责实，使有司，任而弗诏，责而弗教，以不知为道，以奈何为宝。如此，则百官之事各有所守矣。"① 由此可以看出，与先秦法家作为"君人南面之术"的"无为而治"不同的是，《淮南子》强调了"无为而治"不徇私情、不嗜私欲的一面。它的"无为而治"不再是纯粹站在君主角度，不再单纯是君主控制臣民以实现和加强专制的工具。正是基于这种认识，《淮南子》对法家术思想中阴谋诡计的一面进行批驳。

《原道训》说"释大道而任小数，无以异于使蟹捕鼠，蟾蜍捕蚤，不足以禁奸塞邪，乱乃逾滋"，"体道者逸而不穷，任数者劳而无功"。这里它把"大道"和"小数"，"体道者"和"任数者"相对而论。"大道"于国家于个体均大有裨益，"小数"于公于私均有害无利。"小数"不仅不能禁奸塞邪，反而导致更多混乱，因此为《淮南子》所不取。而所谓"体道者"即注重术之治国策略一面者，"任数者"即着眼于术之阴谋诡计一面者。"体道者"因为遵循了规律而安逸，"任数者"因为违背了规律劳而无功。可见，刘安及其门客对先秦法家术论既没有完全否定，也不是全部吸纳，而是有批判地汲取。

第五节 《淮南子》的势论

古人对势的认识源自自然界。如《淮南子·主术训》说："夫舟浮于水，车转于陆，此势之自然也。"《原道训》有："员者常转，窾者主浮，自然之势也。"顺应自然之势而为，常常事半功倍，禹因水而决江河、后稷因地而播种树榖即是。相反，违背自然之势则难成事功。禹可以决江疏

---

① 刘文典集解：《淮南鸿烈集解·主术训》，中华书局1989年版，第301页。

河，为天下兴利，但不能使水西流；稷可以辟土垦草，为百姓力农，但不能使禾稼冬生，"岂其人事不至哉？其势不可也。夫推而不可为之势，而不修道理之数，虽神圣人不能以成其功，而况当世之主乎？"① 由自然之势在生活中的重要性，《淮南子》认识到人为之势——权威对人主治国的重要性，这一点在《主术训》中有充分体现。如：

（1）灵王好细要，而民有杀食自饥也；越王好勇，而民皆处危争死。由此观之，权势之柄，其所以移风易俗矣。尧为匹夫，不能仁化一里；桀在上位，令行禁止。由此观之，贤不足以为治，而势可以易俗，明矣。

（2）权势者，人主之车舆；爵禄者，人臣之辔衔也。是故人主处权势之要，而持爵禄之柄，审缓急之度，而适取予之节，是以天下尽力而不倦。夫臣主之相与也，非有父子之厚、骨肉之亲也，而竭力殊死，不辞其躯者，何也？势有使之然也。

（3）权势者，人主之车舆也；大臣者，人主之驷马也。体离车舆之安，而手失驷马之心，而能不危者，古今未有也。

（4）摄权势之柄，其于化民易矣。卫君役子路，权重也；景、桓公臣管、晏，位尊也。怯服勇而愚制智，其所托势者胜也。……是故得势之利者，所持甚小，其存甚大；所守甚约，所制甚广。是故十围之木，持千钧之屋；五寸之键，制开阖之门。岂其材之巨小足哉？所居要也。孔丘、墨翟修先圣之术，通六艺之论，口道其言，身行其志，慕义从风而为之服役者不过数十人。使居天子之位，则天下遍为儒墨矣。楚庄王伤文无畏之死于宋也，奋袂而起，衣冠相连于道，遂成军宋城之下，权柄重也。楚文王好服獬冠，楚国效之，赵武灵王贝带鵔鸃而朝，赵国化之。使在匹夫布衣，虽冠獬冠，带贝带，鵔鸃而朝，则不免为人笑也。

将以上文字与《韩非子》对比，首先发现其中很多说法和所用事例与《韩非子》相同。

---

① 刘文典集解：《淮南鸿烈集解·主术训》，中华书局1989年版，第284—285页。

《韩非子·二柄》讲君王制约大臣有两个途径：刑、赏。大臣为了免刑获赏，就要千方百计讨好君王，所以就有"越王好勇，而民多轻死；楚灵王好细腰，而国中多饿人；齐桓公妒外而好内，故竖刁自宫治内；桓公好味，易牙蒸其子首而进之"。刑赏就是君王权势的具体表现，所以韩非所用越王好勇、楚灵王好细腰例子要论证的观点与《淮南子·主术训》正相同。《韩非子·功名》有："夫有材而无势，虽贤不能制不肖。故立尺材于高山之上，则临千仞之溪，材非长也，位高也。桀为天子，能制天下，非贤也，势重也；尧为匹夫，不能正三家，非不肖也，位卑也。"上引（1）的说法正是由此而来。

《韩非子·外储说右上》有："国者，君之车也；势者，君之马也。夫不处势以禁诛擅爱之臣，而必德厚以与天下齐行以争民，是皆不乘君之车，不因马之利车而下走者也。"《难一》有："臣尽死力以与君市，君垂爵禄以与臣市。君臣之际，非父子之亲也，计数之所出也。"是上引（2）（3）对势描述的来源。

《韩非子·五蠹》有："仲尼，天下圣人也，修行明道以游海内，海内说其仁，美其义，而为服役者七十人，盖贵仁者寡，能义者难也。故以天下之大，而为服役者七十人，而仁义者一人。鲁哀公，下主也，南面君国，境内之民莫敢不臣。民者固服于势，诚易以服人，故仲尼反为臣，而哀公顾为君。仲尼非怀其义，服其势也。故以义则仲尼不服于哀公，乘势则哀公臣仲尼。"与上引（4）所论相似。

通过以上文献比勘可知，《淮南子》的势思想直承《韩非子》。

但是与《韩非子》不同的是，《淮南子》认为势不是人主服众的唯一力量，也就是说仅有势是不够的，还必须有德。在势与恩德的双重作用下，民众才会为人主所用，为人主出生入死。商纣王有势无德，所以他的子民转而投奔周武王。因此人主不能滥用权势剥削压迫人民，供自己无度享受。"尧之有天下也，非贪万民之富而安人主之位也，以为百姓力征，强凌弱，众暴寡，于是尧乃身服节俭之行，而明相爱之仁，以和辑之。"① 尧拥有天下，不是贪图人主的势位和富贵，而是为了让人民和睦相处，安居乐业，所以他生活节俭，辛勤劳作，推行教化。及至尧老了，要把君位

---

① 刘文典集解：《淮南鸿烈集解·主术训》，中华书局1989年版，第290页。

禅让给舜时,"犹却行而脱蹝也",心情轻松而愉快,没有失去"势"的不舍和难过。但是衰世之君就不同,"一日而有天下之富,处人主之势,则竭百姓之力,以奉耳目之欲,志专在于宫室台榭,陂池苑囿,猛兽熊罴,玩好珍怪",只顾沉溺于自我纵情享乐,致使"贫民糟糠不接于口,而虎狼熊罴厌刍豢;百姓短褐不完,而宫室衣锦绣。人主急兹无用之功,百姓黎民憔悴于天下。是故使天下不安其性"①。这种做法直接导致人主威势的削弱。因此,《淮南子》认为,民众的支持是势的源泉,为了获得更多更大的势,人主就要做尧舜那样的贤君,节俭、爱民,不滥用权势,不贪图权势。

对民众与君主之势关系的认识,《淮南子》接近齐法家《管子》。《管子·形势解》说:

> 蛟龙,水虫之神者也。乘于水则神立,失于水则神废。人主,天下之有威者也,得民则威立,失民则威废。蛟龙待得水而后立其神,人主待得民而后成其威。

民之于人主仿佛水之于蛟龙。人主获得的民众支持越多,其威越大,其势越强。韩非也看到君主权势的源泉在臣民。《八奸》说:"君人者,以群臣百姓为威强者也。"《扬权》说:"为主而无臣,奚国之有?"但在如何得民方面,《管子》和《韩非子》就有了区别。《管子》由势之重要而得出法重于一切,人君要维护自己的势,就要严格守法、执法,把法令和国家社稷放在首位。韩非由此想到的是君主要加强对民众的防范和控制,以获取更大权势。至于《淮南子》,其得民之途径与《管子》相近,与《韩非子》不同。它通过重德爱民以赢取民心、获得威势的做法具有显著的儒家色彩。这是《淮南子》受汉代重儒之风影响、对儒家合理吸收的自然结果。这使得它的势思想不再只是站在君主的立场强调权力之于君主的重要性,而且能够从民众的立场分析民众对君主之势的制约。这是《淮南子》对法家之势的发展。

在对势的认识上,《淮南子》的独特之处还在于它否定了法家有势就

---

① 刘文典集解:《淮南鸿烈集解·主术训》,中华书局1989年版,第291页。

一定尊贵，无势就必然卑贱的观点。在刘安及其门客看来，得道者"不待势而尊，不待财而富，不待力而强"①，因为天下"有至贵而非势位也，有至富而非金玉也，有至寿而非千岁也，原心反性则贵矣，适情知足则富矣，明死生之分则寿矣"②。由此它得出"所谓有天下者，非谓其履势位，受传籍，称尊号也；言运天下之力，而得天下之心"③。这种观点否定了势位、尊号与君王之间的必然联系，与法家截然不同。《原道训》甚至提出拥有天下者不必"摄权持势，操杀生之柄"而行其号令，只要做到与天下相得，与道为一，即可达至这一目标。刘安及其门客否定了法家通常宣扬的一日为君则天下为我所有，不但拥有无上的荣誉，还意味着尽享荣华富贵的观点。因为道家思想的融入，刘安认为人生的最高境界是"得道""全其身""与道为一"，是一种精神而非物质的追求，所以快乐的源泉在于"德和"而非富贵。势可以让你得到富贵，但未必能获得内心的平静——"德和"。因此势在刘安和他的门客眼里就没有法家那么重要了。

第六节 《淮南子》的兵学思想

刘安带领众门客撰写《淮南子》的根本目的，与自先秦以来各家各派创立学说的目的一致，那就是"务为治也"。而要治国，就离不开军事，因此《淮南子》中有着非常丰富的兵学思想。

一 "分不均，求不澹，则争"——战争产生于物质的相对不足

《淮南子》认为战争产生于物质的相对不足。《兵略训》说：

> 人有衣食之情，而物弗能足也，故群居杂处，分不均，求不澹，则争。争，则强胁弱而勇侵怯。人无筋骨之强，爪牙之利，故割革而为甲，铄铁而为刃。贪昧饕餮之人，残贼天下，万人摇动，莫宁其所

---

① 刘文典集解：《淮南鸿烈集解·原道训》，中华书局1989年版，第39页。
② 刘文典集解：《淮南鸿烈集解·缪称训》，中华书局1989年版，第342页。
③ 刘文典集解：《淮南鸿烈集解·泰族训》，中华书局1989年版，第686页。

有。圣人勃然而起，乃讨强暴，平乱世，夷险除秽，以浊为清，以危为宁，故不得不中绝。

人有基本的物质需求，当这种需求得不到满足时就会发生争夺，产生纠纷，由此引发战争。战争则不免弱肉强食，贪婪者为一己私利残贼天下，社会为之动荡不安。于是圣人出，扶弱抑强，平息战争。从对战争起源的解释中可以看出，《淮南子》认为战争有其存在的合理性。所以《兵略训》接着又说："兵之所由来者远矣！黄帝尝与炎帝战矣，颛顼尝与共工争矣。故黄帝战于涿鹿之野，尧战于丹水之浦，舜伐有苗，启攻有扈。自五帝而弗能偃也，又况衰世乎！"这与《吕氏春秋》对战争的认识非常相似：被人们称为至治之世的五帝时期都有战争，衰世自然不能偃兵息武。

二 "兵者所以讨暴，非所以为暴也"——战争的目的是止暴

《淮南子》认为战争目的不是广地侵壤、扩大势力，而是禁暴讨乱，所以战争要把正义性放在首位，以义为本。《兵略训》说：

> 夫兵者，所以禁暴讨乱也。……教之以道，导之以德而不听，则临之以威武。临之威武而不从，则制之以兵革。故圣人之用兵也，若栉发耨苗，所去者少，而所利者多。杀无罪之民，而养无义之君，害莫大焉；殚天下之财，而赡一人之欲，祸莫深焉。使夏桀、殷纣有害于民而立被其患，不至于为炮烙；晋厉、宋康行一不义而身死国亡，不至于侵夺为暴。此四君者，皆有小过而莫之讨也，故至于攘天下，害百姓，肆一人之邪，而长海内之祸，此大伦之所不取也。所为立君者，以禁暴讨乱也。今乘万民之力，而反为残贼，是为虎傅翼，曷为弗除！夫畜池鱼者必去猵獭，养禽兽者必去豺狼，又况治人乎？

对于欺弱霸小之国，《淮南子》主张首先进行道德教化，当道德教化不起作用时，就要兵临城下，对其实施武力威慑。当威慑依然无效时，就要"制之以兵革"，即发动战争。这样的战争符合道义，是值得肯定的战争。商汤讨伐夏桀、武王讨伐殷纣即此类战争。因为立君本身就是为了禁暴讨乱，而不是使其残害民众。对于晚世为了达到扩张目的而兴不义之

兵，"伐无罪之国，杀不辜之民，绝先圣之后，大国出攻，小国城守，驱人之牛马，僇人之子女，毁人之宗庙，迁人之重宝，血流千里，暴骸满野，以澹贪主之欲"①，《淮南子》坚决反对。因为这样的战争本身就是在制造暴力，而非止暴。

因为把战争的目的确定为存亡继绝，平天下之乱，相应地义就成为判断战争行为正确与否的首要因素。合义之战就是正确的，应该支持；反之就是错误的，因而要反对。因此，真正的霸王之兵，不仅"以论虑之，以策图之"，而且要"以义扶之"②。这样的军队，所到之处"百姓开门而待之，淅米而储之，唯恐其不来也。此汤、武之所以致王，而齐桓之所以成霸也"③。所以义兵所至，甚至可以不动兵戈，不战而胜。又因为"兵之所以强者，民也；民之所以必死者，义也"④，所以义兵合道，合道多助，虽弱必强，故其功可成。

《淮南子》对义兵的体认与《吕氏春秋》如出一辙。而《吕氏春秋》对义兵的认识又上承《管子》，因此《淮南子》兵学思想的根源亦在《管子》即不言自明。

三 "兵之胜败，本在于政"——内政是决定战争胜负的根本

战争的胜负通常与政治密切相连，所以《管子》及深受《管子》影响的《吕氏春秋》在论兵时都把内政视为战争胜利的保证。承继了《管子》和《吕氏春秋》的《淮南子》自然也不例外。《兵略训》说："兵之胜败，本在于政。政胜其民，下附其上，则兵强矣；民胜其政，下畔其上，则兵弱矣。"那么，什么样的内政才能使民"附其上"，从而保证战争胜利？"德义足以怀天下之民，事业足以当天下之急，选举足以得贤士之心，谋虑足以知强弱之势，此必胜之本也。"⑤ 民众支持，经济富足，举贤而用，知己知彼，这些都是保证战争胜利的重要条件。与此相反，地广人众、坚甲利兵、高城深池、严令繁刑这些通常被认为是战争胜利有力

---

① 刘文典集解：《淮南鸿烈集解·本经训》，中华书局1989年版，第268页。
② 刘文典集解：《淮南鸿烈集解·兵略训》，中华书局1989年版，第491页。
③ 同上书，第491—492页。
④ 同上书，第512—513页。
⑤ 同上书，第497页。

保证的因素，在《淮南子》看来却并不重要，因为"为存政者，虽小必存。为亡政者，虽大必亡"①。所谓"存政"就是以人民为中心，让人民安居乐业的政治。所谓"亡政"就是统治阶级残酷地压迫人民，剥削人民，致使人民无法生活下去的政治。秦二世统治时的秦王朝就是"亡政"。因此秦二世虽然富有天下，但是因为他"纵耳目之欲，穷侈靡之变，不顾百姓之饥寒穷匮"，致使"上下不相宁，吏民不相僇"②，所以陈胜带领的"义兵"用最粗糙简陋的兵器就推翻了强大却腐败不堪的秦王朝。

作为内政的一个重要内容，赏罚对战争的影响也为《淮南子》所重视。《兵略训》说："（兵之）所明言者，人事也。"而所谓人事就是："庆赏信而刑罚必，动静时，举错疾。"③ 人都乐生恶死，但是"高城深池，矢石若雨，平原广泽，白刃交接，而卒争先合者，彼非轻死而乐伤也，为其赏信而罚明也"④。国君真正做到赏罚分明，信赏必罚，使辛苦者一定能得到快乐，勤劳者一定能获得利益，杀敌立功者一定能得到赏赐，为国捐躯者其后人一定受到奖赏，那么即使他耽于游乐，"射云中之鸟，而钓深渊之鱼，弹琴瑟，声钟竽，敦六博，投高壶"⑤，军队依然强大，号令依然可以顺畅执行。

《淮南子》把内政对战争的影响提到一个至关重要的地位，它认为用兵的至上境界是："治国家，理境内，行仁义，布德惠，立正法，塞邪隧，群臣亲附，百姓和辑，上下一心，君臣同力，诸侯服其威而四方怀其德，修政庙堂之上而折冲千里之外。"⑥ 将其与《管子》《吕氏春秋》比较，就会发现其中一脉相承的关系。

四 "将卒吏民，动静如身，乃可以应敌合战"——万众一心的重要

《管子·法禁》说："《泰誓》曰：纣有臣亿万人，亦有亿万之心。武王有臣三千而一心。故纣以亿万之心亡，武王以一心存。"说的就是团结

---

① 刘文典集解：《淮南鸿烈集解·兵略训》，中华书局1989年版，第497页。
② 同上书，第499页。
③ 同上书，第510页。
④ 同上书，第513页。
⑤ 同上书，第514页。
⑥ 同上书，第495页。

一致、同仇敌忾对于赢得战争胜利的重要性。这一点，不仅为《淮南子》所强调，而且它还做了更加详细的阐述。《兵略训》说：

> 故纣之卒，百万之心；武王之卒，三千人皆专而一。故千人同心则得千人力，万人异心则无一人之用。将卒吏民，动静如身，乃可以应敌合战。……故将以民为体，而民以将为心。心诚则支体亲刃，心疑则支体挠北。心不专一，则体不节动；将不诚心，则卒不勇敢。故良将之卒，若虎之牙，若兕之角，若鸟之羽，若蚈之足，可以行，可以举，可以噬，可以触，强而不相败，众而不相害，一心以使之也。故民诚从其令，虽少无畏；民不从令，虽众为寡。故下不亲上，其心不用；卒不畏将，其刑不战。守有必固，而攻有必胜，不待交兵接刃，而存亡之机固以形矣。

《淮南子》所说的团结包括吏民之间的团结和将卒之间的团结。要实现吏民之间的团结，就要做到为上者视下如子、如弟，如此则下视上相应地就如父、如兄。有了这种血肉相连的亲密关系，民众就不会把为国家献身视若畏途。两军交战时，他们会视死如归，奋不顾身。而要实现将领和士卒之间的精诚团结，就要做到将与卒同甘共苦。为将者暑天不张车盖，冬天不披轻裘，以便了解外界的冷暖；险要之地不乘车，攀登山坡必下车，以和士卒同等劳佚；士卒们的饭熟了之后自己才吃饭，军队的水井畅通才喝水，以和士卒同饥渴；两军交锋时必定站在射程之内，以和士卒同安危。这样的良将带兵打仗没有理由不胜利。《淮南子》把"上下有隙，将吏不相得，所持不直，卒心积不服"① 称为"虚"；把"主明将良，上下同心，气意俱起"② 称为"实"。"虚""实"直接影响战争胜负。因此"实则斗，虚则走"。当上下有隙，不能协调配合时，尽量避免战争。但是，刘安又指出虚实是变化的。吴王夫差在南面与越作战，打得越王勾践只能栖居会稽山；在北面和齐国作战，大败齐国军队；在西面和晋国的战斗同样大获全胜、生擒晋君。但是这以后夫差日益骄纵，拒谏喜谀，致使

---

① 刘文典集解：《淮南鸿烈集解·兵略训》，中华书局1989年版，第517页。
② 同上。

大臣怨怼，百姓不附，以致被越王的三千精锐打败活捉。因此，"气之有虚实也，若明之必晦也。故胜兵者非常实也，败兵者非常虚也"①。打了胜仗，滋生骄傲之心，"实"会变成"虚"。打了败仗，如能总结教训，励精图治，那么可以变"虚"为"实"。所以，善于打仗者，"能实其民气，以待人之虚也；不能者，虚其民气，以待人之实也。故虚实之气，兵之贵者也"②。

可以看出，《淮南子》关于精诚团结对战争胜负的影响的认识承《管子》《吕氏春秋》而来，但是又有了很大的发展。

五 "将必有三隧、四义、五行、十守"——对将领的要求

与《管子》和《吕氏春秋》一样，《淮南子》认为将领是战争胜利的又一关键。"良将之所以必胜者，恒有不原之智，不道之道，难以众同也。"③ 这是说优秀的将领具备与众不同、难以测度的智慧，表现为有独见独知——"见人所不见，谓之明；知人所不知，谓之神。"④ 除此之外，《兵略训》还对将领提出了既注重军事才能又强调道德情操的"三隧、四义、五行、十守"的要求。所谓"三隧"，即"上知天道，下习地形，中察人情"。所谓"四义"，即"便国不负兵，为主不顾身，见难不畏死，决疑不辟罪"。所谓"五行"，即"柔而不可卷也，刚而不可折也，仁而不可犯也，信而不可欺也，勇而不可凌也"⑤。所谓"十守"，即神志清明，智谋深远，操行坚定，知虑明察，不贪财货，不溺外物，不弄巧言，不推于方，中正平和，不喜不怒。具备"三隧、四义、五行、十守"的将领，带兵打仗"攻则不可守，守则不可攻"⑥。

六 "卒如雷霆，疾如风雨"——兵贵神速

《淮南子》对战争策略的探讨不多，其中它最为称道的是"兵贵神

---

① 刘文典集解：《淮南鸿烈集解·兵略训》，中华书局1989年版，第518页。
② 同上。
③ 同上书，第496页。
④ 同上书，第517页。
⑤ 同上书，第514—515页。
⑥ 同上书，第515页。

速"。《兵略训》有：

> 运于无形，出于不意。与飘飘往，与忽忽来，莫知其所之。与条出，与间入，莫知其所集。卒如雷霆，疾如风雨，若从地出，若从天下，独出独入，莫能应圉。疾如镞矢，何可胜偶？一晦一明，孰知其端绪？未见其发，固已至矣。故善用兵者，见敌之虚，乘而勿假也，追而勿舍也，迫而勿去也。击其犹犹，陵其与与，疾雷不及塞耳，疾霆不暇掩目。……当此之时，仰不见天，俯不见地，手不麾戈，兵不尽拔，击之若雷，薄之若风，炎之若火，凌之若波，敌之静不知其所守，动不知其所为。故鼓鸣旗麾，当者莫不废滞崩阤，天下孰敢厉威抗节而当其前者！

这些说的都是在作战中用兵迅疾的重要性。

综上所述，与其治国思想一致，在兵学思想上，《淮南子》对齐法家《管子》的继承非常显著。而对同样具有丰富兵学思想的《商君书》几无涉及。这点与《吕氏春秋》相同。

《淮南子》在汲取先秦法家思想的基础上，对其法、术、势等思想均有发展。在法思想上，它进一步强调了国家法律的独立性和客观性，指出法与德结合的重要性。在术论上，它对"无为"的创新解释赋予"无为而治"超越时代的政治内涵。它的术论着重于治国策略的探讨，摒弃了法家术论中阴谋诡计的一面。关于势，它视其为一种政治管理中不能缺少的力量，但不再把它看作君主凌驾于众人之上的资源。有势未必一定尊贵，没势未必一定卑贱，这一点完全不同于先秦法家的势思想。总之，因为道法、儒法的融合，先秦法家思想的精华在《淮南子》中得到了充分继承和发展。

第七章　汉武帝与先秦法家

与秦始皇相似，汉武帝没有诉诸文字的思想著作。但是正如著名学者秦晖所言："历史进程中真正关键性的还是'社会思想'而不是'典籍思想'。并且这里所谓的社会思想不仅是有别于精英的'民间思想'，也包括精英们通过'行为'而不是通过言论著述表达的、往往对社会实际影响更大的那些思想。这主要就是指落实在制度设计与政策思维层面上的思想。"① "秦皇""汉武"在我们研究先秦法家发展与流变过程中的重要性恰恰体现在"制度设计与政策思维"这一层面。在武帝时代，儒法由斗争趋向融合，中国古代社会长期实践的德刑结合、礼法互补的政治模式基本确立。武帝时期的各项国家政策，譬如人才选拔、法治完善、经济建设和武帝个人的某些言行，均是这一过程的体现。在没有专属文本资料的情况下，间接地通过武帝统治时期的国家政策，及其本人与大臣的言行，探讨先秦法家在这一时期的发展与流变不失为一条较好的途径。

第一节　法家在武帝朝存在的必然

一种学说的产生和存在一定有与其相应的社会背景。法家的产生与春秋战国礼崩乐坏、变法运动的兴起有必然的关系，而它被秦国和秦王朝作为治国主体思想又与秦国独特的历史条件、地理条件以及秦孝公、秦始皇等统治者对它的青睐密切相连。同理，法家在武帝朝"罢黜百家，独尊儒术"的情形下能够继续存在、发展、变化，同样与这一时期的社会状况及武帝本人对法家的需求分不开。

---

① 秦晖：《传统十论》，复旦大学出版社 2004 年版，第 168 页。

一 从武帝朝社会背景看法家存在的必然

从武帝时期的社会背景看,纯然用儒非常不现实。首先是黄老、法家、纵横等学说在社会中依然占有相当势力。

刘彻继位之初,丞相卫绾上奏说:"所举贤良,或治申、商、韩非、苏秦、张仪之言,乱国政,请皆罢。"[①] 申、商、韩非指法家,苏秦、张仪指纵横家。卫绾专门提出要清除这两家的言论,认为它们惑国乱政,说明这两家学说在汉朝思想领域占有重要地位,影响力不容忽视。从武帝身边一些大臣的学术渊源和所作所为就能看出这一点。被武帝诛杀的三长史之一边通"学短长,刚暴人也,官至济南相"。"短长"即纵横家思想。张晏注:"《战国策》名长短术也。"[②] 武帝的宠臣之一齐人主父偃也是先学长短纵横术,晚乃学《易》《春秋》和百家之言。[③] 而使他摆脱窘境、受到关注的上武帝书中,"所言九事,其八事为律令"[④]。八事之外的一事"谏伐匈奴"中,他又引用李斯规劝秦始皇勿伐匈奴时所言劝谏汉武帝。可见主父偃受法家影响之深。著名的滑稽之臣东方朔上书武帝论治国,给出的策略就是法家的"农战强国之计","其言专商鞅、韩非之语"[⑤]。《答客难》中,他更是对李斯"遇其时"且"功若丘山,海内定,国家安"的人生际遇充满羡慕之情。

法家和纵横家之外,自汉朝建立就盛行的黄老思想依然存在并占有一定市场。黄老学说虽是杂取百家融而为一,但其核心却是与儒家相对的道家和法家,所以好黄老的窦太后"非薄《五经》"[⑥],尚儒的赵绾和王臧因为反对窦太后而被下狱,后自杀。武帝时的大臣汲黯"学黄老之言,治官理民,好清静……其治,责大指而已,不苛小。……治务在无为而已,弘大体,不拘文法"[⑦]。他曾直截了当地批评武帝欲望之心太重,所

[①] (汉)班固:《汉书·武帝纪》,中华书局1962年版,第156页。
[②] (汉)班固:《汉书·张汤传》,中华书局1962年版,第2645页。
[③] (汉)班固:《汉书·严朱吾丘主父徐严终王贾传》,中华书局1962年版,第2798页。
[④] 同上。
[⑤] (汉)班固:《汉书·东方朔传》,中华书局1962年版,第2864页。
[⑥] (汉)班固:《汉书·武帝纪》注,中华书局1962年版,第157页。
[⑦] (汉)司马迁:《史记·张冯汲郑列传》,中华书局1959年版,第3105页。

以尽管武帝表面上崇尚儒家,但实际很难达至尧舜禹的境界。《汉书·杨胡朱梅云传》中武帝时人杨王孙也是一个黄老学说的信仰者。他在病重即将离世时,要求其子将其裸葬,理由是:"盖闻古之圣王,缘人情不忍其亲,故为制礼,今则越之,吾是以裸葬,将以矫世也。"儒家一向重视葬礼,认为养生送终是善始善终的表现,是符合孝道的行为,也是礼的要求。但是汉代有些儒生,父母在世时不善待,父母离世后却以厚葬博取仁孝之名。杨王孙认为这种做法偏离了礼真正的目的,因此加以反对,并试图通过自己的行为对这种社会风气予以矫正。可见,武帝时期百家没有完全被罢黜,儒术一时也未处于独尊之位。

其次,武帝朝好利轻义的社会现实与法家思想更相吻合,与儒家却是相悖的。这点从朱买臣、主父偃等股肱之臣的经历可以看出。

朱买臣本是一介寒儒,后因擅长楚辞受到武帝宠幸。被武帝任命为会稽太守后,武帝对他说:"富贵不归故乡,如衣绣夜行。"① 朱买臣于是怀揣太守大印,却穿着平常衣裳踏上归乡路,于是在会稽郡邸上演了富于戏剧性且能折射当时世态人情的一幕。郡邸中人在不知朱买臣已授太守之职时,对他不理不睬,倨傲无比。及至知道他就是新任会稽太守,立刻态度大变,毕恭毕敬。此前因为鄙视朱买臣而主动提出离婚的朱妻见到发达后的朱买臣,更是羞愧难当,以至于自缢而亡。因为贫穷落魄,朱买臣连妻子都留不住。因为富有权势,妻子可以为此羞愧自杀。这种情形与战国时苏秦在发达前后感受到的世态冷暖多么相似。可以想见势、利在人们生活中扮演着一个多么重要的角色。

假如说朱买臣遇到的情形仅见于普通百姓这样一个文化层次不高、个人修养较低的群体中,似乎尚可理解。实际却是即使在儒生这个专门学习、接受儒家教义的群体中一样是嫌贫爱富,先利后义。主父偃是齐国临淄人,他之所以离开家乡游学异地,就是因为贫穷而受到齐地儒生的排挤。主父偃落魄时,"昆弟不我衣食,宾客不我内门"。及至做了齐相,"诸君迎我或千里"②。前后鲜明的对比使主父偃既辛酸且愤怒,散五百金后,与这些见利忘义的昆弟宾客彻底绝交。但是这批人走了,另一批嗜权

---

① (汉)班固:《汉书·严朱吾丘主父徐严终王贾传》,中华书局1962年版,第2792页。
② 同上书,第2803页。

逐利之徒又聚集到主父偃身边。主父偃受宠时，宾客数以千数，但是及至被"族死"，为他收葬的只有孔车一人。

　　再来看法家兴起的战国时期。因为商品经济的发展，传统重义轻利的道德观念受到冲击，"贵诈力而贱仁义，先富有而后推让"①。上至王公贵族，下至平民百姓，无不逐利而行。廉颇失势时，门客尽去，及至复用为将，门客又回，廉颇气愤地说："你们都走吧！"门客却镇定自若、毫无廉耻地回答："君何见之晚也？夫天下以市道交，君有势，我则从君，君无势则去，此固其理也，有何怨乎？"②《战国策·齐策四》中谭拾子说："事之必至者，死也；理之固然者，富贵则就之，贫贱则去之；此事之必至，理之固然者。请以市喻：市朝则满，夕则虚，非朝爱市而夕憎之也，求存故往，亡故去。"秦宣太后对前来求救的韩国使者说："妾事先王也，先王以其髀加妾之身，妾困不疲也。尽置其身妾之上，而妾弗重也。何也？以其少有利焉。今佐韩，兵不众，粮不多，则不足以救韩，夫救韩之危，日费千金，独不可使妾少有利焉！"③苏秦第一次外出求用未成，衣衫褴褛地回到家乡，妻子不下织机，嫂子不给他做饭，父母不和他说话。第二次得到重用，高官厚禄随之而来，苏秦将游说楚王，路过家乡洛阳，父母听闻，为之清宫除道，张乐设饮，郊迎三十里。妻子因此前的无礼而不敢和他对视。嫂子更是匍匐在地，四拜以向他道歉。苏秦问："嫂子为什么前倨而后卑？"其嫂干脆地回答："因为小叔你现在地位尊贵而钱又多。"苏秦由此而感叹："贫穷则父母不子，富贵则亲戚畏惧。人生世上，势位富贵，盖可忽乎哉！"④人们毫不掩饰地逐利、逐富贵而行。为了利，可以不顾廉耻，不择手段。到了汉代，尽管武帝唯儒独尊，但儒家的仁义礼让以及孔子所言"饭疏食饮水，曲肱而枕之，乐亦在其中矣。不义而富且贵，于我如浮云"⑤并没有得到广泛认可。即使士阶层也仍然以富贵为人生成功与否的标杆。为了扭转这一趋势，朝廷招揽方正、贤良、文学等士人，升任他们中的部分人为卿大夫，以提高儒学和儒生的地位。同时

---

① （汉）司马迁：《史记·平准书》，中华书局1959年版，第1442页。
② （汉）司马迁：《史记·廉颇蔺相如列传》，中华书局1959年版，第2448页。
③ 诸祖耿：《战国策集注汇考·韩策二》，江苏古籍出版社1985年版，第1412页。
④ 诸祖耿：《战国策集注汇考·秦策一》，江苏古籍出版社1985年版，第119—120页。
⑤ 杨伯峻译注：《论语译注·述而》，中华书局1980年版，第70—71页。

为了弘扬儒家教义，公孙弘以丞相身份，盖布被，吃陋食，欲为天下人作榜样，但对追名逐利之社会风气的改变却无丝毫之益。可见武帝时期的社会现实使得儒家缺少成长和发展的内在动力，却为法家发展提供了肥沃土壤。法家的人性本恶，人皆好利恶害，人与人之间只是利益相连，与上述诸种情形正相吻合。这就决定了儒家不可能真正独尊，法家也不可能完全消失。

二 从武帝的儒家思想看法家存在的必然性

法家能在武帝朝继续存在、发展，与武帝对儒家的认识和理解有很大关系。武帝心目中的儒家已不是孔孟所主张的先秦原始儒家，而是融合了法家因子、适应治国实际需要的儒家。武帝的许多言行都反映出这一事实。

武帝继位后曾命儒术之士制定礼仪，但十年未成。因为有些儒生认为，礼仪制度须在太平盛世、万民和喜、各种吉祥征兆显现时才能制定。武帝就此反驳说："盖受命而王，各有所由兴，殊路而同归，谓因民而作，追俗为制也。议者咸称太古，百姓何望？汉亦一家之事，典法不传，谓子孙何？化隆者闳博，治浅者褊狭，可不勉与！"于是在太初元年（前104年）"改正朔，易服色，封太山，定宗庙百官之仪，以为典常"[①]。与法家相比，儒家一个显著特点是"法先王"，赞往世，以古非今。儒家学者对时政的干预不是向前看的改革和发展，而是回顾式的后退。所以儒士们崇尚的圣人是尧舜禹、商汤周文等过去的贤君明主，他们认为最好的时代是已经过去的五帝三王时期。法家则认为历史是发展变化的，因循守旧仿佛守株待兔，最终只会错过时机，一无所获。所以他们崇尚改革，主张时异事异。而武帝，虽然主张"罢黜百家，独尊儒术"，但对儒家固执的保守和因循并不欣赏。对儒生们动辄称颂往古、非议当朝，他甚至是厌恶的。他认为每一个王朝都有不同的兴盛原因，但它们要达到的"治"的目的却相同。因此，在武帝看来，制度应该因民心而起，随民俗而定，而不能一味遵循前人。任何一个朝代，只要治化隆盛，国家富强，就会对后世产生博大闳深的影响。言外之意，国家强大才是目标，是否遵守前人成规并不重要。其观念中表现出的对变革的肯定颇具法家色彩。如把上引武

[①]（汉）司马迁：《史记·礼书》，中华书局1959年版，第1160—1161页。

帝与儒生的简短对话与《商君书·更法》所记秦孝公、商鞅与甘龙就变法一事的辩论做一对比，就可以发现二者有异曲同工之妙。《更法》篇中，倾向于儒家的甘龙反对变法，商鞅尖锐地批驳道："常人安于故习，学者溺于所闻。此两者，所以居官而守法，非所与论于法之外也。三代不同礼而王，五霸不同法而霸。故知者作法，而愚者制焉；贤者更礼，而不肖者拘焉。拘礼之人，不足与言事；制法之人，不足与论变。"两相对比可以看出，反对因循守旧，主张因时变革，是提倡儒术的武帝和先秦法家代表人物商鞅共同遵循的治世原则。再来看一看武帝于公元前123年就奖励军功所颁布的一份诏书，这一特点就表现得更明显了。

公元前123年春二月和夏四月，大将军卫青两次征战匈奴，战功赫赫，获得丰厚赏赐。为了使其所获奖赏便于买卖，武帝下诏说：

> 朕闻五帝不相复礼，三代不同法，所繇殊路而建德一也。盖孔子对定公以徕远，哀公以论臣，景公以节用，非期不同，所急异务也。今中国一统而北边未安，朕甚悼之。日者大将军巡朔方，征匈奴，斩首虏万八千级，诸禁锢及有过者，咸蒙厚赏，得免减罪。今大将军仍复克获，斩首虏万九千级，受爵赏而欲移卖者，无所流貤。其议为令。①

首先，刘彻认为儒学并非一成不变。五帝之礼不相复，三代之法不相因，五帝三王的治国途径各个不同，但他们都建立了一番功业。这一说法与他就制定礼仪制度反驳儒生所言完全一致，与商鞅反驳甘龙所说"三代不同礼而王，五霸不同法而霸"何其相像！在武帝看来，国家政策必须根据现实需要做相应调整，当现实需要变革时，儒家的因循守旧就必须抛弃，而法家的时异事异的变革思想就必须提上日程。作为政治家的武帝在重视实际、关注当下方面与法家不谋而合，与儒家则有了分歧。至于武帝真正关心的如何使用军功，更是一个完全法家化的问题。儒家不提倡战争，因而也就不可能有奖励军功的观念。与儒家相反，奖励军功在法家思想中是一条重要治国策略。武帝治国理想之一就是法家倾心的开疆拓土，

---

① （汉）班固：《汉书·武帝纪》，中华书局1962年版，第173页。

所以他用奖励军功鼓舞将士也就是自然而然之事。"受爵赏而欲移卖者，无所流虵"是说屡获战功的将领所受爵位和物质赏赐很多，想把爵位延及父兄子孙或卖与他人却不能。① 因此武帝要求相关官吏对此加以讨论并拿出办法写入法令。于是"有司奏请置武功赏官，以宠战士"②。这就意味着将士通过战功不但自己可以得到高官厚禄，而且恩施家族，荫及子弟。武帝这一做法把法家奖励军功的治国策略发挥到了极致。整个过程表面上看倾向于儒家，实际上却完全体现了法家精神，以儒掩法的特点非常明显。与此相似的是元朔元年（前128年）春天，刘彻立卫子夫为皇后，为此下诏说：

> 朕闻天地不变，不成施化；阴阳不变，物不畅茂。《易》曰"通其变，使民不倦"。《诗》云"九变复贯，知言之选"。朕嘉唐虞而乐殷周，据旧以鉴新。其赦天下，与民更始。诸逋贷及辞讼在孝景后三年以前，皆勿听治。③

两份诏书，武帝都在强调"变化"而不是守旧的重要。这份诏书中，武帝从天地阴阳起始，说明变才是永恒的，变才是合道之举。接着他称引《易》《诗》，说明变化使民众不厌倦。即使多次变化，只要合道，就是懂得选择。而所谓的"嘉唐虞而乐殷周，据旧以鉴新"则是通过赞赏尧、舜及商、周，说明圣人的功绩也建立在朝代更迭革新的基础上。为了给自己换皇后找一个恰当理由，武帝旁征博引论证"变化"的重要性。把汉武帝和汉昭帝立皇后的诏书做一对比，会发现非常明显的不同。公元前83年春季，汉昭帝立上官氏为皇后，诏书非常简单，"赦天下。辞讼在后

---

① 对这段话的理解，关键在"虵"。应劭说："言军吏士斩首虏，爵级多无所移与，今为置武功赏官，爵多者分与父兄子弟及卖与他人也。"师古解释说："此诏言欲移卖爵者，无有差次，不得流行，故为置官级也。"（见班固《汉书·武帝纪》，中华书局1962年版，第173页）但是从前文所说"大将军频繁立战功受赏赐"及武帝与卫青的君臣之情来看，这份诏书应是有利于卫青的。而如按师古解释则不利于卫青。且《汉书·叙传》有"秺侯狄孥，虔恭忠信，奕世载德，虵于子孙。述《霍光金日磾传》第三十八"，师古注说："虵，延也。"（见班固《汉书》，中华书局1962年版，第4259页）。其义与应邵所说吻合。

② （汉）班固：《汉书·武帝纪》，中华书局1962年版，第173页。

③ 同上书，第169页。

二年前，皆勿听治"①。完全没有武帝利用儒家为自己多方铺垫、寻找理由的做派。虽然武帝称引《诗》《易》等儒家经典是为了给自己改立皇后找一个冠冕堂皇的理由，但也反映出他从内心是认可变革的，否则不会把"变"的重要性、合理性论证得如此充分。那么，武帝对变革的认识是从哪里来的？《易》《诗》之类的儒家典籍固然起到了一定作用，但最重要的源泉在法家思想。我们可以通过前引中提到的"三公问政"来说明这个问题。

关于"三公问政"的完整记载只见于两本早期典籍：法家的《韩非子》和儒家的《孔子家语》②。《韩非子·难三》有：

> 叶公子高问政于仲尼。仲尼曰："政在悦近而来远。"哀公问政于仲尼。仲尼曰："政在选贤。"齐景公问政于仲尼。仲尼曰："政在节财。"

《孔子家语·辩政》有：

> 昔哉齐君问政于夫子，夫子曰："政在节财。"鲁君问政于夫子，子曰："政在谕臣。"叶公问政于夫子，夫子曰："政在悦近而来远。"

《韩非子》和《家语》关于"三公问政"的记载几近相同，但一个明显的差别是"三公问政"的顺序二书恰好相反。但武帝诏书中所引，三公出现的顺序与《韩非子》一致，只是叶公子高变成了定公。由《韩非子》和《家语》均是"叶公"可知，诏书中的"定公"应该是武帝的一个无心之错。从汉代典籍记载看，因为汉代"过秦"的需要，韩非及《韩非子》出现的频率非常高。而《孔子家语》则仅有书目见于《汉书·艺文志》，其他汉代典籍没有提到此书者。唐颜师古《汉书》注说："书已亡，非后世所传《家语》。"这说明《韩非子》普及率要比《孔子家

---

① （汉）班固：《汉书·昭帝纪》，中华书局1962年版，第2221页。
② 《论语·子路》有："叶公问政。子曰：'近者悦，远者来。'"《颜渊》篇有："齐景公问政于孔子。孔子对曰：'君君臣臣父父子子。'"人物与武帝所言吻合，但是内容却不同。至于鲁哀公问政于孔子一事干脆不见于《论语》。

语》高,影响也大。因此,武帝应是从《韩非子》中看到"三公问政"这段话,进而引用到诏书中的。有一个细节可以进一步证明这一点。《韩非子·难三》在"三公问政"之后,还有一段子贡与孔子的对话:

> 子贡问曰:"三公问夫子政一也,夫子对之不同,何也?"仲尼曰:"叶都大而国小,民有背心,故曰政在悦近而来远。鲁哀公有大臣三人,外障距诸侯四邻之士,内比周而以愚其君,使宗庙不扫除、社稷不血食者,必是三臣也,故曰政在选贤。齐景公筑雍门,为路寝,一朝而以三百乘之家赐者三,故曰政在节财。"

其中表现出的核心观点恰与刘彻"非期不同,所急异务也"相同。这说明武帝熟悉法家典籍,因此才能在诏书中娴熟引用。正是通过对《商君书》《韩非子》等法家典籍的阅读,使得汉武帝接受了先秦法家的一些思想,并将其用于对大汉帝国的治理中。

武帝对儒法两家思想的真实态度和实际应用通过《汉书·礼乐志》所述可见一斑。《汉书·礼乐志》说:

> 至武帝即位,进用英隽,议立明堂,制礼服,以兴太平。会窦太后好黄老言,不说儒术,其事又废。后董仲舒对策言:"王者欲有所为,宜求其端于天。天道大者,在于阴阳。阳为德,阴为刑。天使阳常居大夏而以生育长养为事,阴常居大冬而积于空虚不用之处,以此见天之任德不任刑也。阳出布施于上而主岁功,阴入伏藏于下而时出佐阳。阳不得阴之助,亦不能独成岁功。王者承天意以从事,故务德教而省刑罚。刑罚不可任以治世,犹阴之不可任以成岁也。今废先王之德政,独用执法之吏治民,而欲德化被四海,故难成也。……"是时,上方征讨四夷,锐志武功,不暇留意礼文之事。

从这段话可以看出以下事实:一,武帝初继主位即采取了一系列倾向儒学的举措,但是因为窦太后青睐黄老之术,所以武帝向儒之心不了了之。二,其后,董仲舒建言更化善治,胜残去杀,务德教而省刑罚,但是忙于征讨四夷的武帝,"锐志武功,不暇留意礼文之事"。董仲舒主张的德主刑辅的治国之策又被置之不理。董仲舒看到的武帝时的现实是"今废先王之德政，独用执法之吏治民"，"法出而奸生，令下而诈起，一岁之狱以万千数"，与以法家思想为治国主导的秦王朝没有什么区别，所以他提出要改弦更张，建立儒家德治。由此可知，虽然武帝采纳了董仲舒"罢黜百家，独尊儒术"的建议，但法家思想始终是武帝制定国家政策的核心标杆。法家没有被罢黜，儒家也没有被独尊。因为，就武帝拓边称雄的理想来说，比起儒家，法家无疑更能满足他的需要。

《汉书·武帝纪》"赞"说：

> 汉承百王之弊，高祖拨乱反正，文景务在养民，至于稽古礼文之事，犹多阙焉。孝武初立，卓然罢黜百家，表章《六经》。遂畴咨海内，举其俊茂，与之立功。兴太学，修郊祀，改正朔，定历数，协音律，作诗乐，建封禅，礼百神，绍周后，号令文章，焕焉可述。后嗣得遵洪业，而有三代之风。

武帝的确实施了不少复兴儒学的举措，但是就其政策的实质而言，仍是自秦以来的法家思想，董仲舒所言已证明了这一点，而班固所称赞的不过是一种表象，是披在法家内核上的一层儒家外衣。张汤、杜周等酷吏不过起于文墨小吏，但是却能"致位三公"，他们的福祉"元功儒林之后莫能及也"[1]；与张汤辩论的儒生狄山死于非命，一心向儒的饱学之士兒宽长久沉沦于底层得不到重用。至于武帝时的经济政策更是对法家经济思想的完全实施（详见第九章《〈盐铁论〉与法家》）。儒、法在武帝朝的地位还需要再多说什么吗？所以金春峰先生说："武帝时期，尊儒的政策虽然确立了，但由于对匈奴的全国性战争，国家实际转入战时体制，因而在政权组成成分和政策指导思想上，不仅儒术没有独尊，相反被指名'罢黜'的申商韩非之言，倒成了政治的指导思想，儒学被扫进了'无权'的角落。"[2]

---

[1] （汉）班固：《汉书·杜周传》，中华书局1962年版，第2683页。
[2] 金春峰：《汉代思想史》，中国社会科学出版社2006年版，第13页。

第二节 从武帝的用人思想与武帝之臣
看法家的发展与流变

选才思想、用人标准体现着一个君王的治国思想和治国策略,而入职人才的所作所为和为官之道又常常深受代表国家利益的最高统治者的影响。所以从用人思想和武帝身边的近臣同样可以考察法家在武帝朝的地位。

一 从武帝的用人思想看法家在武帝朝的地位

武帝之前,汉家王朝主要采取黄老政策休养生息。武帝继位后采取了一系列政策试图以儒家取代黄老在治国中的地位。

建元元年(前140年),汉武帝刘彻继位一年后,下诏命丞相、御史大夫、列侯、二千石官及各诸侯的相推举品行端正且能直言相谏之士,同时派遣使者带上帛和玉璧,用安车蒲轮征诏鲁国著名的儒士申公。

元光元年(前134年)五月,汉武帝下诏:

> 朕闻昔在唐虞,画象而民不犯,日月所烛,莫不率俾。周之成康,刑错不用,德及鸟兽,教通四海。海外肃眘,北发渠搜,氐羌徕服。星辰不孛,日月不蚀,山陵不崩,川谷不塞;麟凤在郊薮,河洛出图书。呜呼,何施而臻此与!今朕获奉宗庙,夙兴以求,夜寐以思,若涉渊水,未知所济。猗与伟与!何行而可以章先帝之洪业休德,上参尧舜,下配三王!朕之不敏,不能远德,此子大夫之所睹闻也。贤良明于古今王事之体,受策察问,咸以书对,著之于篇,朕亲览焉。[①]

公元前136年,朝廷设立《诗》《书》《易》《礼》《春秋》儒家五经博士。

元朔元年(前128年)冬十一月,刘彻下诏推举孝廉人才:

---

① (汉)班固:《汉书·武帝纪》,中华书局1962年版,第160—161页。

夫本仁祖义，褒德禄贤，劝善刑暴，五帝三王所繇昌也。朕夙兴夜寐，嘉与宇内之士臻于斯路。……①

这一系列举动似乎都在证明汉武帝对儒家的青睐。参尧舜，配三王，河出图，洛出书，刑错不用，教通四海，本仁祖义，褒德禄贤，似乎都显示着刘彻是以儒家理想中的太平盛世为治世目标。公元前134年和前128年的两份诏书中，武帝都用到"夙兴夜寐"，可见他对开创汉家"新时代"的殷殷之情。他知道要达至这一目标须得智慧之士相助。因此，在前一份诏书中，刘彻提出希望深知古今王事体制的贤良之士就治国问题发表见解，著之简策，他将亲自阅览。董仲舒和公孙弘应诏脱颖而出。后一份诏书中，武帝希望各方官员积极向朝廷举荐人才。他引用《论语》"十室之邑，必有忠信如丘者焉"及"三人行，必有我师焉：择其善者而从之，其不善者而改之"表达他对人才的渴望之情。他称赞"进贤受上赏，蔽贤蒙显戮"的古之道，为此还意欲制定惩治官吏不举荐贤人的制度。朝中执事官员就此建议说，古时候诸侯为天子举荐人才，第一次举荐"谓之好德"，第二次举荐"谓之贤贤"，第三次举荐就可以称之为国家的有功之臣，天子要给予车马、衣服、乐器、朱户、纳陛、虎贲百人、铁钺、弓矢、秬鬯等奖赏。与之相应，不举荐人才，第一次降低爵位，第二次削除领地，第三次削去全部爵位和领地。大汉帝国应当效仿这种做法，"不举孝，不奉诏，当以不敬论。不察廉，不胜任也，当免"。刘彻立刻同意了这一建议。从此以后，举孝廉成为汉代的人才策略，这为儒家复兴提供了重要契机，正是通过举孝廉，许多儒家士人得以进入仕途。

公元前124年夏六月，刘彻再次下诏："盖闻导民以礼，风之以乐，今礼坏乐崩，朕甚闵焉。故详延天下方闻之士，咸荐诸朝。其令礼官劝学，讲议洽闻，举遗兴礼，以为天下先。太常其议予博士弟子，崇乡党之化，以厉贤材焉。"②为此丞相公孙弘请求为博士官设置一定数量的弟子。这一举措大大激发了士人研习经学的热情，无形中使儒家学者大

---

① （汉）班固：《汉书·武帝纪》，中华书局1962年版，第166页。
② 同上书，第171—172页。

量增加。

从以上举措看，刘彻似乎是以培养、重用儒家人才为主。但是，同时需要注意的是公元前130年，朝廷"征吏民有明当时之务习先圣之术者，县次续食，令与计偕"①。"明当时之务、习先圣之术者"意即明白当世时务、熟悉圣人治世之道的人。既然是明白当世时务，自然不一定必须是儒士。

元鼎二年（前115年）秋季，因江南遭遇水灾，加之寒冬迫近，如何救助灾民成为摆在朝廷面前非常紧迫的问题。刘彻于是下诏征寻"吏民有赈救饥民免其厄者"②。只要能帮助饥民摆脱困境，地方官吏尽可以上报朝廷，委以重用。

从这两次对人才的征诏可以看出，刘彻重视儒生，更重视实用性人才。他曾说："夫所谓人才者，犹有用之器也。"③元封五年（前106年），刘彻身边知名的文武大臣因各种原因先后离世，所剩无几。武帝对人才的需求更加急切，他说："盖有非常之功，必待非常之人，故马或奔踶而致千里，士或有负俗之累而立功名。夫泛驾之马，跅弛之士，亦在御之而已。其令州郡察吏民有茂材异等可为将相及使绝国者。"④能够建伟业立大功之人通常与众不同。有的马停下时会踢人，但却能日行千里。有的士人行为有违礼制、不合世俗要求，但却具有不同寻常的才华。这样的人才就像不甚驯服的千里马，关键在于为上者怎么使用。这意味着刘彻在用人时不会仅仅局限于儒生，更不会单纯以道德作为选拔人才的唯一标准。因此他的统治思想也不可能是纯粹的儒家，而必然是杂取百家，为我所用。其实，针对武帝多方招纳儒家人才的做法，其臣子，崇尚黄老之治的汲黯曾经一针见血地指出："陛下内多欲而外施仁义，奈何欲效唐虞之治乎！"⑤这是说汉武帝有太多欲望，因此不可能真正施行儒家德治，自然也就难以建立尧舜禹之功。

---

① （汉）班固：《汉书·武帝纪》，中华书局1962年版，第164页。
② 同上书，第182页。
③ （宋）司马光：《资治通鉴》第二册，中华书局1982年版，第638页。
④ （汉）班固：《汉书·武帝纪》，中华书局1962年版，第197页。
⑤ （汉）司马迁：《史记·汲郑列传》，中华书局1959年版，第3106页。

二 从武帝之臣看法家在武帝朝的发展与流变

在专制政权下,大臣出于明哲保身的需要,同时也为了给自己创造施展才华的机会,常常不得不放弃个人的思想主张,屈从于最高统治者,甚至投其所好,以赢得恩宠。因此,股肱之臣通常是最高统治者的一面镜子,从他们身上可以看出君主的"好恶",乃至治国主导思想、方针策略。所以,对汉武帝时期所用重要大臣做一番考察,通过他们对法家思想的接受和应用,以及法家思想在他们身上的发展变化,我们可以从侧面看出武帝朝法家的发展、流变状况。下面挑选较有代表性的公孙弘、主父偃、儿宽等人而论。

(一)公孙弘

公孙弘是武帝时期一个具有传奇色彩的大臣,年届六十"以贤良征为博士",跻身于国家政治精英行列,不久,奉命出使匈奴,因不合武帝心意被认为无能,无奈之下借病免官回家。第一次短暂出仕的经历给公孙弘留下了深刻印象。

武帝元光五年(前130年),当公孙弘再次被地方举荐到朝廷时,第一次出仕的教训使他认识到,能否在朝廷站住脚,关键在于可否获得最高统治者的欢心。因此,他在一次敕策应对中刻意逢迎武帝,故而受到关注,在上百人中脱颖而出。剖析公孙弘的应制内容,其最大特点就是法为核,儒为表。公孙弘说:

> 臣闻上古尧舜之时,不贵爵赏而民劝善,不重刑罚而民不犯,躬率以正而遇民信也;末世贵爵厚赏而民不劝,深刑重罚而奸不止,其上不正,遇民不信也。……是故因能任官,则分职治;去无用之言,则事情得;不作无用之器,即赋敛省;不夺民时,不妨民力,则百姓富;有德者进,无德者退,则朝廷尊;有功者上,无功者下,则群臣逡;罚当罪,则奸邪止;赏当贤,则臣下劝:凡此八者,治民之本也。①

---

① (汉)班固:《汉书·公孙弘卜式儿宽传》,中华书局1962年版,第2615页。

从这段说辞看，公孙弘尊崇尧舜，反对严刑厚赏，主张统治阶级以身作则，以德化民，这完全是醇儒的观点。但他接着所说八条"治民之本"除"有德者进，无德者退"具有儒家特点外，其余几条法家色彩远远浓于儒家。因能任官，分职而治，是法家治吏的途径之一；"有功者上，无功者下"体现出的事功思想是法家在用人方面始终如一的主张。儒家用人通常置德于能前，先德后能。至于重实用、反对无用之言，更为法家所重视和提倡。"罚当罪""赏当贤"不用说是法家赏罚的基本原则。公孙弘在应制中还说："法不远义，则民服而不离；和不远礼，则民亲而不暴。故法之所罚，义之所去也；和之所赏，礼之所取也。礼义者，民之所服也，而赏罚顺之，则民不犯禁矣。"① 其中体现的国家法令与道德价值取向必须一致的主张也为法家集大成者韩非一再强调。而他对事关治乱的义、礼、术的定义一样借鉴了法家思想："明是非，立可否，谓之义；进退有度，尊卑有分，谓之礼；擅杀生之柄，通壅塞之途，权轻重之数，论得失之道，使远近情伪必见于上，谓之术。"② 义是判断是非、可否的标准，起着法家之法的作用。礼体现出的尊卑主要表现在君臣之间，而君臣关系是法家最关注的一种人际关系。至于术，本就是一个法家概念。"擅杀生之柄"即掌握对大臣的生杀予夺大权。《韩非子·二柄》说："明主之所导制其臣者，二柄而已矣。二柄者，刑、德也。何谓刑、德？曰：杀戮之谓刑，庆赏之谓德。为人臣者畏诛罚而利庆赏，故人主自用其刑德，则群臣畏其威而归其利矣。""通壅塞之途"指避免大臣擅权，遮蔽君主耳目。《韩非子·亡征》有："大臣甚贵，偏党众强，壅塞主断而重擅国者，可亡也。"《内储说上·七术》曰："观听不参则诚不闻，听有门户则臣壅塞。"同篇还有："必待势重之钧也，而后敢相议，则是益树壅塞之臣也。"可见"通壅塞之途"是法家维护君主权益、限制臣下结党营私的必然要求。在公孙弘看来，他所说的义、礼、术是"治之本，道之用"，不能废弃，"得其要，则天下安乐，法设而不用；不得其术，则主蔽于上，官乱于下"③。公孙弘此番应制的法家色彩于此可见。但是公孙弘却因此受到独尊儒术的汉武帝的赏识，被评

---

① （汉）班固：《汉书·公孙弘卜式兒宽传》，中华书局1962年版，第2615页。
② 同上书，第2616页。
③ 同上。

为第一，拜为博士，待诏金马门。

其后，公孙弘在上武帝疏中说，当今之世"政弊而不行，令倦而不听。夫使邪吏行弊政，用倦令治薄民，民不可得而化，此治之所以异也"①，并以周公旦治天下为例说明自己的主张。武帝看后问公孙弘他在治理国家方面是否可与周公相比，公孙弘回答，不敢与周公相比，但"晓然见治道之可以然也"，意即他是懂得"治道"的。他的"治道"就是："夫虎豹马牛，禽兽之不可制者也，及其教驯服习之，至可牵持驾服，唯人之从。臣闻揉曲木者不累日，销金石者不累月，夫人之于利害好恶，岂比禽兽木石之类哉？期年而变，臣弘尚窃迟之。"② 此番话已全无儒家气息，完全是法家风范。公孙弘认为，第一，对待大臣就像对待虎豹马牛一样，要将其驯服，然后牵持驾服；第二，好利恶害是人之天性，利用这一点就可以使大臣在短时间内被驯服。这番话令武帝大为惊诧，同时也暗合了武帝心意，因此成为公孙弘之后政治生涯的良好开端。武帝外儒内法的治国倾向也昭然若揭。

公孙弘年轻时曾做过狱吏，因此对汉代法律有所了解。四十多岁时"学《春秋》杂说"。"杂说"已说明公孙弘为学不纯。《汉书·艺文志》儒家类著录《公孙弘》十篇，而《西京杂记》说："公孙弘著《公孙子》，言刑名事，亦谓字直百金。"③ 公孙弘的著作被列入儒家类，却"言刑名事"，说明公孙弘的儒家思想已非纯儒，而是根据汉代社会现实及统治阶级的需要，糅合了其他各家学说后的儒学。入朝为官后，他一方面"习文法吏事"，同时又"缘饰以儒术"，这一切都说明公孙弘的思想始终是儒与法的结合。其言行中也有充分体现。

第二次出仕后，在朝廷上，公孙弘从不主动进谏，更不会与皇帝及其他大臣争论。他和主爵都尉汲黯与皇帝商讨政事，每次都是汲黯先提出问题，公孙弘随后阐述推究，因此他的主张通常更合皇帝心意，因而多被采纳，日益亲贵。有时和其他大臣商量好的建议，可是一到朝堂上，公孙弘就违背了约定。汲黯为此指责公孙弘："齐人多诈而无情，始为与臣等建

---

① （汉）班固：《汉书·公孙弘卜式兒宽传》，中华书局1962年版，第2617页。
② 同上书，第2618页。
③ （晋）葛洪集，成林、程章灿译注：《西京杂记全译》，贵州人民出版社1993年版，第112页。

此议，今皆背之，不忠。"当皇帝就此问公孙弘时，公孙弘不做辩解，只是说："夫知臣者以臣为忠，不知臣者以臣为不忠。"① 这种模棱两可、以不辩为辩、投机取巧的语言技巧使他越发被皇帝信任，左右大臣不利于他的议论都不能影响到皇帝对他的厚爱。公孙弘曾多次上疏阻止武帝拓边，他认为这一做法是疲弊中原去供应对汉王朝并无太大用途的少数民族地区，得不偿失，因此希望武帝就此罢手。武帝就此安排朱买臣和公孙弘辩论。朱买臣提出十个关于置朔方利害的问题，公孙弘一个也答不上来。于是他谢罪说："山东鄙人，不知其便若是，愿罢西南夷、苍海，专奉朔方。"② 很显然，面对朱买臣提出的问题，公孙弘不是回答不上来，而是在揣度了解了武帝的心思之后，慑于武帝之威，就此妥协。

公孙弘言行中最为人争议的是节俭。他位列三公，俸禄丰厚，但是却盖布被，吃陋餐。耿直的汲黯认为其中有诈。皇帝就此追问公孙弘，他回答说："有这样的事。九卿中汲黯与我交情最好，可是今天他当庭责问我，实在是说中了我的弱点。身为三公之一而用布被子，的确是伪饰欺诈，想要沽名钓誉。我听说管仲作齐国的相，娶了三位不同姓的女子为妻，其奢侈程度可与君主相比，齐桓公依靠他的辅佐而称霸，不过他是对上僭越国君。晏婴作齐景公的相，一餐不吃两份肉菜，他的小妾不穿丝织的衣服，齐国也治理得很好，他是向下比照着平民。现在我公孙弘作御史大夫，用布被子，是使九卿以下至小吏都没有了贵贱的差别。确如汲黯所言。再说没有汲黯，陛下又怎么能听到我这番话？"③ 公孙弘以不争而争，用四两拨千斤，既打消了武帝的疑虑，赢得了信任，同时还在不经意间中伤了汲黯。元朔中，公孙弘代薛泽为丞相，被封为平津侯。做了丞相后，公孙弘建起客馆，开阁延贤，图议国事。同时依然保持节俭之风，每顿饭都是以糙米饭配一个荤菜即可。他的朋友、宾客都仰仗他供给衣食，俸禄都用于此，所以家里没有余财。④ 此事在《西京杂记》中也有叙述：

  公孙弘起家徒步，为丞相，故人高贺从之。弘食以脱粟饭，覆以布

---

① （汉）班固：《汉书·公孙弘卜式儿宽传》，中华书局1962年版，第2619页。
② 同上。
③ 同上书，第2620页。
④ 参见司马迁《史记·平津侯列传》，中华书局1959年版，第2950—2951页。

被。贺怨曰:"何用故人富贵为?脱粟布被,我自有之。"弘大惭。贺告人曰:"公孙弘内服貂蝉,外衣麻枲;内厨五鼎,外膳一肴,岂可以示天下。"于是朝廷疑其矫焉。弘叹曰:"宁逢恶宾,无逢故人。"①

公孙弘因为不合人情的过度节俭遭汲黯诟病。《西京杂记》中的记载在没有旁证的情况下,无法判断其真假。但有一点可以肯定,那就是这一说法的产生、流传与公孙弘表里不一的为人不无关系,这也正是他"缘饰以儒术"的一面。《史记》公孙弘本传说,公孙弘"为人意忌,外宽内深。诸常与弘有隙者,虽详与善,阴报其祸。杀主父偃,徙董仲舒于胶西,皆弘之力也"②。凡是与公孙弘不和的人,公孙弘表面上与他们交好,背地里却处心积虑地伺机报复。《汉书·董仲舒传》言:"仲舒为人廉直……公孙弘治《春秋》不如仲舒,而弘希世用事,位至公卿。仲舒以弘为从谀,弘嫉之。""希世用事"即善于察言观色,公孙弘因此升迁迅速。但是董仲舒认为公孙弘阿谀奉承,两人矛盾由此而起。公孙弘于是向武帝建议委派董仲舒到纵恣残暴的胶西王处做相,妄图假胶西王之手置董仲舒于死地。主父偃曾主张设朔方郡,公孙弘反对,二人因此产生矛盾。其后公孙弘假借主父偃是齐王之死和齐国灭绝的首凶,公报私仇,置主父偃于死地。当卜式表示要把一半家财捐献给国家且不求国家回报时,公孙弘却无端地非议卜式:"此非人情。不轨之臣,不可以为化而乱法,愿陛下勿许。"③武帝因此没有接受卜式的请求。公孙弘之所以称卜式是"不轨之臣",依据的是法家好利恶害的人性观。在他看来,没有任何诉求的奉献常常隐藏着更大的诉求或不可告人的目的。公孙弘最相投的同僚是酷吏张汤,因为他们共同的行事特点是儒表法里。公孙弘在儒士的表象下,行事风格完全依据法家思想为基础。对法家之术,他运用得得心应手。淮南王在谋反前,忌惮汲黯,因为"黯好直谏,守节死义",至于公孙弘,淮南王认为对付他"如发蒙耳"④。之所以如此,因为公孙弘是利

---

① (晋)葛洪集,成林、程章灿译注:《西京杂记全译》,贵州人民出版社1993年版,第50页。
② (汉)司马迁:《史记·平津侯列传》,中华书局1959年版,第2951页。
③ (汉)司马迁:《史记·平准书》,中华书局1959年版,第1432页。
④ (汉)班固:《汉书·张冯汲郑传》,中华书局1962年版,第2319页。

禄之徒，不会坚守儒家的道义，因此很容易收买。

特别值得注意的是武帝观察公孙弘言行谨慎忠厚，善于辩论，并且熟悉国家法令和官吏事务，缘饰以儒术，因此非常喜欢他，一年升至左内史。这充分证明了武帝对儒法交融的治国策略与做人方式的认可和欣赏。公孙弘死，武帝评价他：

> 汉兴以来，股肱在位，身行俭约，轻财重义，未有若公孙弘者也。位在宰相封侯，而为布被脱粟之饭，奉禄以给故人宾客，无有所余，可谓减于制度，而率下笃俗者也，与内富厚而外为诡服以钓虚誉者殊科。夫表德章义，所以率世厉俗，圣王之制也。其赐弘后子孙之次见为适者，爵关内侯，食邑三百户。[1]

公孙弘之后，先后有李蔡、严青翟、赵周、石庆、公孙贺、刘屈氂相继为丞相，其中大多数都获罪被斩。公孙弘笃行法家思想，却饰以儒家外衣，这一理国途径正为武帝所需。在待人处事上，公孙弘表面上坚守儒家的仁义礼智信，内心却深以法家之术为重。在公孙弘身上充分体现了武帝朝儒表法里、外儒内法的政治文化。

公孙弘对汉代儒林影响巨大。《汉书·儒林传》说："及窦太后崩，武安君田蚡为丞相，黜黄老、刑名百家之言，延文学儒者以百数，而公孙弘以治《春秋》为丞相封侯，天下学士靡然乡风矣。"公孙弘借助儒学飞黄腾达，使得儒生们莫不以他为榜样，欣然向儒。但是这时的儒家已非孔孟倡导的置义于利先的儒家，而是融合了法家对利的肯定、以利为诱饵的儒家。所以，自武帝"立《五经》博士，开弟子员，设科射策，劝以官禄"，百有余年，儒家大师多至千余人，不为其他，"盖禄利之路然也"[2]。可以说公孙弘是把儒家糟粕文化发挥到极致的一个汉儒。

（二）主父偃

主父偃，齐人，与公孙弘同朝为官。初学纵横家，晚年学儒家《易》《春秋》，又学"百家之言"。其为人处事之风格体现出显著的外儒内法的

---

[1] （汉）班固：《汉书·公孙弘卜式兒宽传》，中华书局1962年版，第2624页。
[2] （汉）班固：《汉书·儒林传》，中华书局1962年版，第3620页。

特点。

推恩令是主父偃为解决汉代诸侯王建制过大提出的一个策略。文景时期，贾谊、晁错已经意识到诸侯王建制违礼对中央的威胁。晁错以纯粹的法家思路提出削藩，激起以吴王刘濞为首的七国诸侯的反叛，自己也为此而"朝衣东市"。主父偃吸取了晁错的教训，提出了儒表法里的解决办法，即让各诸侯国把自己的土地分封给子弟。这种做法一可以缩小诸侯王的势力范围，二削弱其权势，三宣扬了仁孝之道。其实质不离法家加强皇权和专制的目的，却打着儒家的旗帜，用温柔的手段实现了强硬的目标，可谓一箭双雕。正如主父偃自己所说："彼人人喜得所愿，上以德施，实分其国，必稍自销弱矣。"[1] 他又上书武帝迁天下豪杰兼并之家于茂陵，将其置于天子耳目之下，既充实了京师，又为国家消除了奸猾，"此所谓不诛而害除"[2]。为皇帝策划阴损招数加强皇权是主父偃最擅长之事，武帝因此对他言听计从。

主父偃凭借他的三寸不烂之舌得到武帝的赏识，"大臣皆畏其口，赂遗累千金"。有人指责他太过蛮横，主父偃却毫不掩饰地说："臣结发游学四十余年，身不得遂，亲不以为子，昆弟不收，宾客弃我，我厄日久矣。丈夫生不五鼎食，死则五鼎亨耳！吾日暮，故倒行逆施之。"[3] 主父偃的遭遇与苏秦、李斯颇为相似，他们均出身贫贱，备尝世间艰辛困苦，一朝大权在握，即欲尽情发挥使用。他们的人生目标不是儒家的求仁成圣，而是功名利禄、荣华富贵。主父偃把这种思想发展到了极致。在他看来，人生不过两条路，要么"五鼎食"——尊享人世繁华，要么"五鼎烹"——因违法犯罪遭遇酷刑。而他年事已高，所以为了荣华富贵可以倒行逆施。这哪里有一点儿儒生的修为和风范？但是他却是大力提倡并发展儒学、儒术的汉武帝的宠臣。武帝的思想由此岂不可见？

主父偃最终死于比他更善于掩饰和伪装的公孙弘之手。

主父偃任齐王相时，了解到齐王与姊有奸情，因而加以劝告。齐王恐慌自杀。武帝得知这一消息，大怒，误以为齐王是在主父偃威逼下自杀，

---

[1] （汉）班固：《汉书·严朱吾丘主父徐严终王贾传》，中华书局1962年版，第2802页。
[2] 同上。
[3] 同上书，第2803页。

于是将主父偃交给法吏审讯。弄清原委后,武帝放弃诛杀主父偃的念头,但是公孙弘落井下石,在武帝面前争辩说:"齐王自杀无后,国除为郡,入汉,偃本首恶,非诛偃无以谢天下。"① 坚持把齐王之死归罪于主父偃。最终主父偃被施以族刑,死于酷吏减宣之手,以"五鼎烹"走完了他的人生历程。

(三) 兒宽

与公孙弘和主父偃形成鲜明对比的是兒宽。在武帝众多大臣中,兒宽是一个地道儒生,他刻苦研习包括《尚书》在内的儒家经典,先后受业于欧阳生、孔安国。《汉书·儒林传》说:"宽有俊材,初见武帝,语经学。上曰:'吾始以《尚书》为朴学,弗好,及闻宽说,可观。'"但是,就是这么一个正宗的儒士却一度贫穷到需要由弟子供养,常常租田耕作。尽管如此,他仍然读书不辍,连田间劳动休息的间隙都用来研读儒家经籍。兒宽为人温良,以清廉、智慧自卫,敏于著文,讷于言说。他通过射策被录为太常掌故,以功补廷尉文学卒史。当时张汤做廷尉,廷尉府所用之人多是文史法律之吏,即擅长史书和国家律令之人。兒宽以儒生厕身其间,被认为不谙事理,所以没有职务,仅仅做了一个一般小吏,还被安排到偏远的北地去看护廷尉府的牲畜。这时的兒宽无论品行还是才学都属上乘,但因所学孔孟之道不合当时政治需要,因此只是一个落魄儒生而已。他的遭遇说明,即使在武帝独尊儒术的情形下,纯粹的原始儒家并未被重视。使兒宽命运发生转折的是他的文学才能。他从北地回廷尉府上报牲畜簿册,恰遇张汤遇到疑难奏章,属吏一筹莫展,不知如何是好。兒宽给属吏讲明写法,并帮助写作奏书。张汤由此发现兒宽的才能,与他一席长谈后,任命为掾吏。兒宽写的奏书送到武帝前,引起武帝的注意,张汤从此开始重用他,让他担任上奏案件的官员,用古法律义判决疑难案件。后来兒宽给皇帝讲经学,深受武帝喜欢,得以先提拔为中大夫,接着又升迁左内史。兒宽治理民众的举措体现出鲜明的原始儒家色彩,"劝农业,缓刑罚,理狱讼,卑体下士,务在于得人心;择用仁厚士,推情与下,不求名声"②,因此"吏民大信爱之"。可是这么一个深受民众尊重爱戴的官员却

---

① (汉) 班固:《汉书·严朱吾丘主父徐严终王贾传》,中华书局 1962 年版,第 2804 页。
② (汉) 班固:《汉书·公孙弘卜式兒宽传》,中华书局 1962 年版,第 2630 页。

因欠租在官府考核时落到最后，要被免官。百姓为了留住他，车拉肩挑，自发交租，使兒宽从最后一名变成第一名。武帝甚为惊奇。后来，武帝要仿效前人进行封禅，但是对封禅的具体仪式并不了解，请儒生解释，五十多个儒生说不出个所以然。后来是在兒宽一番解释下，武帝自己制定封禅的礼仪，然后用儒家学说加以修饰。

《汉书·武帝纪》"赞"说："孝武初立，卓然罢黜百家，表章《六经》。遂畴咨海内，举其俊茂，与之立功。"似乎在说武帝用人纯然是儒。但从以上分析可以看出，儒生只是其中一部分。而且，即使这部分儒生也不再是"醇儒"，准确地说应该是汉代"新儒家"式的儒生。既然所用人才不是纯粹的儒生，那么武帝刘彻的思想自然也不可能是纯然的儒家。所以"罢黜百家，独尊儒术"只是武帝朝思想领域的一种表面现象，这种表象掩盖之下的法家、阴阳家等思想才是政坛真正所需。公元前126年，刘彻下诏曰："夫刑罚所以防奸也，内长文所以见爱也；以百姓之未洽于教化，朕嘉与士大夫日新厥业，祗而不解。其赦天下。"[①] "长文所以见爱"即尊崇文德之士是为了显示皇帝的仁爱。这是刘彻选择儒家的主要原因。

第三节　从武帝朝的繁法严律与酷吏政治看法家的发展与流变

繁法严律与酷吏政治是武帝朝的一大特点，也是武帝时外儒内法最典型的表现。

汉初为矫暴秦之弊，同时也是为了给在秦的繁法严律下长期生活得如履薄冰的民众一个喘息的时间，法律较为宽松，故有"网漏吞舟之鱼"之说。吕后执政，天下偃然。文景之时，虽有轻刑之名实则不轻，但毕竟还不能说严酷。及至武帝，汉家精神为之一变。这一变首先体现为在崇儒的号召下，法家精神再次成为政治的核心。其表现之一就是法律成为统治者手中最重要最得力的专制工具，渗透国家管理的方方面面，各种法律条文应时而生。据《汉书·刑法志》，武帝时国家律令"凡三百五十九章，大辟

[①] （汉）班固：《汉书·武帝纪》，中华书局1962年版，第171页。

四百九条，千八百八十二事，死罪决事比万三千四百七十二事"，以至于"文书盈于几阁，典者不能遍睹"。之所以如此，是因为汉武帝的好大喜功导致"征发烦数，百姓贫耗"，因此违法犯罪时有发生。如何解决这一问题，汉武帝采取的措施不是儒家式的教化引导或发展经济改善百姓生活，而是法家式的压制和惩罚。"赏罚之为道，利器也"[1] 就是汉武帝的准则。张汤、赵禹等酷吏应时出现在朝堂之上，与之相随的是纷至沓来的各种律令。对各种社会问题，无论是否属于法律约束调控的范围，汉武帝都会要求制定相应的法律条款作为惩罚依据。《晋书·刑法志》记载："张汤《越宫律》二十七篇。"越宫律，一说是关于宫廷警卫的法律[2]，一说是从陈皇后"巫蛊"案总结出来、根据儒家纲常伦理范畴的"妇道"制定的法律制度。[3] 如是后者，那么显然是道德问题法律化。《晋书·刑法志》又有："赵禹《朝律》六篇。"朝律就是诸侯王和百官朝见天子的仪法，是在汉初叔孙通为高祖刘邦制定的朝仪基础上修订而成的法律。它本是一种礼仪，在武帝时被发展为法。这就意味着大臣如有违反朝仪之举，不再是违礼，而是犯法，其惩治自然加重。又《汉书·诸侯王表》有："武有衡山、淮南之谋，作左官之律，设附益之法，诸侯惟得衣食税租，不与政事。"应邵注："人道上右，今舍天子而仕诸侯，故谓之左官也。"左官律规定仕于诸侯的官员低于在汉朝朝廷为官者。附益，指依附于诸侯。附益之法规定凡依附阿媚诸侯者以重法治之。这两种法律都是为了加强君主专制、限制诸侯权力而制定。实际就是对韩非"臣制财利则主失德，臣擅行令则主失制，臣得行义则主失明，臣得树人则主失党。此人主之所以独擅也，非人臣之所以得操也"[4] 这一教导的实践和应用。《汉书·刑法志》又说武帝招进张汤、赵禹等酷吏"作见知故纵、监临部主之法"。师古解释此法："见知人犯法不举告为故纵，而所监临部主有罪并连坐也。"[5] 这一法律的实质就是法家主张的设连坐，倡告奸。司马迁在《史记·商君列传》中将其总结为以什伍方式把民众互联为一个整体，发现违法而不报告官府就要被腰斩，

---

[1] 陈奇猷校注：《韩非子新校注·内储说上》，上海古籍出版社2000年版，第593页。
[2] 赵昆坡：《中国法制史》，北京大学出版社2002年版，第101页。
[3] 庄春波：《汉武帝评传》，南京大学出版社2001年版，第142页。
[4] 陈奇猷校注：《韩非子新校注·主道》，上海古籍出版社2000年版，第75页。
[5] （汉）班固：《汉书·刑法志》注，中华书局1962年版，第1101页。

发现违法立刻向官府报告就和在战场上杀敌一样受赏。而藏匿犯法者与降敌同罪。这就是韩非说的"去微奸之道"①。武帝时期还设置了腹诽罪，即内心有异议，即使没有说出来也是犯罪。这就意味着法律不仅要约束人们的行为，还要约束人们的思想，比起秦朝为控制民众言论自由而设置诽谤、妖言、非所宜言等罪名的做法更加严酷。

　　武帝全方位地实施法家以法治国的思想，不仅以法治民，以法治吏，还以法兴利、理财、治军，从而形成了一个庞大的汉法体系，法律文书多到"盈于几阁"，即使是专门的法吏都不能全部看过来。但是法律文书的增多不仅没有方便审理案件，反而因为不同法吏对法律条文理解不同致使同一种罪行判决却不同。一些奸吏借此营私舞弊，拿国家法律进行交易，民众违法后生死不是决定于法律，而是决定于执法之吏。法律由此失去了它最基本的功能。

　　与繁法严律相应的是武帝对酷吏的重用。

　　汉宣帝时的大臣路温舒说："秦有十失，其一尚存，治狱之吏是也。"② 一语道出武帝时酷吏政治之严重。司马迁《史记》和班固《汉书》中《酷吏列传》所述酷吏均以武帝时居多。而与《酷吏列传》相对的《循吏列传》中，司马迁全记先秦时人，无一汉代官吏。班固记载六位汉代循吏，文景时一位，宣帝时五位，无武帝时人。于此已见两位汉代著名史学家对武帝政治的基本看法：重用酷吏。

　　武帝时的酷吏主要有张汤、杜周、王温舒、尹齐、杨仆、减宣。他们具有如下共同特点：一是办案严酷而不公平。张汤和赵禹一起负责制定国家律令，"务在深文，拘守职之吏"③。"深文"即"深文周纳"，意为牵强附会地加罪于无罪者。张汤负责审理陈皇后巫蛊案，"深竟党与"，即深入追查同党之人，力图斩草除根，不放过一个。在处理淮南王刘安和衡山王刘赐谋反事件时，张汤也是"皆穷根本"。武帝本想宽恕波及的两个大臣严助和伍被，但是张汤认为严助作为近臣却私交诸侯，伍被是谋反事件的策划者，罪不容恕。为了便于管理其他大臣，不能赦免。武帝最终同

---

① 陈奇猷校注：《韩非子新校注·制分》，上海古籍出版社2000年版，第1187页。
② （汉）班固：《汉书·刑法志》，中华书局1962年版，第1102页。
③ （汉）司马迁：《史记·酷吏列传》，中华书局1959年版，第3138页。

意了张汤的意见。汲黯反对张汤的某些做法,张汤为此嫉恨在心,屡屡想将汲黯除之而后快。颜异是一位廉洁奉公的大臣,只因在白鹿皮钱币问题上与张汤有分歧,张汤借故以腹诽之罪将其处以死刑。汉代的腹诽之罪由此有了可以比附的案例。① 所以司马迁说张汤"治狱所排大臣自为功"。但是张汤由此却"益尊任,迁为御史大夫"②。可见这样的酷吏深受武帝喜爱和欣赏。

武帝时另一酷吏是王温舒。他任河内太守时,逮捕郡中豪强,因牵连而治罪者有千余家。罪大者灭族,罪小者处死,流血十余里。个别逃到附近郡国的罪犯,追捕抓回时正赶上春天,王温舒为此跺脚叹息,说出了中国历史上最能代表酷吏本性的一句话:"嗟乎,令冬月益展一月,足吾事矣!"司马迁愤怒地说:"其好杀伐行威不爱人如此。"③ 但就是这么一个残暴之人却成为汉朝法吏的典范。王温舒之后,郡守、都尉、诸侯等俸禄在二千石的官员欲使自己的管辖范围得到大治者无不效仿他。因此,义纵为定襄太守,下车伊始即大开杀戒,把定襄狱中的两百个重刑犯和私自到狱中探视这些重刑犯的宾客子弟共计四百人全部捕杀。

酷吏的第二特点是办案以皇帝意志为要,不遵守国家法律。张汤是武帝时酷吏的代表,他的特长之一就是擅于揣摩皇帝旨意,并以此为办案依据。彼时武帝正提倡儒学,于是张汤处理案件时或者附会儒家思想,或者在遇到疑问时以儒家典籍《尚书》《春秋》中的观点决断。向武帝汇报疑难案件的判决,武帝认可的,张汤就接受并记录下来,作为判案的法规,以廷尉的名义加以公布,颂扬皇上的圣明。对皇上要加罪的违法者,张汤就交给执法严酷的监吏;对皇上想宽恕的违法者,张汤就交给执法轻而公平的监吏。法律在张汤手中如提线玩偶一般,轻重深浅全由他掌控。同朝大臣汲黯对此深恶痛绝,他评价张汤:"诈足以饰非,非肯正为天下言,专阿主意。主意所不欲,因而毁之;主意所欲,因而誉之。好兴事,舞文法,内怀诈以御主心,外挟贼吏以为重。"④ "专阿主意"意即专门阿顺皇

---

① (汉)司马迁:《史记·平准书》:"汤奏当异九卿见令不便,不入言而腹诽,论死。自是之后,有腹诽之法比。"(中华书局1959年版,第1434页)
② (汉)司马迁:《史记·酷吏列传》,中华书局1959年版,第3139页。
③ 同上书,第3148页。
④ (汉)班固:《汉书·张冯汲郑传》,中华书局1962年版,第2322页。

帝的意旨，而不是依照法律条文办案。张汤既重用执法酷烈刻毒的官吏，同时又依从于儒学之士。他以被歪曲的法家思想作法律内核，又为之披上一件打着仁爱旗号的儒家外衣，使国家法律在他手中成了取悦皇帝、拉拢私人关系的工具。

王温舒是一个趋炎附势的酷吏，对于无权无势者，即使是贵戚，他也"视之如奴"，横加侵辱。对有权有势者，即使"有奸如山"，他也视若无睹。一般民众违法犯罪，他玩弄法律条文穷究其罪，从严处理，他们大多都被打得皮开肉绽，死于狱中。他的手下被称为"吏虎而冠"——戴着帽子的老虎。他为官一方，常常是有权有势者为他传播声誉，称赞他的治绩。

武帝时酷吏以附势皇帝而闻名的是杜周。杜周做廷尉时"其治大放张汤而善候伺。上所欲挤者，因而陷之；上所欲释者，久系待问而微见其冤状"。于是有门客责备杜周说："君为天子决平，不徇三尺法，专以人主意指为狱。狱者固如是乎？"杜周的回答成为中国法制史上的"名言"："三尺之法又是从哪里来的？前代君主所著就是律，后代君主对律的解释就是令，符合当下的需要就是对的，何来古法！"[①]

汉代酷吏为什么视国家法律如手中玩具，没有丝毫的敬畏？下面两个例子很能说明问题所在。景帝时的"酷吏"郅都为官公正廉洁，不徇私情，"问遗无所受，请寄无所听"[②]。他常常说既然已经背亲为官，就应当奉职死节，顾不得妻子儿女了。但是，郅都因为在临江王一案中得罪了窦太后，于是被罢官免职。景帝知道郅都是忠臣，任命他为雁门太守。匈奴人对郅都的廉洁公正早有耳闻，所以郅都出任雁门太守后，他们便离开汉朝边境，直到郅都死去，始终不敢接近雁门。但是这么一个忠诚且贤明的大臣在远离朝廷后依然没能摆脱悲剧的结局，窦太后"乃竟中都以汉法"，最终将其诛杀。汉法保护不了忠正之臣，却成为当权者泄私愤、报私仇的工具。

义纵，虽然执法严酷，但非常廉洁，在为官方面效仿郅都。一次，武帝驾幸鼎湖染恙，病愈后突然驾临甘泉宫，所行之路多半没有修整，

[①] （汉）司马迁：《史记·酷吏列传》，中华书局1959年版，第3153页。

[②] 同上书，第3133页。

而这是义纵分内之事。武帝为此怒责:"义纵是不是以为我再不会走这条路了?"① 因而对义纵心生不满。其后,大臣杨可受武帝之命主办"告缗"案件。"缗"指武帝朝向商人征收的财产、车船等各种费用,因额度过高,很多商人或抗拒不交,或隐匿财产。张汤等人就此在全国发起了"告缗"活动,即动员民众揭发商人偷税、漏税行为,同时重奖揭发者。大批商人因此破产。义纵反对这一做法,不肯配合。武帝得知,立刻以"废格沮事"——废弃敬君之礼、破坏君王要办的事将其抓捕诛杀。可见汉代办案不遵守法律,非自下始,而由上开。正直廉洁的官员未必得到重用、受到宠幸。为上者喜欢的是阿谀奉承、趋炎附势的下属。

武帝时代酷吏的第三个特点是他们多是武帝的宠臣,其残暴行为深受武帝称赞。其中张汤最为典型。司马迁说:"(张汤)每朝奏事,语国家用,日晏,天子忘食。丞相取充位,天下事皆决于汤。……汤尝病,天子至自视病,其隆贵如此。"② 当时匈奴曾来汉朝请求和亲,群臣当朝商议此事。博士狄山向武帝分析了汉朝自建立以来各个时期战争给国家带来的危害,主张和亲。武帝就此事又问张汤,张汤意见与狄山相左,并指责狄山所言是蠢儒的陋见。狄山反驳说:"我固然是愚忠,御史大夫张汤却是诈忠。像张汤处理淮南王和江都王的案子,用严酷的刑法,放肆地诋毁诸侯,离间骨肉之亲,使各封国之臣自感不安。我本来就知道张汤是诈忠。"③ 狄山此番话触怒武帝,他被遣往边塞守卫城堡。本为一介儒生,从未上过战场,狄山不过在边塞待了一个多月,就被匈奴斩杀。朝中群臣震惊恐惧,再无人敢和张汤较量。后来张汤虽然死于朝廷中不同势力的互相倾轧,但在他死后,汉武帝尽诛与张汤为敌的三长史,并升迁张汤的儿子张安世,再次体现了他对张汤的重视和厚遇。

因为残暴而受到武帝重视的酷吏还有不少。如义纵,执法严酷,做定襄太守时一天可以捕杀四百余人,后因为逮捕审讯太后的外孙女修成君的儿子仲,"上以为能,迁为河内都尉"④。赵禹,曾与张汤一起制定让官吏

---

① (汉) 司马迁:《史记·酷吏列传》,中华书局1959年版,第3146页。
② 同上书,第3140—3141页。
③ 同上书,第3141页。
④ 同上书,第3145页。

们互相监视检举的"见知法","上以为能,至太中大夫"①。宁成,公孙弘说"其治如狼牧羊","上欲以为郡守"。王温舒,因春天到来不能再继续杀人而跺脚叹息的一个酷吏,"天子闻之,以为能,迁为中尉"②。减宣,武帝"使治主父偃及治淮南反狱,所以微文深诋,杀者甚众,称为敢决疑"③。杜周,"捕治桑弘羊、卫皇后昆弟子刻深,天子以为尽力无私,迁为御史大夫"④。可见,酷吏产生于武帝朝,主要原因就在于皇帝的默许和纵容。

将武帝时期的法治状况与先秦法家思想略做比较就会发现,法家思想中值得称道的精华或被歪曲或被弃置一边,而其糟粕,譬如严酷、道德法律化则被发挥到极致。

首先,关于立法权,武帝秉承了法家一贯的主张"法由君立"⑤。杜周所说"三尺安出哉?前主所是著为律,后主所是疏为令"就是最好的说明。但是法家在坚持"法由君立"的同时,又提出"法由道出","因道全法",法要因人情而立,法要量民力而立,法要因时而立。这就在赋予君主立法大权的同时也给了他一定的约束。君主可以掌控立法权,但这并不意味着他可以随意立法,不是杜周所说那么简单,随便前主写点儿说点儿什么,后主解释阐述点儿什么就可以成为国家律令。一个清醒的统治者知道,他所说所写必须符合"道",这样当他所说所写变成法律时才能使他统治的天下更加稳固。这就是法家所主张的"法由道出","因道全法"。但这一根本原则却被包括武帝在内的多数皇帝忽略。

其次,在执法上,先秦法家坚持贵必贵诚、慎刑慎赏、无刑无讼,但武帝时期的酷吏却恰恰把这些优秀的执法思想丢弃。《管子·九守》说:"用赏者贵诚,用刑者贵必。刑赏信必于耳目之所见,则其所不见,莫不暗化矣。"韩非说:"赏厚而信,人轻敌矣;刑重而必,失人不北矣。"⑥

---

① (汉)司马迁:《史记·酷吏列传》,中华书局1959年版,第3136页。
② 同上书,第3148页。
③ 同上书,第3152页。
④ 同上书,第3154页。
⑤ 法家"法由君立"观点的论述详见第六章《〈淮南子〉与先秦法家》。
⑥ 陈奇猷校注:《韩非子新校注·难二》,上海古籍出版社2000年版,第893页。"失人不北矣"之"失"应为"夫"。

第七章 汉武帝与先秦法家　205

违法者必定受惩罚,不存在丝毫侥幸。有功于国家一定会得到奖赏,绝不会被遗漏。如此,民众自然知道行事准则。相反,假如"有功不必赏,有罪不必诛,令焉不必行,禁焉不必止",将会使"在上位无以使下,而求民之必用,不可得也"①。所以,已颁布的法律只有做到必、诚,国家才能凭法实现富国强兵。韩非说掌握了治国之道的明君必然坚持"信赏以尽能,必罚以禁邪"②,原因即在此。执法贵必贵诚是以法治国顺利实施的保证。但是在汉代的酷吏政治中,我们看到的却是有法未必依。国家虽然制定了汗牛充栋的法令,法吏在执法时却任意妄为。有罪无罪、轻罚重罚完全系于他们的一时之念,而不是依据国家法令。因而"罪同而论异"现象普遍存在,"奸吏因缘为市,所欲活则傅生议,所欲陷则予死比,议者咸冤伤之"③。故而在论及汉代法治时,徐复观先生如是说:"汉室所继承的只是法家严酷的刑罚制度。……汉代赏赐之乱,刑罚之乱,名分之乱,至武帝而极。所以赏不足以劝善,罚不足以惩恶;与法家用法的目的及预期的效果,完全相反。第二,法家的法,离人主的意志、离执法的官吏而独立;官吏只有在法的明确规定范围之内,能行使自己的职权。一离开法的明白规定,或对法的文字稍有所曲伸,即同在诛戮之列。"④而"汉代的酷吏政治,是缘法家之名而去法家之实,走向与法家所要求的相反的政治"⑤。这是比较客观的说法。⑥

综上所述,法家在武帝朝最重要的一个发展变化就是援礼入法、以儒饰法,无论是武帝个人还是武帝之臣,都是在儒家的名义下实践着法家的精神。但是武帝及其大臣并不是完全遵照法家精神而为,他们歪曲地使用

---

① 黎翔凤校注:《管子校注·重令》,中华书局2004年版,第288页。
② 陈奇猷校注:《韩非子新校注·外储说左下》,上海古籍出版社2000年版,第716页。
③ (汉)班固:《汉书·刑法志》,中华书局1962年版,第1101页。
④ 徐复观:《两汉思想史》(三),华东师范大学出版社2001年版,第117页。
⑤ 同上。
⑥ 当然,武帝本人也有执法公正的一面。《汉书·东方朔传》记载,隆虑公主唯一的儿子昭平君杀保姆犯死罪,此前隆虑公主曾花重金在武帝面前为儿子赎一次死罪,但是当廷尉为此事而请示武帝时,尽管武帝身边的人都为昭平君说话,可是武帝却说:"法令是先帝创立的,若是因妹妹的缘故破坏先帝之法,我还有何脸面进高祖皇帝的祭庙!同时也对不住万民。"于是批准了廷尉的请求,将昭平君依法治罪。此中可看出武帝对法律的尊重。只是这是极个别的事例,无法改变当时执法混乱、严酷的现实。

法家思想，丢弃了其中的精华，却继承了很多糟粕。其功绩在于完成了儒法融合。自此之后，中国的儒家思想不再是先秦孔孟的原始儒家，而是融入了法家因素的新儒家，或称为汉代儒家。在这种思想主导下，礼法并用、德主刑辅的治世模式确立，并为中国封建社会长期使用。在不同朝代的变化不过就是法多一些还是礼多一些，刑多一些还是德多一些。自先秦以来一直进行着的儒法之间的斗争、刑德之间的互黜终于以儒法的融合、刑德的互补结束。源自儒家的法家又回归了儒家，只是这种回归不是简单重复，而是一种提升，甚至新生，是儒法共同的提升和新生。

第八章　董仲舒与先秦法家

说到汉代儒家，董仲舒被认为是当之无愧的代表。班固引刘歆语称赞董仲舒："仲舒遭汉承秦灭学之后，《六经》离析，下帷发愤，潜心大业，令后学者有所统一，为群儒首。"①《汉书·五行志》又记班固自语："景、武之世，董仲舒治《公羊春秋》，始推阴阳，为儒者宗。"东汉著名思想家王充则认为："孔子之文在仲舒。"②无论刘歆、班固还是王充都以无可置疑的口吻肯定了董仲舒在儒学上的成就和地位。至于董仲舒自己，不仅言必称孔孟，语时引《诗》《书》，其思想学说更是以儒家经典《春秋》为根基。加之他对与儒家对立的法家的严厉批判，这一切似乎都在证明他的儒家身份无可辩驳。譬如他说秦王朝"师申商之法，行韩非之说，憎帝王之道，以贪狼为俗，非有文德以教训于下也。诛名而不察实，为善者不必免，而犯恶者未必刑也。是以百官皆饰虚辞而不顾实，外有事君之礼，内有背上之心，造伪饰诈，趣利无耻；又好用憯酷之吏，赋敛亡度，竭民财力，百姓散亡，不得从耕织之业，群盗并起。是以刑者甚众，死者相望，而奸不息，俗化使然也"③。这里的"帝王之道""文德"均指与法家相对的儒家学说。董仲舒认为，因为秦王朝没有采纳儒家的"以礼治国""以德治国"，而是使用法家的"以法治国"，好用酷吏，所以产生众多问题，最终导致国家灭亡。对促使秦国从弱小走向强大的商鞅变法，董仲舒的评价是：

---

① （汉）班固：《汉书·董仲舒传》，中华书局1962年版，第2526页。
② 黄晖校释：《论衡校释·超奇》，中华书局1990年版，第614页。
③ （汉）班固：《汉书·董仲舒传》，中华书局1962年版，第2510—2511页。

> （秦）用商鞅之法，改帝王之制，除井田，民得卖买，富者田连阡伯，贫者亡立锥之地。又颛川泽之利，管山林之饶，荒淫越制，逾侈以相高；邑有人君之尊，里有公侯之富，小民安得不困？又加月为更卒，已，复为正一岁，屯戍一岁，力役三十倍于古；田租口赋，盐铁之利，二十倍于古。或耕豪民之田，见税什五。故贫民常衣牛马之衣，而食犬彘之食。重以贪暴之吏，刑戮妄加，民愁亡聊，亡逃山林，转为盗贼，赭衣半道，断狱岁以千万数。汉兴，循而未改。①

在董仲舒看来，法家学说是秦的一切暴行、所有不合理治国策略的根源。而汉因为承秦而建，保留、延续了秦的诸多弊端，所以法家学说也就成为祸害汉朝的因素。因此他厌恶、声讨法家。为了进一步扩张儒学势力以与法家对抗，他上书武帝：

> 《春秋》大一统者，天地之常经，古今之通谊也。今师异道，人异论，百家殊方，指意不同，是以上亡以持一统；法制数变，下不知所守。臣愚以为诸不在六艺之科孔子之术者，皆绝其道，勿使并进。邪辟之说灭息，然后统纪可一而法度可明，民知所从矣。②

这就是著名的"罢黜百家，独尊儒术"主张。以上种种似乎都在证明董仲舒是一个纯粹的儒家学者，是汉代儒学名副其实的代表。但是把董仲舒的思想学说与先秦儒家学说进行对比，我们就会发现其中明显的不同，譬如充斥其中的阴阳五行思想。故而梁启超先生有言：

> 春秋战国以前所谓阴阳、所谓五行，其语极希见，其义极平淡。且此二事从未尝并为一谈。诸经及孔、老、墨、孟、荀、韩诸大哲，皆未尝齿及。然则造此邪说以惑世诬民者谁耶？其始盖起于燕齐方士，而其建设之传播之宜负罪责者三人焉，曰邹衍，曰董仲舒，曰刘向。③

---

① （汉）班固：《汉书·食货志》，中华书局1962年版，第1137页。
② （汉）班固：《汉书·董仲舒传》，中华书局1962年版，第2523页。
③ 梁启超：《梁启超论中国文化史》，商务印书馆2012年版，第186页。

也是因此，陈鼓应先生称董仲舒为杂家。①

阴阳家之外，另一对董仲舒产生影响的先秦诸子学派就是他自己痛斥的法家。这不仅表现在他提倡的"罢黜百家，独尊儒术"与法家主张的"以吏为师，以法为教"实质相同，都是文化专制，以至于胡适评论说："独尊儒术，这个建议的文字和精神都同李斯的焚书建议是很相像的。他们的主旨都是要'别黑白而定一尊'，都是要统一学术思想。"② 同时还表现在董仲舒对法家法术势等思想的汲取、融合和法家思想对他潜移默化的影响。可以说，正是在董仲舒手中，备受汉代学者指责攻击的先秦法家借助儒学涅槃重生，从此隐身于儒学身后，继续发挥作用，展示价值。只是重生后的法家不再似商、韩学说那般极端、绝对，而是逐渐向着具有"中和"特点的齐法家《管子》靠拢。

第一节 董仲舒的法思想

论述董仲舒对法家思想的汲取必然要从他的法思想入手，因为法思想既是法家思想的核心内容，又是董仲舒发展先秦原始儒家思想的重要表现，可以说它是沟通先秦法家和董仲舒之间的一座桥梁。

一 阴阳刑德思想

借助阴阳刑德思想，董仲舒为以法治国寻找到了一个坚实的理论平台，使法治具有了存在的合理性。同时，借助阴阳刑德思想，他还实现了引礼入法、解决了长期纷纷攘攘的礼法之争。

（一）阴阳刑德思想的基本内容

德治还是法治，是儒法之争的焦点，也是困扰汉代学者和政治家的难题。董仲舒明确反对秦朝纯粹任刑的治国方法。他说："及至后世，淫佚衰微，不能统理群生，诸侯背畔，残贼良民以争壤土，废德教而任刑罚。刑罚不中，则生邪气；邪气积于下，怨恶畜于上。上下不和，则阴阳缪戾

---

① 陈鼓应先生说："董仲舒深受齐学中阴阳五行思想的影响，……虽然独尊儒术，但就思想内容来说，算是个杂家。"（《老庄新论》，上海古籍出版社1992年版，第307页）

② 胡适：《中国中古思想史长编》，见欧阳哲生编《胡适文集》六，北京大学出版社1998年版，第610页。

而妖孽生矣。此灾异所缘而起也。"① 董仲舒认为灾异产生于邪气蓄积，邪气蓄积产生于刑罚不中，也就是执法不公。刑罚不中的根源又在于"废德教而任刑罚"，所以他反对任刑不任德，主张德刑共用以治国。《春秋繁露》中，他借助阴阳五行理论不厌其烦地阐述这一观点。

首先，董仲舒认为，天地有阴阳，而在政治管理中，德为阳，刑为阴，所以二者都为治国所必需。其次，一年四季，春暖以生，夏暑以养，秋清以杀，冬寒以藏，各有各的作用，异气而同功。相应地，治国中，"庆为春，赏为夏，罚为秋，刑为冬"，因此庆赏罚刑缺一不可。第三，万物必得温暖才能生长，必得寒凉方得成熟。一年四季，当暑则暑，当寒则寒，才利于万物生长。与此相应，治理国家，当德则德，当威则威，国家就一定能治理好。"喜怒之发，威德之处，无不皆中其应，可以参寒暑冬夏之不失其时已"②，这才是遵守天道的圣人所为。

董仲舒虽然认为德、刑在治国中都不可或缺，但同时又强调二者的作用和地位不同：德为主，刑为辅；德为大，刑为小；德在前，刑在后。所以天子要尊德卑刑。这是董仲舒在承认德、刑都具备治世功能的前提下又一反复论述的观点。他说：

> 阴终岁四移，而阳常居实，非亲阳而疏阴，任德而远刑与？天之志，常置阴空处，稍取之以为助。故刑者德之辅，阴者阳之助也，阳者岁之主也。③

> 阳出实入实，阴出空入空，天之任阳不任阴，好德不好刑，如是也。④

董仲舒认为在天道中，阳气处于实在的地位，阴气处于空虚的地位，阴气的作用只是辅助阳气生长万物，所以阴气只能随于阳气之后，而不能居于阳气之前。就阴阳二气在量上的比例看，"暖暑居百"，所以阳气居百；"清寒居一"，所以阴气居一。假如说万物生长需要一百份阳气，那么阴气只要一份

---

① （汉）班固：《汉书·董仲舒传》，中华书局1962年版，第2500页。
② （清）苏舆撰，钟哲点校：《春秋繁露义证·威德所生》，中华书局1992年版，第463页。
③ （清）苏舆撰，钟哲点校：《春秋繁露义证·天辨在人》，中华书局1992年版，第336页。
④ （清）苏舆撰，钟哲点校：《春秋繁露义证·阴阳位》，中华书局1992年版，第338页。

就可以了。所以在政治管理中,德教应该占绝对主导地位,刑只是德教不能奏效时、不得已而用之的手段,是维护社会秩序最后的一道堤坝。

为了强调德治的重要,董仲舒提出法律的实施必须接受道德约束,法律的价值取向必须与道德一致,即"刑反德而顺于德"①。他说,判案正确,道理就明确,教化就可以顺畅进行;判案错误,道理被蒙蔽,民众受到迷惑,就会妨害教化。教化是政治的根本,狱治是政治的末节,它们虽属不同领域,但在治理国家上功用一致,所以不能不相互顺应。②

原始儒家之孔孟荀也都主张刑(政)在治国中不可少,董仲舒的不同在于他不仅明确了刑在治国中的作用,而且从阴阳五行角度进行了阐释,为其存在找到了一个合理坚实的理论依据,并且在《春秋繁露》中反复论述这一观念,犹如法家在其著作中不厌其烦地强调法的重要性。董仲舒在汉朝"过秦""批法"浪潮中理性地认识、评价法律的作用,而且继《黄帝四经》《管子》之后,首次系统地把法家着力主张的刑罚纳入"天道"运行的必然规律中,给了法治一席之位,从而使国家律令在秦亡之后可以正当地登上政治管理的舞台发挥作用,这是对道德与法律治世功能的协调,也是对儒家理想主义和法家暴力政治的有机融合。

(二) 阴阳刑德思想的人性论基础

董仲舒提出,了解人的情性是为政的基础,否则劳而无功("明于情性乃可与论为政,不然,虽劳无功"③)。因此,要深入理解他的阴阳刑德思想,就必须对其人性论做一些简单论述。

董仲舒把人性分为三种:"圣人之性","斗筲之性","中民之性"。"圣人之性"不教而善,"斗筲之性"教也不善,这是两种难以改变的人性,但具有这两种人性的人在社会中所占比例甚小,社会上大多数人拥有的是"中民之性"。中民之性就像蚕茧和卵。卵要经过孵化才能成为雏禽,茧要经过缫丝的过程才能生出蚕丝,"中民之性"需要教化熏陶方能

---

① (清)苏舆撰,钟哲点校:《春秋繁露义证·阳尊阴卑》,中华书局1992年版,第327页。
② 参见(清)苏舆撰,钟哲点校《春秋繁露义证·精华》,中华书局1992年版,第94页。
③ (清)苏舆撰,钟哲点校:《春秋繁露义证·正贯》,中华书局1992年版,第144页。

为善。正因为教可为善，不教则为恶，所以就体现出教化的重要性。《淮南子·泰族训》论及人性与教化的关系时说：

> 无其性，不可教训；有其性，无其养，不能遵道。茧之性为丝，然非得工女煮以热汤而抽其统纪，则不能成丝。卵之化为雏，非慈雌呕煖覆伏，累日积久，则不能为雏。人之性有仁义之资，非圣人为之法度而教导之，则不可使乡方。

《淮南子》认为人性中有仁义的因素，这就使得教化成为可能。同时，仁义必得教化方能显现。《淮南子》是就普遍人性而言。董仲舒将其发展为只有"中民之性"才能显示教化的功效，也只有"中民之性"才需要教化。这实际上在一定程度上承认教化不是万能的，对于"斗筲之性"的人只能使用法而不是教化。这等于从人性的角度阐明了法在治国中的必要性。

在董仲舒的阴阳刑德中，德包括两方面内容，一方面是儒家的礼义教化，另一方面是德政，即惠民，养民，施恩于民。这就是意味着董仲舒倡导的"德教"既有精神教育，同时还包含物质满足。[①] 其中物质满足的一面使得董仲舒的德政与法家刑赏之赏有了一定的相似性。首先，德政的人性基础与法家刑赏的人性基础几无二致。《保位权》说："民无所好，君无以权也。民无所恶，君无以畏也。无以权，无以畏，则君无以禁制也。无以禁制，则比肩齐势而无以为贵矣。"权，通"劝"，即劝勉。董仲舒认为民众的喜好是人主的赏赐产生效用的前提。相应地，民众的畏惧是人主的惩罚产生效用的前提。假如民众无喜无好无畏无惧，君王就无法约束民众，君王之势就无从体现。所以圣人治国"因天地之性情，孔窍之所利，以立尊卑之制，以等贵贱之差"[②]。官职、爵禄、美味佳肴、五颜六色、美妙的音乐是人们喜欢的，因此君王就要"设官府爵禄，利五味，盛五色，调五声，以诱其耳目"，从而使得清浊不同，荣辱昭然相别，以此使民众心有所动。董仲舒强调说"务致民令有所好"，因为"有所好然

[①] 参见高恒《董仲舒"德主刑辅"思想略论》，《东岳论丛》1987年第5期。

[②] （清）苏舆撰，钟哲点校：《春秋繁露义证·保位权》，中华书局1992年版，第173页。

后可得而劝也。……既有所劝，又有所畏，然后可得而制"①。可见对于人性好利恶害在刑德中的作用，董仲舒有非常清醒的认识。这种认识与先秦法家的人性论基本相同。韩非说："好利恶害，夫人之所有也。赏厚而信，人轻敌矣；刑重而必，失人不北矣。长行循上，数百不一失。喜利畏罪，人莫不然。"②《商君书·错法》说："好恶者，赏罚之本也。夫人情好爵禄而恶刑罚，人君设二者以御民之志而立所欲焉。夫民力尽而爵随之，功立而赏随之，人君能使其民信于此如明日月，则兵无敌矣。"二者均强调好利恶害的人性是实施赏罚的基础。法家对董仲舒潜移默化的影响于此可见。

（三）阴阳刑德思想的法家来源及意义

董仲舒的阴阳刑德思想是对《黄帝四经》《管子》《吕氏春秋》《新语》阴阳刑德思想的一脉相承和发展。③ 其中齐法家《管子》的影响最为直接、显著。这首先是因为管仲和《管子》在汉代影响深远。汉代学者无不抨击批判晋法家之申商韩，但是对齐法家之管仲和《管子》却多有称赞。董仲舒做江都相时，易王对他说："桓公决疑于管仲，寡人决疑于君。"④ 易王以齐桓公自比，把董仲舒比为管仲。这既是肯定董仲舒的才能，也是表达他对董仲舒的信任。刘向称赞董仲舒时说他"有王佐之材，虽伊吕亡以加，管晏之属，伯者之佐，殆不及也"。刘歆则认为这一评价有拔高之嫌："管晏弗及，伊吕不加，过矣。"⑤ 由向、歆父子两人关于董仲舒的争论可知，管子在汉代几成评判人才的标准。其次，董仲舒学说与托于管仲的《管子》及邹衍的阴阳学说均属齐学。其中《管子》作为一种政治思想与现实结合、联系更多更紧密，而董仲舒的理论同样也是

---

① （清）苏舆撰，钟哲点校：《春秋繁露义证·保位权》，中华书局1992年版，第173页。
② 陈奇猷校注：《韩非子新校注·难二》，上海古籍出版社2000年版，第893页。
③ 《黄帝四经》和《管子》的阴阳刑德思想可参见拙著《中和与绝对的抗衡——先秦法家思想比较研究》（中国社会科学出版社2007年版）。《吕氏春秋》中的阴阳刑德思想见本书《吕不韦与先秦法家》。陆贾《新语》中亦有阴阳刑德思想。如《慎微》提到汤、武、伊（尹伊）、吕（吕尚）"因天时而行罚，顺阴阳而运动，上瞻天文，下察人心"；《明诫》有"恶政生恶气，恶气生灾异。螟虫之类，随气而生；虹蜺之属，因政而见。治道失于下，则天文变于上；恶政流于民，则螟虫生于野"。
④ （汉）班固：《汉书·董仲舒传》，中华书局1962年版，第2523页。
⑤ 同上书，第2526页。

"从现实出发的,针对现实的,是为现实服务的。……我们如果不被其外衣所迷惑,认真剖析其实质,那就不难发现他的学说的出发点和归宿都是现实社会"①。既如此,董仲舒怎么可能将就现实政治而论的《管子》弃之一边?第三,阴阳刑德思想在产生于《管子》之前的《黄帝四经》中已初步形成体系②,但在《管子》中更加丰富详赡③,其传播和接受力度无疑更大。因此,董仲舒的阴阳刑德思想虽然来源众多,但齐法家《管子》是其中较为根本且最为关键的一个。

借助阴阳五行思想,董仲舒妥善地解决了治国中德与刑的关系问题,避免了儒家一味强调德治的迂阔和法家单纯重视刑罚的严酷,因而对后世产生了很大影响。宋代包拯说:"且治平之世,明盛之君,必务德泽,罕用刑法。故董仲舒说:'阳为德为春夏,当和煦发生之时;阴为刑为秋冬,在虚空不用之处。'以此见天任德不任刑也。王者亦当上体天道,下为民极,故不宜过用重典,以伤德化。"④ 虽然强调德治的重要性,但不否认法治的必要。这都是在董仲舒思想的启发和影响下对德刑在治国中作用和地位的认识。

借助与阴阳五行相应的天人感应思想,董仲舒初步解决了法家一直没能解决的一个问题,那就是法由君出,谁来限制君主?君主掌握立法大权,他的权限该如何制约?梁启超认为这是法家最大的弊端。⑤ 因此,他认识到董仲舒天人感应思想的意义所在:

> 民权既未能兴,则政府之举动措置,即莫或监督之而匡纠之,使非于无形中有所以相慑,则民贼更何忌惮也。孔子盖深察夫据乱时代之人类,其宗教迷信之念甚强也,故利用之而申警之。……但使稍自爱者,能恐惧一二,修省一二,则生民之祸,其亦可以稍弭。此孔子言灾异之微意也。虽其术虚渺迂远,断不足以收匡正之实效,然用心

---

① 周桂钿:《董学探微》,北京师范大学出版社 1989 年版,第 359 页。
② 关于《黄帝四经》和《管子》之间的关系,详见陈鼓应《黄帝四经今译今注》(商务印书馆 2007 年版)第 40—41 页。
③ 《管子》的阴阳刑德思想详见本书第一章《吕不韦与先秦法家》。
④ (宋)包拯撰,杨国宜校注:《包拯集校注》,黄山书社 1999 年版,第 25—26 页。
⑤ 参见梁启超《先秦政治思想史》,天津古籍出版社 2003 年版,第 256 页。

盖良苦矣。江都最知此义，故其对天人策，三致意焉。汉初大儒之言灾异，大率宗此旨也。①

梁启超所言道出了董仲舒以阴阳五行之瓶容纳其政治思想的初衷——给统治者适度约束。从后代统治者的反映看，这一做法的确产生了一些实际效用。② 所以徐复观先生说汉代的灾异说"把皇帝的精神压得透不过气来"，"其对皇帝行为的约束性，依然相当存在的"③，并非虚言。当然，我们同时也要认识到这种约束非常有限。东方朔就曾用阴阳灾异劝说汉武帝不要劳民伤财，大兴土木修建园林，但汉武帝仍按吾丘寿王上奏的计划修建了上林苑。而《隋书·刑法志》记载，隋文帝发怒，六月杀人。大理少卿赵绰用阴阳五行说规劝道："盛夏是万物生长之时，此时不能行诛杀之事。"文帝却答："六月虽是生长之时，但此时必有雷霆。天道既然在炎阳之时震其威怒，我仿效上天而行，有什么不可以。"所以灾异说，天人感应，能不能实现对最高统治者的约束，归根结底取决于统治者自身。

二 "原志论罪"说

董仲舒反对先秦法家的重刑厚赏理论。《春秋繁露·保位权》说：

> 制之者，制其所好，是以劝赏而不得多也。制其所恶，是以畏罚而不可过也。所好多则作福，所恶多则作威。作威则君亡权，天下相怨；作福则君亡德，天下相贱。故圣人之制民，使之有欲，不得过节；使之敦朴，不得无欲。无欲有欲，各得以足，而君道得矣。

董仲舒深知重刑厚赏容易导致作威作福，不利于专制统治。因此他提出刑赏应保持在利于君主使用恩威的适度范围内。反对重刑，自然就反对

---

① 章太炎、梁启超、朱自清等：《国学大师说儒学》，云南人民出版社 2009 年版，第 37—38 页。
② 如《后汉书·和帝纪》记载，某年秋天，京师大旱。和帝认为是冤狱所致，为此亲临洛阳寺"录囚徒，举冤狱"，惩治贪官污吏。未及返宫，天降大雨。又《后汉书·皇后纪上》有相似记载。
③ 徐复观：《两汉思想史》（二），华东师范大学出版社 2001 年版，第 381 页。

法家的连坐法，为此董仲舒提出了"原志论罪"。《春秋繁露·精华》说："《春秋》之听狱也，必本其事而原其志。志邪者不待成，首恶者罪特重，本直者其论轻。"本注说："事之委曲未悉，则志不可得而见。故《春秋》贵志，必先本事。"① 由此可知"本事"即弄清楚犯罪事实，在此基础上追寻"志"——犯罪动机和目的。"志邪者不待成"是说有犯罪动机的，即使犯罪未遂，也要处以重惩。与此相对，"本直者其论轻"指没有犯罪动机的过失犯罪，对于此类犯罪要从轻惩治。"首恶者罪特重"是说在群体犯罪中，对于起主要作用的首恶者要从重处理，对从犯则从轻。"原志论罪"在定罪时把故意犯罪和过失犯罪、主犯和从犯区别对待，给予不同处罚，体现了法律的公正公平。相对先秦法家的连坐法无疑是一个巨大进步，所以有学者评价说：

> 董仲舒以德教为主，量刑从轻，狱疑予民，胁从不罪，反对连坐、族诛，适时赦免，"去奴婢，除专杀之威"，特别是《春秋决狱》，拯救了很多人的生命，应该说是可信的。那么，这无疑有利于人民，有利于社会的安定，有利于生产的恢复和发展……这同当时的滥刑、乱杀相比，的确是一种爱民和进步。②

但是，对于动机邪恶但犯罪未遂者的重惩，显然又偏离了法律的公正公平，其目的是"诛心"，控制民众思想。这一试图从根本上控制犯罪、维护大一统君主专制的做法，早在董仲舒之前，韩非已有论述。《韩非子·说疑》有："是故禁奸之法，太上禁其心，其次禁其言，其次禁其事。"在韩非看来，"禁心"——"为非"的念头想都不能想，才是"禁奸"的上策。根据这一思想原则，晋法家提出了重刑以去刑——微小的错误付出惨重代价，通过加大法律的威慑力，使人们不敢违法犯罪，以此实现法律设而不用的目的。在汉昭帝时的盐铁会议上，大夫一方说："盗伤与杀同罪，所以累其心而责其意也。"③ 说的就是法

---

① （清）苏舆撰，钟哲点校：《春秋繁露义证·精华》，中华书局1992年版，第92页注。
② 华友根：《董仲舒思想研究》，上海社会科学院出版社1992年版，第100页。
③ 王利器校注：《盐铁论校注·刑德》，中华书局1992年版，第566页。

家重刑与"禁心"之间的关系。从这一角度说，董仲舒与韩非殊途同归。

在"原志论罪"这一原则下，董仲舒又提出："君亲无将，将而诛。"① 即对于君王和父母连弑杀的念头都不能萌生，一旦萌生这种念头，即使没有做也要被诛杀。淮南王刘安一案就是依此做的判决。刘安的罪名是企图谋反，还有什么比这一动机和目的更邪恶的呢？依心论罪，此案株连面之大，人数之多，令人咋舌。位列九卿的颜异只因与人谈话时，听到对方说"初令下有不便者"动了动嘴唇，就被冠以腹诽之罪诛杀。所谓腹诽，就是心里有不利于君主的念头、想法。从此以后，"公卿大夫多谄谀取容矣"②。

其次，"原志论罪"破坏了法家一再强调的法律的明确性和客观性要求。"原志论罪"判断动机善与恶的标准是《春秋》，而《春秋》最大的特点就是"微言大义"，因而很容易造成理解上的困难和歧义。对此，董仲舒多有提及："辞不能及，皆在于指，非精心达思者，其孰能知之。"③ "非不可及于经，其及之端眇，不足以类钩之，故难知也。"④ "今《春秋》之为学也，道往而明来者也。然而其辞体天之微，故难知也。"⑤《春秋》语言含蓄简练，蕴意丰富深奥，阐释者尽可以根据自己的理解发挥，其主观性之大显而易见。因此，以《春秋》定善恶本身就意味着执法标准模糊不清，缺少客观性。执法者可以根据需要或轻或重判罪。譬如残暴昏庸的晋灵公被杀，大臣赵盾不在场，事后也没有为其君报仇，但是却被冠以"弑君"罪名，只因为他是广为人民称赞的贤臣，所以要"加之大恶，系之重责，使人湛思，而自省悟以反道"⑥。贤成了获罪的原因，庸成为逃避罪责的理由，法律的公平从何体现？通常说来，法律的公平公正须以法律条文的明晰、确定为基础。只有做到这一点，民众方可了解法律从而避免触犯，同时也使执法的依据清楚而充分。马克思说："法律是肯

---

① （清）苏舆撰，钟哲点校：《春秋繁露义证·王道》，中华书局 1992 年版，第 114 页。
② （汉）司马迁：《史记·平准书》，中华书局 1959 年版，第 1434 页。
③ （清）苏舆撰，钟哲点校：《春秋繁露义证·竹林》，中华书局 1992 年版，第 50 页。
④ （清）苏舆撰，钟哲点校：《春秋繁露义证·玉英》，中华书局 1992 年版，第 77 页。
⑤ （清）苏舆撰，钟哲点校：《春秋繁露义证·精华》，中华书局 1992 年版，第 96 页。
⑥ （清）苏舆撰，钟哲点校：《春秋繁露义证·玉杯》，中华书局 1992 年版，第 43 页。

定的、明确的、普遍的规范。"① 新自然法学的代表人之一朗·富勒（L. L. Fuller，1902—1978）认为，法要达到调控人们行为这一目标，必须在一定程度上具备八条内在的道德原则，其中一条就是法律的明确性原则。② 在这一方面，先秦法家非常超前。他们一再强调法律条文要明确的重要性。《管子·法法》说："宪律制度必法道，号令必著明，赏罚必信密，此正民之经也。"《商君书·壹言》谓："治法明则官无邪"，"制度察则民力抟"。韩非给法下的定义是："法者，编著之图籍，设之于官府，而布之于百姓者也。"③ 董仲舒虽然在政治思想上对先秦法家多有批判继承，但在法律的明确性上却不进反退，从而直接削弱了法律的公平性。

盐铁会议上，体现儒家主张的文学一方以董仲舒"原志论罪说"驳斥坚持法家严刑主张的大夫一方。他们说："依据《春秋》审理案件就是根据犯罪的行为动机定罪。动机好的即使违法也免于惩罚，动机邪恶即使行为合法也要惩罚。伤了人但没有什么危害，动机不很坏而行为犯了法，能处以重罚吗？这么做怎么能说不是执法者的过错？民众不会心服的。"④ 文学一方从儒家仁爱的角度认为"原志论罪"可以减轻对民众的伤害，但是他们没有意识到，过度强调主观性的"原志论罪"的司法主张因为忽略了客观性而把法律变成一把利刃，拿着它既可以主持正义，也可以随意杀人。在董仲舒手里，"原志论罪"体现了他的爱民思想；在张汤等酷吏手中，它成了伤民的工具。董仲舒老病致仕后，朝廷每有政议，汉武帝即派遣廷尉张汤前往董仲舒住所征询他的意见，董仲舒"动以经对"，发表见解。这些见解积累起来形成了记录二百三十二个案例的《春秋决事比》一书（又称《春秋决疑》）。马端临《文献通考》评此书时说：

> 《决事比》之书，与张汤相授受，度亦《灾异对》之类耳。帝之驭下，以深刻为明，汤之决狱，以惨酷为忠，而仲舒乃以经术附会

---

① 马克思：《第六届莱茵省议会的辩论》，《马克思恩格斯全集》卷一，人民出版社1956年版，第71页。
② 参见徐爱国、李桂林、郭义贵《西方法律思想史》，北京大学出版社2002年版，第306—307页。
③ 陈奇猷校注：《韩非子新校注·难三》，上海古籍出版社2000年版，第922页。
④ 参见王利器校注《盐铁论校注·刑德》，中华书局1992年版，第567页。

之。王、何以老庄宗旨释经，昔人犹谓其罪深于桀、纣，况以圣经为缘饰淫刑之具，道人主以多杀乎！其罪又深于王、何矣！……盖汉人专务以《春秋》决狱，陋儒酷吏，遂得以因缘假饰。①

马端临所言一语道出董仲舒"原志论罪"说被酷吏利用后荼毒民众的实质。《盐铁论》中，倾向于儒家的文学、贤良一方说："深之可以死，轻之可以免，非法禁之意也。"②他们是反对执法过程中的主观性和随意性的，但他们可否意识到，依《春秋》"原志论罪"恰恰导致了这一结果。"原志论罪"破坏了法家一再强调的法律的相对独立性和客观性，是中国法制史上的一个倒退。在董仲舒"原志论罪"司法主张倡导下，西汉狱治不仅没有减轻，反而形成了可以与秦王朝之残酷一比高下的法治状况。宣帝时的路温舒因此说："（治狱之吏）上下相驱，以刻为明；深者获公名，平者多后患。……天下之患，莫深于狱；败法乱正，离亲塞道，莫甚乎治狱之吏。"③

三 以"义"保证执法的公平公正

与重视法在治国中的作用相适应，董仲舒提出执法要注重公平。

《五行相生》说："北方者水，执法司寇也。……至清廉平，赂遗不受，请谒不听，据法听讼，无有所阿，孔子是也。"董仲舒通过对鲁国司寇孔子的赞美表达了他对执法公平的重视。《五行五事》言："王者为民，治则不可以不明，准绳不可以不正。""治"为"法"之误。④"明"指公开，"正"指公正。概言之，他要求君王对法律的执行既要公开又要公正，如此才可实现为民的目的。董仲舒对执法公平的强调显著表现在《威德所生》中的一段话：

> 天有和有德，有平有威，有相受之意，有为政之理，不可不审

---

① （元）马端临：《文献通考》，中华书局1986年版，第1567页。
② 王利器校注：《盐铁论校注·刑德》，中华书局1992年版，第567页。
③ （汉）班固：《汉书·贾邹枚路传》，中华书局1962年版，第2369—2370页。
④ （清）苏舆撰，钟哲点校：《春秋繁露义证·五行五事》俞注云："'治'为法字之误，法则不可以不明，准绳不可以不正。"（中华书局1992年版，第390页）

也。春者，天之和也；夏者，天之德也；秋者，天之平也；冬者，天之威也。天之序，必先和然后发德，必先平然后发威。此可以见不和不可以发庆赏之德，不平不可以发刑罚之威。又可以见德生于和，威生于平也。不和无德，不平无威，天之道也，达者以此见之矣。我虽有所愉而喜，必先和心以求其当，然后发庆赏以立其德。虽有所忿而怒，必先平心以求其政，然后发刑罚以立其威。能常若是者谓之天德，行天德者谓之圣人。

董仲舒认为人主虽然掌握着对臣民的生杀予夺大权，但却不能为所欲为，而要坚持赏当其功，罚当其罪，赏罚都要以公平为准。公平是君主获得权威的基础。董仲舒特别提出人主不能因为自己的喜怒哀乐影响到德威的使用。他以四季的变换为依据来阐述这一观点。他说春意味着上天的调和，夏显示着上天的恩德，调和是施恩的前提；秋意味着上天的公平，冬显示着上天的威严，公平是威严的前提。天道如此，人主要依天道行使赏罚之权。行赏时即使心有所喜，也必须要先调和内心，思虑所行之赏是否妥当，然后再实施，这样的赏赐才能体现君主之德；用罚时即使心怀怨怒，也要竭力保证在均平之心境下实施刑罚，这样的刑罚才能建立威严。赏不因喜，罚不因怒，赏罚均要以公平为前提，这就是行天德。能行天德者就是圣人。董仲舒所言就是法家韩非一再强调的君主要以虚静之心治国，去除自己主观的喜怒好恶，以达到刑赏公平公正。

因为追求法律公平，董仲舒置义于很高的地位。《天地阴阳》有言："为人主者，予夺生杀，各当其义，若四时。"那么董仲舒理解的义是怎样的呢？他认为义就是我的行为适宜，义的一切含义都围绕着"我"展开。所以"义，我也"。与义相对的是"仁"，仁就是施爱于他人。"君子求仁义之别，以纪人我之间……宽制以容众。"[1] 在董仲舒看来，《春秋》是最讲义的："《春秋》，义之大者也。"[2]

庞朴先生认为，对仁与义的不同使用，形成了儒、法、墨三家学说的不同，"墨子的'兼爱'把'仁'的一面推向极端，适用于一切对象……

---

[1] （清）苏舆撰，钟哲点校：《春秋繁露义证·仁义法》，中华书局1992年版，第254页。
[2] （清）苏舆撰，钟哲点校：《春秋繁露义证·楚庄王》，中华书局1992年版，第12页。

它单单强调'仁'的一面，否定'义'的价值，以致当杀而不杀。所以在政治实践中缺乏合理的操作性。与墨家相反，法家则把'义'的一面推向极端，从而否定'仁'的价值。法家的主张在政治生活中自然有着不可忽视的地位和功能，但是用'义'的原则来处理血缘内部的关系，在情感上很难为大众所接受"①。儒家注意到仁与义的对立。在他们的道德体系中，"建立在血缘亲情基础上并由此加以推广的'仁'相对于'义'有优先性，而此种优先性常常作为处理'仁'、'义'对立的原则"②，所以孔子主张"父为子隐，子为父隐"③，正直在这一过程中就表现出来了。但这正是法家韩非反对的。他用同一事例说明"直于君而曲于父"，"君之直臣，父之暴子也"④。同理，"直于父就要曲于君"，孝于父就不能忠于君。意即按照儒家的观点，成为孝子的儿子就不能做君主的忠臣。按照法家的观点，成为忠臣的儿子就不能做父亲的孝子。儒家强调植根于人内心深处的天然亲情的重要性，法家注重通过法律强制形成的忠诚的重要性。二者的对立显而易见。董仲舒则对此做了调和，他说："以仁安人，以义正我，故仁之为言人也，义之为言我也，言名以别矣。"⑤"仁之法在爱人，不在爱我；义之法在正我，不在正人。"⑥ 庞朴说，董仲舒这种做法是把本来是就自然的血缘关系而言的仁与本是就社会的非血缘关系而言的理性的义的指向做了一定的调整和提升。义扩展到血缘范围之内，仁延伸到血缘范围之外。⑦ 此说甚得董仲舒"义"论之精髓。《春秋繁露·精华》说："辨明天地位置，端正阴阳次序，正直地实行其中的道理且不畏艰难，这就是义的表现。"所谓天地之位、阴阳之序即指天尊地卑、阳尊阴卑。董仲舒一方面认为这是天下之"至理"，无论亲疏远近，违背此理即可群起而攻之。所以大旱不过是阳过于强大，使阴不得出，而阳强阴弱本来就符合义的要求，故而仅需雩祭请雨即可。而大水则意味着

---

① 庞朴：《中国文化十一讲》，中华书局 2008 年版，第 112 页。
② 同上书，第 113 页。
③ 杨伯峻译注：《论语译注·子路》，中华书局 1980 年版，第 139 页。
④ 陈奇猷校注：《韩非子新校注·五蠹》，上海古籍出版社 2000 年版，第 1104 页。
⑤ （清）苏舆撰，钟哲点校：《春秋繁露义证·仁义法》，中华书局 1992 年版，第 249 页。
⑥ 同上书，第 250 页。
⑦ 庞朴：《中国文化十一讲》，中华书局 2008 年版，第 109 页。

阴胜于阳，违反了义的要求，所以要"鸣鼓而攻之，朱丝而胁之"。但是另一方面，因为把义延伸到血缘关系中，他又认为周襄王因为不能好好侍奉母亲而得不到民众拥护，被迫离开京城，这不能被认为是臣不尊君；鲁庄公因其母文姜与齐襄公私通，且参与谋杀父亲鲁桓公，故而与母亲断绝关系，不能被认为是不孝；蒯聩无道，其子蒯辄不接纳他，不能被认为是不承亲。只因为所有这些看似违背孝道或君臣之道的举动都是合义之举。

　　从汉初至武帝时，汉王朝对同姓诸侯王犯罪的处置正可以看出"义扩展到血缘范围之内"、宗法情谊逐渐消退的轨迹。汉文帝二年（前178年），济北王谋反，平定后，文帝赦免了济北王身边的吏民和参与谋反者。文帝六年（前174年），淮南王刘长谋反，文帝两次宣称不忍以法处置，最终赦其罪，仅废其王位。后在群臣的要求下，将刘长遣往蜀郡严道县邛崃山邮亭，并允许部分媵妾相随。未及到达，刘长病死于路途，文帝为此懊悔哭泣，手足之情表露无遗。景帝时，吴楚七国谋反，平定后景帝赦免七国败亡的士卒和楚元王的儿子刘蓺等参加叛乱者。及至武帝，淮南王刘安谋反，被牵连出的各级官员、地方豪强数千人一律处以死刑，王后荼、太子刘迁和所有共同谋反的人被杀尽满门。宗法亲情消失殆尽。治淮南狱的正是董仲舒弟子吕步舒，他以"《春秋》谊颛断于外"，汉武帝"皆是之"①。曾经厚赠淮南王财物的武安侯田蚡（汉景帝皇后的同母弟）在淮南案发之前已离世，武帝恨恨地说假如他还活着，那么应该是族刑了。可见，孔孟原始儒家倡导的血缘亲情之间的仁爱至武帝时已被"大义灭亲"替代。其理论根源显然是董仲舒融和了法家思想后的"新儒学"。所以金春峰先生说："大义灭亲的精神，既是法家传统的存续和发展，也是'公羊春秋学'的基本精神。"②

　　这种把义引至血缘范围之内的做法自汉初贾谊已初露端倪。贾谊视诸侯王为"髋髀"，主张对待他们不能用"仁义恩厚"，而要用如斤斧般锋利的"权势法制"。他认为"释斤斧之用"而欲用"仁义恩厚"治诸侯王，"不缺则折"。这是贾谊一度被归属为法家的典型例证。其后，晁错的削藩建议体现的也是这一思想。董仲舒则是借辽东高庙和长陵高园殿灾

---

① （汉）班固：《汉书·五行志上》，中华书局1962年版，第1333页。
② 金春峰：《汉代思想史》，中国社会科学出版社2006年版，第177页。

一事直接进言武帝"视亲戚贵属在诸侯远正最甚者,忍而诛之……视近臣在国中处旁仄及贵而不正者,忍而诛之"①。意即对亲戚中行事不合正道的要下决心诛杀,对身边的近臣言行举止不端正的也要下决心除去。可见为了尊王权,贾谊、晁错、董仲舒都将矛头直指王公贵族。而这正得法家精义。梁治平认为:"中国古代国家并非阶级对抗的产物,而是政治性的亲族集团之间征服的结果。"② 所以韩非认为大一统君权最大的威胁不在民众,而是皇帝身边的亲属和左右重臣。《备内》说:"为人主而大信其子,则奸臣得乘于子以成其私……为人主而大信其妻,则奸臣得乘于妻以成其私……夫以妻之近与子之亲而犹不可信,则其余无可信者矣。"为了维护君权,韩非不惜使用各种手段控制、打压重臣。董仲舒把义引至本以仁联系的血缘亲情范围之内,实际就是韩非以术防备、以法管治王公贵族的一种变相做法。这一做法带有挑战儒家殷殷维护的以亲亲为核心的宗法制的意味。所以宋代洪迈说:"呜呼,以武帝之嗜杀,时临御方数岁,可与为善,庙殿之灾,岂无他说?而仲舒首劝其大杀骨肉大臣,与平生学术大为乖剌,驯致数万人之祸,皆此书启之也。"③ 著名理学家真德秀与洪迈有相似观点。他说董仲舒关于庙殿之灾所言诱导武帝以诛杀治臣,与他一再强调、提倡的"尚德不尚刑"的主张自相乖戾,完全不符。为此真德秀发出质问:"夫亲戚之骄僭,近臣之专横,夫岂无道裁制之?岂必诛杀而后快哉?"④ 真德秀同时认为淮南王一案,武帝之所以大开杀戒,就是董仲舒所论启发了武帝的残忍之心。但是,法律是公平的,假如亲戚骄僭、近臣专横至触犯国家法律,诛杀就是维护法律尊严、坚持法律公平的必须途径。从这一角度说,董仲舒将义延伸引入血缘范围是一种进步。况且,董仲舒不仅以义要求诸侯王,他也以义要求君主严于律己。他说,不能端正自己行为的君王去纠正别人的错误是不会受到称赞的,因为义的原则首先是端正自我而不是别人。所以,董仲舒对义的重视一定程度上体现了他对法律公平的追求。

---

① (汉)班固:《汉书·五行志上》,中华书局1962年版,第1332页。
② 梁治平:《寻求自然秩序中的和谐》,上海人民出版社1991年版,第23页。
③ (宋)洪迈:《容斋随笔》卷七,中华书局2005年版,第305页。
④ (元)马端临:《文献通考》,中华书局1986年版,第832页。

第二节　董仲舒的术论和势论

相较于丰富的法思想，董仲舒的术论和势论内容较为单薄，但对先秦法家的继承却非常显著。

一　术论

自法家把循名责实作为术治的一项重要内容后，无论赞赏法家者还是批判法家者无不袭用这一监督、考核官吏的方法。董仲舒也不例外。他说："揽名考质，以参其实。赏不空施，罚不虚出。"① 又说：

> 揽名责实，不得虚言，有功者赏，有罪者罚，功盛者赏显，罪多者罚重。不能致功，虽有贤名，不予之赏；官职不废，虽有愚名，不加之罚。赏罚用于实，不用于名，贤愚在于质，不在于文。故是非不能混，喜怒不能倾，奸轨不能弄，万物各得其冥，则百官劝职，争进其功。②

可以看出，董仲舒在继承法家循名责实术治思想的同时，也接受了法家尚功的思想。他反对以虚言获取奖赏，认为奖赏的唯一依据是"致功"。没有功绩，即使名声美好也不能奖赏；相反，对于认真履行职责、功劳卓著的官吏，即使外有愚昧之名，也不能惩罚。赏罚的关键是看官吏实际所为，而不是他们的名声，只有这样才能保证奖惩的公平，奖惩公平才能实现"百官劝职，争进其功"。这种对实际能力的重视和对虚言浮辞的反对完全是法家的主张，却被董仲舒吸纳为他的政治思想的一部分。

说到法家术论，就一定离不开"无为而治"。董仲舒虽然赞同儒家"舜歌南风"式的"无为而治"，但他更看重的显然是法家以因循、君臣分职、循名责实为前提的"无为而治"。《保位权》说：

---

① （清）苏舆撰，钟哲点校：《春秋繁露义证·保位权》，中华书局1992年版，第176页。
② （清）苏舆撰，钟哲点校：《春秋繁露义证·考功名》，中华书局1992年版，第178—179页。

> 为人君者居无为之位，行不言之教，寂而无声，静而无形，执一无端，为国源泉。因国以为身，因臣以为心。……是以群臣分职而治，各敬而事，争进其功，显广其名，而人君得载其中，此自然致力之术也。

这正是法家所说的"君无为臣无所不为"。

法家的"无为而治"一方面是大一统国家政治管理必需的方法和技巧，另一方面还是控制臣吏、树立君威的必然途径。这也是董仲舒一再强调君要以无为为本的原因。《立元神》说，君主是一国之本，一言一行事关荣辱，是万物的关键，所以要做到"谨本详始，敬小慎微，志如死灰，形如委衣，安精养神，寂莫无为"。在此基础上又要"虚心下士，观来察往。谋于众贤，考求众人，得其心遍见其情，察其好恶，以参忠佞，考其往行，验之于今，计其蓄积，受于先贤。释其仇怨，视其所争，差其党族，所依为臬，据位治人"。前者说的是"君无为"，后者说的是"臣无不为"。君主又是国家的象征，所以"不可先倡，感而后应。故居倡之位而不行倡之势，不居和之职而以和为德，常尽其下，故能为之上也"①。人君无为则神，"神者，不可得而视也，不可得而听也，是故视而不见其形，听而不闻其声。声之不闻，故莫得其响，不见其形，故莫得其影。莫得其影则无以曲直也，莫得其响则无以清浊也。无以曲直则其功不可得而败，无以清浊则其名不可得而度也"②。君主无声无响，无踪无影，恍如仙界神人，大臣对其无从捉摸，不知其所思所想，自然产生敬畏之心。"崇本则君化若神，不崇本则君无以兼人。无以兼人，虽峻刑重诛，而民不从，是所谓驱国而弃之者也。"③ 一语道出无为而治的根本目的，那就是树立君主的绝对权威。这是专制政权下君主不二的选择。硕儒董仲舒和法家的集大成者韩非的政治目标都是大一统的君主专制，因此他们在这方面有共同的诉求也就不足为奇了。

---

① （清）苏舆撰，钟哲点校：《春秋繁露义证·立元神》，中华书局1992年版，第170页。
② 同上书，第171页。
③ 同上书，第168页。

二 势论

孔、孟提倡以德、礼治国，所以他们认为君主品德的高尚比权威（势）更重要，他们崇尚的古之贤王常常"好善而忘势"[1]。在他们看来，君主的品德而非权势才是维系天下的纽带。及至隆礼重法的荀子，儒家对势的认识发生了一些变化。《荀子·王制》说：

> 分均则不偏，势齐则不壹，众齐则不使。有天有地而上下有差，明王始立而处国有制。夫两贵之不能相事，两贱之不能相使，是天数也。势位齐而欲恶同，物不能澹则必争，争则必乱，乱则穷矣。先王恶其乱也，故制礼义以分之，使有贫富贵贱之等，足以相兼临者，是养天下之本也。《书》曰："维齐非齐"，此之谓也。

从物质有限的角度看，势位相同，对物质的需求就相同，当物质无法满足人们的需求时，就会产生争斗，所以"分均则不偏"。从统治与被统治的角度说，势位相同，谁也指挥不了谁，社会就无法运转，即"势齐则不壹，众齐则不使"。所以，为了保证社会管理有效、顺畅，以礼划分人们的社会地位，使不同阶层的人拥有不同的势位非常必要。荀子认识到势存在的必要性和合理性，但因为他依然信奉儒家的贤人政治，所以尚未把势提高到君主之所以为君主的关键因素的地位。至其学生法家的集大成者韩非，对势的认识发生了彻底变化。为了突出君主的地位，韩非把势夸大到无所不能，认为势决定着人君的命运，决定着国家的治与乱。《韩非子·难三》说：

> 凡明主之治国也，任其势。势不可害，则虽强天下无奈何也，而况孟常、芒卯、韩、魏能奈我何？其势可害也，则不肖如如耳、魏齐及韩、魏犹能害之。

国君拥有不可害之势，无论多么强大的对手都奈何不了他。反之，可

---

[1] 杨伯峻译注：《孟子译注·尽心上》，中华书局2005年版，第303页。

害之势占了上风，借助一点儿外力就可以把他击倒。所以，只要牢牢掌握了不侵之势，国君尽可穷奢极欲，而不必担心大权旁落。正因为势有如此强大之力量，所以势只能为君主所独有，决不能与他人共享。

那么，董仲舒的势论又如何？他说："为人主者，居至德之位，操杀生之势，以变化民。民之从主也，如草木之应四时也。"① 民众之所以顺从君主就像草木应四时生长，是因为君主居于高高在上的位置，手中掌握着对民众的生杀大权。也就是说民众服从的不是君主的德，而是他的势。这显然不是儒家的势论，而是倾向于法家一方的势论。董仲舒还认为"至德之位""杀生之势"所代表的势是君之所以为君的关键。他说："国之所以为国者德也，君之所以为君者威也，故德不可共，威不可分。德共则失恩，威分则失权。失权则君贱，失恩则民散。"② 在专制社会中，君、国一定程度上合二为一。这里所说的德、威即法家通常所说的刑赏。因此所谓"德不可共，威不可分"意即势归君王所独有。当君王和臣子共同拥有刑赏大权时，君将不君，国将不国。所以《王道》说："道同则不能相先，情同则不能相使，此其教也。由此观之，未有去人君之权，能制其势者也；未有贵贱无差，能全其位者也。故君子慎之。"至此，董子势思想的学派归属已经很清楚，那就是他继承了法家对势的认识，认为君主非势不可，势为君主独有。这是因为，他和法家维护的都是大一统的君主专制统治。这样的政体，不赋予君主独一无二的势，又怎么能够实现？但是，董仲舒对势的认识与法家也有不同。韩非由对势的绝对认可，否定了削弱势的其他一切因素，如贤智、道德。董仲舒在强调势重要的同时认为君王须有德。这是他对法家势思想的发展。

第三节 董仲舒的君臣观念

君臣关系是先秦诸子非常看重的一种人伦，它常常与诸子宣扬的政治主张关联。儒家提倡对等的君臣关系，即孔子所言"君君，臣臣"，"君

---

① （清）苏舆撰，钟哲点校：《春秋繁露义证·威德所生》，中华书局1992年版，第462页。
② （清）苏舆撰，钟哲点校：《春秋繁露义证·保位权》，中华书局1992年版，第174—175页。

使臣以礼，臣事君以忠"①。君臣都要遵守絜矩之道"所恶于上，毋以使下；所恶于下，毋以事上"②。当君不像君时，臣就可以不臣。所以孟子说："君有大过则谏；反覆之而不听，则易位"③，"闻诛一夫纣矣，未闻弑君也"④。晋法家主张君权至上，君对臣有绝对的支配权，君臣之间没有感情，仅以利益相连。韩非所言"上下一日百战"最能代表晋法家的君臣思想。融合了儒家因素的齐法家《管子》在君臣关系上首先承认君臣有分，君尊臣卑，在此基础上又主张君臣之间应以和谐为要。⑤

历史发展至汉代，秦亡教训加之时代变革，使士人们重新思索君臣之间该如何相处相待。譬如贾谊认为秦二世之死就是他"投鼠不忌器"——不知礼遇身边大臣的必然结局，故而他向文帝提出"刑不上大夫"以保证为臣的尊严。当然，对于冒犯天子之威的大臣则要以法惩之，绝不姑息。贾谊的君臣思想一定程度上可以说是儒家和法家君臣观的杂糅。贾谊之后，和董仲舒同时代的淮南王刘安带领门客编纂的《淮南子》的君臣思想值得关注。

《淮南子》的君臣思想既受儒家影响，又不乏道家与法家因素。在儒家君臣观念作用下，《淮南子》认为君臣之间是一种相互回报的关系："其施厚者其报美，其怨大者其祸深。薄施而厚望，畜怨而无患者，古今未之有也。……人以其所愿于上以交其下，谁弗戴？以其所欲于下以事其上，谁弗喜？"⑥《淮南子》认为，君主的态度和所作所为决定着君臣关系的模式。君如植物之根，根系强壮枝叶才能丰茂。同理，君如何对臣决定着臣如何待君。君希望臣忠，就必须善待臣。恰如擅长驾车的人一定会爱护他的马匹，擅长射箭的人一定会时时护理他的弓弩，知道如何为君主的人一定不会把他的臣子置之脑后，因为"诚能爱而利之，天下可从也。弗爱弗利，亲子叛父"⑦。一个"爱"字说明《淮南子》认为君臣之间是有感情的，"利"则说明君臣在感情之外尚需利益相联，所以它又说：

---

① 杨伯峻译注：《论语译注·八佾》，中华书局1980年版，第30页。
② 朱熹：《四书章句集注·大学章句》，中华书局2012年版，第10页。
③ 杨伯峻译注：《孟子译注·万章下》，中华书局2005年版，第251页。
④ 杨伯峻译注：《孟子译注·梁惠王下》，中华书局2005年版，第42页。
⑤ 关于齐、晋法家君臣思想的异同参见拙著《中和与绝对的抗衡——先秦法家思想比较研究》，中国社会科学出版社2007年版。
⑥ 刘文典集解：《淮南鸿烈集解·缪称训》，中华书局1989年版，第319—320页。
⑦ 同上书，第342页。

"臣不得其所欲于君者,君亦不能得其所求于臣也。"① 因此"臣尽力死节以与君,君计功垂爵以与臣。是故君不能赏无功之臣,臣亦不能死无德之君。君德不下流于民,而欲用之,如鞭蹄马矣。是犹不待雨而求熟稼,必不可之数也"②。《淮南子》视君臣关系为一种买卖,这一观点显然来自法家。其中"臣尽力死节以与君,君计功垂爵以与臣"引自《韩非子·难一》。不同的是《淮南子》没有把君臣之间的买卖关系绝对化。韩非说"上下一日百战",似乎君臣之间没有丝毫感情,彼此为了各自的利益无休止地明争暗斗、尔虞我诈。《淮南子》则认为二者的关系应是利益相关中夹杂感情,否则就不会有豫让为替智伯报仇屡次三番置自己于危险境地直至付出生命的事迹。假如他们之间只有利益关系,那么在智伯死后这一关系就已经结束,豫让根本无须再为智伯冒死报仇。

在道家思想影响下,《淮南子》又认为君臣之间最恰当的相处之道是君臣各行其职,君无须臣忠,臣无求君惠,彼此忠诚于职守,无恩无怨,相依又相忘。《缪称训》对此多有论说:"主者,国之心。心治则百节皆安,心扰则百节皆乱。故其心治者,支体相遗也;其国治者,君臣相忘也","君不求诸臣,臣不假之君,修近弥远,而后世称其大","水下流而广大,君下臣而聪明。君不与臣争功,而治道通矣"。以上所论无不在说君臣之间各安其事,无为而治,仿佛对方不存在,就是最佳治世之道。

那么,力图为大一统的封建帝国规划治国蓝图的董仲舒又是怎么看待君臣关系的?

首先,董仲舒认为君臣和睦、协同合作是国家富强、天下太平的前提。《春秋繁露·天地之行》说:

> 君明,臣蒙其功,若心之神,体得以全;臣贤,君蒙其恩,若形体之静而心得以安。上乱下被其患,若耳目不聪明而手足为伤也;臣不忠而君灭亡,若形体妄动而心为之丧。是故君臣之礼,若心之与体,心不可以不坚,君不可以不贤;体不可以不顺,臣不可以不忠。心所以全者,体之力也;君所以安者,臣之功也。

---

① 刘文典集解:《淮南鸿烈集解·主术训》,中华书局1989年版,第289页。

② 同上。

一国之君虽然高高在上，但还需臣子配合才能把国家治理好。臣若不忠，君位就难以稳固。臣之于君是如此重要，就仿佛身体之于心脏。当四肢百骸、五脏六腑不能正常运转时，心脏也就失去了它的功用。所以主位坐得安稳，功劳全在臣。至于如何实现君臣之间的协同合作，董仲舒提出君要贤明、臣须忠诚。两个条件中，后者更重要。《天道无二》说：

> 反天之道，无成者。是以目不能二视，耳不能二听，手不能二事。一手画方，一手画圆，莫能成。人为小易之物，而终不能成，反天之不可行如是。是故古之人物而书文，心止于一中者，谓之忠；持二中者，谓之患。患，人之中不一者也。不一者，故患之所由生也。是故君子贱二而贵一。人孰无善？善不一，故不足以立身。治孰无常？常不一，故不足以致功。

"一手画方，一手画圆，莫能成"在《韩非子》中两见。《外储说左下》有："人莫能左画方而右画圆也。"韩非以此说明两个道理，一是"利所禁，禁所利，虽神不行；誉所罪，毁所赏，虽尧不治"，当所禁与所利、道德与法律价值取向不一致时，再贤明的君主也无法治好国家。其次，君王要明察群臣，不能以身边之人的言辞为依据，否则就会陷入忠臣被谤、邪臣当道的泥淖。又《韩非子·功名》曰："人臣之忧在不得一，故曰：左手画方，右手画圆，不能两成。"韩非意在说君主要善于发挥臣子技之所长，如此则臣子事君游刃有余，君倡臣应，国家大治即水到渠成。董仲舒用韩非之语，意却不同。他以此说明事君不忠就像左右手试图同时画方画圆一样不可能成事。董仲舒把忠君上升到天道高度，要求臣子必须忠诚于君主。不忠就是违背天道，不但难以建立事功，而且后患无穷。臣子忠君的首要表现是功归君，过自担，凡事唯君命是从。《阳尊阴卑》说：

> 丈夫虽贱皆为阳，妇人虽贵皆为阴。阴之中亦相为阴，阳之中亦相为阳。诸在上者皆为其下阳，诸在下者皆为其上阴。阴犹沈也。何名何有，皆并一于阳，昌力而辞功。故出云起雨，必令从之下，命之曰天雨。不敢有其所出，上善而下恶。恶者受之，善者不受。土若

地，义之至也。是故《春秋》君不名恶，臣不名善，善皆归于君，恶皆归于臣。臣之义比于地，故为人臣者，视地之事天也。

董仲舒凭借阴阳五行思想为臣绝对服从君找到依据，那就是凡在上者都是阳，如天，如君，如夫；凡在下都是阴，如地，如臣，如妻。所有的善都归于阳，所有恶都由阴承受。所以，臣应该绝对听从于君，君必须绝对听从于天。"君者，民之心也；民者，君之体也。心之所好，体必安之；君之所好，民必从之。"① 臣不过是身份特殊的民，自然也要遵从这样的规则。

董仲舒的君臣观念与晋法家韩非的君臣观念很接近。韩非赞扬的大臣是没有独立意志、思想、人格，像机器人一样执行君主命令，不会对君主构成威胁的人。《有度》篇这样描述：

> 贤者之为人臣，北面委质，无有二心；朝廷不敢辞贱，军旅不敢辞难；顺上之为，从主之法，虚心以待令而无是非也。故有口不以私言，有目不以私视，而上尽制之。为人臣者，譬之若手，上以修头，下以修足，清暖寒热，不得不救，入，镆铘傅体，不敢弗搏。

韩非认为如后稷、皋陶、伊尹、周公旦、太公望、管仲、隰朋、百里奚、蹇叔、舅犯、赵衰、范蠡、大夫种、逢同、华登等方称得上忠臣，他们"夙兴夜寐，卑身贱体，竦心白意，明刑辟、治官职以事其君，进善言、通道法而不敢矜其善，有成功、立事而不敢伐其劳，不难破家以便国，杀身以安主，以其主为高天泰山之尊，而以其身为壑谷鬴洧之卑"②。有这样的大臣，"主有明名广誉于国，而身不难受壑谷鬴洧之卑"③。总之，韩非称赞的大臣是忠心耿耿，任劳任怨，有功归主上，有错自己担，尽己所能使君主有尊位、得美名，同时还不居功自傲，而是匍匐于君主脚下的人。也就是既要有卓越的智慧、才能，还要有奴才的嘴脸。对许由、

---

① （清）苏舆撰，钟哲点校：《春秋繁露义证·为人者天》，中华书局1992年版，第320页。
② 陈奇猷校注：《韩非子新校注·说疑》，上海古籍出版社2000年版，第973页。
③ 同上。

伯夷、务光及叔齐等见利不喜、临难不恐和关龙逄、王子比干、楚申胥及伍子胥等不顾自身生命安危、疾争强谏的大臣，韩非毫不犹豫地全部予以否定。在他看来，臣子即使出于维护君主的利益，也不能有丝毫逆上行为。因此师旷为劝谏用琴撞晋平公的举动是"逆上下之位，而失人臣之礼"①。小臣作为齐桓公的臣子却让桓公屈身拜见，这在韩非看来更是无法容忍的犯上之举。而董仲舒认为，大臣如没有按照君主之命行事，即使所作所为是对的、好的，也依然要被视为背叛，晋国的赵鞅进入晋阳就属于此例。② 对于臣子的犯上之举，董仲舒和韩非态度完全相同：不能饶恕，罪死不赦，即"贬主之位，乱国之臣，虽不篡杀，其罪皆宜死"③。《春秋繁露·天地之行》说，为人臣的原则是效仿大地，朝夕进退，奉职应对，是为了侍奉尊贵的君主；供设饮食，探视疾病，是为了表示对君主的供养；委身致命，事无专制，是为了表示对君主的忠诚；竭力表达自己的深厚之情，不掩饰过错，是为了诚实；伏节死难，不惜其命，是为了解救君王的困窘；宣扬君王的荣光和恩惠是为了助其成为一个贤明的君主；功成事就，归德于君主，是义的要求，这与上文所引《韩非子·有度》中对君臣关系的论述如出一辙，都是要求臣绝对服从于君。

在君臣关系上，董仲舒对法家的高度继承突出表现为在韩非"三顺"说的基础上发展形成了他的"三纲"说。

司马迁说韩非思想源于黄老，其"三顺"说即一典型事例。《黄帝四经·经法·六分》有"六逆""六顺"之论，作者认为它们是决定国家存亡兴衰的分界。"六逆"开首就是"其子父，其臣主"，即父子君臣位置倒逆，嫡子拥有父亲的权威，大臣拥有君主的权威。这样的国家即使强大也不可能称雄天下。第六逆是"主两则失其明，男女争威，国有乱兵，此谓亡国"④。这里的男女专指国君和后妃。国君不能独掌治国大权，后妃与之相争，则国家危险。虽是"六逆"，但其他"三逆"——谋臣不忠、君主失位、贵贱不分实则可以包含于君臣关系中，故六种关系可概括

---

① 陈奇猷校注：《韩非子新校注·难一》，上海古籍出版社 2000 年版，第 859 页。
② 参见（清）苏舆撰，钟哲点校：《春秋繁露义证·顺命》，中华书局 1992 年版，第 412 页。
③ （清）苏舆撰，钟哲点校：《春秋繁露义证·楚庄王》，中华书局 1992 年版，第 4—5 页。
④ 陈鼓应译注：《黄帝四经今注今译——马王堆汉墓出土帛书》，商务印书馆 2007 年版，第 77 页。

为君臣、父子、夫妻三种关系。韩非的老师儒家大师荀子又说："君臣、父子、兄弟、夫妇，始则终，终则始，与天地同理，与万世同久。"① 把君臣等四种人际关系视为天地间万世不变的常理。在黄老和荀子思想的共同启发下，韩非提出了"三顺"说。《韩非子·忠孝》有："臣事君，子事父，妻事夫，三者顺则天下治，三者逆则天下乱，此天下之常道也，明王贤臣而弗易也，则人主虽不肖，臣不敢侵也。"韩非依主次将三种关系进行排序，使父子、夫妻关系从属于君臣（太子与父王之间、后妃与君王之间首先是政治伦理上的君臣关系，然后才是情感伦理上的父子、夫妻关系），从而真正实现了"率土之滨，莫非王臣"。在"三顺"说中，韩非认为君对臣、父对子、夫对妻的掌控是天下治的绝对条件，无论什么情况下都不能改变。君即使昏庸无能，臣依然要尽臣的职责。舜本是尧的臣子，后来却成为尧的君主，是"臣其君"；商汤、周武王本是夏桀、殷纣王的臣子，后来却"弑其主，刑其尸"。在韩非看来，这些都是违背君臣大义的行为，但是众人却对此称赞有加，这正是天下不治的原因。其后，《吕氏春秋》将韩非的观点发展为："凡为治必先定分。君臣父子夫妇，君臣父子夫妇六者当位，则下不逾节而上不苟为矣，少不悍辟而长不简慢矣。"② 同时《吕氏春秋》将其与阴阳五行相连，认为金与木功用不同，水与火用途相别，阴与阳性质相异，但它们都对人类有用。君臣父子夫妇的关系就像金木、水火、阴阳一样，必须有主次贵贱的分别，有分别是保证社会正常运转的前提。③ 与韩非相同，《吕氏春秋》也把这三种关系看作国家有序和稳定的重要条件。不同的是，它没有像韩非那样强调君对臣、父对子、夫对妻的绝对制约，而只是认为他们有尊卑贵贱的不同。董仲舒在《韩非子》和《吕氏春秋》的基础上发展出了以君臣关系为核心的"三纲"说。《春秋繁露·基义》说：

> 君臣、父子、夫妇之义，皆取诸阴阳之道。君为阳，臣为阴；父为阳，子为阴；夫为阳，妻为阴。阴道无所独行。其始也不得专起，

---

① 王先谦集解：《荀子集解·王制》，中华书局1988年版，第163页。
② 许维遹集释：《吕氏春秋集释·处方》，中华书局2009年版，第670页。
③ 同上。

其终也不得分功,有所兼之义。是故臣兼功于君,子兼功于父,妻兼功于夫,阴兼功于阳,地兼功于天。

董仲舒阴阳学说的核心是阳为主,阴为辅。阳制约阴,阴依附于阳。依此理论,为阳的君、父、夫制约为阴的臣、子、妻。臣必须听命于君,子必须听命于父,妻必须听命于夫。即《顺命》所说:"天子受命于天,诸侯受命于天子,子受命于父,臣妾受命于君,妻受命于夫。诸所受命者,其尊皆天也,虽谓受命于天亦可。"臣、子、妻不能擅自行事,有了功劳,臣、子、妻不能私自占有,而必须归于君、父、夫。在这一前提下,忠君成为为臣者首要之务。经过董仲述的阐述论证,"三纲"说的神圣性和权威性得以确定,从此以后,它成为中国古代社会规范人伦最重要的纲领性制度。

董仲舒的君臣思想与法家不同的是,首先,他通过神化君主为绝对化的君臣观寻找了一个坚实的理论基础。譬如他说:

《春秋》之法,以人随君,以君随天。曰:缘民臣之心,不可一日无君。一日不可无君,而犹三年称子者,为君心之未当立也。此非以人随君耶?孝子之心,三年不当。三年不当而逾年即位者,与天数俱终始也。此非以君随天邪?故屈民而伸君,屈君而伸天,《春秋》之大义也。①

这段话的核心是申明君与民和君与天这两种关系。君与民之间是"屈民而伸君",旨在强调臣民要无条件从君、尊君,绝不能犯上作乱。君与天之间则是"屈君而伸天",即君要重视、遵守上天而不是臣民的警示,服从上天而不是臣民的要求。这就使得君不再是常人,他是上天之子,代天管理地上的子民。这样被神化后的君,在君臣关系中自然就具有了绝对的主导地位。

其次,董仲舒的君臣思想与法家的不同还表现在,因为董仲舒终归是以儒家为主体去融和法家,所以他的君臣关系既有法家君对臣绝对控制的

---

① (清)苏舆撰,钟哲点校:《春秋繁露义证·玉杯》,中华书局1992年版,第31—32页。

一面，也有儒家对等的君臣关系在其中。他批评鲁文公不遵守礼制，"小善无一，而大恶四五"①，以至于诸侯不愿与他结盟，大夫不肯为他出使，正证明了君不君，臣就会不臣。在董仲舒的思想体系中，王是沟通天、地、人的唯一，所以能够制约王的只有天。当君王不能以礼待臣时，上天就会发出警告。《五行五事》说："王者与臣无礼，貌不肃敬，则木不曲直，而夏多暴风。……王者言不从，则金不从革，而秋多霹雳。……王者视不明，则火不炎上，而秋多电。……王者听不聪，则水不润下，而春夏多暴雨。……王者心不能容，则稼穑不成，而秋多雷。"这种约束虽然弱小，甚或根本没有作用，但比起晋法家的绝对王权毕竟是一个进步。

第三，基于权变思想，董仲舒认为臣应该绝对服从于君，让善于君，这是"常"。但特殊情况也可以特殊处理，即"权"。《竹林》所记司马子反一事就体现了董仲舒这一精神。司马子反奉楚庄王之命去打探宋城情况，得知宋城人民已困难到交换孩子充饥，燃烧骨骸取暖，于是把己方粮食也不多的真实情况告知了宋国大将，同时答应撤军。司马子反这一做法既专君权，又擅君名，显然违反了君臣之义。但董仲舒却说《春秋》的原则既有恒定性（常）又有变通性（权），司马子反出于仁爱之心，擅自做主撤军，是对《春秋》原则的变通使用。礼节是对仁德的表现，假如看着宋城人饿死而无动于衷，哪里还有仁德？失去仁德的内容，作为形式的礼又从何说起？可见，虽然也是竭力维护大一统的君主专制，但是董仲舒没有如法家那般把制度绝对化、极端化。这是因为在他的思想体系中，儒家的仁爱高于制度，所以当仁与礼面临取舍时，他选择先仁后礼。这对法家为了维护君主专制把法置于一个绝对的无论何种情形下都不可更改的位置无疑是一种调和。而历史也证明这种调和具有相应的必要性和进步性。

周桂钿先生曾说："秦灭亡以后，韩非的法治思想当了殡葬品。……如果他（指董仲舒）的思想能够被法家所吸取，对法制能够起到补充、修正的作用，使法制健全、发展。可惜的是，汉朝以后，法家没有处于主导地位，董仲舒的思想就起到破坏法制、瓦解法制的作用。"② 先秦法家

---

① （清）苏舆撰，钟哲点校：《春秋繁露义证·玉杯》，中华书局1992年版，第35页。
② 周桂钿：《董学探微》，北京师范大学出版社1989年版，第225页。

没有机会吸取董仲舒的思想,但董仲舒却吸取了先秦法家思想。尽管他不喜欢法家,但是因为以法治国是大势所趋,是政治管理的必然途径,而先秦诸子中,最具有法治思想的就是法家,所以虽然汉朝过秦批法的浪潮一波未息一波又起,但法家思想依然是每个政论家、学者都必须直面、不得不吸取的思想因子,贾谊如此,司马迁如此,董仲舒依然如此。去掉法家因子,董仲舒的思想不仅不完善,最重要的是不可能对中国古代文化和社会产生那么深刻久远的影响。反之,没有董仲舒的儒法融合,法家的发展也是一个未知数。假如说在法家的发轫时期,秦国和法家彼此成就了对方,那么秦亡汉兴以后,法家在过秦批法、罢黜百家浪潮中得以化险为夷,获得重生,能够继续发展,并且最终成为中国政治文化不能缺少的要素,正是借助了董仲舒的儒学。而儒家因为法家因子的有机融入,与社会现实有了更为紧密的结合,不再是迂阔待沽、仅仅停留在纸上的理论,从而由在野进入庙堂。所以,这一时期,我们可以说,董仲舒和法家彼此成就了对方。

第九章 《盐铁论》与先秦法家

《盐铁论》是一部反映汉昭帝（刘弗陵）时期朝野士人对国家政治、经济、军事、外交等各方面政策得失看法的汉代典籍。它既是对武帝时治国策略的反思，也是武帝后治国策略调整的开始。因此，《盐铁论》在政治方面的价值广为后人关注。涂祯刻本《盐铁论自序》说："爱其辞博，其论核，可以施之天下国家，非空言也。"① 所谓"非空言"即指《盐铁论》在治国安邦方面具备的现实意义。所以金蟠刻本《盐铁论自序》说它"岂直汉室药石已哉！"② 张之象刻本《盐铁论自序》说："不独好其文，盖多其善言政事焉。"③ 所言均直指《盐铁论》对现实政治的指导意义。《盐铁论》的政治价值是通过御史、大夫和贤良、文学就具有法家倾向的治国策略和具有儒家倾向的治国策略孰优孰劣的辩论表现出来的。因此通过梳理比较双方的治国观念，即可看到法家和儒家是怎样在斗争中彼此融合、发展、变化的。所以，考察《盐铁论》是探讨先秦法家在秦汉时期发展与流变不可缺少的一环。

第一节 御史、大夫的治国观念

御史、大夫的治国观念总体上倾向于法家。他们坚守因时而变、发展的历史观，主张以法治国，认为先秦法家之商鞅、韩非提倡的严刑酷法的法律思想有其合理性；经济思想上，他们倡导发展工商业，更多地显示出

---

① 王利器校注：《盐铁论校注·附录》，中华书局1992年版，第789—790页。
② 同上书，第799页。
③ 同上书，第791页。

对齐法家《管子》的继承;军事思想上,他们认为武力比道德说教更容易产生效用,因此主张征讨匈奴。这些都体现出鲜明的法家特色。但是他们的治国观念中也包含一定儒家因素,在对儒家的态度上,他们不再是一味地对立、批判,而是认可儒家的某些观点,认为其有存在的合理性。

一　应时而变、发展的历史观

法家发展的历史观(应时而变)对秦汉时人的影响在第六章《〈淮南子〉与先秦法家》中已做阐述,但是因为在《盐铁论》中它是御史一方申述己方观点的重要依据,也是他们反驳文学、贤良的利器,因此有必要就这一历史观在《盐铁论》中的表现再次加以阐述。

无论是对法律改革的坚守,还是申述官营山海的必要,包括对武帝军事扩张的肯定,御史大夫一方都以应时而变为前提。譬如为了阐述增加法律条文、严格法律制度的重要,御史就以夏商周不同朝代制定、使用不同的法律制度和法律条文为例,证明武帝时期法律改革的必要性和正确性。御史说:

> 夏后氏不倍言,殷誓,周盟,德信弥衰。无文、武之人,欲修其法,此殷、周之所以失势,而见夺于诸侯也。故衣弊而革才,法弊而更制。高皇帝时,天下初定,发德音,行一切之令,权也,非拨乱反正之常也。其后,法稍犯,不正于理。故奸萌而《甫刑》作,王道衰而《诗》刺彰,诸侯暴而《春秋》讥。夫少目之网不可以得鱼,三章之法不可以为治。故令不得不加,法不得不多。唐、虞画衣冠非阿,汤、武刻肌肤非故,时世不同,轻重之务异也。①

御史从夏后氏、殷、周,一直说到刘邦建立汉朝,指出每一朝每一代法令制度或严或宽,或轻或重都不相同,不为其他,只是因为"法弊"就必须"更制","时世不同,轻重之务异",法须因时而变是历史发展的必然要求。

针对文学、贤良一方提出的效仿周公、孔子,以仁义礼让教化民众,

---

① 王利器校注:《盐铁论校注·诏圣》,中华书局1992年版,第593—594页。

大夫依然从治国不能一味因循守旧的角度给予反驳:

> 虞、夏以文,殷、周以武,异时各有所施。今欲以敦朴之时,治抏弊之民,是犹迁延而拯溺,揖让而救火也。①
>
> 俗非唐、虞之时,而世非许由之民,而欲废法以治,是犹不用隐括斧斤,欲挠曲直枉也。故为治者不待自善之民,为轮者不待自曲之木。往者,应少、伯正之属溃梁、楚,昆卢、徐谷之徒乱齐、赵,山东、关内暴徒,保人阻险。当此之时,不任斤斧,折之以武,而乃始设礼修文,有似穷医,欲以短针而攻疽,孔丘以礼说跖也。②

大夫通过回顾历史指出,在时间上紧邻的虞、夏和殷、周彼此的治国方式就已经不同。之所以如此,是因为治国者面对的国情不同。汉朝距离周公、孔子的时代久远,历史在发展,国情在变化,治国策略岂能不变?即使同在汉代,自高祖至武帝,不同时期社会状况不同,这是人们有目共睹、有耳共闻的事实。文景时期"民朴而归本,吏廉而自重,殷殷屯屯,人衍而家富"③,其后政令未改,教化未易,但是世风日益败坏,习俗日显衰落,以至于"吏即少廉,民即寡耻",即使"刑非诛恶"——惩罚为非者诛杀作恶者,奸犹不止,还怎么能用仁义教化来治吏?现今之世不是以前的敦朴之世,现今之民不是以前的许由之民,因此拿以前的方法治理现今社会就像是面对溺水者而慢慢腾腾,面对大火而彬彬有礼,就像无能的医生拿着短针去治疗痈疽,仿佛孔丘试图用礼义说服盗跖。御史大夫这种时异事异,因此政治改革、法律改革自有其历史发展的可行性与必要性的观点,与法家论证以法治国更适合战国社会的思路完全一致。

与御史、大夫一方相对,文学和贤良常常以守旧复古标榜。他们说:"诸生对册,殊路同归,指在崇礼义,退财利,复往古之道,匡当世之失,莫不云太平。"④ 又说:"文学桎梏于旧术,有司桎梏于财利。"⑤ 儒

---

① 王利器校注:《盐铁论校注·大论》,中华书局 1992 年版,第 603—604 页。
② 同上书,第 604 页。
③ 王利器校注:《盐铁论校注·国疾》,中华书局 1992 年版,第 333 页。
④ 王利器校注:《盐铁论校注·利议》,中华书局 1992 年版,第 323 页。
⑤ 同上书,第 324 页。

生们回答君王策问的方式、内容或有不同，但宗旨却完全一致，那就是提倡礼仪，恢复古代的传统，以纠正当代的过失。当大夫批评文学"桎梏于旧术"时，他们并不认为有什么不对。在他们看来"有司桎梏于财利"，违背孔孟之道才是造成诸多社会问题的原因。文学和贤良是如此崇尚已经消逝在历史长河中的"古代"，他们动辄以"古者"如何如何好反驳御史、大夫和丞相史一方对武帝时期国家政策的称赞。论及战争，他们说："古者，贵以德而贱用兵。……今废道德而任兵革。"① 论及赋税，他们说："古者之赋税于民也，因其所工，不求所拙。……今释其所有，责其所无。"② 论及俭奢，他们说："古者，采椽不斫，茅茨不翦，衣布褐，饭土硎，铸金为钮，埏埴为器，……今世俗坏而竞于淫靡，女极纤微，工极技巧，雕素朴而尚珍怪，钻山石而求金银……"③《散不足》一篇，贤良更是一气排列出31个古今对比向大夫和丞相史一方证明古代是多么好，而现今却是多么不尽人意。丞相史为此批评文学说："时世异务，又安可坚任古术而非今之理也。且夫小雅非人，必有以易之。诸生若有能安集国中，怀来远方，使边境无寇虏之灾，租税尽为诸生除之，何况盐、铁、均输乎！"④ 丞相史认为讽刺、否定别人的做法很容易，但难的是同时要提供具有可替代性和可操作性的建设性策略。而这恰是文学、贤良一方致命的弱点。丞相史由此批评文学只会逞口舌之利，却无力解决实际问题。假若他们能够安邦定国，怀远抚近，现行的租税措施，包括盐铁官营等都可以取消。《利议》一篇，大夫从相同的角度批评文学和贤良的守旧："诸生无能出奇计远图，伐匈奴安边境之策，抱枯竹，守空言，不知趋舍之宜，时世之变，议论无所依，如膝痒而搔背……此岂明主所欲闻哉？""趋舍之宜"即取舍之宜。这是说文学和贤良固守陈章旧辞，脱离实际，辩论起来滔滔不绝，但却不能解国家面临的燃眉之急。

受武帝时尊崇儒学大氛围的影响，大夫们虽然倾向法家，但对儒家创始人孔子还是保有一种本能的尊重，可是一说到儒生们的保守迂腐，他们

---

① 王利器校注：《盐铁论校注·本议》，中华书局1992年版，第2页。
② 同上书，第4页。
③ 王利器校注：《盐铁论校注·通有》，中华书局1992年版，第42页。
④ 王利器校注：《盐铁论校注·国疾》，中华书局1992年版，第332—333页。

立刻就毫不留情了，连孔子也成为他们讽刺的对象，而秦始皇的焚书坑书反而有了一定的合理性。他们说：

> 诸生阘茸无行，多言而不用，情貌不相副。若穿逾之盗，自古而患之。是孔丘斥逐于鲁君，曾不用于世也。何者？以其首摄多端，迂时而不要也。故秦王燔去其术而不行，坑之渭中而不用。①

可以看出，在应时而变这一思想上，御史、大夫、丞相史完全站在先秦法家一面，希望变古易常，对旧制度进行改革，一方面适应统一帝国君主专制的需要，另一方面迎合汉武帝拓边称雄的壮志豪情。贤良和文学则希望继续使用古代以礼和德治国的方法解决现今遇到的各类问题。双方在古今之变的前提下，就义与利孰先孰后、文治与武教孰优孰劣、崇古与变革孰好孰坏的争论与先秦时期儒法之间的斗争非常相似。

二 以法治国的必要性和重要性

坚持以法治国是大夫、御史一方法家倾向性的典型表现。他们不仅坚持法家的以法治国，同时坚持以商鞅、韩非为代表的晋法家提倡的严刑酷法。

首先，先秦法家反对儒家德治的原因之一是德治需要尧舜禹周公孔子这样具有道德感召力的圣人为大众作出示范和榜样，但是尧舜禹周公孔子不是时时有世世出，而社会不能因圣贤的缺失而失序失范，国家不能因为没有圣贤就允许混乱。所以，相比德治的不确定性，法家认为以法治国最大的便利就在于把人为的不确定因素降到最低，只要制度完善，任何时候都不缺乏的中智之人就可以担当起治国重任，从而保证社会井然有序，世世为治世。在盐铁会议上，大夫、御史一方以同样的理由反对贤良文学对儒家仁义治国的赞赏。御史说：

> 待周公而为相，则世无列国。待孔子而后学，则世无儒、墨。夫衣小缺，憕裂可以补，而必待全匹而易之；政小缺，法令可以防，而

---

① 王利器校注：《盐铁论校注·利议》，中华书局1992年版，第324页。

必待《雅》、《颂》乃治之；是犹舍邻之医，而求俞跗而后治病，废污池之水，待江、海而后救火也。迂而不径，阙而无务，是以教令不从而治烦乱。夫善为政者，弊则补之，决则塞之，故吴子以法治楚、魏，申、商以法强秦、韩也。"①

御史一方面强调以法治国的便捷、高效；另一方面批评儒家礼治的迂阔不现实。

其次，大夫、御史倡导法家以法治国的另一原因是他们认为法是社会安宁不能缺少的工具。善与恶势不两立，不能两存，就像五谷与杂草不能共生共长。若要五谷丰茂，就必须借助犀铫利钼除去杂草。没有犀铫利钼除杂草，五谷一定受其所害。所以为了扬善，就必须除恶。而法律正是除恶的最佳手段。古之君子治国也要"善善恶恶"，即使周公、孔子也不能"释刑而用恶"。因此，"明理正法，奸邪之所恶而良民之福也。故曲木恶直绳，奸邪恶正法"②。洞悉是非曲直、明察治乱安危的圣人深知法律对于国家的重要性，由是"设明法，陈严刑"，为的是"防非矫邪，若隐括辅檠之正孤剌也"③。所以从禁奸止邪的角度看，法之于国家就像为了防止火灾就必得随时把水准备好一样，"无法势，虽贤人不能以为治；无甲兵，虽孙、吴不能以制敌"④。

大夫、御史一方对刑德功能的认识深受晋法家韩非等人的影响。韩非认为，在禁暴止乱方面，具有强制力的国家法令比道德更容易产生效用。他说："严家无悍虏，而慈母有败子，吾以此知威势之可以禁暴，而德厚之不足以止乱。"⑤ 受韩非影响，御史大夫认为"民者敖于爱而听刑"⑥，"孔子倡以仁义而民不从风，伯夷循首阳而民不可化"⑦，仁义礼让的说教不能让民众臣服，但是法令却可以使民众听从国家召唤。"家之有姐子，

---

① 王利器校注：《盐铁论校注·申韩》，中华书局1992年版，第578—579页。
② 同上书，第580页。
③ 同上。
④ 同上。
⑤ 陈奇猷校注：《韩非子新校注·显学》，上海古籍出版社2000年版，第1141页。
⑥ 王利器校注：《盐铁论校注·后刑》，中华书局1992年版，第419页。
⑦ 王利器校注：《盐铁论校注·申韩》，中华书局1992年版，第580页。

器皿不居，况姐民乎！"① 因此别苗必须用锄，正民必须用刑。

论及以法治国，就必然涉及守法与违法、善民与恶民的判断标准。在对"违法"和"恶民"的认定上，大夫、御史也汲取了韩非的思想。他们所谓的"恶民"不仅仅指违法犯罪者，同时还包括不肯臣服之人，他们称此类人为"无用之民"，将其列入国家法律惩治范围之内。大夫说："人君不畜恶民，农夫不畜无用之苗。无用之苗，苗之害也；无用之民，民之贼也。锄一害而众苗成，刑一恶而万民悦。"② 《韩非子·外储说右上》说齐国东海上有兄弟两个居士狂矞、华士，他们立誓不臣天子，不友诸侯，耕作而食，掘井而饮，自食其力，不向君王求名，也不要君王之禄，"不事仕而事力"。后太公望封于齐，行至营丘即命官吏将二人抓捕诛杀。原因是这类人不能臣不能使，爵禄刑罚对他们不起作用，"自谓以为世之贤士，而不为主用，行极贤而不用于君，此非明主之所臣"③，他们的存在将会影响民众的是非正邪观念，进而妨碍国家政治管理，因此要杀。《盐铁论》中，大夫、御史视"无用之民"为民之贼、将其与恶民等同，很显然是受《韩非子》影响。于此可见，晋法家韩非的思想是大夫、御史一方法治思想的重要来源。

三 严刑重法思想

进入汉代，在反思秦亡过程中，学者们首先否定的就是法家提倡的严刑酷法。贾谊、刘安、董仲舒无不如此。但是在盐铁会议上，御史、大夫一方却义无反顾地对严刑重法加以肯定。连坐法是法家严刑酷法的标志。盐铁会议上，大夫、御史和文学、贤良就连坐法有无实施的必要性、严刑酷法是否为治国良策展开激烈论辩。前者完全站在法家一面，对严刑酷法持赞同态度。以下论述鲜明地表现出这一点。

    1. 御史曰："严墙三刃，楼季难之；山高干云，牧竖登之。故峻则楼季难三刃，陵夷则牧竖易山巅。夫烁金在炉，庄蹻不顾；钱刀在

---

① 王利器校注：《盐铁论校注·后刑》，中华书局1992年版，第419页。"姐子""姐民"之"姐"原作"钼"。"姐子"，娇惯的孩子。"姐民"，娇惯的百姓。
② 王利器校注：《盐铁论校注·后刑》，中华书局1992年版，第419页。
③ 陈奇猷校注：《韩非子新校注·外储说右上》，上海古籍出版社2000年版，第770页。

路，匹妇掇之；非匹妇贪而庄跻廉也，轻重之制异，而利害之分明也。故法令可仰而不可逾，可临而不可入。《诗》云：'不可暴虎，不敢冯河。'为其无益也。鲁好礼而有季、孟之难，燕哙好让而有子之之乱。礼让不足禁邪，而刑法可以止暴。明君据法，故能长制群下，而久守其国也。"①

自"严墙三刃，楼季难之"至"轻重之制异，而利害之分明也"出自《韩非子·五蠹》。原文是："故十仞之城，楼季弗能逾者，峭也。千仞之山，跛牂易牧者，夷也。故明王峭其法而严其刑也。"只有三仞高的陡峭墙壁，即使擅长攀登的楼季都爬不上去。高耸入云的山峰，牧童却可以攀登上去。没有其他原因，就是陡峭与平坦之不同所致。韩非旨在说明国家律令严格，民众就不敢触犯。律令宽松，违法犯罪者就多。御史继承了韩非这一思想，提出"法令可仰而不可逾，可临而不可入"。鲁国以礼治国，反而酿成季、孟之难；燕王哙谦让有礼，反而导致子之之乱。这些都说明治国礼治不如法治，法律宽松不如严格。

御史曰："夫负千钧之重，以登无极之高，垂峻崖之峭谷，下临不测之渊，虽有庆忌之捷，贲、育之勇，莫不震慑悼栗者，知坠则身首肝脑涂山石也。故未尝灼而不敢握火者，见其有灼也。未尝伤而不敢握刃者，见其有伤也。彼以知为非，罪之必加，而戮及父兄，必惧而为善。故立法制辟，若临百仞之壑，握火蹈刃，则民畏忌，而无敢犯禁矣。慈母有败子，小不忍也。严家无悍虏，笃责急也。今不立严家之所以制下，而修慈母之所以败子，则惑矣。"②

文中"夫负千钧之重"至"知坠则身首肝脑涂山石也"一段是对《韩非子》的化用。《韩非子·奸劫弑臣》有："（左右近习之臣曰）'我不去奸私之行尽力竭智以事主，而乃以相与比周妄毁誉以求安，是犹负千钧之重，陷于不测之渊而求生也，必不几矣。'百官之吏，亦知为奸利之

---

① 王利器校注：《盐铁论校注·诏圣》，中华书局1992年版，第594—595页。
② 王利器校注：《盐铁论校注·周秦》，中华书局1992年版，第585页。

不可以得安也，必曰：'我不以清廉方正奉法，乃以贪污之心枉法以取私利，是犹上高陵之颠，堕峻谷之下而求生，必不几矣。'"自"慈母有败子，小不忍也"至"则惑矣"化自《韩非子·显学》："夫严家无悍虏，而慈母有败子，吾以此知威势之可以禁暴，而德厚之不足以止乱也。"韩非这两段话都在说明在严刑酷法的威慑下，众臣去邪妄之心，不敢朋党比周，因恐惧而忠诚于君主，勤勉履职。御史深以为然，因而拿过来只在文辞上稍做改变就用来反驳文学、贤良一方了。

大夫曰："文学言王者立法，旷若大路。今驰道不小也，而民公犯之，以其罚罪之轻也。千仞之高，人不轻凌，千钧之重，人不轻举。商君刑弃灰于道，而秦民治。故盗马者死，盗牛者加，所以重本而绝轻疾之资也。武兵名食，所以佐边而重武备也。盗伤与杀同罪，所以累其心而责其意也。犹鲁以楚师伐齐，而《春秋》恶之。故轻之为重，浅之为深，有缘而然。法之微者，固非众人之所知也。"①

"商君刑弃灰于道，而秦民治"出自《韩非子·内储说上》："殷法刑弃灰；将行去乐池，而公孙鞅重轻罪。"无论商鞅还是韩非，他们主张轻罪重罚的根本目的是增强刑罚的威慑力，使民众不敢违法犯罪，从而实现以刑去刑，消除刑罚。而大夫说盗马者死、盗牛者戴枷锁是为了重视农业生产、杜绝乘轻车骑快马游逛等行为，无形中赋予刑罚过多的与其功能不相称的作用，与商、韩就有区别了。

韩非的严刑酷法思想不仅仅指轻罪重罚，同时还包含着有法必依。《五蠹》说："布帛寻常，庸人不释；铄金百溢，盗跖不掇。不必害则不释寻常，必害手则不掇百溢。故明主必其诛也。"对此，大夫们也大加赞赏。他们说："令者所以教民也，法者所以督奸也。令严而民慎，法设而奸禁。罔疏则兽失，法疏则罪漏。罪漏则民放佚而轻犯禁。故禁不必，怯夫徼幸；诛诚，跖、蹻不犯。是以古者作五刑，刻肌肤而民不逾矩。"②

---

① 王利器校注：《盐铁论校注·刑德》，中华书局1992年版，第566页。
② 同上书，第565页。

总之，从以上引文可以看出，大夫、御史一方在论证严刑酷法的必要性、重要性时，一个显著的特点是大量引用《韩非子》中的相关论述，于此可见在这一思想上，他们受韩非影响之著。

四 本末思想

农业和工商业的关系是中国古代政论家们极为关注的经济问题。法家是先秦时期最关注经济的学术群体之一，所以对本末关系问题论述得也最多。他们的基本观点是国家经济应以农业为支柱。无论晋法家还是齐法家都反对大力发展工商业。只是晋法家是绝对禁止，而齐法家则主张在政府的调控下适度提倡。《盐铁论》中，辩论双方就本末问题阐发的观点与他们本身的立场发生了错位。倾向于儒家的文学、贤良一方坚持以农为本，重本抑末，与他们一向反对的晋法家的经济观点非常接近。而倾向于法家，在诸多思想观念上继承商鞅和韩非的御史、大夫在经济观念上却与晋法家表现出显著"不同"。韩非把工商业者称为国之"五蠹"之一，御史、大夫却是发展工商业坚定不移的支持者和捍卫者。他们跟随了先秦法家的另一派齐法家《管子》，主张官营山海。

第一，大夫一方首先肯定发展工商业的必要性和重要性。《本议》篇，大夫说：

> 古之立国家者，开本末之途，通有无之用，市朝以一其求，致士民，聚万货，农商工师各得所欲，交易而退。《易》曰："通其变，使民不倦。"故工不出，则农用乏；商不出，则宝货绝。农用乏，则谷不殖；宝货绝，则财用匮。故盐、铁、均输，所以通委财而调缓急。罢之，不便也。

大夫通过引证古代立国者农工商共同发展的做法论证盐铁官营的必要性和可行性。只是他们用的例证是早期通有无的小型商业，而得出的结论却是发展盐铁官营这种垄断性商业非常必要。虽然二者都属商业范畴，但却大不相同。垄断性工商业通过行业垄断获得巨额利润，而小型工商业更重要的是履行一种社会职能：通有无，在这一前提下经营者获得微薄收益。所以孟子对前者加以批判，对后者却是赞成的。

第二，大夫、御史一方明确提出农业不是富国的唯一渠道。就致富而言，农业比不过商业。《力耕》篇中，大夫说：

> 贤圣治家非一宝，富国非一道。昔管仲以权谲霸，而纪氏以强本亡。使治家养生必于农，则舜不甄陶而伊尹不为庖。故善为国者，天下之下我高，天下之轻我重。以末易其本，以虚荡其实。今山泽之财，均输之藏，所以御轻重而役诸侯也。

大夫所言"纪氏以强本亡"出自《管子·轻重乙》篇。桓公问管仲："加强农业生产，节约花费，能够保证国家长存吗？"管子回答："这样做可以使国家状况改善，但不能保证长存。昔日纪氏之国就是这么做的，其结局虽然使得粮食充足，但因不善管理，粮食最终流散四方而归于他国，纪氏之国先是被奴役，最后灭亡。因此，善于治国的君主，总是在物价低时使它高，万物轻时使它重，货物多时使它少。这样才能控制整个天下。"在大夫看来，致富途径很多，农、工、商皆可，未必一定依靠农业。如果一味依靠农业，那么儒家标榜的圣人舜就不应该去做陶器，商汤时的大臣伊尹就没必要去做庖人。圣人常常是顺应天时地利之势发财致富。所以，擅长治理国家的人采取"天下之下我高，天下之轻我重"的策略推动国家经济发展。管仲"以权谲霸""纪氏以强本亡"的历史事实更是为大夫一方提供了发展商业的有力依据。在此基础上，大夫进一步提出"富在术数，不在劳身；利在势居，不在力耕"①，"圣人因天时，智者因地财，上士取诸人，中士劳其形。长沮、桀溺，无百金之积，跖蹻之徒，无猗顿之富，宛、周、齐、鲁，商遍天下。故乃商贾之富，或累万金，追利乘羡之所致也。富国何必用本农，足民何必井田也？"② 这一观点不仅否定法家一向主张的农业为主要甚至唯一富民富国之通途，而且标榜凭借"术数""势居"致富。"术数"即谋算，具体说来就是"取诸人"，即依靠别人的劳动而不是自己亲力亲为发财致富。"势居"指占

---

① 王利器校注：《盐铁论校注·通有》，中华书局1992年版，第41页。
② 王利器校注：《盐铁论校注·力耕》，中华书局1992年版，第29页。

据适合经商的有利地方。燕国的涿、蓟二地,赵国的邯郸,魏国的温、轵,韩国的荥阳,齐国的临淄,楚国的宛丘,郑国的阳翟之所以富甲海内,在大夫看来,不是因为这些地方的民众努力耕种,而是因为地处交通要道,便于经商。大夫特别指出长期从事农业生产的长沮、桀溺连百金的积蓄都没有,穿草鞋的民众比不上经营煮盐和畜牧的猗顿富有。因此富国不必一定依靠农业,使人民富足不必一定要实行井田制。这些言论从根本上颠覆了先秦法家持守的农业在国家经济中具有举足轻重地位和作用的观点。

第三,大夫认为发展商业是均贫富、互通有无的必要手段。

商业的作用之一就是互通有无,大夫们对此有充分认识,所以他们在申述了商业的富国功能后,又从商品流通带给民众的便利角度再次说明商业的重要性。大夫说:

> 农商交易,以利本末。山居泽处,蓬蒿硗埆,财物流通,有以均之。是以多者不独衍,少者不独馑。若各居其处,食其食,则是橘柚不鬻,朐卤之盐不出,旃罽不市,而吴、唐之材不用也。①

商业不发达,农业也会受到影响。因为没有商业,就没有商品流通;没有商品流通,各地的物产就只能在本地消费使用。物产丰富的地方因此富裕,物产匮乏的地方因此贫穷。不能互通有无,贫富就不能均衡。大夫认为,从总量上说天地提供的财富足够人类使用,而百姓生活中之所以存在物质匮乏,就是因为"多寡不调,而天下财不散也"②。而调剂财富、疏散财物的途径就是商业。

第四,大夫从本末、俭奢关系证明工商业的重要性。

文学和贤良认为发展工商业的弊端之一就是引发社会奢侈之风,而奢侈又引发贫穷。他们说:"今世俗坏而竞于淫靡,女极纤微,工极技巧,雕素朴而尚珍怪,钻山石而求金银,没深渊求珠玑,设机陷求犀象,张网罗求翡翠……旷日费功,无益于用。是以褐夫匹妇,劳罢力屈,而衣食不

---

① 王利器校注:《盐铁论校注·通有》,中华书局1992年版,第43页。
② 同上书,第42页。

足也。"① 大夫针对此给予反驳：

> 古者，宫室有度，舆服以庸；采椽茅茨，非先生之制也。君子节奢刺俭，俭则固。昔孙叔敖相楚，妻不衣帛，马不秣粟。孔子曰："不可，大俭极下。"此《蟋蟀》所为作也。《管子》曰："不饰宫室，则材木不可胜用，不充庖厨，则禽兽不损其寿。无末利，则本业无所出，无黼黻，则女工不施。"故工商梓匠，邦国之用，器械之备也。自古有之，非独于此。弦高贩牛于周，五羖货车入秦，公输子以规矩，欧冶以镕铸。《语》曰："百工居肆，以致其事。"农商交易，以利本末。②

大夫以文学、贤良所倡导的儒家礼制为据反驳文学、贤良所持商业引发奢侈的观点。他们认为即使按照古制，宫室建筑也是依照等级制度有所不同，车马衣冠按照功劳大小而定，而不会为了节俭要求所有人都住茅屋。君子不提倡奢侈，但讥讽过度节俭，因为过度节俭就会流于粗鄙，从而妨碍礼制的实施。《论语·八佾》有："子贡欲去告朔之饩羊。子曰：'赐也！汝爱其羊，我爱其礼。'"讲的就是这一道理。所以大夫说即使孔子都不赞成孙叔敖"妻不衣帛，马不秣粟"式的节俭。其次，从商业和农业的关系来看，商业刺激消费，消费又可以促进农业生产。所以本业——农业和末业——商业并非水火不容，而是相辅相成。

第五，大夫从政治角度说明工商业的重要性。

任何一个社会的经济政策都不可能脱离政治。无论晋法家的重本抑末还是齐法家重本的同时适度发展末业，都带有明显的政治目的。《盐铁论》中，大夫一方主张发展工商业，同样不是单纯为了国家富足。他们说：

> 交币通施，民事不及，物有所并也。计本量委，民有饥者，谷有所藏也。智者有百人之功，愚者有不更本之事。人君不调，民有相万之富也。此其所以或储百年之余，或不厌糟糠也。民大富，则不可以

---

① 王利器校注：《盐铁论校注·通有》，中华书局1992年版，第42—43页。
② 同上书，第43页。

禄使也；大强，则不可以罚威也。非散聚均利者不齐。故人主积其食，守其用，制其有余，调其不足，禁溢羡，厄利涂，然后百姓可家给人足也。①

大夫这段话出自《管子·国蓄》：

> 故人君挟其食，守其用，据有余而制不足……智者有什倍人之功，愚者有不赓本之事。然而人君不能调，故民有相百倍之生也。夫民富则不可以禄使也，贫则不可以罚威也。法令之不行，万民之不治，贫富之不齐也。且君引錣量用，耕田发草，上得其数矣。民人所食，人有若干步亩之数矣。计本量委则足矣，然而民有饥饿不食者，何也？谷有所藏也。人君铸钱立币，民庶之通施也，人有若干百千之数矣，然而人事不及、用不足者，何也？利有所并藏也。然则人君非能散积聚，钧羡不足，分并财利，而调民事也，则君虽强本趣耕，而自为铸币而无已，乃今使民下相役耳，恶能以为大治乎？

人们的致富能力各不相同，人君如不对财富进行调剂，贫富差距就会日渐扩大，穷人更穷，富人更富，即大夫所说"或储百年之余，或不厌糟糠也"。这种状况对于政治管理极为不利，因为人民过于富有，国君就无法通过俸禄役使；过于贫穷，刑罚就不能发挥作用。这就是贫富过度悬殊带来的政治问题。另外，就君臣关系而言，"山泽无征，则君臣同利，刀币无禁，则奸贞并行。夫臣富则相侈，下专利则相倾也"②。当大臣与君主一样富有，甚至比君主还要富有时，君主的权威就会大打折扣。官营山海就是为了控制大臣的财富，控制大臣财富则是为了稳固专制统治。

以上论述可以看出，大夫、御史们关于发展商业的诸多理论都是对齐法家《管子》的继承和发展，这是因为武帝时期的经济政策本就深受《管子》影响，饱受文学、贤良诟病的盐铁专卖政策就是其一。

《管子·国蓄》曾说：给予是民众所喜欢的，夺取是民众所愤怒的，

---

① 王利器校注：《盐铁论校注·错币》，中华书局1992年版，第56页。
② 同上书，第57页。

这是人之常情。先王知道这一道理，所以在让利于民时，要求形式鲜明；在夺利于民时，则要求含而不露。如此则民众与君主的关系就会和睦融洽。成就王霸之业的君主，避免强制征收的形式，保留经过谋划的索取，这样，天下就乐于服从了。《国蓄》又说："利出于一孔者，其国无敌；出二孔者，其兵不诎；出三孔者，不可以举兵；出四孔者，其国必亡。先王知其然，故塞民之养，隘其利途。故予之在君，夺之在君，贫之在君，富之在君。故民之戴上如日月，亲君若父母。"所谓"利出一孔"指国君掌控国家经济，民众的贫富贵贱完全取决于君。国家垄断就是一种"利出一孔"的经济手段。相比征税于民，它更加隐蔽，然而获利却更加丰厚。再结合《海王》篇，《管子》通过经济专制实现政治专制的目的就更加明确了。《海王》篇对盐铁专卖有非常详细地论证。齐桓公先后问管仲"吾欲藉于台雉何如？""吾欲藉于树木何如？""吾欲藉于六畜何如？""吾欲藉于人何如？"管仲一一指出其弊端，给予否定。无奈下，桓公请教管仲："然则吾何以为国？"管仲回答："唯官山海为可耳。"即为国家增加经济收入的最佳甚至是唯一途径就是国家专营山海资源。接下来，君臣二人就什么是"官山海"，如何"官山海"进行了详细讨论。从讨论中可以看出，管仲提倡的专营山海资源主要就是盐和铁。其核心理论正是武帝时桑弘羊等人盐铁专卖的依据。马端临说："至管夷吾相齐，负山海之利，始有盐铁之征，观其论盐，则虽少男少女所食，论铁则虽一针一刀所用，皆欲计之，苛碎甚矣。"① 因此，后人怀疑盐铁专卖在桓管时期是否落实，但这不妨碍它在汉代的实施。《盐铁论·轻重》篇说："今大夫君修太公、桓、管之术，总一盐、铁，通山川之利而万物殖。是以县官用饶足，民不困乏，本末并利，上下俱足，此筹计之所致，非独耕桑农也。"明确肯定了《管子》官山海之策在汉代的实施。

　　盐铁专营理论直接来源于《管子》，但其另一理论源泉——商鞅的经济思想也不能忽略。《汉书·食货志》载董仲舒言武帝："（商鞅治秦）颛川泽之利，管山林之饶"，"田租口赋，盐铁之利，二十倍于古"。为此他提出"盐铁皆归于民"。《盐铁论·非鞅》中，大夫也说："昔商君相秦也……外设百倍之利，收山泽之税，国富民强，器械完饰，

---

① （元）马端临：《文献通考》，中华书局 1986 年版，第 149 页。

蓄积有余。是以征敌伐国，攘地斥境，不赋百姓而师以赡。故利用不竭而民不知，地尽西河而民不苦。盐、铁之利，所以佐百姓之急，足军旅之费，务蓄积以备乏绝，所给甚众，有益于国，无害于人。百姓何苦尔，而文学何忧也？"虽然这里说的是收山泽之税，但其理论依据、实施目的及作用与盐铁专营实质相同。而且《商君书·靳令》有："利出一空者，其国无敌；利出二空者，国半利；利出十空者，其国不守。"也是视经济专制为政治专制的有效手段。所以盐铁专卖虽然始于东郭咸阳、孔仅等汉代大商人，但其理论源头却在先秦法家之商、管。

五 军事思想

先秦诸子中，与法家联系最为紧密的是兵家。自商鞅起，法家的治国主张都以富国强兵为旨归，所以《商君书》《管子》中具有丰富的兵学思想。先秦之后，倾向法家思想乃至治国思想中有法家因素者，其学说中都不乏关于战争的论述。贾谊、晁错如此，就连崇尚儒家、对法家多有抨击之辞的司马迁也有论兵之语。司马迁认为战争是维护国家稳定和发展所必需，只要不过度，战争就有其存在的合理性和必要性。他甚至对俗儒主张消除战争、试图以德怀远的迂腐大加挞伐。《盐铁论》中，御史、大夫、丞相史一方与文学、贤良关于国家的军事政策展开了激烈的争论，其核心集中于大汉帝国该不该为拓边而征讨匈奴，是通过武力还是文德使匈奴臣服。

御史、大夫一方主张以武力使匈奴臣服。他们首先肯定武帝拓边的正确性。从历史教训看，他们认为匈奴是汉帝国的隐患，假如不能使其臣服，将会给汉朝边疆带来危难，从而威胁大汉帝国的稳定。大夫说：

> 顺风而呼者易为气，因时而行者易为力。文、武怀余力，不为后嗣计，故三世而德衰，昭王南征，死而不还。凡伯囚执，而使不通，晋取郊、沛，王师败于茅戎。今西南诸夷，楚庄之后；朝鲜之王，燕之亡民也。南越尉佗起中国，自立为王，德至薄，然皆亡天下之大，各自以为一州，倔强倨敖，自称老夫。先帝为万世度，恐有冀州之累，南荆之患，于是遣左将军楼船平之，兵

不血刃，咸为县官也。①

周文王、周武王是儒家称赞的圣人。但是大夫却认为，就是这两位圣人，治国行有余力却不为后代着想，不为国家做长远打算，没有解决一直威胁着周王朝安全的蛮夷问题，以至于昭王南巡楚国，死而不返；凡伯作为周天子的使者却被戎人囚禁。现今汉武帝的所作所为正是为了避免重蹈周之覆辙。

其次，在御史、大夫、丞相史一方看来，开拓汉朝疆域、收服匈奴是汉帝国统一的需要。大夫说："故秦欲达九州而方瀛海，牧胡而朝万国。诸生守畦亩之虑，闾巷之固，未知天下之义也。"② 大夫认为世界很大，不能满足于中原的领土，因此借肯定秦始皇再次说明武帝拓边的必要性和正确性。

第三，大夫认为征服匈奴、开拓汉朝疆域是维护和彰显大汉神威所必须。

统一是中国人自古至今不变的信念。虽然汉代学者对秦始皇多有批判，但对其统一中国，结束战争频仍、生灵涂炭局面的功绩还是给予肯定的。汉景帝时爆发的"七国之乱"之所以很快被平定，就是因为此举违背统一大势。汉王朝建立后，虽然存在的问题很多，但是生活在一个疆域广阔、人口众多的统一帝国使大汉每一个子民由衷的自豪，所以上自王公贵族，下至黎民百姓，对匈奴的侵扰无不愤慨。这种观念体现在盐铁会议上，就是大夫一方视匈奴的侵扰为对汉帝国的挑衅，是可忍孰不可忍？他们说，按照社会习俗，乡村有豪杰之人，周围的民众都懂得避让。而现在英明的汉朝天子端坐朝堂之上，匈奴却公然为害汉帝国子民，这分明是侵犯仁义啊！"不仁者，仁之贼也。是以悬官厉武以讨不义，设机械以备不仁。"③ 在大夫等人看来，征讨匈奴，不仅是为了还边疆以和平稳定，而且是维护汉帝国尊严，彰显大汉神威所需。

第四，大夫认为征服匈奴并非难事。

---

① 王利器校注：《盐铁论校注·论功》，中华书局1992年版，第544页。
② 王利器校注：《盐铁论校注·论邹》，中华书局1992年版，第551页。
③ 王利器校注：《盐铁论校注·备胡》，中华书局1992年版，第444页。

在大夫看来，匈奴"内则备不足畏，外则礼不足称"，而中国是天下的中心，"贤士之所总，礼义之所集，财用之所殖也"，因此汉帝国征讨匈奴是"以智谋愚，以义伐不义"①，仿佛秋天风霜降临时摇落树叶一般。另外，大夫通过汉朝与秦朝对比、匈奴与六国对比，认为"七国之时，皆据万乘，南面称王，提珵为敌国累世，然终不免俯首系房于秦。今匈奴不当汉家之巨郡，非有六国之用，贤士之谋。由此观难易，察然可见也"②。六国拥有兵车万乘，南面各自称王，但最终还是臣服于秦国。现今匈奴面积抵不上汉王朝的一个大郡，而且没有六国的人力物力，因此征讨没有困难，"一举则匈奴震惧"③。既如此，面对匈奴对汉朝边境连年不断地骚扰，为什么不通过武力彻底解决问题？

在大夫一方看来，征服匈奴的途径不外文、武两条。文指文治教化、以德徕远。武指武力征讨。当文的手段不能发挥作用时，就必须借助武力讨伐。圣明如商汤、周文王也不免与葛伯、犬夷武力相向，以达到使其臣服的目的，由此可见"自古明王不能无征伐而服不义，不能无城垒而御强暴也"④。很显然，在文治教化与武力征讨之间，大夫更崇尚后者。其依据是历史上周王朝与其封国的强弱变迁留下的教训。秦、楚、燕、齐本是周的封国，但它们对内守卫自己的邦国，对外讨伐不讲道义的诸侯国，在此过程中，他们的国土不断扩大，威望不断提高。秦国是其中最典型的一个。它不但兼取六国，而且吞并朝鲜，攻取陆梁，击退匈奴，攻占氏羌，迫使四夷来朝。这些民族"非服其德，畏其威也"⑤。与此相反的是"修礼长文"的周王朝，虽然加强礼治，弘扬文德，但却"东摄六国，西畏于秦，身以放迁，宗庙绝祀"⑥。由此，大夫一方得出结论：不是德化而是以武力征讨匈奴最为可行。因为"力多则人朝，力寡则朝于人矣"⑦。韩非在《显学》篇曾说："故敌国之君王，虽说吾义，吾弗入贡而臣；关

---

① 王利器校注：《盐铁论校注·论功》，中华书局1992年版，第542页。
② 同上书，第544页。
③ 王利器校注：《盐铁论校注·备胡》，中华书局1992年版，第445页。
④ 王利器校注：《盐铁论校注·徭役》，中华书局1992年版，第519页。
⑤ 王利器校注：《盐铁论校注·诛秦》，中华书局1992年版，第488页。
⑥ 同上书，第487页。
⑦ 同上书，第488页。

内之侯，虽非吾行，吾必使执禽而朝。是故力多则人朝，力寡则朝于人。故明君务力。……吾以此知威势之可以禁暴，而德厚之不足以止乱也。"这正是御史、大夫一方力更能服人观点的来源。

在决定战争胜负的要素上，御史、大夫重视兵器，重视士卒的勇气及战前的防备。大夫说：

> 荆轲怀数年之谋而事不就者，尺八匕首不足恃也。秦王惮于不意，列断贲、育者，介七尺之利也。使专诸空拳，不免于为禽；要离无水，不能遂其功。世言强楚劲郑，有犀兕之甲，棠溪之铤也。内据金城，外任利兵，是以威行诸夏，强服敌国。故孟贲奋臂，众人轻之；怯夫有备，其气自倍。况以吴、楚之士，舞利剑，蹠强弩，以与貉虏骋于中原？一人当百，不足道也！夫如此，则貉无交兵，力不支汉，其势必降。此商君之走魏，而孙膑之破梁也。①

荆轲刺秦王之所以没有成功，在大夫看来是因为一尺多长的匕首杀伤力太有限。而秦王在惊慌失措的情形下还能把荆轲杀掉，凭借的正是七尺长剑的优势。因此让专诸、要离这样的勇士手持利剑，脚踏强弩机关，就可以以一当百，匈奴的山谷、兵器都将无法发挥作用，则必然投降。

在重视兵器的同时，御史、大夫还认识到巩固关塞、修整城壕和堡垒的重要性。秦之所以能够超诸侯、吞天下、并敌国，就是因为"险阻固而势居然也"②。所以战前准备充分是胜敌的一个法宝。而最重要的准备之一就是修建坚固的关塞、城防。秦代蒙恬率领士卒民众修筑长城就是为了防备强敌入侵。古时治理国家"必察土地、山陵阻险、天时地利"也是为了"制地城郭，饬沟垒，以御寇固国"③。现今却试图"不固其外，欲安其内"，这就像居家却没有把围墙修坚固，夜间一被狗叫惊醒，必然糊里糊涂，不知所措。

如果说良好的兵器、坚固的关塞城堡是战胜匈奴的物质条件，那么士

---

① 王利器校注：《盐铁论校注·论勇》，中华书局1992年版，第536页。
② 王利器校注：《盐铁论校注·险固》，中华书局1992年版，第524页。
③ 同上书，第525页。

卒的勇气就是战胜匈奴不可缺少的精神条件。大夫说：

> 荆轲提匕首入不测之强秦；秦王惶恐失守备，卫者皆惧。专诸手剑摩万乘，刺吴王，尸孽立正，镐冠千里。聂政自卫，由韩廷刺其主，功成求得，退自刑于朝，暴尸于市。今诚得勇士，乘强汉之威，凌无义之匈奴，制其死命，责以其过，若曹刿之胁齐桓公，遂其求。推锋折锐，穿庐扰乱，上下相遁，因以轻锐随其后。匈奴必交臂不敢格也。①

这是大夫针对如何战胜匈奴提出的一个战略方案，其中对士卒勇气的崇尚颇有《商君书》军事思想的风范。《商君书》认为战争取胜的决定因素在于士卒奋勇杀敌的顽强斗志，"'强者必刚斗其意。'斗则力尽，力尽则备是，故无敌于海内"②，"民勇者战胜，民不勇者战败"③。《兵守》提出守有城之邑，要用"死人之力"与"客生力战"。所谓"死人之力"就是誓死守城的决心。

综上所述，御史、大夫一方的战争思想具有明显的晋法家特点，他们相信战争是解决争端、使匈奴臣服的最佳途径，相信以力服人，相信凡是与力相关的因素都对战争的胜负起着决定作用，譬如武器、城防。值得注意的是，与先秦原始法家相比，御史、大夫的战争观融合了部分儒家因素。他们重视武力，但不把武力看作消除民族摩擦的唯一手段。他们认为文武必须并行，"知文而不知武，知一而不知二"④，最终的结局与信奉仁义却被灭的徐偃王、遵守儒家教诲却使国家不断削弱的鲁哀公没什么不同。所以真正的君子"笃仁以行，然必筑城以自守，设械以自备，为不仁者之害己也。……故兵革者国之用，城垒者国之固也"⑤。也就是重视武力，但不完全否定仁义的作用。就汉代的现实而言，不加强军事守备，反而试图完全消除战争，就好像把汉王朝的心腹暴露给匈奴，一旦匈奴入

---

① 王利器校注：《盐铁论校注·论勇》，中华书局1992年版，第537页。
② 蒋礼鸿：《商君书锥指·立本》，中华书局1986年版，第72页。
③ 蒋礼鸿：《商君书锥指·画策》，中华书局1986年版，第108页。
④ 王利器校注：《盐铁论校注·和亲》，中华书局1992年版，第513页。
⑤ 同上。

侵,"以袭空虚,是犹不介而当矢石之蹊,祸必不振"①。这正是边境人民畏惧、主管官员担忧的问题。御史、大夫看到了儒生坚信仁义服人的不现实和迂腐,但是秦亡的教训使他们不得不思考专任法家的弊端,因此在坚持法家战争观的同时,融合了部分儒家思想以对其进行修正和纠偏。

第二节 文学、贤良的治国观念

盐铁会议上,文学、贤良提出了与御史、大夫针锋相对的治国理念。值得注意的是,虽然他们的治国理念整体上倾向于儒家,但却并非完全与法家相悖。相反,可以明显看出某些观点融入了法家因素。譬如他们承认法律在政治管理中不可或缺,主张重本抑末,等等。这说明武帝之后,法家因素已成为儒家思想不可分割的一部分。长期的斗争没有使儒法渐行渐远,反而使本就是同根生的两种政治学说逐渐找到了"和睦共处"的恰当距离。

一 承认法在治国中的重要地位,但反对严刑酷法

以刑罚保障社会有序是先秦法家的标志,但是在盐铁会议上,倾向于儒家、站在御史和大夫对立面的贤良、文学一样认可法在治国中的作用。不仅如此,他们还就立法、执法提出了自己的观念。只是基于武帝时重用酷吏的危害,他们反对严刑酷法,特别是连坐法。

相比先秦原始儒家,文学、贤良一方对法在治国中的作用和价值有着充分认识。《诏圣》篇中,文学说:"民之仰法,犹鱼之仰水。"以鱼水关系比喻民与法的关系,申明法的重要性,这在先秦原始儒家是难以想象的。尽管其后又言"水清则静,浊则扰"以反对繁法严刑扰民。但这是在承认法之地位的前提下进而言之的。《后刑》篇,贤良说:"古者,笃教以导民,明辟以正刑。刑之于治,犹策之于御也。良工不能无策而御、有策而勿用。"以策(马鞭)比喻刑罚是《韩非子》中最典型的比喻。如《奸劫弑臣》有:"无捶策之威,衔橛之备,虽造父不能以服马。"《难势》又说:"今以国位为车,以势为马,以号令为辔,以刑罚为鞭策。"

---

① 王利器校注:《盐铁论校注·和亲》,中华书局1992年版,第513页。

贤良对这一比喻的接受和运用说明他们不仅不反对法家最核心的治国理论：以法治国，而且重视法在治国中的作用，因此才会把法与治的关系比做鞭策之于御马，还强调即使优秀的御者都不能"无策而御""有策而勿用"。意即无论皇帝、天子多么英明贤能，如要国家大治必须有法律做保障。文学还为法在治国中的重要性寻找理论基础："春夏生长，圣人象而为令。秋冬杀藏，圣人则而为法。故令者教也，所以导民人；法者刑罚也，所以禁强暴也。二者，治乱之具，存亡之效也，在上所任。"① 他们通过自然界的四季变化为法律的存在找到了一个坚实的依据，认为法律和引导民众向善的政令一样为治国所不能缺。而它们究竟带来"治"还是"乱"、是存亡继绝还是导致国祚不继，关键在于为上者如何使用。在贤良、文学一方看来，秦国之所以灭亡不是因为以法治国，相反是因为在"上无德教"的同时"下无法则"——下面没有法令制度，所以才会出现"任刑必诛"——不是按照法律条款执法而是任意施刑的现象，导致国家律令成为残害百姓的工具。这是此前的汉代学者们讨论秦亡原因时很少注意到的。通常，汉代学者论及秦亡，都认为是秦王朝的残暴导致官逼民反，而所谓的残暴主要就是指严刑酷法，严刑酷法的源头又是秦王朝奉为圭臬的先秦法家思想，由此法家就成为秦王朝灭亡的罪魁祸首。但应该注意的是，早在商鞅变法时，秦国就制定了严酷的法律。商鞅变法初期，秦国民众怨声载道。其后因为商鞅执法公正不阿，民众转而称赞。所以，法家思想在秦人手中贯彻最彻底的时期不是秦王朝建立后，而是秦孝公在位时。但是，这一时期却是学界公认的秦国由弱变强的转捩点。秦王朝建立后，虽然治国仍然遵循法家思想，但秦二世继位以来，滥刑成风，秦国的诸公子、公主和曾经权倾朝野的李斯都难以幸免，普通民众的境况可想而知。国家的法治体系全面崩塌，法家以法治国基本告以终止，这才是秦国短命而亡的关键所在。文学所说"上无德教，下无法则，任刑必诛……终而以亡"② 一语中的，显示出他们在秦亡问题上清醒而敏锐的认识。而此前的汉代学者们只是笼统地认为法家倡导的严刑酷法导致了秦的灭亡，却没有进一步深入分析。贤良、文学独具慧眼，提出秦亡的关键原

---

① 王利器校注：《盐铁论校注·诏圣》，中华书局1992年版，第595页。
② 同上书，第596页。

因不是以法治国，相反，是不以法治国，所以才会滥施刑法，致使民不聊生。正是在这一认识基础上，他们提出用于教化的政令和用于惩罚的刑法都是治国所不可缺。这无疑是深刻独到、切中肯綮的见解。

文学、贤良不仅认可法在治国中的作用，还探讨法律的制定和执行。他们提出法律的制定应以简约明白为要。文学说：

> 道径众，人不知所由；法令众，民不知所辟。故王者之制法，昭乎如日月，故民不迷；旷乎若大路，故民不惑。幽隐远方，折乎知之，室女童妇，咸知所避。是以法令不犯，而狱犴不用也。……方今律令百有余篇，文章繁，罪名重，郡国用之疑惑，或浅或深，自吏明习者，不知所处，而况愚民！律令尘蠹于栈阁，吏不能遍睹，而况于愚民乎！此断狱所以滋众，而民犯禁滋多也。"宜犴宜狱，握粟出卜，自何能穀？"刺刑法繁也。亲服之属甚众，上杀下杀，而服不过五。五刑之属三千，上附下附，而罪不过五。故治民之道，务笃其教而已。①

首先，法律的目的是要民众知法而避免违法，这就要求法律条令简明扼要，即使妇孺都能明白，从而做到懂法守法。因此在立法上文学主张"德明而易从，法约而易行"②。这一主张与法家的立法原则正吻合。《商君书·定分》说圣人制定法律，一定使所有人，无论聪明者还是愚笨者都明白易知。《管子·八观》说国家律令明白易懂，蛮夷之人就不敢来侵犯。因为赏罚分明，民众就会戮力抗敌。韩非认为法律分明就不会出现强侵弱、众暴寡的不公情形。他们无不强调立法要清楚明了的原则。至于简约，法家虽然没有明确倡导，但他们主张法律要易于百姓掌握，便于百姓遵守，同时可以监督执法官吏③，那么简约也应是立法的要求之一。如此

---

① 王利器校注：《盐铁论校注·刑德》，中华书局1992年版，第565—566页。
② 同上书，第566页。
③ 《管子·明法解》说："百姓知主之从事于法也，故吏之所使者，有法则民从之，无法则止。民以法与吏相距，下以法与上从事，故诈伪之人不得欺其主，嫉妒之人不得用其贼心，谀谀之人不得施其巧，千里之外不敢擅为非也。"《商君书·定分》说："吏明知民知法令也，故吏不敢以非法遇民，民不敢犯法以干法官也。"

说来，文学提出的"约而易行"的立法原则与法家一致。

其次，在法律的制定上，文学、贤良还提出："法者，缘人情而制。"① 即法律的制定要依据人情好恶。这正是齐法家《管子》的观点。《管子·形势解》说："人主之所以令则行、禁则止者，必令于民之所好，而禁于民之所恶也。民之情，莫不欲生而恶死，莫不欲利而恶害。故上令于生利人则令行，禁于杀害人则禁止。令之所以行者，必民乐其政也，而令乃行。"

再次，文学、贤良提出法律价值取向要与道德一致，而不是悖反。"杀人者生，剽攻窃盗者富"势必使得"良民内解怠，辍耕而陨心"②。古时君子不接近受刑者，所以无论有才者还是不肖之人都以违法犯罪为耻。而武帝时，因贪利而触犯国家律令者却可以在受刑之后"宿卫人主，出入宫殿，由得受奉禄，食大官享赐，身以尊荣，妻子获其饶"③，哪里还有什么羞耻之心？道德和法律价值相背，却又以仁义礼让要求人们，在文学看来就是对百姓的伤害。这一观点与《韩非子》屡屡论及的法律与道德相悖将危害治国的观点一致。

在法律的实施上，贤良、文学认为法律一经制定就是一种客观存在，在执行过程中必须保证公正公平，不能因人而异，不能有远近亲疏之分。《刑德》说："深之可以死，轻之可以免，非法禁之意也。"《申韩》又有："非患铫耨之不利，患其舍草而芸苗也。非患无准平，患其舍枉而绳直也。故亲近为过不必诛，是锄不用也；疏远有功不必赏，是苗不养也。故世不患无法，而患无必行之法也。"贤良和文学所论正是法家最为关注、反复论及的法律实施中的公平问题。先秦法家一再强调刑罪赏功是以法治国必须严格遵守的原则。文学所言"非患铫耨之不利，患其舍草而芸苗也"与法家主张相同。意即不担心国家法律不严，担心的是法律除去的不是犯罪者而是好人。假如君王身边的亲近者有过却不受惩罚，那么法律就没有真正实现它的功能；与君王疏远的人有功却不被奖赏，就意味着贤能之人没有得到爱护。

---

① 王利器校注：《盐铁论校注·刑德》，中华书局1992年版，第567页。
② 王利器校注：《盐铁论校注·周秦》，中华书局1992年版，第584页。
③ 同上。

鉴于严刑酷法和有法不依的危害，文学、贤良在执法方面提出"中"的原则。他们说："刑罚中，民不怨。故舜施四罪而天下咸服，诛不仁也。轻重各服其诛，刑必加而无赦，赦惟疑者。若此，则世安得不轨之人而罪之？"① 由此可见，他们所谓"中"，一指法律不伤无辜，不放过违法犯罪。对于没有确凿证据的"犯罪"，应该本着疑罪从无的原则赦免。其次，"中"还指量刑轻重宽严适度，重罪重罚，轻罪轻罚。这与齐法家《管子》的刑赏主张一致。

文学、贤良虽然承认治国不可无法，但他们依然主张教化先行，法应该成为保证教化顺利实施并发挥作用的工具，而不能以残害百姓为能事。贤良说："圣人假法以成教，教成而刑不施。故威厉而不杀，刑设而不犯"②，"古者，周其礼而明其教，礼周教明，不从者然后等之以刑"③。文学、贤良认为在文治教化与法治刑罚之间，君子应该"急于教，缓于刑。刑一而正百，杀一而慎万"，周公诛杀管、蔡，子产诛杀邓晳，不是为了诛杀而诛杀，而是"刑诛一施，民遵礼义矣"④。所以"吏不以多断为良，医不以多刺为工。……故为民父母，以养疾子，长恩厚而已"⑤。文学、贤良主张把刑罚的使用范围降到最小，概率降到最低。刑是为了不刑，杀是为了不杀。法家，特别是晋法家主张通过国家律令的威慑力最终消除犯罪，因此他们提倡严刑酷法。而贤良、文学认为法律应保证教化实施，教化才是消除犯罪的根本手段，所以他们反对严刑峻法，反对秦代的法网如脂。他们说："高墙狭基，不可立也。严刑峻法，不可久也"⑥，"政宽则下亲其上，政严则民谋其主，晋厉以幽，二世见杀，恶在峻法之不犯，严家之无悍虏也？圣人知之，是以务和而不务威"⑦。严刑不仅使骨肉手足相残，而且引起朝廷内部上下相互猜忌，严重时引发极端事件——君主被杀。晋厉公被幽禁，秦二世被杀，不是法律不严，而是过严所

---

① 王利器校注：《盐铁论校注·周秦》，中华书局1992年版，第584页。
② 王利器校注：《盐铁论校注·后刑》，中华书局1992年版，第420页。
③ 王利器校注：《盐铁论校注·周秦》，中华书局1992年版，第584页。
④ 王利器校注：《盐铁论校注·疾贪》，中华书局1992年版，第415页。
⑤ 王利器校注：《盐铁论校注·周秦》，中华书局1992年版，第585页。
⑥ 王利器校注：《盐铁论校注·诏圣》，中华书局1992年版，第595页。
⑦ 王利器校注：《盐铁论校注·周秦》，中华书局1992年版，第586页。

导致。《韩非子·显学》篇说："严家无悍虏，而慈母有败子。"文学、贤良直接针对韩非所言提出了质疑。

连坐法是法家严刑酷法的标志，自然就成为文学、贤良最为反对的法家主张之一。文学说：

> 今以子诛父，以弟诛兄，亲戚相坐，什伍相连，若引根本之及华叶，伤小指之累四体也。如此，则以有罪反诛无罪，无罪者寡矣。……自首匿相坐之法立，骨肉之恩废，而刑罪多矣。父母之于子，虽有罪犹匿之，其不欲服罪尔。闻子为父隐，父为子隐，未闻父子之相坐也。闻兄弟缓追以免贼，未闻兄弟之相坐也。闻恶恶止其人，疾始而诛首恶，未闻什伍而相坐也。①

在文学、贤良看来，连坐法一是伤害了人与人之间的感情，违背儒家提倡的"子为父隐，父为子隐"的亲情原则；二是扩大了惩治的范围，使无罪者也受到伤害，有违法律公平原则，因此文学赞同"诛首恶"，反对什伍相坐。

总之，无论从对法之治国作用的肯定，还是对立法、执法的认识和阐述，文学、贤良的法思想与先秦原始儒家已有明显区别。这一区别的核心表现就是他们不再决然地反对以法治国、单纯强调道德教化的作用。他们认为法与教化都是治国不能缺少的手段，只是在轻重主次上，他们与董仲舒的德主刑辅观点一致，主张教化为主，法治为辅。这是他们与法家的不同。董仲舒及文学、贤良对法的认识是儒法在长期斗争中互相汲取对方之长的结果，也是历史发展之趋势。先秦儒家盛行的春秋战国，主要以道德教化治国虽然不能满足国家治理的要求，但尚可维持。尽管如此，韩非已指出德治的弊端之一就是效率低、具有不确定性。历史发展至汉王朝，面对疆域广大、人口众多的统一帝国，凭借道德教化来治理国家根本是不可想象之事。无论文学、贤良多么崇尚道德教化，也不能无视社会变革与需求，因而他们汲取法家思想中的合理要素，融合到儒家思想中是历史发展的必然。

---

① 王利器校注：《盐铁论校注·周秦》，中华书局1992年版，第585页。

二 崇本退末的经济思想

在农业和工商业的关系上，倾向于儒家的文学、贤良与晋法家却不谋而合。他们坚持农业是国家的根本，反对工商业占据国家经济主要地位。但是徐复观先生认为："贤良文学此处真正所反对的，不是民间工商业，而是以盐铁、均输等重大措施，由朝廷直接经营的工商业；及在朝廷直接经营下与官府勾结的工商业者。"① 是这样吗？我们先看文学是怎么说的。

> 古者，采椽不斫，茅茨不翦，衣布褐，饭土硎，铸金为锄，埏埴为器，工不造奇巧，世不宝不可衣食之物，各安其居，乐其俗，甘其食，便其器，是以远方之物不交，而昆山之玉不至。今世俗坏而竞于淫靡，女极纤微，工极技巧，雕素朴而尚珍怪，钻山石而求金银，没深渊求珠玑，设机陷求犀象，张网罗求翡翠，求蛮、貊之物以眩中国，徙邛、筰之货，致之东海，交万里之财，旷日费功，无益于用。是以褐夫匹妇，劳罢力屈，而衣食不足也。②

文学称赞远古时人生活简朴，衣食住行只要满足日常需求即可，不求精美，不求奢华。人们"安其居，乐其俗，甘其食，便其器"，脚下的那片土地上提供什么他们就用什么吃什么，不与远方进行商品交易，因而民风淳朴如朝露。由此可知文学、贤良反对的不仅仅是徐先生所说"朝廷直接经营的工商业"和"在朝廷直接经营下与官府勾结的工商业者"，而是稍具规模的工商业都在他们反对的范围之内。他们提倡的只是进行一般物品交换的最基础的工商业。这类工商业利润非常小，不足以与农业抗衡，也不会引起奢侈之风。而凡是获利丰厚，影响到民众消费观念、生活习惯的工商业，都在文学和贤良反对之列。他们认为贤明君王遵循的治国原则是"崇本退末，以礼义防民欲，实菽粟货财。市、商不通无用之物，工不作无用之器"③，商人只承担"通郁滞"的职责，工人只承担为人们

---

① 徐复观：《两汉思想史》（三），华东师范大学出版社 2001 年版，第 86 页。
② 王利器校注：《盐铁论校注·通有》，中华书局 1992 年版，第 42—43 页。
③ 王利器校注：《盐铁论校注·本议》，中华书局 1992 年版，第 3 页。

生产生活所需器械的职责，他们的工作均非治国之本务。很显然，文学、贤良对工商业的认识依然停留在社会发展初始阶段工商业扮演的角色："日中为市，致天下之民，聚天下之货，交易而退，各得其所。"① 对于这类"通有无"的工商业，儒家持赞同态度。孟子就说："子不通功易事，以羡补不足，则农有余粟，女有余布；子如通之，则梓匠轮舆皆得食于子。"② 但是即使这种最基础的工商业，在文学和贤良眼里也是居于农业之下的，男耕女织才是"天下之大业"，是国家发展的关键，是经济主体。这是贤良、文学始终坚持的观点。他们认为社会安定、民众富足都需要以大力发展农业为前提，"古者尚力务本而种树繁，躬耕趣时而衣食足，虽累凶年而人不病也。故衣食者民之本，稼穑者民之务也。二者修，则国富而民安也"③。

发展农业，使民众回归田野，在文学看来还是使民风淳朴的有效途径。文学说："窃闻治人之道，防淫佚之原，广道德之端，抑末利而开仁义，毋示以利，然后教化可兴，而风俗可移也。今郡国有盐、铁、酒榷，均输，与民争利。散敦厚之朴，成贪鄙之化，是以百姓就本者寡，趋末者众。"④ "郡国有盐铁酒榷均输"百姓怎么会"就本者寡，趋末者众"呢？"盐铁酒榷均输"与民争利是真，但这些垄断性的商业行为一般民众只能作为佣工参与，获利甚微，其辛苦程度却与从事农业不相上下，因此不会使他们从"本业"转向"末业"。真正影响他们"就本"还是"趋末"选择的主要是民间自由工商业。这类工商业的获利虽然比不上官方垄断的工商业，但其收益一定比农业高，而且没有农业辛苦。司马迁在《史记·货殖列传》中就曾说，孔孟故乡以冶铁发家的曹邴氏富至巨万，"贳贷行贾遍郡国。邹、鲁以其故多去文学而趋利者，以曹邴氏也"。曹邴氏正是民间自由工商业的代表。深受孔孟之道熏陶的邹、鲁之人都因羡慕其富有而置礼、义于一边，忘了圣人教诲，其影响之巨可见一斑。所以文学所说"古者，商通物而不豫，工致牢而不伪。故君子耕稼田鱼，其实一

---

① （唐）孔颖达等正义：《周易正义·系辞下》，中华书局1980年影印《十三经注疏》本，第86页中—下。
② 杨伯峻译注：《孟子译注·滕文公下》，中华书局2005年版，第146页。
③ 王利器校注：《盐铁论校注·力耕》，中华书局1992年版，第28页。
④ 王利器校注：《盐铁论校注·本议》，中华书局1992年版，第1页。

也。商则长诈，工则饰罵，内怀窥阚而心不怍，是以薄夫欺而敦夫薄"①中，第一个"商""工"指最基础的工商业；第二个"商""工"并非仅指"朝廷直接经营的工商业"和"在朝廷直接经营下与官府勾结的工商业"，而是泛指基础工商业之外的一切工、商之业。它由两部分组成，一是包括奢侈品的生产和交易在内的民间自由工商业。贾谊所说导致民众"背本而趋末，食者甚众""淫侈之俗，日日以长"②的经济活动即指此。文学所谓"女极纤微，工极技巧，雕素朴而尚珍怪，钻山石而求金银，没深渊求珠玑，设机陷求犀象，张网罗求翡翠，求蛮、貊之物以眩中国，徙邛、筰之货致之东海"③也是指这类工商业活动。它们对民风的影响很大。文学、贤良对这类工商业活动的反对与《管子》一脉相承。《管子·立政》说："工事竞于刻镂，女事繁于文章，国之贫也。"相反，"工事无刻镂，女事无文章，国之富也"。《七臣七主》说："文采纂组者，燔功之窑也。"文学和贤良主张的"崇本退末"之"末"的第二部分内容是国家掌控的盐铁专卖等垄断工商业行为。因为辩论的另一方大夫、御史等人正是盐铁专卖的提倡者和主导者，所以文学、贤良反驳他们时屡屡以"盐铁均输"为由。譬如文学说："文繁则质衰，末盛则本亏。末修则民淫，本修则民悫。民悫则财用足，民侈则饥寒生。愿罢盐、铁、酒榷、均输，所以进本退末，广利农业，便也。"④但实际上，其中涉及的"末"均与"本"相对，显然不单单指盐铁专卖，而是包括民间非基础工商业在内。在贤良、文学一方看来，工商业与农业的关系就像文与质的关系，文辞的华丽常常影响内容的丰赡。从事工商业的人增多，在田野上耕种的人势必减少。而且，贤良、文学最不愿意看到的是工商业发展导致民众生活淫靡，背礼违法之事日益增长，致使世风日下，社会秩序混乱。而农业人口增多，则民风淳朴，社会富足。所以他们借发展农业要求罢盐铁专营和酒榷、均输，而真正影响农业发展的是奢侈品的生产与经营。盐铁专营和酒榷、均输带来的最大问题是与民夺利。从富民的角度说，罢盐铁专营和酒榷、均输非常必要。如要发展农业，最重要的是控制民间自由工商业的发

---

① 王利器校注：《盐铁论校注·力耕》，中华书局1992年版，第28页。
② （汉）班固：《汉书·食货志》，中华书局1962年版，第1128页。
③ 王利器校注：《盐铁论校注·通有》，中华书局1992年版，第42—43页。
④ 王利器校注：《盐铁论校注·本议》，中华书局1992年版，第1页。

展而不是罢盐铁和酒榷、均输。

贤良、文学崇本退末一方面是抱着富国的目的，另一方面是为了便于政治统治。这点与法家亦不谋而合。《商君书·农战》曰：

> 圣人知治国之要，故令民归心于农。归心于农，则民朴而可正也，纷纷则易使也，信可以守战也。壹则少诈而重居，壹则可以赏罚进也，壹则可以外用也。夫民之亲上死制也，以其旦暮从事于农。夫民之不可用也，见言谈游士事君之可以尊身也，商贾之可以富家也，技艺之足以糊口也。民见此三者之便且利也，则必避农，避农则民轻其居。轻其居，则必不为上守战也。

农人固定于土地，日复一日年复一年、周而复始地从事着春耕、夏耘、秋获、冬藏单一的农业活动，缺少与外界交流和沟通，因而安土重迁、守常畏变、闭塞愚昧，凡事以和为贵，不喜争讼。在生产力极为低下的先秦时期，他们抵御灾害的能力也十分有限，丰收年景所获仅够养家糊口，收成不好时就会陷入困顿，或流离失所，或依靠国家救济。经济地位的低下，使他们相对工商业者而言，更容易接受被统治和被剥削。所以重农抑商对他们而言，不仅是经济发展的需要，更重要的是政治统治的需要。贤良、文学重农也是抱着"教化可兴而风俗可移"、易于保持统治秩序的规范化的目的。与《商君书》所言"民朴而可正也，纷纷则易使也"完全是一回事。

三　军事思想

受先秦儒家影响，贤良和文学一方反对战争。

孔子的学生子贡问政于孔子，孔子回答："足食，足兵，民信之矣。"子贡又问："必不得已而去，于斯三者何先？"孔子给的答案是"去兵"。[1]从这一简短对话可以看出，孔子不主张战争。他认为治理国家之所以需要军备，主要是为了防御。但是当充足的食物、充足的军备和民众对国家的信任必须有所选择时，他首先舍弃军备。假如倡导、重视战争，自然不会

---

[1] 杨伯峻译注：《论语译注·颜渊》，中华书局1980年版，第126页。

如此选择。孔子之后另一儒家学者孟子曾说："春秋无义战"，"有人曰，'我善为陈，我善为战'。大罪也。国君好仁，天下无敌焉"①。"善为陈"（"陈"通"阵"）、"善为战"在孟子这里不仅不是智慧和才能的象征，而且是最大的罪过。善于布阵，擅长打仗的人是戕害人民的祸害，孟子主张要对他们重重惩罚。在他看来，国君崇尚仁义，民众自然归附，从而无敌于天下。孟子之后的荀子虽然不回避战争，专门撰写了研究战争的《议兵》篇，但是依然认为即使是为了消除分裂而进行的兼并战争，也有"以德""以力""以富"② 三种不同途径。三者产生的结果各自有别，"以德兼人者王，以力兼人者弱，以富兼人者贫。古今一也"③。以武力兼并他国，在战胜的同时，自己的力量也被削弱；以财富去笼络引诱收买别国，最终难免陷入贫穷。只有以德服人，才能真正称王。可见荀子虽不反对战争，但归根结底还是提倡仁义。也就说，儒家总体上不提倡战争。

　　盐铁会议上，文学、贤良一方作为在野士人深切感受到武帝拓边战争带给国家和民众的危难，因此他们对战争的态度基本是否定的。

　　首先，文学、贤良认为战争危害巨大："故兵者凶器，不可轻用也。其以强为弱，以存为亡，一朝尔也。"④ 因此要以审慎的态度对待战争。他们引兵家孙子的话说："'今夫国家之事，一日更百变，然而不亡者，可得而革也。逮出兵乎平原广牧，鼓鸣矢流，虽有尧、舜之知，不能更也。'战而胜之，退修礼义，继三代之迹，仁义附矣。战胜而不休，身死国亡者，吴王是也。"⑤ 文学认为，一个国家，一个政权，每天应对众多变化是正常的。但是寻常变化不会从根本上影响国家的生死存亡。战争则不同，一旦陈兵原野，战鼓齐鸣，箭矢飞舞，那时即使有尧舜的智慧也无法改变局势。因此，不到迫不得已之时，轻易不要动武用兵。即使不得已而发动战争，也要首先保证战争的正义性：不是为了贪图别国的土地，而是为了"救民之患"。这样的战争"民思之，若旱之望雨，箪食壶浆，以

---

① 杨伯峻译注：《孟子译注·尽心下》，中华书局2005年版，第325页。
② 王先谦集释：《荀子集解·议兵》，中华书局1988年版，第289页。
③ 同上书，第290页。
④ 王利器校注：《盐铁论校注·论功》，中华书局1992年版，第543页。
⑤ 同上书，第544页。

逆王师"①。商汤伐夏桀、周武王讨伐殷纣王就属于此类战争。恃强凌弱、争王称霸的非正义战争轻者劳民伤财，重者还会引发内忧外患，导致国家灭亡，秦王朝的拓边战争就属于此类。贤良、文学所言直指武帝拓边战争，认为其与秦王朝拓边相同，属于不义之战。在他们看来匈奴生活在沙漠不毛之地，为天所贱弃，加之文化落后，不懂礼仪，男女无别，衣皮蒙毛，食肉饮血，如麋鹿一般，根本没有发动战争、占有他们土地、迫使他们臣服的必要。只是因为大夫、御史等好事之臣"求其义，责之礼"，才使得"中国干戈至今未息，万里设备"②。如今，汉王朝为了征讨匈奴，致使"方内不安，徭役远而外内烦也。……近者数千里，远者过万里，历二期。长子不还，父母愁忧，妻子咏叹，愤懑之恨发动于心，慕思之积痛于骨髓"③。因此，他们对御史、大夫提出了严厉批评："持政十有余年，未见种、蠡之功，而见麋弊之效，匈奴不为加俯，而百姓黎民以敝矣。是君之策不能弱匈奴，而反衰中国也。善为计者，固若此乎？"④ 在文学、贤良看来，御史、大夫等人讨伐匈奴的计策不仅没有征服匈奴，反而使汉帝国衰弱，汉朝百姓疲弊，根本称不上良策。因此他们又指责说："今明主修圣绪，宣德化，而朝有权使之谋，尚首功之事，臣固怪之。夫人臣席天下之势，奋国家之用，身享其利而不顾其主，此尉佗、章邯所以成王，秦失其政也。"⑤ "朝有权使之谋，尚首功之事"指大夫、御史一方信奉法家思想，视战争为治国途径。而在文学看来，这是一种大臣自己谋利而置其君王于不顾的做法，赵佗、章邯之所以能自立为王、秦王朝之所以灭亡就是因为战争。

其次，文学认为，与其发动与匈奴的战争，不如致力于自身强大，然后施之道德感召，使匈奴自愿臣服。他们以舜和周朝为例加以说明："有虞氏之时，三苗不服，禹欲伐之，舜曰：'是吾德未喻也。'退而修政，而三苗服。"⑥ 周王朝兴盛时，"越裳氏来献，百蛮致贡"。其后衰弱，诸

---

① 王利器校注：《盐铁论校注·伐功》，中华书局 1992 年版，第 494—495 页。
② 王利器校注：《盐铁论校注·备胡》，中华书局 1992 年版，第 445 页。
③ 王利器校注：《盐铁论校注·徭役》，中华书局 1992 年版，第 520 页。
④ 王利器校注：《盐铁论校注·伐功》，中华书局 1992 年版，第 495 页。
⑤ 王利器校注：《盐铁论校注·论功》，中华书局 1992 年版，第 543—544 页。
⑥ 同上书，第 543 页。

侯力征，于是"蛮、貊分散，各有聚党，莫能相一"①。与御史、大夫正相反，文学、贤良坚信怀远服人靠德不靠力。商汤得伊尹相助，以区区之亳兼臣海内；文王得太公而拥有天下；齐桓公得管仲而称霸诸侯；秦穆公得由余而使西戎八国臣服。这一切都证明道德的魅力和吸引力之大。所以"义之服无义，疾于原马良弓；以之召远，疾于驰传重驿"②。总之，在对待战争上，文学始终坚持"任德，则强楚告服，远国不召而自至；任力，则近者不亲，小国不附"③的观念。并认为上观夏商周三代之所以昌盛，下论秦王朝之所以灭亡，包括追述齐桓中兴的原因，都是因为"去武行文，废力尚德，罢关梁，除障塞，以仁义导之"④，因此汉王朝也应该施行这样的治国之策，如此则边疆无寇虏之忧，中原无干戈之事。这一切表明他们对发动与匈奴的战争持否定态度。在武力征服与道德感化之间，文学认可后者。

因为相信德的作用比武力更大，相应地，文学否定了御史、大夫一方强调的城防和武器的重要性。文学反驳说："舜执干戚而有苗服，文王底德而怀四夷。……故善攻不待坚甲而克，善守不待渠梁而固。武王之伐殷也，执黄钺，誓牧之野，天下之士莫不愿为之用。既而偃兵，搢笏而朝，天下之民莫不愿为之臣。"⑤楚国、郑国的棠溪和墨阳造的兵器不是不锋利，犀牛皮的盔甲也不是不坚实。但是楚国、郑国都没能保存下来，由此可见锋利的武器不能依靠。秦国兼有六国的军队，崤山、函谷关地势险要，士卒手中的兵器像镆铘一般锋利，然而却没能抵挡住陈胜只用剑戟锄柄武装的农民起义军。所以文学认为："所谓金城者，非谓筑壤而高土，凿地而深池也。所谓利兵者，非谓吴、越之铤，干将之剑也。"⑥从战国及秦的历史经验看，文学认为真正锋利的武器和坚固的城防是"以道德为城，以仁义为郭，莫之敢攻，莫之敢入。文王是也。以道德为胄，以仁

---

① 王利器校注：《盐铁论校注·伐功》，中华书局1992年版，第495页。
② 王利器校注：《盐铁论校注·论勇》，中华书局1992年版，第537页。
③ 王利器校注：《盐铁论校注·世务》，中华书局1992年版，第507页。
④ 同上。
⑤ 王利器校注：《盐铁论校注·徭役》，中华书局1992年版，第519—520页。
⑥ 王利器校注：《盐铁论校注·论勇》，中华书局1992年版，第536页。

义为剑,莫之敢当,莫之敢御,汤、武是也"①,因此对于御史、大夫放弃仁义道德这样的"不可攻之城,不可当之兵"②,而试图"任匹夫之役,而行三尺之刃"的主张,他们认为弊远远大于利。

概言之,文学、贤良认为战争是不得已而为之的国家行为,他们坚持战争的正义性,因此反对汉王朝发动对匈奴的战争。他们认为即使需要拓边,以德服人比以力服人更稳妥。那么,文学、贤良的这种军事观念是否符合武帝时的现实需求呢?了解一下汉武帝时两位学者董仲舒和司马迁的军事思想或可得出较为公允的答案。董仲舒、司马迁都曾为官于武帝朝,对当时的国家形势了解得非常清楚,因而他们的军事思想更贴近现实。

董仲舒不反对战争,但重视战争的正义性。他说:"建立旗鼓,杖把旄钺,以诛贼残,禁暴虐,安集,故动众兴师,必应义理,出则祠兵,入则振旅,以闲习之。因于搜狩,存不忘亡,安不忘危。修城郭,缮墙垣,审群禁,饬兵甲,警百官,诛不法。"③ 董仲舒通过阴阳五行理论为战争的产生和存在找到一个合理的依据。他认为秋天对应五行中的金,肃杀之气始生,是诛杀暴虐凶残之人的时候,这时可以出兵。其次,董仲舒主张国家必须居安思危,即使没有强敌压境,军队亦须处于警备状态,同时顺应四季安排,秋天坚持练兵。

司马迁虽然受父亲司马谈影响给予黄老道家高度称赞,但实际上他尊奉的是儒家。④ 只是对军事的认识,他不同于一般儒生。他认为战争是圣人"讨强暴,平乱世,夷险阻,救危殆"⑤ 不能缺少的手段。"递兴递废,胜者用事"乃上天所授。司马迁还认为战争使勇敢的将士获得美好名声、得到丰厚赏赐,战争使获胜一方的君主赢得尊严,这一切无论于个人还是国家都是无上的光荣。他说战争不会消失,就像治国不能没有刑罚。只不过对它的使用有巧拙、逆顺之分而已。因此,司马迁肯定战争的必要性,存在的合理性。但是,司马迁反对无节制的战争。他以夏桀、殷纣王、秦

---

① 王利器校注:《盐铁论校注·论勇》,中华书局1992年版,第537页。
② 同上。
③ (清)苏舆撰,钟哲点校:《春秋繁露义证·五行顺逆》,中华书局1992年版,第375—376页。
④ 详见拙文《司马迁评商鞅探微》,《兰州大学学报》2012年第5期。
⑤ (汉)司马迁:《史记·律书》,中华书局1959年版,第1240页。

二世为例说明即使国力强大，武力充足，也不能为了扩张频繁发动战争。穷兵黩武最终必然导致失民心。

相比于御史、大夫和贤良、文学各走一个极端的军事观念，董仲舒和司马迁的兵学思想显然更符合武帝时期的国家现实，他们的军事观念也与齐法家《管子》以及其后的《吕氏春秋》《淮南子》等理性地看待战争的思想一脉相承。

综上所述，贤良、文学的治国观念整体上倾向于儒家。他们崇古贬今的历史观，反对武力、主张以德怀远的战争观无不体现出这一点。但是他们崇本抑末的经济思想是与法家完全一致的。其次，他们虽然视法律为德治的辅助，但认可法律在治国中的不可或缺。这些都表现出法家对他们的影响和他们对法家的汲取。

第三节　从论辩双方的学派归属看法家的发展与流变

盐铁会议上辩论双方的治国观念已充分表现出，无论一度被认为是法家代表的大夫、御史，还是被认为是儒家代表的文学、贤良，他们与先秦时的法家和儒家都有着显而易见的不同。大夫、御史的观点中可见儒家因素，文学、贤良的思想中也不断闪现法家影子。正因如此，才会产生这一场辩论究竟是不是儒法之争的问题。郭沫若的答案是肯定的。他说："'贤良'与'文学'以儒家思想为武器，讲道德，说仁义……桑弘羊和他的下属们基本上是站在法家的立场。"① 又说："桑弘羊站在实际政治家的立场，基本上祖述法家，而反对儒家。"② 王利器持否定态度，认为这场辩论表现的是儒家内部纯儒与杂儒的斗争。其立论依据是自汉武帝"罢黜百家，独尊儒术"以来，法家从此销声匿迹，"因之，在当时并无所谓儒法之争，而只有儒家内部之争"③。因为武帝"罢黜百家，独尊儒术"而认为法家从此消失，继而认为当时并无儒法之争。笔者窃以为这一观点似还有再探讨的余地。第一，假如说法家真的消失，那么在御史、

---

① 郭沫若：《盐铁论读本》，载《郭沫若全集·历史编》（第八卷），人民出版社1985年版，第473页。
② 同上书，第476页。
③ 王利器校注：《盐铁论校注·前言》，中华书局1992年版，第2页。

大夫一方的辩辞中不应该屡屡提及并肯定法家的代表人物商鞅、韩非等人。第二，假如说法家真的消失，御史、大夫一方思想观点就不应该具有明显的法家特色。第三，秦始皇焚书坑儒、"以吏为师，以法为教"高压政策都没有消除先秦诸子，武帝相对宽松的"罢黜百家，独尊儒术"怎么可能就让法家彻底消失？武帝文化政策的实际功效只是确立了儒家独出于众的政治地位，使法家等诸子不能再与其抗衡，至少不能再堂而皇之地作为国家政策的指导思想出现在朝堂之上，但法家思想仍然传播广泛，影响着部分官僚和士人，这是无可置疑的事实。① 作为一种政治思想，法家思想的魅力和缺点都在于它直面且立足于现实，不空谈，总是针对现实问题提出解决方案。因为此，自其产生，无论士人们怎样褒贬，中国政治舞台始终有其一席之地。另外，如把盐铁会议上论辩双方视为同属于儒家的纯儒与杂儒，那么御史、大夫一方对儒家釜底抽薪式、毫不留情地批驳又该怎么解释？② 其次，如将双方分别视为纯儒与杂儒，那么御史、大夫一方显然属于杂儒。所谓杂儒，其思想应该以儒家为主，杂以法家，但实际却是御史、大夫的思想是以法家为主，杂以儒家。这一点不仅可以从前文所论他们的治国观念得到证明，而且从他们的人物评价也能看出。

《盐铁论》中，争辩双方在论辩中经常提到一些历史人物及其事迹作为论据。对这些人物的褒贬体现着双方的学术倾向。非常明显的是御史大夫一方对法家人物及秦王朝多有称赞。最典型的是《非鞅》一篇，大夫对商鞅极尽赞美之辞，认为"秦任商君，国以富强，其后卒并六国而成

---

① 武帝之后，宣帝依然喜用刑法。宣帝之臣王生说："方今用事之人皆明习法令。"盖宽饶更是剀切进言宣帝："方今圣道浸废，儒术不行，以刑余为周、召，以法律为《诗》《书》。"（见《汉书·盖诸葛刘郑孙毋将何传》）诸如此类的例子还有不少。

② 御史、大夫一方对儒家的讽刺、批判在《相刺》一篇表现得最为集中。如大夫说："今儒者释耒耜而学不验之语，旷日弥久，而无益于治，往来浮游，不耕而食，不蚕而衣，巧伪良民，以夺农妨政，此亦当世之所患也。"又说："昔鲁穆公之时，公仪为相，子思、子柳为之卿，然北削于齐，以泗为境，南畏楚人，西宾秦国。孟轲居梁，兵折于齐，上将军死而太子虏，西败于秦，地夺壤削，亡河内、河外。夫仲尼之门，七十子之徒，去父母，捐室家，负荷而随孔子，不耕而学，乱乃愈滋。故玉屑满箧，不为有宝；诗书负笈，不为有道。要在安国家，利人民，不苟繁文众辞而已。"前一段还是泛泛地批评儒家，这一段则指名道姓，把儒家有代表性的人物，如公仪休、子思、孟轲乃至孔子及其学生都给予无情批判和否定。假如是儒家内部的思想斗争，断不会连自己学派的创始人都没有起码的尊重。而且还指出七十子"不耕而学"导致"乱乃愈滋"，这都是从根本上否定了儒家。其做法与先秦法家对儒家的批判几近一致。

帝业"。称赞商鞅"起布衣，自魏入秦，期年而相之，革法明教，而秦人大治。故兵动而地割，兵休而国富。孝公大说，封之於、商之地方五百里。功如丘山，名传后世"。大夫甚至认为世人之所以对商鞅多有微词，是因为商鞅建立的功业是一般人所做不到的，因此"相与嫉其能而疵其功也"①。对李斯，大夫为了突出他的成就，将其与同师事荀卿的包丘子对比，"李斯入秦，遂取三公，据万乘之权以制海内，功侔伊、望，名巨泰山"②，而包丘子"不免于瓮牖蒿庐，如潦岁之蛙，口非不众也，卒死于沟壑"③。在大夫眼里，法家的李斯是成功的象征，儒家的包丘子是失意的代表。另外，大夫一方不仅称赞法家人物，而且对秦王朝及其相关大臣也给予肯定。譬如蒙恬是秦朝开疆拓边的主力，大夫尊称其蒙公，说："蒙公为秦击走匈奴，若鸷鸟之追群雀。匈奴势慑，不敢南面而望十余年。及其后，蒙公死而诸侯叛秦，中国扰乱，匈奴纷纷，乃敢复为边寇。"④ 对秦国的发展过程，大夫也持赞赏的态度。他们把"穆公开霸，孝公广业"与"轩辕战涿鹿，杀两皞、蚩尤而为帝，汤、武伐夏、商，诛桀、纣而为王"相提并论，称其"当世之务，后世之利也"⑤。《诛秦》一篇中，更是把周和秦进行对比，认为周不如秦。秦本是周王朝的一个封国，但是最终以力服人，统一六国，立帝号，朝四夷。周室虽然加强礼治，崇尚文德，然而国家日渐削弱，自身不保。一番对比后，大夫一方对秦的肯定和称赞不言而喻。

贤良和文学则对管仲之外的法家人物给予强烈批判。文学说商鞅和吴起：

> 商鞅、吴起以秦、楚之法为轻而累之，上危其主，下没其身，或非特慈母乎！⑥

> 今商鞅反圣人之道，变乱秦俗，其后政耗乱而不能治，流失而不

---

① 王利器校注：《盐铁论校注·非鞅》，中华书局1992年版，第96页。
② 王利器校注：《盐铁论校注·毁学》，中华书局1992年版，第229页。
③ 同上。
④ 王利器校注：《盐铁论校注·伐功》，中华书局1992年版，第494页。
⑤ 王利器校注：《盐铁论校注·结和》，中华书局1992年版，第480页。
⑥ 王利器校注：《盐铁论校注·周秦》，中华书局1992年版，第586页。

可复。①

　　商鞅峭法长利，秦人不聊生，相与哭孝公。吴起长兵攻取，楚人摇动，相与泣悼王。其后楚日以危，秦日以弱。②

大夫一方认为商鞅奠定了秦统一六国的基础，功莫大焉。文学恰相反，在他们看来秦祚不长的原因就在商鞅"以重刑峭法为秦国基，故二世而夺"③。又说：

　　商鞅之开塞，非不行也；蒙恬却胡千里，非无功也；威震天下，非不强也；诸侯随风西面，非不从也；然而皆秦之所以亡也。商鞅以权数危秦国，蒙恬以得千里亡秦社稷：此二子者，知利而不知害，知进而不知退，故果身死而众败。④

文学认为商鞅和蒙恬为秦国所立功劳就是导致秦亡的原因。对商鞅之死，他们更是认为咎由自取，"斯人自杀，非人杀之也"⑤。

对先秦法家的集大成者韩非，文学也是毫不留情："韩非非先王而不遵，舍正令而不从，卒蹈陷阱，身幽囚，客死于秦。夫不通大道而小辩，斯足以害其身而已。"⑥

对李斯，文学评价他因贪欲而致恶，"方李斯之相秦也，始皇任之，人臣无二，然而荀卿谓之不食，睹其罹不测之祸也"⑦。大夫认为李斯的人生功成名就，文学正相反，认为"苏秦、吴起以权势自杀，商鞅、李斯以尊重自灭，皆贪禄慕荣以没其身，从车百乘，曾不足以载其祸也！"⑧大夫从利的角度看待李斯，认为他的一生是成功的一生；文学从仁义的角度评判李斯，认为他拥有的所有荣华富贵都抵不上悲剧的结局，而这一结

---

① 王利器校注：《盐铁论校注·申韩》，中华书局1992年版，第579页。
② 王利器校注：《盐铁论校注·非鞅》，中华书局1992年版，第94页。
③ 同上。
④ 同上书，第95页。
⑤ 同上书，第97页。
⑥ 王利器校注：《盐铁论校注·刑德》，中华书局1992年版，第568页。
⑦ 王利器校注：《盐铁论校注·毁学》，中华书局1992年版，第229页。
⑧ 同上书，第231页。

局正是他好利忘义所导致。

对秦国和秦朝，文学批评道："秦、楚、三晋号万乘，不务积德而务相侵，构兵争强而卒俱亡。虽以进壤广地，如食萴之充肠也，欲其安存，何可得也？"① 又说："秦任战胜以并天下，小海内而贪胡、越之地，使蒙恬击胡，取河南以为新秦，而忘其故秦，筑长城以守胡，而亡其所守。"② 文学首先批评战国时秦与楚、三晋为扩张而争战不休，仿佛食毒附子以充饥，怎么可能善终？然后又说秦统一六国蔑视周边少数民族，又贪图他们的土地，于是南北征战，最终连本来的国土都守不住。

总之，对于晋法家人物和实践晋法家思想的秦朝，御史、大夫和贤良、文学的看法完全对立：一个是全面肯定，一个是全面否定。而且贤良、文学在否定法家人物的同时，对儒家人物极尽赞美之辞，对尧、舜、禹、孔子、孟子、董仲舒的称赞可谓俯拾皆是。所以，郭沫若说御史、大夫"基本上是站在法家的立场"，"基本上祖述法家，而反对儒家"。两个"基本上"已说明郭沫若注意到了御史、大夫一方思想中虽然有儒家因素，但其基础却仍是法家。相应地，文学、贤良思想中虽有法家因素，其基础却仍是儒家。因此，笔者窃以为把辩论双方分别称为倾向于法家的一派和倾向于儒家的一派或许更准确一些。从他们对管子和汉代法家的代表晁错的评价中也可以看出，这样的区分更符合御史、大夫和贤良、文学各自思想观点的实际。

在辩论双方的人物评价中，有两个人物的评价值得特别关注。一是关于晁错的评价，二是关于管仲的评价。对晁错的评价集中于《晁错》一篇中。在上一篇《非鞅》中，文学指出，商鞅之死是自己杀害自己，不是别人杀害他。言外之意商鞅咎由自取。所以《晁错》篇中，大夫接着文学这一观点继续辩论。他们以淮南王刘安和衡山王刘赐为例，说明他们虽然倡导儒术、招纳四方游学之士，然而最终却背弃君臣之义，不仅自己被诛杀，还祸及宗族。然后又说晁错"变法易常，不用制度，迫蹙宗室，侵削诸侯，蕃臣不附，骨肉不亲，吴、楚积怨，斩错东市，以慰三军之士而谢诸侯。斯亦谁杀之乎？"晁错是汉代最有代表性的法家，与大夫本属

---

① 王利器校注：《盐铁论校注·诛秦》，中华书局1992年版，第488页。
② 同上书，第489页。

同一阵营，可是在这里却成了大夫批判的对象。本与法家对垒的文学却转而成了晁错的维护者，他们尊称晁错为晁生，说："晁生言诸侯之地大，富则骄奢，急即合从。故因吴之过而削之会稽，因楚之罪而夺之东海，所以均轻重，分其权，而为万世虑也。弦高诞于秦而信于郑，晁生忠于汉而仇于诸侯。人臣各死其主，为其国用。"辩论双方的错位让人疑惑不解。徐复观先生认为"大夫引'《春秋》之法，君亲无将，将而诛'的话，接着暗中以霍光比淮南、衡山；以四方游士，儒墨，及晁错，比贤良文学，在辩论中已经是磨刀霍霍了"①。前一比可以理解，而后一比就有点儿匪夷所思。晁错治国思想中虽有儒家因素，但归根结底是法家。在景帝朝，晁错更是以其具有鲜明法家特色的治国策略成为景帝宠臣。无论是其社会地位，还是治国主张，与贤良、文学均有着本质不同，大夫怎么可能以他来比贤良、文学？如是错位，那么错位的原因是什么？只能是汉代的法家不再是先秦纯粹的法家，他们的思想或融合儒家，或融合道家，有时难免造成错觉。晁错跟随儒学大师伏生学过《尚书》，他的思想受《尚书》影响，融合了许多儒家因素。所以徐复观先生说："晁错是法家，但看他贤良文学的对策，并没有否定术数后面的人文教养的重大意义。"② 这就使得他的思想与齐法家《管子》更接近，在接受晋法家的同时，与"否定了一切人文修养及人生价值，全靠法术与刑罚的威吓与钳制，以作为达到政治目的的唯一手段"③ 的晋法家思想又保持了适度的距离。加之辩论中难免急中出错，引用不十分恰当的例子，所以在大夫和文学之间才产生了这一无意识的错位。但这一错位却告诉我们，武帝之后，儒法的融合如一股势力强大的潮流冲击、涤荡着每一个士人的头脑，他们虽然仍然打着或儒或法的旗帜彼此攻击，但在其头脑中，儒与法的界限已经比较模糊，儒中有法、法中有儒成为当时思想界的主流。正是在这种情形下，融合儒、法、道、阴阳各家思想的《管子》成为辩论双方都引用的典籍，管仲成为辩论双方都认可的历史人物。这是在辩论双方的人物评价上，我们要关注的第二个问题。

---

① 徐复观：《两汉思想史》（三），华东师范大学出版社2001年版，第80页。
② 同上书，第123页。
③ 同上书，第122页。

第九章 《盐铁论》与先秦法家　　277

文学、贤良称赞管仲说：

> 贤良曰："管仲去鲁入齐，齐霸鲁削，非持其众而归齐也。……故贤者所在国重，所去国轻。"①
> 文学曰："天下不平，庶国不宁，明王之忧也。上无天子，下无方伯，天下烦乱，贤圣之忧也。是以尧忧洪水，伊尹忧民，管仲束缚，孔子周流，忧百姓之祸而欲安其危也。"②

与文学、贤良相似，大夫、御史一方对管仲也常常大加称赞。如：

> 大夫曰："贤圣治家非一宝，富国非一道。昔管仲以权谲霸，而纪氏以强本亡。"③
> 大夫曰："曹沫弃三北之耻，而复侵地；管仲负当世之累，而立霸功。故志大者遗小，用权者离俗。"④
> 御史曰："太公相文、武以王天下，管仲相桓公以霸诸侯。故贤者得位，犹龙得水，腾蛇游雾也。"⑤
> 御史曰："昔太公封于营丘，辟草莱而居焉。地薄人少，于是通利末之道，极女工之巧。是以邻国交于齐，财畜货殖，世为强国。管仲相桓公，袭先君之业，行轻重之变，南服强楚而霸诸侯。今大夫君修太公、桓、管之术，总一盐、铁，通山川之利而万物殖。"⑥

在称赞管仲的同时，双方还都称引《管子》中的一些观点。如文学、贤良引用《管子》说：

---

① 王利器校注：《盐铁论校注·崇礼》，中华书局1992年版，第438页。
② 王利器校注：《盐铁论校注·论儒》，中华书局1992年版，第151页。
③ 王利器校注：《盐铁论校注·力耕》，中华书局1992年版，第28页。
④ 王利器校注：《盐铁论校注·复古》，中华书局1992年版，第79—80页。
⑤ 王利器校注：《盐铁论校注·刺复》，中华书局1992年版，第131页。
⑥ 王利器校注：《盐铁论校注·轻重》，中华书局1992年版，第178页。

管子曰:"四维不张,虽皋陶不能为士。"①

管子曰:"'仓廪实而知礼节,百姓足而知荣辱。'故富民易与适礼。"②

大夫、御史一方引用《管子》的例子有:

管子云:"国有沃野之饶而民不足于食者,器械不备也。有山海之货而民不足于财者,商工不备也。"③

管子曰:"不饰官室,则材木不可胜用;不充庖厨,则禽兽不损其寿。无末利,则本业无所出;无黼黻,则女工不施。"④

管仲之所以成为论辩双方都称赞的人物,《管子》之所以成为论辩双方都从正面肯定加以引用的典籍,与管仲儒法并用的治国策略和《管子》儒法并存且不走极端的治国思想密切相关。这种思想在六国争霸时没能胜过追求绝对、好走极端的晋法家,但是秦霎时即逝后,一方面学者们在反思、检讨晋法家的弱点,另一方面统一的汉帝国还必须使用法律治国,这种形势下,融合了儒家思想、既不迂阔又不过分刚硬的齐法家《管子》就成为最适合汉帝国需要的治国良方。因此,无论是崇儒的一方,还是崇法的一方,对管仲和《管子》都能接受并赞赏。

据统计,《盐铁论》中,齐法家著作《管子》被御史、大夫引用14次,贤良、文学引用9次。先秦法家的集大成之作《韩非子》被御史大夫引用17次,贤良、文学引用9次。⑤ 不同的是,贤良、文学引用《管子》之外的法家典籍时多持批驳态度,而御史、大夫引用儒家经典时多为客观陈述。如《周秦》篇,文学说:"故政宽则下亲其上,政严则民谋其主,晋厉以幽,二世见杀,恶在峻法之不犯,严家之无悍虏也?……商鞅、吴起以秦、楚之法为轻而累之,上危其主,下没其身,或非特慈母

---

① 王利器校注:《盐铁论校注·刑德》,中华书局1992年版,第567页。
② 王利器校注:《盐铁论校注·授时》,中华书局1992年版,第423页。
③ 王利器校注:《盐铁论校注·本议》,中华书局1992年版,第3页。
④ 王利器校注:《盐铁论校注·通有》,中华书局1992年版,第43页。
⑤ 龙文玲:《〈盐铁论〉引书用书蠡测》,《中国典籍与文化》2010年第1期。

乎!"这里文学化用了《韩非子·显学》中"夫严家无悍虏,而慈母有败子,吾以此知威势之可以禁暴,而德厚之不足以止乱也"。虽是为了批评而引用,但从中可以看出文学、贤良非常熟悉法家典籍,所以在辩论中能够张口即得,娴熟应用。其原因,一方面固然是批判法家所需,因为了解对手是战胜对手的前提;另一方面,经世致用的需求,加之汉代官吏考核中有法律,这些都使得法家著作成为儒生们的必读书。

《通有》一篇可见大夫对儒家典籍的引用:

> 孔子曰:"不可,大俭极下。"此《蟋蟀》所为作也。……《语》曰:"百工居肆,以致其事。"

《蟋蟀》即《诗经·唐风·蟋蟀》。《语》指《论语》,所引句出自《论语·子张》篇。此外,御史、大夫一方在辩论中还引用到《易》《孟子》《春秋》等儒家经典。这说明,倾向于法家的御史、大夫一方不再像先秦法家那般排斥儒家典籍[①],而是有了一定的接纳。其原因首先当然是汉武帝对儒家的重视,其次是自汉朝建立以来对法家的反思和批判。所以,即使崇奉法家的御史、大夫一方也要接受儒家思想的熏陶和教育,而不可能完全拒儒家于千里之外。但这对法家来说未尝不是一件幸事。过犹不及,以极端、绝对为长的晋法家仿佛一个任性的孩子,放纵其发展,最终等待它的或许真的就是消亡。而经过以儒家为主的其他诸子思想中和之后,法家虽然不复秦代的风光和恣肆,但因为有了儒家的约束,它的"仕途"反而更安全更长远。

葛兆光先生在论及战国末期的思想"兼并"与"融合"趋势时如是说:

[①] 如《商君书·农战》说:"《诗》《书》礼、乐、善、修、仁、廉、辩、慧,国有十者,上无使战守。国以十者治,敌至必削,不至必贫。国去此十者,敌不敢至,虽至,必却。兴兵而伐,必取;按兵不伐,必富。"(蒋礼鸿:《商君书锥指·农战》,中华书局1986年版,第23页)《韩非子·五蠹》有:"明主之国,无书简之文,以法为教;无先王之语,以吏为师。"(陈奇猷校注:《韩非子新校注》,上海古籍出版社2000年版,第1112页)《史记·李斯列传》载秦相李斯语:"臣请诸有文学《诗》《书》百家语者,蠲除去之","若有欲学者,以吏为师"(中华书局1959年版,第2546页)。《韩非子》中也偶见对《诗经》《春秋》等儒家经典的引用,但从意愿来说,他是排斥的。

批评毕竟是一种思想的"对话",在指斥与分析各家学说时,批评者必须进入对方的语境,在这个时候,批评者和被批评者尽管观念与思路大相径庭,但术语、概念却渐次沟通,正如不同语言不能交流而交流必须同一语言一样,批评实际上已经先进行了理解和阐释,而理解与阐释,无论是"正解"还是"误解",都像语言的翻译一样,是思想者与思想者之间互相渗透与沟通的开端。[①]

汉代法家与儒家的融合又何尝不是如此?正是在批法倡儒的过程中,儒家和法家开始互相沟通、渗透,所以到了盐铁会议上就出现了儒中有法、法中有儒,按照先秦儒法的标准难以区分、确定哪一方是儒哪一方是法的情形。而法家就在儒法融合的过程中度过了"罢黜百家,独尊儒术"的困境,再次涅槃重生。只是重生的法家不复先秦晋法家的纯粹,而有了淡淡的儒家意味。

---

① 葛兆光:《中国思想史》(一),复旦大学出版社1998年版,第341—342页。

结　　论

万物流变，无物常住。就一种思想而言，只要它存在着，作用着，就必定处于发展变化中。追寻、勾勒它的发展变化脉络不仅是昭显其生命力和魅力的必要途径，同时还为当代提供借鉴，实现古为今用，使其焕发时代华彩的重要途径。对产生于遥远的先秦时期的法家思想来说，这不仅意味着发扬其精华，同时还有警戒其糟粕重现的特殊价值。

一　先秦法家在秦的发展与流变

通过前面的论述可以看出，先秦法家在秦的发展和流变大致可以分为嬴政时期和秦二世时期。嬴政时期又可以分为两部分：（1）嬴政对法家的实践及发展；（2）吕不韦对法家的继承及发展。时间上，两条发展脉络难分先后。内容和发展方向上，两条路线截然不同。

嬴政在实践中继续沿着先秦晋法家的既定模式发展，在以法治国前提下施行严刑酷法、道德法律化、极端文化专制等。但是嬴政并非完全照搬晋法家治国思想。第一，他汲取儒家、阴阳家因素融入法家思想中；第二，他并不执行备受法家称赞的"无为而治"；第三，他也不再完全实施商鞅、韩非重农抑商的经济政策，对战争也不似商鞅那般狂热；第四，虽然学者们大多认为秦始皇坚定不移地执行了以《商君书》《韩非子》为代表的晋法家思想，但其中可视为法家精华的两个重要观念却被嬴政忽略，一是法家应时而变、发展的历史观；二是朴素的唯物论思想。

应时而变是法家思想中最有价值和积极意义的内容之一，也是法家变革的理论依据。无论商鞅还是韩非都认为治国不能一味地因循守旧，而要根据社会的发展变化采取相应的治国策略。但是秦王朝建立之后，秦始皇继续实施与六国争霸时的治国策略，没有认识到攻守之策的不同，这是秦王朝快速灭亡的原因之一。所以贾谊说:"蹶六国,兼天下,求得矣;然不知反廉耻之节、仁义之厚,信并兼之法,遂进取之业,凡十三岁而社稷为墟。不知守成之数,得之之术也,悲夫!"① "仁义不施,攻守之势异也。"② 陆贾正是汲取嬴政墨守成规的教训,在汉王朝建立之初就告诫刘邦,马上得天下,但不能马上治天下。

另外,过度地迷信超自然力量是导致秦亡的另一重要原因。本已决定彻底消弭战争的嬴政之所以再次对四夷用武,不为其他,只因方士一句"亡秦者胡"。此类举动完全与法家精神相违。韩非指出迷信产生的根源在于人自身精神的不足:"凡所谓祟者,魂魄去而精神乱。"③ 在《饰邪》一文中,他对依靠鬼神救国的做法给予辛辣讽刺和犀利批判。《显学》又说:"巫祝之祝人曰:'使若千秋万岁。'千秋万岁之声聒耳而一日之寿无征于人,此人所以简巫祝也。"《亡征》更是直截了当地指出:"用时日,事鬼神,信卜筮,而好祭祀者,可亡也。"齐法家《管子》虽然认为:"顺民之经,在明鬼神,祗山川……"④ 但这只是统治阶级统治人民的一种手段而已。故《牧民》又有:"不明鬼神则陋民不悟,不祗山川则威令不闻。"统治者自己是不相信这一套的。所以《形势解》说:

> 明主之动静得理义,号令顺民心,诛杀当其罪,赏赐当其功,故虽不用牺牲珪璧祷于鬼神,鬼神助之,天地与之,举事而有福。乱主之动作失义,号令逆民心,诛杀不当其罪,赏赐不当其功,故虽用牺牲珪璧祷于鬼神,鬼神不助,天地不与,举事而有祸。故曰:牺牲珪璧,不足以享鬼。

法家相信君主个人的所作所为才是决定国家社稷能否得到神灵保佑的重要因素,至于祭祀的丰厚与否并不重要。聪明者役使鬼神,只有愚笨的人才相信鬼神。但是,视法家思想为治国圭臬的秦始皇却极端迷信鬼神。他不仅想方设法寻找长生不老之药以求长命百岁,而且在治国上也不时有

---

① 阎振益、钟夏校注:《新书校注·时变》,中华书局2000年版,第97—98页。
② 阎振益、钟夏校注:《新书校注·过秦上》,中华书局2000年版,第3页。
③ 陈奇猷校注:《韩非子新校注·解老》,上海古籍出版社2000年版,第403页。
④ 黎翔凤校注:《管子校注·牧民》,中华书局2004年版,第2—3页。

充满迷信色彩的举动。这是因为嬴秦民族本就有尊鬼敬神、重视祭祀的传统。

秦人和楚人都是五帝之一的颛顼帝的后裔。《史记·五帝纪》有言："帝颛顼高阳者，黄帝之孙而昌意之子也。……依鬼神以制义，治气以教化，絜诚以祭祀。北至于幽陵，南至于交趾，西至于流沙，东至于蟠木。动静之物，大小之神，日月所照，莫不砥属。"很显然，颛顼帝是一个沟通人神的巫师形象。受其影响，秦、楚两国历代君王都格外重视祭祀，关注超现实的力量。《史记》之《封禅书》《秦本纪》及《汉书·郊祀志》中说秦人每有大事必进行祭祀即这一特点的表现。秦始皇称帝之后，立刻重新排列需要经常祭祀的名山大川的次序，秦都咸阳附近本不在名山大川之列的山川河流均被纳入祭祀之列，咸阳周边一时寺庙林立。所以"浓重的宗教意识和神秘主义的世俗化，是秦文化的一项显著特色"。当然，最重要的是"崇尚神权可以强化政权，精神的控制会形成部族群体的向心力，贵族社会的政治领袖们深明此理"①。而汉武帝之所以在这方面与秦始皇多有相似，一则因楚地尊神重鬼文化的影响（从楚辞即可看出），另外也同样在于神秘主义对政治不容忽视的辅助功能。武帝曾因越巫一句"越国将有火灾，必须兴建宫室才能消除"而大兴土木，修建建章宫。②所以僧人寒山有诗云："常闻汉武帝，爱及秦始皇。俱好神仙术，延年竟不长。金台既摧折，沙丘遂灭亡。茂陵与骊岳，今日草茫茫。"③ 说明了秦皇汉武在迷信超现实力量上的共同点。

吕不韦的《吕氏春秋》虽说是为新王朝设计的蓝图，但最终没有进入现实操作层面。它最大的贡献在于将法家从理论上引向齐法家《管子》一脉：承认法在治国中的积极作用，但认识到它的局限性，因而否定严刑重赏。在这一根本主张下，它提出礼法相辅，引道入法；经济上重农不抑商；军事上重视战争的正义性；不认为势无所不能；对术的理解趋近于治国之策，而少了阴谋的色彩。这些都表现出与《管子》的高度一致。假如说秦始皇对法家的实践直接影响了法家作为一种政治学说在现实层面的

---

① 祝中熹：《秦史求知录》，上海古籍出版社 2012 年版，第 125 页。

② 参见（汉）班固《汉书·武帝纪》："二月，起建章宫"注（中华书局 1962 年版，第 199 页）。

③ 《文史知识》编辑部编：《佛教与中国文化》，中华书局 1988 年版，第 295 页。

应用和发展，那么《吕氏春秋》对法家的继承和发展最大限度地影响了作为一种学术思想的先秦法家在汉代的走向。《淮南子》《春秋繁露》均步其踵武。

秦始皇离世，秦二世接掌秦王朝政权后，法家最显著的变化就是在传播接受过程中被极度歪曲，精华遭舍弃，糟粕被放大。秦孝公时商鞅变法所遵循的"法令至行，公平无私，罚不讳强大，赏不私亲近"[①] 的法的精神被完全破坏。赵高把法家术论中阴谋的一面发挥到极致，秦二世曲解法家学说为自己的荒淫寻找借口，精通法家学说的李斯因软弱、自私而阿从赵高和秦二世，成为他们的帮凶。秦王朝最终亡于三人之手。韩非在《亡征》中说：

> 好宫室台榭陂池，事车服器玩好，罢露百姓，煎靡货财者，可亡也。……听以爵不待参验，用一人为门户者，可亡也。……挫辱大臣而狎其身，形戮小民而逆其使，怀怒思耻而专习，则贼生；贼生者，可亡也。……简侮大臣，无礼父兄，劳苦百姓，杀戮不辜者，可亡也。

以上韩非警告当权者可能导致国家灭亡的行为，秦二世无一不为，嬴秦如何不亡？为此台湾作家柏杨说："秦政府之亡，亡于最高领袖昏暴得出奇，当权官员冥顽得出奇，以及窝里斗惨烈而凶猛得出奇。"[②] 最高领袖显然指秦二世，当权官员无疑是赵高和李斯。所以，秦王朝与其说是亡于法家倡导的以严刑酷法治国，不如说是亡于赵高的奸诈、秦二世的荒淫、李斯的软弱和自私更恰当。

二 先秦法家在汉代的发展与流变

秦的短暂而亡给汉代君臣留下了极深印象，以至于自新王朝建立，他们绞尽脑汁思考的首要问题就是如何避免重蹈秦之覆辙，走一条与秦朝不同的治国道路。因此"过秦""批法"成为汉代思想界和政坛一个鲜明的主题。但是因为以法治国作为一种政治管理制度和策略具有难以替代的优

---

① 诸祖耿：《战国策集注汇考·秦策一》，江苏古籍出版社1985年版，第114页。
② 柏杨：《秦隋论》，现代出版社2010年版，第101页。

越性,因此汉王朝又不得不从多方面继续实践法家思想,继承秦朝制度。

首先,汉朝君臣认为秦亡的原因之一是没有坚持周代的分封制,以至于国家遭遇危难时孤立无援。所以新王朝一俟建立,刘邦即与功臣、诸子"剖裂疆土","功臣侯者百有余邑,尊王子弟,大启九国"①。但没多久,为了加强皇权,先是异姓诸侯王一个个沦为阶下囚,接着同姓诸侯王或因骄奢无度触犯刑律而害身丧国,或通过各种国家策略被削弱权势,直至"惟得衣食税租,不与政事"②。其结局与秦代高度相似。

其次,汉朝君臣认为秦亡的另一主要原因在于全方位实践法家思想,法繁律严,以残暴方式统治民众,所以从汉朝建立的那一刻起,"过秦"就同"批法"紧密相连,成为思想领域的"时尚"和"潮流"。与此对应的是对儒家德治、礼治的宣扬和赞美。从汉高祖时的陆贾、文帝时的贾谊到武帝时的董仲舒,都锲而不舍地向当时最高统治者诉说着儒家圣人之道的可贵及在治国中的不可或缺。但是,在儒生们竭尽全力推动儒家思想向着朝堂迈进的过程中,法家并没有销声匿迹,它只是不再像秦代那样集万般宠爱于一身而已。面对一个新建的庞大帝国,单凭儒家思想显然无法应对其繁杂的政治管理。因此,无论主观上多么不情愿,那些高唱德治的儒生都必须汲取法家的合理因素,一方面为了满足现实需要,另一方面也是为了使儒家思想更容易被接纳,使其通向庙堂的道路更畅达。纵观汉王朝建立至武帝这一历史阶段,儒法之间的博弈始终存在,直到董仲舒提出德主刑辅、援礼入法的平衡方案,儒法之争才暂时告一段落。但是从董仲舒的人生结局和儒生们集体发出的"士不遇"之悲叹可以看出,无论是黄老为主流的文景时期,还是"独尊儒术"的汉武时期,倡导德治、礼治的先秦原始儒家从未真正占据主流政治思想地位,主张以法治国的法家也从未退出过政坛。这一点在总结有汉一代儒法之间互黜对峙状况的《汉书·礼乐志》中有充分清晰的反映。

汉王朝乍建,统治者即刻着手拨"秦之乱俗"而还之于"正道",也就是从法家回归儒家。刘邦先是命叔孙通制朝仪,后又命其制仪法。圣命未完成,叔孙通离世。文帝时,贾谊提出"定制度,兴礼乐"以使"诸

---

① (汉)班固:《汉书·诸侯王表》,中华书局1962年版,第393页。
② 同上书,第395页。

侯轨道，百姓素朴，狱讼衰息"。贾谊的建议得到文帝赞赏，但是因为周勃、灌婴等掌权老臣的反对，最终不了了之。武帝即位，青睐儒家，"议立明堂，制礼服，以兴太平"，但因喜好黄老的窦太后的阻挠，"其事又废"。后董仲舒建言武帝"务德教而省刑罚"，"立大学以教于国，设庠序以化于邑"，但是当时的武帝正"征讨四夷，锐志武功，不暇留意礼文之事"，于是儒家思想的实施再次被搁浅。武帝之后，这种状况依然没有改变。宣帝时，谏大夫王吉上疏"愿与大臣延及儒生，述旧礼，明王制"，但是宣帝没有采纳，后王吉因病离世。成帝时，刘向向皇帝建言重刑法轻教化不是圣人之道，朝廷应该改变这一情形。

从王吉和刘向所言可以看出，即使在董仲舒德主刑辅之说被认可接纳的情形下，政坛的实际操作依然是刑主德辅。无论是武帝前、武帝时，还是武帝后，儒家的以德治国、以礼治国都没有真正落实到实践层面，法家的以法治国自然也没有真正离开过政坛。其原因大略有三。首先，相对于德治、礼治，法治的管理效率更高。如韩非所说，德治"期年已一过，三年已三过"。以法治国就不同，"令朝至暮变，暮至朝变，十日而海内毕矣，奚待期年？"① 法治效率之高非德治可比。而对于地域广大、人口众多的统一帝国来说，"一年只能终止一个过错，三年终止三个过错"的德治显然无法满足政治管理的需要。这是汉朝在"过秦""批法"的同时继续使用法家以法治国理论的基本原因。

其次，相对德治、礼治，法家的以法治国更具有确定性。实施德治的前提是社会上有道德超群之圣人存在，但无论反对德治的法家还是提倡德治的儒家都认为，圣人出现的偶然性远远大于确定性，这就意味着德治是不确定的。相比德治，法治的确定性一方面表现在它不用依靠圣人，只要具有中等才智之人即可完成；另一方面，德治的实现依靠人类自身的善良，但善良作为一种品德是不确定的。以法治国则不同，它从制度层面使社会中人不敢为非，其确定性远远高于德治。故而韩非说："有术之君，不随适然之善，而行必然之道。"②

最后，儒生的迂阔且脱离现实在一定程度上影响了儒家思想在政治层

---

① 陈奇猷校注：《韩非子新校注·难一》，上海古籍出版社2000年版，第847页。
② 陈奇猷校注：《韩非子新校注·显学》，上海古籍出版社2000年版，第1142页。

面的实施。公元前219年,秦始皇巡游泰山,欲举行封禅大典。当他向齐鲁之地儒生征询封禅仪式时,得到的是不知变通、不着边际、不切实际的回答,这让秦始皇很是气恼。他干脆抛开儒生的建议,按自己认为的方式进行了封禅。汉武帝在封禅时也遇到相似情况。因此也就不难理解汉宣帝批评儒生"不达时宜,好是古非今,使人眩于名实,不知所守,何足委乎!"又宣称:"汉家自有制度,本以霸王道杂之,奈何纯任德教,用周政乎!"①并因太子柔仁好儒而生废弃之心,欲以"明察好法"的淮阳王取代太子。汉昭帝时的盐铁会议上,倾向于儒家的文学、贤良一方虽然有时可以说得御史、大夫们哑口无言,但面对现实问题,他们却是或隔靴搔痒或干脆束手无策。所以丞相史说:"诸生若有能安集国中,怀来远方,使边境无寇虏之灾,租税尽为诸生除之,何况盐铁、均输乎!"② 这无疑是将了擅长侃侃空谈的文学、贤良一军。他们可以说得非常动听,但于现实问题却无补。法家却正相反。这就是先秦法家不可能退出历史舞台的重要原因。

  自汉初至武帝朝,乃至整个汉代,法家的存在、发展、流变都以一种被批判的形式进行着。假如说先秦法家在秦代的发展与流变是以一种正向的以法家为主体的方式进行,那么在汉代则以一种反向的以法家为客体的形式进行;秦代是儒家、阴阳家因素融合于法家之中,汉代则是法家因素融合于道家、儒家之中;秦代通过禁止其他学说凸显法家独出于众的地位,汉代轰轰烈烈的"过秦""批法"不过是用另一种方式继续着对法家的传播和宣扬。

  实践层面,汉朝统治者虽然吸取秦亡教训,不再使用繁刑酷律,但因为汉承秦律,所以统治政策的法家实质没有发生根本改变。即使在文景盛世,法律依然严酷。及至武帝时,几与秦朝相差无几。这正是盐铁会议上贤良、文学借抨击秦朝批评武帝的原因。

  只是,汉王朝统治者虽然奉行法家主义,但是先秦法家提倡的法的客观性、独立性、公平性等思想精华因缺少保障措施却没有被贯彻、实施。武帝时期,各种律令多到专职司法官吏都翻阅不完,可是在法律的执行上却出现了轻重由人不由法的现象,法律的公平性和独立性遭到极大破坏。

---

① (汉)班固:《汉书·元帝纪》,中华书局1962年版,第277页。
② 王利器校注:《盐铁论校注·国疾》,中华书局1992年版,第333页。

《韩非子》和《管子》主张的"君臣贵贱皆从法"的政治理想最终没能实现。另外，法家的立法原则与现代法治中的立法原则已经比较接近，所以立法思想是法家最具价值的思想之一。但是在武帝时期，酷吏们却更相信"前主所是著为律，后主所是疏为令"，皇帝所言就是金科玉律。这一做法使得以法治国从根源上就偏离了公正公平，从而不再具备以法治国的基本价值和意义。

从学术史角度看，先秦法家在秦汉时期的发展与流变则呈现出与实践层面不同的景致：精华得以继承发扬，糟粕逐步被弱化。

无论道法结合还是援礼入法、外儒内法，虽然都没有从本质上改变先秦法家，但对以商韩为代表的晋法家极端的苛刻严酷、过度追求功利等阻碍其发展的弱点还是有所改善。而且，儒家、阴阳家与法家的融合还使法家的核心思想以法治国获得了合理合法的地位。在先秦原始儒家那里，法是不得已而为之之举。在孔、孟的学说中，法连德治的辅助地位都不具备。他们信奉、追求德治，视法只是一个发挥威慑作用的治国道具，并不希望它真正落实到操作层面。但是有汉一代则不同，经过长期的斗争融合，法律的治世作用得到广泛认可。董仲舒提出德主刑辅，认为法（刑）在治国中不能缺少。昭帝时的盐铁会议上，贤良文学一方虽然给予法家严厉批判，但他们反对的只是严刑酷法，而不是反对以法治国本身。总结有汉一代法制状况的《汉书·刑法志》中，班固始终法礼并提，刑德同论。如："爱待敬而不败，德须威而久立，故制礼以崇敬，作刑以明威也"，"鞭扑不可弛于家，刑罚不可废于国"。《刑法志》末尾，班固更是引荀子之语力证法之不可缺及汉代制定适合时代需要的法律的重要性。

沿着吕不韦及《吕氏春秋》—贾谊及《新书》—晁错及其政论文—刘安及《淮南子》—董仲舒及《春秋繁露》一线，我们可以看出，因为儒家、道家、阴阳家等思想的介入，晋法家极端的"尚法""尚功"观点不断被"中和"，同时这一围绕着以法治国发展起来的政治思想中的精华，譬如公正、公平、法的客观性等逐步凸显、升华；其糟粕，如严刑酷法、绝对的君主专制则被弱化。

但是，我们同时也发现，无论是秦代的吕不韦还是汉代的贾谊、晁错、刘安、董仲舒，其人生都充满了悲剧色彩。这并非偶然的巧合，它是专治政权下政论家与政治家之间必然存在的冲突。政论家擅长在原则与理论层面思考问题。与此相反，政治家们则多从工具层面思考问题，所以无论秦始皇还是汉武帝实际都是先秦法家绝对专制主义的拥趸。由此就形成了中国古代社会从秦至清贯穿始终的"儒表法里"政治模式："说的是儒家政治，行的是法家政治；讲的是性善论，行的是性恶论；说的是四维八德，玩的是'法、术、势'；纸上的伦理中心主义，行为上的权力中心主义。"① 但是，作为社会精英代表的历代最高统治者，他们积极实践法家的严刑峻法、高度君主专制主张，却淡漠了法家对法的客观性和公平公正的追求，在一定程度上又背离了法家。这是法家理论的悲哀，也是商鞅、韩非们的悲哀！

---

① 秦晖：《传统十论》，复旦大学出版社2004年版，第183页。

征引文献

B

《抱朴子外篇校笺》，杨明照校笺，北京：中华书局1997年版。
《包拯集校注》，杨国宜校注，合肥：黄山书社1999年版。

C

《陈寅恪集．金明馆丛稿二编》，陈寅恪，北京：生活·读书·新知三联书店2001年版。
《春秋繁露义证》，清·苏舆撰，钟哲点校，北京：中华书局1992年版。
《春秋公羊传注疏》，汉·何休注，唐·徐彦疏，北京：中华书局1980年影印《十三经注疏》本。
《春秋谷梁传注疏》，晋·范宁注，唐·杨士勋疏，北京：中华书局1980年影印《十三经注疏》本。
《春秋左传正义》，晋·杜预注，唐·孔颖达等正义，北京：中华书局1980年影印《十三经注疏》本。
《传统十论》，秦晖，上海：复旦大学出版社2004年版。

D

《董学探微》，周桂钿，北京：北京师范大学出版社1989年版。
《董仲舒思想研究》，华友根，上海：上海社会科学院出版社1992年版。
《读通鉴论》，王夫之，北京：中华书局1975年版。

F

《法理学》，张文显主编，北京：高等教育出版社 1999 年版。

《法言义疏》，汪荣宝，北京：中华书局 1987 年版。

《佛教与中国文化》，《文史知识》编辑部编，北京：中华书局 1988 年版。

G

《管子今诠》，石一参，北京：中国书店 1988 据商务印书馆版本影印出版。

《管子轻重篇新诠》，马非百，北京：中华书局 1979 年版。

《〈管子〉经济伦理思想研究》，周俊敏，长沙：岳麓书社 2003 年版。

《管子全译》，谢浩范、朱迎平，贵阳：贵州人民出版社 1996 年版。

《管子校正》，清·戴望，北京：中华书局 1954 年版《诸子集成》第 5 册。

《管子校注》，黎翔凤，北京：中华书局 2004 年版。

《管子注译》，赵守正，南宁：广西人民出版社 1982 年版。

《国语》，上海师范大学古籍整理组校点，上海：上海古籍出版社 1978 年版。

《古代中国的思想世界》，[美] 本杰明·史华兹著，程刚译，刘东校，南京：江苏人民出版社 2004 年版。

《管子集校》，郭沫若，北京：人民出版社 1984 年版《郭沫若全集·历史编》。

《管子新探》，胡家聪，北京：中国社会科学出版社 1995 年版。

《管子学案》，戴瑨，上海：学林出版社 1994 年版。

《郭沫若全集·历史编》（第八卷），郭沫若，北京：人民出版社 1985 年版。

《国学大师说儒学》，章太炎、梁启超、朱自清，昆明：云南人民出版社 2009 年版。

H

《韩非子新校注》，战国·韩非著，陈奇猷校注，上海：上海古籍出版社 2000 年版。

《汉书》，汉·班固撰，唐·颜师古注，北京：中华书局 1962 年版。

《汉代思想史》，金春峰，北京：中国社会科学出版社 2006 年版。

《汉代学术史》，王铁，上海：华东师范大学出版社 1995 年版。

《汉武帝评传》，庄春波，南京：南京大学出版社 2001 年版。

《后汉书》，宋·范晔撰，唐·李贤等注，北京：中华书局 1965 年版。

《淮南鸿烈集解》，刘文典撰，冯逸、乔华点校，北京：中华书局 1989 年版。

《淮南子证闻》，杨树达，上海：上海古籍出版社 2013 年版。

《〈黄帝四经〉今注今译——马王堆汉墓出土帛书》，陈鼓应译注，北京：商务印书馆 2007 年版。

J

《贾谊评传》，王兴国，南京：南京大学出版社 1992 年版。

《校雠通义通解》，章学诚著，王重民通解，上海：上海世纪出版集团 2009 年版。

《晋书》，唐·房玄龄等，北京：中华书局 1974 年版。

《薑斋诗话笺注》，清·王夫之著，戴鸿森笺注，北京：人民文学出版社 1981 年版。

K

《孔子家语》，上海：上海书店 1989 年据商务印书馆 1926 年版重印《四部丛刊》初编第 55 册。

L

《老庄新论》，陈鼓应，上海：上海古籍出版社 1992 年版。

《礼记正义》，汉·郑元注，唐·孔颖达等正义，北京：中华书局

1980 年影印《十三经注疏》本。

《历代名家评〈史记〉》，杨燕起、陈可青、赖长扬等编著，北京：北京师范大学出版社 1986 年版。

《吕氏春秋集释》，许维遹集释，北京：中华书局 2009 年版。

《吕氏春秋新校释》，战国·吕不韦著，陈奇猷校注，上海：上海古籍出版社 2002 年版。

《〈吕氏春秋〉与中国文化》，张富祥，开封：河南大学出版社 2001 年版。

《吕氏春秋译注》，张双棣注译，北京：北京大学出版社 2011 年版。

《〈吕氏春秋〉与〈淮南子〉思想研究》，牟钟鉴，济南：齐鲁书社 1987 年版。

《论语注疏》，魏·何晏等注，宋·邢昺疏，北京：中华书局 1980 年影印《十三经注疏》本。

《论衡校释》，黄晖校释，北京：中华书局 1990 年版。

《两汉思想史》，徐复观，上海：华东师范大学出版社 2001 年版。

《梁启超论中国文化史》，梁启超，北京：商务印书馆 2012 年版。

M

《毛诗正义》，汉·毛公传，北京：中华书局 1980 年影印《十三经注疏》本。

《孟子注疏》，汉·赵岐注，宋·孙奭疏，北京：中华书局 1980 年影印《十三经注疏》本。

《墨子间诂》，清·孙诒让撰，孙启治点校，北京：中华书局 2001 年版。

《马克思恩格斯全集》，中共中央马克思、恩格斯、列宁、斯大林著作编译局译，北京：人民出版社 1956 年版。

《马克思恩格斯选集》，中共中央马克思、恩格斯、列宁、斯大林著作编译局译，北京：人民出版社 1972 年版。

Q

《全上古三代秦汉三国六朝文》，清·严可均校辑，北京：中华书局

1958 年版。

《秦隋论》，柏杨，北京：现代出版社 2010 年版。

《齐国史》，王阁森、唐致卿主编，济南：山东人民出版社 1992 年版。

《秦始皇评传》，于琨奇，南京：南京大学出版社 2002 年版。

《秦汉史》，钱穆，北京：生活·读书·新知三联书店 2005 年版。

《秦汉史》，翦伯赞，北京：北京大学出版社 1999 年版。

《秦史稿》，林剑鸣，上海：上海人民出版社 1981 年版。

《秦史求知录》，祝中熹，上海：上海古籍出版社 2012 年版。

《秦汉社会意识研究》，王子今，北京：商务印书馆 2012 年版。

R

《日知录集释》，黄汝成集释，石家庄：花山文艺出版社 1990 年版。

《容斋随笔》，宋·洪迈，北京：中华书局 2005 年版。

S

《三国志》，晋·陈寿，北京：中华书局 1982 年版。

《商君书新校正》，清·严万里，北京：中华书局 1954 年版《诸子集成》第 5 册。

《商君书锥指》，蒋礼鸿，北京：中华书局 1986 年版。

《尚书正义》，汉·孔安国传，唐·孔颖达等正义，北京：中华书局 1980 年影印《十三经注疏》本。

《慎子》，北京：中华书局 1954 年版《诸子集成》第 5 册。

《四书章句集注》，朱熹，北京：中华书局 1983 年版。

《史记》，汉·司马迁，北京：中华书局 1959 年版。

《史记抄》，汉·司马迁著，明·茅坤编纂，王晓红整理，北京：商务印书馆 2013 年版。

《诗集传》，朱熹，北京：中华书局 2011 年版。

《史记讲座》，韩兆琦，桂林：广西师范大学出版社 2008 年版。

《睡虎地秦墓竹简》，睡虎地秦墓竹简整理小组，北京：文物出版社 1990 年版。

《说文解字注》，汉·许慎撰，清·段玉裁注，杭州：浙江古籍出版社 1998 年版。

《说苑校证》，向宗鲁，北京：中华书局 1987 年版。

《隋书》，唐·魏徵，北京：中华书局 1973 年版。

《十批判书》，郭沫若，北京：东方出版社 1996 年版。

《四库提要辨证》，余嘉锡，北京：中华书局 1980 年版。

T

《通典》，唐·杜佑，北京：中华书局 1984 年版。

W

《文史通义校注》，章学诚著，叶瑛校注，北京：中华书局 1985 年版。

《文献通考》，元·马端临，北京：中华书局 1986 年版。

《文心雕龙注》，范文澜，石家庄：河北教育出版社 2000 年版《范文澜全集》。

X

《西京杂记译注》，晋·葛洪注，成林、程章灿译注，贵阳：贵州人民出版社 1993 年版。

《新书》，汉·贾谊撰，阎振益、钟夏校注，北京：中华书局 2000 年版。

《荀子集解》，清·王先谦集解，北京：中华书局 1988 年版。

《西方法律思想史》，徐爱国、李桂林、郭义贵，北京：北京大学出版社 2002 年版。

《先秦法家思想比较研究——以〈管子〉〈商君书〉〈韩非子〉为中心》，杨玲，浙江大学 2005 年博士学位论文。

《先秦经济思想史》，巫宝三主编，北京：中国社会科学出版社 1996 年版。

《先秦学术概论》，吕思勉，北京：中国大百科全书出版社 1985 年版。

《先秦政治思想史》,梁启超,天津:天津古籍出版社 2003 年版。

《先秦诸子初探》,刘毓璜,南京:江苏人民出版社 1984 年版。

《性格心理学问题》,〔俄〕尼·德·列维托夫著,佘增寿译,北京:人民教育出版社 1959 年版。

《寻求自然秩序中的和谐》,梁治平,上海:上海人民出版社 1991 年版。

《新语校注》,王利器校注,北京:中华书局 1986 年版。

Y

《盐铁论校注》(定本),王利器,北京:中华书局 1992 年版。

《银雀山汉墓竹简》,银雀山汉墓竹简整理小组,北京:文物出版社 1985 年版。

《饮冰室合集》,梁启超,北京:中华书局 1989 年版。

《艺术哲学》,〔法〕丹纳著,傅雷译,合肥:安徽文艺出版社 1991 年版。

《意林校注》,王天海,贵阳:贵州教育出版社 1998 年版。

Z

《资治通鉴》,宋·司马光,北京:中华书局 1982 年版。

《战国策集注汇考》,诸祖耿撰,南京:江苏古籍出版社 1985 年版。

《周礼注疏》,汉·郑元注,唐·贾公彦疏,北京:中华书局 1980 年影印《十三经注疏》本。

《周易正义》,魏·王弼、韩康伯注,唐·孔颖达等正义,北京:中华书局 1980 年影印《十三经注疏》本。

《朱子全书》,上海:上海古籍出版社;合肥:安徽教育出版社 2002 年版。

《朱子语类》,宋·黎靖德编,北京:中华书局 1986 年版。

《中国古代国家与政治》,陈长琦,北京:文物出版社 2002 年版。

《中国中古思想史长编》(欧阳哲生编《胡适文集》第六册),胡适著,北京:北京大学出版社 1998 年版。

《中国法制史》,赵昆坡,北京:北京大学出版社 2002 年版。

《中国思想史》第一卷,葛兆光,上海:复旦大学出版社1998年版。

《中国思想通史》,侯外庐、赵纪彬、杜国庠,北京:人民出版社1957年版。

《中国历史研究法》,钱穆,北京:生活·读书·新知三联书店2001年版。

《中国学术思想史随笔》,曹聚仁,北京:生活·读书·新知三联书店1986年版。

《中国哲学十九讲》,牟宗三,上海:上海古籍出版社1997年版。

《中国哲学史》,冯友兰,北京:中华书局1961年版。

《中国哲学史大纲》,胡适,上海:上海古籍出版社1997年版。

《中国哲学史新编》,冯友兰,北京:人民出版社1998年版。

《中国哲学史纲要》,萧萐父、李锦全,北京:外文出版社2000年版。

《中国古代经济思想评述》,陶一桃,北京:中国经济出版社2000年版。

《中国历代文学作品选》(上编第二册),朱东润,上海:上海古籍出版社2002年版。

《中国人性论史》(先秦篇),徐复观,上海:上海三联书店2001年版。

《中和与绝对的抗衡——先秦法家思想比较研究》,杨玲,北京:中国社会科学出版社2007年版。

《中华帝国的法律》,〔美〕C.莫里斯、D.布迪著,朱勇译,南京:江苏人民出版社2003年版。

《中国文化十一讲》,庞朴,北京:中华书局2008年版。

《诸子新笺》,高亨,济南:齐鲁书社1980年版。

《资本论》第三卷,〔德〕马克思,中共中央马克思、恩格斯、列宁、斯大林著作编译局译,北京:人民出版社1975年版。

参考文献

B

《比较法律文化》，［美］H.W. 埃尔曼著，贺卫方、高鸿钧译，北京：清华大学出版社 2002 年版。

《帛书老子校注》，高明，北京：中华书局 1996 年版。

《比较法》，［日］大木雅夫著，范愉译，北京：法律出版社 1999 年版。

C

《出土文物与先秦法制》，李力，郑州：大象出版社 1997 年版。

《春秋左传注》，杨伯峻，北京：中华书局 1990 年版。

《春秋公羊传注疏》，汉·何休注，唐·徐彦疏，北京：中华书局 1980 年影印《十三经注疏》本。

《春秋谷梁传注疏》，晋·范宁注，唐·杨士勋疏，北京：中华书局 1980 年影印《十三经注疏》本。

D

《道德与中西法治》，崔永东，北京：人民出版社 2002 年版。

《道德原则研究》，［英］休谟著，曾晓平译，北京：商务印书馆 2001 年版。

《道家文化研究》第二、五辑，陈鼓应主编，上海：上海古籍出版社 1992、1994 年版。

《道家文化研究》第十四、十五辑，陈鼓应主编，北京：生活·读书·新知三联书店 1998、1999 年版。

《东西文化及其哲学》,梁漱溟,北京:商务印书馆 2003 年版。

F

《法家政治哲学》,陈烈,上海:上海书店 1992 年版《民国丛书》第四编第 7 册。

《法理学》,张文显主编,北京:高等教育出版社 1999 年版。

《法辨》,梁治平,贵阳:贵州人民出版社 1992 年版。

《法家思想与法家精神》,武树臣、李力,北京:中国广播电视出版社 1998 年版。

《法律传播学》,李振宇,北京:中国检察出版社 2004 年版。

《法律篇》,[古希腊]柏拉图著,张智仁、何勤华译,孙增霖校,上海:上海人民出版社 2001 年版。

《法律社会学》,赵震江主编,北京:北京大学出版社 1998 年版。

《法律语言学》,刘红婴,北京:北京大学出版社 2003 年版。

《法治社会之形成与发展》,徐显明、刘瀚主编,济南:山东人民出版社 2003 年版。

G

《管子校释》,颜昌峣,长沙:岳麓书社 1996 年版。

《管子全译》,谢浩范、朱迎平译注,贵阳:贵州人民出版社 1996 年版。

《管子通释》,支伟成,上海:上海书店 1996 年版《民国丛书》第五编第 12 册。

《管子直解》,周瀚光、朱幼文、戴洪才,上海:复旦大学出版社 2000 年版。

《古代法》,[英]梅因著,沈景一译,北京:商务印书馆 1959 年版。

《古代社会》,[美]路易斯·亨利·摩尔根著,杨东莼、马雍、马巨译,北京:商务印书馆 1977 年版。

《管仲评传》,战化军,济南:齐鲁书社 2001 年版。

《管子经济思想研究》,巫宝三,北京:中国社会科学出版社 1989 年版。

《古文观止译注》，阴法鲁主编，长春：吉林人民出版社 1981 年版。

《管子今诠》，石一参，北京：中国书店 1988 据商务印书馆版本影印出版。

《管子轻重篇新诠》，马非百，北京：中华书局 1979 年版。

《管子全译》，谢浩范、朱迎平，贵阳：贵州人民出版社 1996 年版。

《管子校正》，清·戴望，北京：中华书局 1954 年版《诸子集成》第 5 册。

《管子注译》，赵守正，南宁：广西人民出版社 1982 年版。

《观堂集林》（外二种），王国维，石家庄：河北教育出版社 2001 年版。

《〈管子〉研究》，池万兴，北京：高等教育出版社 2004 年版。

《〈管子〉研究》第一辑，淄博社会科学联合会、赵宗正、王德敏编，济南：山东人民出版社 1987 年版。

《〈管子〉研究史》，耿振东，北京：学苑出版社 2011 年版。

《〈管子〉与〈晏子春秋〉治国思想比较研究》，邵先锋，济南：齐鲁书社 2008 年版。

《古代文史研究新探》，裘锡圭，南京：江苏古籍出版社 1992 年版。

《古史辨》（六），罗根泽编著，上海：上海古籍出版社 1982 年版。

《古史辨》（七），吕思勉、童书业编著，上海：上海古籍出版社 1982 年版。

《古史续辨》，刘起釪，北京：中国社会科学出版社 1991 年版。

《古史甄微》，蒙文通，成都：巴蜀书社 1999 年版。

《管锥编》，钱锺书，北京：中华书局 1986 年版。

《国学概论》，钱穆，北京：商务印书馆 1997 年版。

H

《韩非子集解》，清·王先慎，北京：中华书局 1954 年版《诸子集成》第 5 册。

《韩非子全译》，战国·韩非著，张觉译注，贵阳：贵州人民出版社 1992 年版。

《韩非》，谢无量，上海：上海书店 1992 年版《民国丛书》第四编第

7 册。

《韩非评传》，施觉怀，南京：南京大学出版社 2002 年版。

《韩非与中国文化》，谷方，贵阳：贵州人民出版社 1996 年版。

《韩非法治论》，曹谦，上海：上海书店 1992 年版《民国丛书》第四编第 7 册。

《黄老学论纲》，丁原明，济南：山东大学出版社 1997 年版。

《〈韩非子〉札记》，周勋初，南京：江苏人民出版社 1980 年版。

《〈韩非子〉的成书及其文学研究》，马世年，上海：上海古籍出版社 2011 年版。

《韩非子的政治思想》，蒋重跃，北京：北京师范大学出版社 2000 年版。

《黄帝四经与黄老思想》，余明光，哈尔滨：黑龙江人民出版社 1989 年版。

J

《简帛佚籍与学术史》，李学勤，南昌：江西教育出版社 2001 年版。

《经济民主与经济自由》，刘军宁等编，北京：生活·读书·新知三联书店 1997 年版。

《经子解题》，吕思勉，上海：华东师范大学出版社 1995 年版。

《稷下学研究》，白奚，北京：生活·读书·新知三联书店 1998 年版。

《金文简帛中的刑法思想》，崔永东，北京：清华大学出版社 2000 年版。

《君主论》，[意] 尼科洛·马基雅维里著，潘汉典译，北京：商务印书馆 1985 年版。

L

《李学勤学术文化随笔》，李缙云编，北京：中国青年出版社 1999 年版。

《理》，张立文等，北京：中国人民大学出版社 1991 年版。

《论人·人性》，姜国柱、朱葵菊，北京：海洋出版社 1988 年版。

《罗根泽说诸子》，罗根泽，上海：上海古籍出版社 2001 年版。
《老子注译及评介》，陈鼓应，北京：中华书局 1984 年版。
《历代刑法考》，清·沈家本，北京：中华书局 1985 年版。
《梁启超论诸子百家》，梁启超，北京：商务印书馆 2012 年版。
《论中国学术思想变迁之大势》，梁启超，上海：上海古籍出版社 2001 年版。
《历史哲学》，［德］黑格尔著，王造时译，上海：上海书店出版社 1999 年版。
《柳诒徵说文化》，柳诒徵，上海：上海古籍出版社 1999 年版。
《论美国的民主》，［法］托克维尔著，董果良译，北京：商务印书馆 1988 年版。

M

《美国学者论中国法律传统》，高道蕴、高鸿钧、贺卫方编，北京：中国政法大学出版社 1994 年版。
《孟德斯鸠法意》，［法］孟德斯鸠著，严复译，北京：商务印书馆 1981 年版。
《民俗学概论》，钟敬文主编，上海：上海文艺出版社 1998 年版。

P

《庞朴学术文化随笔》，庞朴，北京：中国青年出版社 1996 年版。
《平等、自由与中西文明》，冯亚东，北京：法律出版社 2002 年版。

Q

《齐鲁文化》，黄松，沈阳：辽宁教育出版社 1995 年版。
《齐文化与先秦地域文化》，邱文山、张玉书、张杰、于孔宝，济南：齐鲁书社 2003 年版。
《秦汉法制论考》，高恒，厦门：厦门大学出版社 1994 年版。
《青铜的战神——齐鲁兵家文化研究》，仝晰纲，上海：学林出版社 1999 年版。

R

《日本近世新法家研究》，韩东育，北京：中华书局 2003 年版。

《儒家中和哲学通论》，董根洪，济南：齐鲁书社 2001 年版。

S

《三晋文化》，冯宝志，沈阳：辽宁教育出版社 1991 年版。

《商君书注译》，高亨注译，北京：中华书局 1974 年版。

《商鞅及其学派》，郑良树，上海：上海古籍出版社 1989 年版。

《商鞅评传》，郑良树，南京：南京大学出版社 1998 年版。

《社会变迁与法律发展》，夏锦文，南京：南京师范大学出版社 1997 年版。

《思想门：先秦诸子解读》，黄坚，上海：上海社会科学院出版社 2013 年版。

《始皇帝的遗产：秦汉帝国》，[日] 鹤间和幸著，马彪译，桂林：广西师范大学出版社 2014 年版。

X

《先秦道法思想讲稿》，王叔岷，中国台北：中研院中国文哲研究所 1992 年版。

《先秦三晋地区的社会与法家文化研究》，张有智，北京：人民出版社 2002 年版。

《先秦儒法源流述论》，韩星，北京：中国社会科学出版社 2004 年版。

《先秦史》，翦伯赞，北京：北京大学出版社 1999 年版。

《先秦史论集》（续），李衡眉，济南：齐鲁书社 2003 年版。

《先秦史论集》，李衡眉，济南：齐鲁书社 1999 年版。

《夏商周考古学论文集》（续集），邹衡，北京：科学出版社 1998 年版。

《西方法律思想简史》，[爱尔兰] J. M. 凯利著，王笑红译，汪庆华校，北京：法律出版社 2002 年版。

《西周史》（增补本），许倬云，北京：生活·读书·新知三联书店2001年版。

《西周史》，杨宽，上海：上海人民出版社1999年版。

《先秦学术概论》，吕思勉，北京：中国大百科全书出版社1985年版。

《先秦诸子系年》，钱穆，北京：商务印书馆2001年版。

《先秦诸子杂考》，金德建，郑州：中州书画社1982年版。

《新波斯人信札》，梁治平等，北京：中国法制出版社2000年版。

《续伪书通考》，郑良树，台北：学生书局1984年版。

Y

《余嘉锡说文献学》，余嘉锡，上海：上海古籍出版社2001年版。

Z

《中国人的精神》，辜鸿铭著，黄兴涛、宋小庆译，桂林：广西师范大学出版社2002年版。

《战国史》，杨宽，上海：上海人民出版社2003年版。

《中国哲学》第九辑，中国哲学编辑部编，北京：生活·读书·新知三联书店1983年版。

《中国哲学》第十一辑，中国哲学编辑部编，北京：人民出版社1984年版。

《中国法家概论》，陈启天，上海：上海书店1992年版《民国丛书》第四编第7册。

《中国法律与中国社会》，瞿同祖，北京：中华书局1985年版。

《中国法制史》，张晋藩主编，北京：中国政法大学出版社1998年版。

《中国古代思想史论》，李泽厚，天津：天津社会科学院出版社2003年版。

《中国考古学论文集》，张光直，北京：生活·读书·新知三联书店1999年版。

《中国青铜时代》，张光直，北京：生活·读书·新知三联书店1999

年版。

《中国文化研究二十年》，邵汉明主编，北京：人民出版社2003年版。

《诸子通考》，蒋伯潜，杭州：浙江古籍出版社1985年版。

《战争论》，[德]克劳塞维茨著，楼棋译，北京：京华出版社2000年版。

《政治学》，[古希腊]亚里士多德著，颜一、秦典华译，北京：中国人民大学出版社2003年版。

《中国传统法律文化》，武树臣，北京：北京大学出版社1994年版。

《中国帝王术——〈韩非子〉与中国文化》，王宏斌，开封：河南大学出版社1995年版。

《中国法律思想史》，杨鸿烈，上海：上海书店1984年版。

《中国法律思想史新编》，张国华，北京：北京大学出版社1998年版。

《中国古代社会与古代思想研究》，杨向奎，上海：上海人民出版社1962年版。

《中国古代哲学》（《方立天文集》第九卷），方立天，北京：中国人民大学出版社2012年版。

《中国历史研究法》，钱穆，北京：生活·读书·新知三联书店2001年版。

《中国社会史论》，周积明、宋德金主编，武汉：湖北教育出版社2000年版。

《中国史探研》，齐思和，石家庄：河北教育出版社2000年版。

《中国文化的特质》，刘小枫编，北京：生活·读书·新知三联书店1990年版。

《中国现代学术经典·黄侃刘师培卷》，刘梦溪主编，石家庄：河北教育出版社1996年版。

《中国现代学术经典·章太炎卷》，刘梦溪主编，石家庄：河北教育出版社1996年版。

《中国哲学发展史》（先秦），任继愈主编，北京：人民出版社1983

年版。

《中国哲学范畴集》，人民出版社编，北京：人民出版社 1985 年版。

《中国哲学十九讲》，牟宗三，上海：上海古籍出版社 1997 年版。

《中国哲学史》，冯友兰，北京：中华书局 1961 年版。

《中国政治思想史》，萧公权，上海：国立编译馆、商务印书馆 1947 年出版发行。

《中国政治思想史》（先秦卷），刘泽华主编，杭州：浙江人民出版社 1996 年版。

《诸子与理学》，蒋伯潜、蒋祖怡，上海：上海书店出版社 1997 年版。

《诸子辨正》，徐仁甫，北京：中华书局 2014 年版。

《资本论》第三卷，［德］马克思，中共中央马克思、恩格斯、列宁、斯大林著作编译局译，北京：人民出版社 1975 年版。

《宗周社会与礼乐文明》（修订本），杨向奎，北京：人民出版社 1997 年版。